旅游片区

每个片区都包括区域解读、旅游城市、旅游资讯三大板块。

旅游城市

每个城市的景点均全面介绍，同时突出重要旅游点。

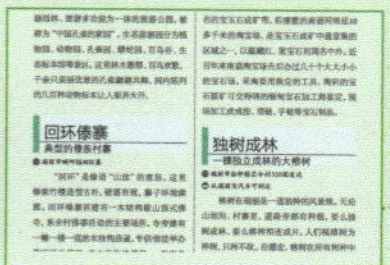

旅游景点

每个旅游景点包括介绍、攻略、链接等内容，力求收录全面。

旅游资讯

每个旅游资讯板块，包括交通、住宿、美食、购物、娱乐等资讯。

U0950164

如何使用本书

1 多角度呈现
全书从地理、历史、文化等多个角度呈现云南之美，发现不一样的云南。

分色标签 每个城市都有一个特定的检索色，便于翻阅。

2 专题知识
对于认识云南具有重要意义的关键词条，书中特设专题，图文并茂，让读者迅速读懂词条。

3 精华景点
三维立体图深度引导读者鉴赏那些特别重要的必游的景点。

4 攻略
大部分景点配有位置、交通、门票、链接等丰富的实用攻略。

5 资讯
每个片区都包括交通、住宿、美食、购物、娱乐等资讯。

发现者旅行指南

云南（第3版）

北京·旅游教育出版社

目录

CONTENTS

地图目录

专题目录

最美
云南

探寻天堂秘境地

“太阳最早照耀的地方，是东方的建塘；人间最殊胜的地方，是奶子河畔的香格里拉。”这里仿佛是世人心中的日月，也成为全世界人向往的神秘圣地。

最美
云 南

梅里雪山转虔心

这里是云南的最高处，外形有如雄壮高耸的金字塔，时隐时现的云海为她披上了一层神秘的面纱。她是生活在这片土地上的藏族人民心中的神圣最高点，雪山被滔滔怒江、澜沧江隔离，却无法让虔诚的信仰之心望而却步。

恋恋丽江

暖似花

也许会在温暖的季节被淹没在人群之中，也许曾无数次遇到数落她“唯利是图”的字眼，那只是因为还不够了解她。或是蜷曲在藤椅之上直到梦乡，或是想象昔日木府的风起云涌，才是丽江带给我们的最真实的景象。

JAZZ

风花雪月大理情

大理的故事太少，少到只有风花雪月。大理的故事太多，古城幽巷中的徘徊，洋人街上的转目，还有崇圣寺中三塔的绰绰倒影……只有来到大理，你方会明了，这里的故事不多不少，刚刚好。

节日风情欢乐多

在云南，几乎能寻见生活在中华大地上的所有民族。他们天性能歌善舞，每逢节日，或是舞动跳跃的火焰，或是泼洒灵动的春水，又或是唱起山歌、燃起篝火……这里的人民热情淳朴，这里的节日欢乐良多。

罗平花海

幻如梦

这恐怕是世界上最奇特的大海了。二三月的罗平，在一个温暖的早晨，迎着朝阳，如同婴儿般醒来。金黄色的油菜花热烈急促地开放着、荡漾着，此起彼伏。南昆铁路显然不愿搅动这迷人的花海，于是随意一绕，留下了一片美丽的梦。

印象云南

民族歌舞

《阿细跳月》

彝族阿细人最具代表性的民族民间舞蹈，又称跳乐。整个舞蹈热情奔放，节奏鲜明，情绪欢快。

《小河淌水》

歌词质朴自然，富于想象，感情真挚，表现出少女的活力与纯情，是一首经典的云南民歌。

纳西古乐

云南省最为古老的音乐，在丽江纳西族地区广泛流传，是一种高雅的文化艺术。

藏族锅庄舞

藏族的民间舞蹈，寄托了藏族人对自然的赞美、感恩和对美好生活的歌颂及向往。

葫芦笙

盛行于彝族和拉祜族等民族，因笙斗用空葫芦制作而得名，造型美观，音色各异。

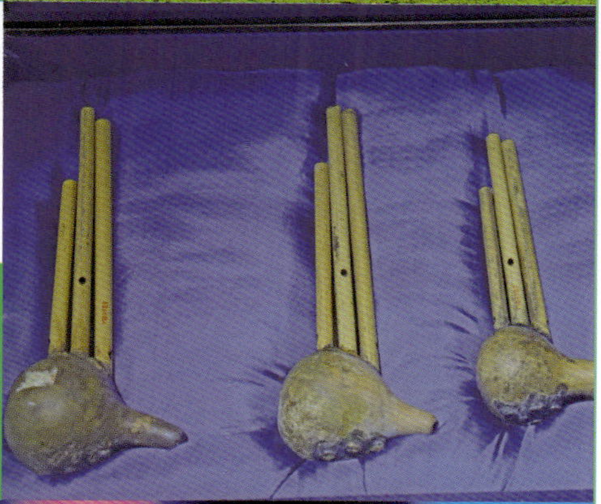

傣族孔雀舞

孔雀舞风格轻盈灵秀，情感表达细腻，舞姿婀娜优美，瑞丽市的孔雀舞最具代表性。

印象 云南

民俗节庆

傣族泼水节

每年的4月中旬举办，是傣族最隆重的节日，也是云南少数民族节日中影响最大、参加人数最多的节日。

傈僳族刀杆节

每年农历二月初八举行，以“上刀山”和“下火海”而闻名，表演动作十分惊险。

彝族火把节

彝族、白族等民族的传统节日，因其民俗文化内涵深厚，被誉为“东方的狂欢节”。

大理三月街

白族人民的传统节日，在大理古城举行，是外地游人了解大理少数民族原始风情的重要窗口。

石宝山歌会

白族地区盛大的民族传统节日，因数万人上山，随心所欲地唱曲对歌而著称于世。

景颇族目瑙纵歌

目瑙纵歌节是景颇族最盛大的传统节日，目瑙纵歌被誉为“万人狂欢舞”，场面宏大壮观，具有超强的视觉震撼力。

印象
云　南

云南民居

纳西族木楞房

木楞房是纳西族摩梭人的传统住宅，多依山傍水而建，一般为三坊一照壁或四合院，富有民族特色。

佤族民居

多建于山区平缓的小山顶上，多为草木结构的楼房，上层住人，下层栖畜，保持着传统民居特色。

彝族土掌房

彝族特色民房建筑，多建于斜坡上，以石为墙基，用土坯砌墙，冬暖夏凉，防火性能好，非常实用。

傣族竹楼

傣族竹楼是一种干栏式两层建筑，造型美观，楼房下层无墙，用以堆放杂物或饲养牲畜，上层住人。

哈尼族蘑菇房

哈尼族的蘑菇房状如蘑菇，由土基墙、竹木架和茅草制成，造型美观，别具一格。

白族民居

白族民居以白色为主色调，对中原民居建筑有着传统上的承袭，是白族建筑艺术的一大特色。

印象云南

云南美味

野山菌

云南独特的地理环境孕育了800多种可食用的野山菌，味道鲜美的野山菌火锅更是当地一绝。

汽锅鸡

因用汽锅蒸制而得名，主要食材是云南当地家养的土鸡，鸡肉软嫩，汤汁浓郁、鲜美。

竹筒饭

将大米及作料加水后放在竹筒里用炭火烤成，是一道非常独特的美食，味道可口，携带方便。

普洱茶

普洱茶是一种后发酵茶，其色泽褐红，汤色红浓明亮，香气独特陈香，滋味醇厚回甘，是茶中之上品。

过桥米线

其汤味鲜美，营养丰富，吃起来滑爽而有弹性，能带给人绝对香醇的味觉体验。

昆虫宴

云南的特殊美味，以各种昆虫为原料炸制而成，入口酥香，营养丰富，是当地人的待客首选。

印象云南

热带风情

亚洲象

亚洲大陆现存最大的动物，全身呈深灰色或棕色，喜欢群居生活，没有固定的住所。

绿孔雀

绿孔雀是鸟类中的“巨人”之一，其羽毛颜色鲜艳，尾屏最是绚丽，闪闪发光，美艳无比。

椰子树

云南境内的椰子树主要分布在西双版纳州，为常绿乔木，其树干挺直，单项树冠，造型美观。

凤尾竹

为常绿丛生灌木，其株形矮小，绿叶细密婆娑，风韵潇洒，好似凤尾，现已成为良好的室内观叶植物。

槟榔树

生长于热带地区，树干笔直，造型优美，槟榔果是重要的中药材，也是一种咀嚼嗜好品。

杧果

杧果是一种漆树科常绿大乔木，果实为著名热带水果之一，有“热带水果之王”的美称。

自驾云南

线路 1

滇西北
古城雪山游

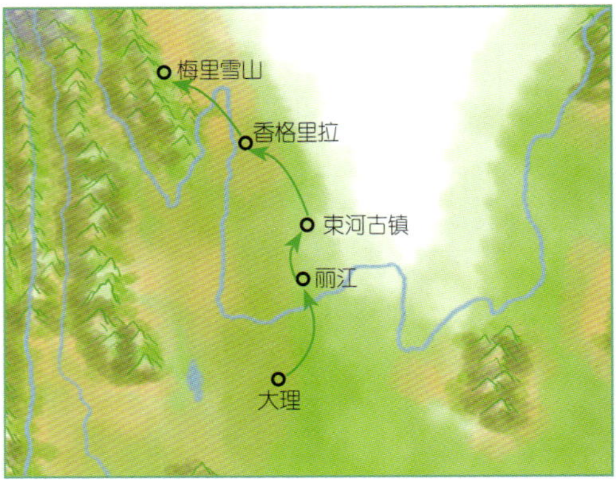

大理 苍山

丽江 玉龙雪山

丽江 束河古镇

香格里拉 普达措

德钦 梅里雪山

巍峨苍山，美丽洱海，在崇圣三塔旁凝视白族民居的白墙青瓦，到古城丽江品味博大精深的东巴文化和纳西古乐，沿着茶马古道追寻沧桑历史，探秘香格里拉，寻访梅里雪山，体验那一份都市难觅的至情至性。

第一站 ▌大理。最著名的要数那“下关风、上关花、苍山雪、洱海月”的美丽风光。先去苍山，感受雪山之巅的圣洁美丽，再游洱海，感受湖畔风光的典雅秀美；而后逛逛大理古城，享受它的清幽秀美，感受那份难得的静谧。

第二站 ▌丽江。从大理沿 G214 国道—上鹤高速省道至丽江，抵达后先游玩丽江古城。去四方街听纳西族老人话家常，而后游黑龙潭，踏访如画山水；参观木府，感受曾经的木府风云，最后去爬玉龙雪山，享受那圣洁的一米阳光。

第三站 ▌束河古镇。从古城驾车沿着雪山路向北，抵达束河。这是一个比丽江古城更加清静的古镇，长街短巷，粉墙灰瓦，一树繁花，束河古镇的美就在于那与世无争的静谧与闲适。

第四站 ▌香格里拉。驾车沿 G5611—G214 国道前往，沿途经过长江第一湾和虎跳峡可以停留游玩，然后游玩普达措景区，那里风景优美，空气纯净清新，之后可以游览松赞林寺和纳帕海景区。

第五站 ▌德钦。沿 G214 国道至德钦县，先参观飞来寺，膜拜信仰的力量，然后沿 G214 行驶至梅里雪山，感受雪域圣山的纯洁瑰丽。

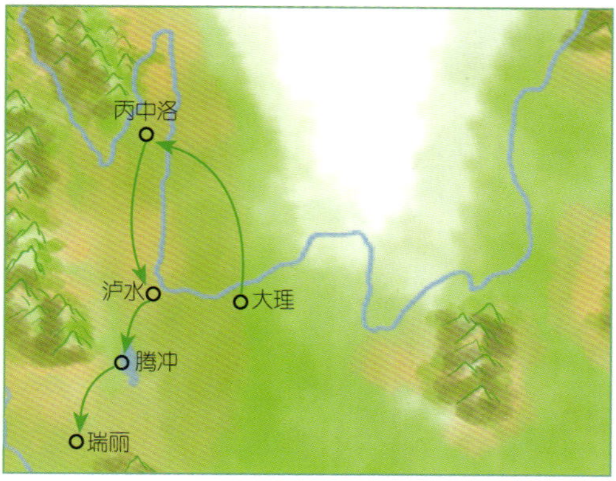

线路 2

滇西
边境风光游

这条线路沿怒江溯江而上，而后南下，沿途山水交融、风景如画，让你有“柳暗花明又一村”的感觉。同时，瑞丽江风光和对外贸易口岸的异域风情也是不可错过的。

第一站 大理。来到“风花雪月”的美丽大理，先游玩大理古城，感受那里的民族风情；而后沿着洱海赏风光，秀美的湖水、停泊着的猪槽船、星罗棋布的古民居，这一切都让人难以忘怀。

第二站 贡山。一路向北行驶，抵达后游览秀美的怒江第一湾、石门关、秋那桶和丙中洛田园风光。在怒江的波涛中、秀美的田园里享受大自然美景的动人魅力。

第三站 泸水。从丙中洛向南行驶至泸水市，游玩六库，它东依碧罗雪山，西靠高黎贡山，汹涌奔腾的怒江穿城而过，那里有怒江大桥、古木棉、土司衙门、大佛寺、玛布温泉等主要景点。

第四站 腾冲。沿 S230 省道抵达腾冲后，先游玩和顺古镇，这里曾经是茶马古道上的重镇，如今繁华落幕，蜕变成了一个倚山面水的清净地。而后游览火山国家地质公园，可以体验坐热气球升空的刺激快乐。

第五站 瑞丽。沿着杭瑞高速公路抵达瑞丽，这是一座美丽的边境口岸城市，有着独特的异域风情。到达后先去游览莫里热带雨林，它以其秀丽奇异的自然景观和佛教圣地闻名遐迩，到那里可以感受到热带雨林的魅力。

自驾云南

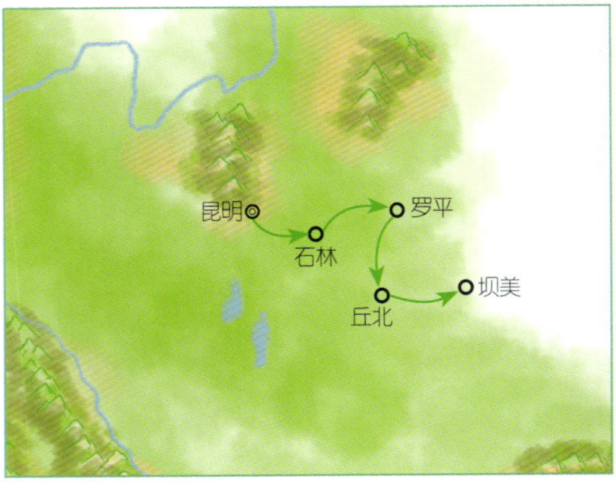

线路 3

滇东
自然奇观游

昆明 翠湖公园

石林 石林景区

罗平 罗平花海

丘北 普者黑

广南 坝美

这是一条经典的云南东部旅游线路，一路自然风光无限，有耀眼的罗平油菜花田，气势恢宏的瀑布群，神奇绮丽的彩色沙林，当然，还有那不可错过的普者黑。走完这一路，可以欣赏底蕴深厚的人文风光、秀丽绝伦的山水美景，领略历史的畅怀，感受自然的神情和动人心魄的美丽。

第一站 ▌昆明。先游览滇池及白塔大观楼，欣赏湖光塔影的七绝秀色，而后游览翠湖公园等景点，欣赏翠湖公园湖光山色，领略钟灵毓秀的山水风光，感受七彩云南动人心魄的自然之美。

第二站 ▌石林。沿着汕昆高速公路向东行驶，游玩石林景区，参观傲伟奇绝、形态各异的瑰美石林，一路感受大自然鬼斧神工的独特魅力。

第三站 ▌罗平。沿着 G78 国道向东驶向罗平县，欣赏那一望无际的油菜花海。柠黄色的油菜花群随风浮动，如同海上波涛翻涌，壮丽而神美。而后游览九龙湖瀑布及神美的多依河。

第四站 ▌普者黑。探秘那里静谧的自然风景。在湖面上泛舟，看水中鱼游虾潜；欣赏丘北万亩荷花，尽情体验原汁原味的民风民俗，夜宿景区。

第五站 ▌坝美。驾车向东南方向行驶前往坝美，那里属于喀斯特地貌，四周被翠绿的群山环抱，境内小河流淌，清澈纯净，一派自然清幽的田园风光。

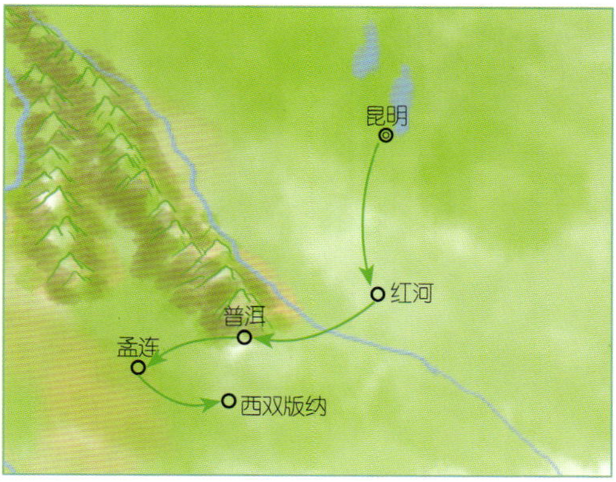

线路 4

滇南
民族风情游

昆明 滇池

红河 元阳梯田

普洱 茶马古道

孟连 娜允古镇

西双版纳 热带植物园

这条路线穿过云南南部西双版纳等地，是最富民族风情的旅游路线之一。你可以驾着爱车到这个充满浓郁民族风情的地方去探秘，野象谷里成群的大象、奇特美丽的热带植物、无限动人的风光肯定让你大开眼界。

第一站 昆明。先游览滇池，看潋滟的滇池水，看红嘴鸥飞翔；而后游翠湖公园，欣赏秀美的自然风景；最后前往石林景区，看那些千奇百怪、俊美奇异的喀斯特石林。

第二站 红河。驾车一路向南行驶，先来到建水县，游览建水古城，参观建水文庙，领略历史的沧桑；之后向南行进，游览元阳哈尼梯田，欣赏那迤逦如画、铺展于天地之间的多彩大地。

第三站 普洱。沿着 G323 国道至普洱市，先逛逛茶马古道，追忆昔日古道繁华时的热闹场景；而后游览普洱国家公园犀牛坪景区。除了游玩之外，来到普洱，一定要品品那正宗的普洱茶。

第四站 娜允古镇。沿思澜公路—S309 省道向西驶向娜允古镇，那里至今仍保留着傣族古城的特色和风韵。游览孟连宣抚司署，观看这座汉、傣合璧的古代建筑，感受丰富多彩的傣族文化。

第五站 西双版纳。这里有动人的热带雨林风光，有野象、孔雀、棕榈、佛庙，一派动人的东南亚风光。先游玩野象谷，看大象表演；而后游览热带植物园，在秀美的“植物王国”中观赏神秘美丽的热带植物。

解读云南

地理

梅里雪山

面积和区划

云南省地处中国西南边陲，全省东西最大横距864.9千米，南北最大纵距990千米。云南省内国境线长达4060千米，与缅甸、老挝、越南3国接壤。全省总面积39.41万平方千米，居全国第8位。

云南省辖昆明、曲靖、玉溪、保山、昭通、丽江、普洱、临沧8个市和楚雄彝族自治州、红河哈尼族彝族自治州、文山壮族苗族自治州、西双版纳傣族自治州、大理白族自治州、德宏傣族景颇族自治州、怒江傈僳族自治州、迪庆藏族自治州8个少数民族自治州。全省有129个县（市、区），其中包括17个市辖区、18个县级市、65个县和29个民族自治县。

人口和民族

截至2022年年末，云南全省常住人口为4693万人。

云南是我国世居民族种类最多的省份，除汉族以外，人口在6000人以上的世居少数民族有彝族、哈尼族、白族、傣族、壮族、苗族、回族、傈僳族等25个，其中哈尼族、白族、傣族等15个少数民族80%以上的人口分布在云南。全省少数民族人口占总人口的33.12%，是全国少数民族人口数超过千万人的3个省

香格里拉纳帕草原

区（广西、云南、贵州）之一。

地形

云南属山地高原地形，山区面积占全省国土总面积的94%。全省地形以元江谷地和云岭山脉南段宽谷为界，分为东西两大地形区。东部为滇东、滇中高原，是云贵高原的组成部分，平均海拔2000米左右，表现为起伏和缓的低山和浑圆丘陵，孕育着各种类型的岩溶（喀斯特）地貌；西部高山峡谷相间，地势险峻，山岭和峡谷相对高差超过1000米。

云南北部是青藏高原南延部分，海拔一般在3000～4000米，有高黎贡山、怒山、云岭等巨大山系。梅里雪山主峰卡瓦格博峰海拔6740米，为全省最高峰；云南南部山地海拔不到3000米，主要有哀牢山、无量山、邦马山等山脉。

云南全省河川纵横，湖泊众多，全省河流分属长江（金沙江）、珠江（南盘江）、红河（元江）、澜沧江（湄公河）、怒江（萨尔温江）、大盈江（伊洛瓦底江）6大水系。较大的湖泊有滇池、洱海、抚仙湖和泸沽湖等。

气候

云南气候基本属于亚热带高原季风型，干湿季节分明，气温随地势高低垂直变化异常明显，全省由北向南同时具有寒、温、热（包括亚热带）3带气候，有“一山分四季，十里不同天”之说，景象别具特色。

云南大部分地区年温差小，日温差大，到云南旅游需注意增减衣物。全省降水充沛，干湿分明，分布不均，降水量最多的是6~9月，约占全年降水量的60%。

穿行在云贵高原

在我国的西南部地区，有一片高高隆起的土地，这里有肥沃的红土，有茂密的丛林，还有世世代代在此定居的少数民族，这

东川红土地

就是云贵高原，它伴随着喜马拉雅古海隆起而形成，是我国的第四大高原。

云贵高原主要包括贵州全省和云南省东部地区，云南高原海拔在2000米以上，呈喀斯特地形。云南高原上的山地顶部多呈宽广平坦地面，或呈和缓起伏地面，有“高山顶上路宽大”的说法。连绵起伏的山岭间，有许多湖盆和坝子。云南有将近1200个坝子，占全省耕地面积的1/3，低陷的成为盆地，有的积水成湖，如以昆明为中心的高原面上，分布着滇池、抚仙湖等许多大小湖泊。湖盆四周由于湖水外泄和四周山地沙泥淤积，大多数已发育为湖岸平原。这里土壤肥沃，土层深厚，是高原的主要农业区，也是经济较发达地区。

喀斯特地貌、高原地形、亚热带季风气候和丰富的民族风土人情构成了云南作为旅游大省的核心旅游资源，云贵高原西沿线上有美丽的天然自然景观，如苍山洱海、东川红土地、泸沽湖，除此还有闻名海内外的丽江、大理两座古城，这些神秘美丽的景观让云贵高原更加耀眼。

地球的褶皱——横断山

3000多万年以前，南亚次大陆与欧亚板块相撞，发生了著名的喜马拉雅造山运动。喜马拉雅从海底隆起后，它东侧地块高度活化，强烈隆起；在隆起的同时，又发生了巨大的右旋运动，使如今的滇西北地质构造发生了束状收缩，并作弧形弯曲，形成几大山脉南北纵列的横断山纵谷。就这样，横断山脉形成了。

横断山脉是世界上最年轻的山系之一，是中国最长、最宽和最典型的南北向山系，也是中国唯一兼有太平洋和印度洋水系的地区。它因“横断”东西间交通而得名，面积达60多万平方千米。境内山川南北纵贯，东西并列，云南境内自东而西有金沙江、芒康山、澜沧江、怒山、怒江和高黎贡山等。

在云南西部接近西藏的那一片被紧紧挤压的狭长地带里，金沙江、澜沧江、怒江奔流其间，形成著名的“三江并流”，纵贯云南全境。

横断山脉岭谷高差极大。如金沙江石鼓附近的虎跳峡，东面为玉龙雪山，西面为迪庆州的哈巴雪山，峡谷垂直高差3790米，是世界上最深的峡谷之一。横断山脉山间盆地、湖泊众多，古冰川侵蚀与堆积地貌广布，因现代冰川作用发育，如山崩、滑坡和泥石流屡见。同时，这里也是中国主要地震带之一。

彩云下的秘境——哀牢山

哀牢山是矗立在云南省南部的一道天然屏障，其东面是广阔无垠的云贵高原，西面则是四季温润的温热带地区，举世闻名的茶马古道从这里经过，浓缩了云南近2000年的社会发展史。

哀牢山脉形成于中生代燕山运动时期，为云岭向南的延伸，是云贵高原和横断山脉的分界线，也是元江和阿墨江的分水岭。哀牢山走向为西北——东南，北起楚雄市，南抵中越边境的绿春县，全长约500千米，主峰称哀牢山，海拔3166米。哀牢山主要由砂页岩、石灰岩及各类变质岩组成，山体东部因沿断裂带下切较陡，相对高差大，西坡则较平缓。

哀牢山国家级自然保护区核心部位于

热带雨林

云南的西双版纳拥有着原始的热带雨林风光，境内的澜沧江河谷盆地、丘陵台原分布有典型的河谷热带雨林、山地热带雨林和季节性热带雨林。由于土壤水分充足，这里植物生长茂盛，生物资源丰富。

热带雨林

橡胶：西双版纳重要的经济作物，这里的橡胶林主要种植于20世纪六七十年代，西双版纳是中国三大橡胶产地之一。

独树成林：热带雨林中的一大奇观，在中缅边境的打洛镇，一片看似独立的榕树其实却是同根而生，一棵树长成了一片林，十分神奇。

热带植物园：中国科学院西双版纳热带植物园内有上千种各类热带植物，漫步在热带植物园内，树木葱茏，绿草茵茵，繁花似锦。

亚洲象：目前，西双版纳热带雨林是亚洲象在中国唯一的栖息地，由于人为原因，现在能看到的野象已经越来越少。

孔雀：孔雀是西双版纳最为常见的动物之一。孔雀在傣族人民心中是吉祥、幸福、美丽、善良的象征，被称为"百鸟之王"。

黑冠长臂猿：因臂特别长而得名，身体纤细，喉部有音囊，善鸣叫。雄猿为黑色，雌猿或幼猿为金黄色，栖息于热带雨林中。

犀鸟：一种奇特而珍贵的大型鸟类，其头上长有一个铜盔状的突起，叫作盔突，就像犀牛的角一样。

傣族村寨：多傍水而建，建筑为富有傣族特色的竹楼。寨子里树木葱郁，一派亚热带的风光和异国情调。

热带水果：西双版纳的热带水果种类繁多，常年水果不断，有香蕉、菠萝、杧果、酸梅、酸角、柚子、阳桃、椰子、山竹等。

热带水果

元阳梯田

新平县境内，这里的原始生态最为典型，为世界同纬度生物多样化、同类型植物群落保留最完整的地区。哀牢山横跨热带和亚热带，形成南北动物迁徙的“走廊”和生物物种“基因库”，被誉为镶嵌在植物王国皇冠上的一块“绿宝石”。

哀牢山一带散布着众多的自然美景，茂林、溪涧、山花、古道在这里纵横交错。南恩瀑布、茶马古道、元阳梯田都是深藏在山间的美景，哈尼族、彝族和神奇的花腰傣族等民族世代在这里耕耘生活，共同创造出了这片世外秘境。

三江并流，天下奇观

在地图上，我们经常可以看到一条江呈“爪”形汇合或分散，却很少能够看到几条江平行流动的现象，而在云南的“三江并流”地区，就存在着这样的绝世景观。“三江并流”是怒江、澜沧江、金沙江三江“江水并流而不交汇”的神奇自然地理景观，是全世界的“谜题”，1985年联合国教科文组织的一名官员从卫星扫描图片中发现了这一世所罕见的奇观，从而引起全世界的关注。

三江是指云南西北部的金沙江、澜沧江和怒江，这三条大河均发源于青藏高原唐古拉山附近，它们沿横断山脉进入滇西北后，越来越亲近，其间澜沧江与金沙江最短直线距离为66千米，澜沧江与怒江的最短直线距离不到19千米。并肩同行170多千米后，金沙江在石鼓镇掉头北上，独自踏上了东流入海的漫漫旅途。而澜沧江和怒江则像对恋人般，头也不回，一路继续南下。

“三江并流”自然景观涵盖范围达170万公顷，它包括位于丽江市、迪庆州、怒江州的9个自然保护区和10个风景名胜区。“三江并流”景区内高山雪峰横亘，海拔变化呈垂直分布，汇集了高山峡谷、雪峰冰川、高原湿地、森林草甸、淡水湖泊、稀有动物、珍贵植物等奇观异景。其中海拔高达6740米的梅里雪山主峰卡瓦格博峰上覆盖着万年冰川，千百年来一直被藏族人民视为神山，恪守着登山者不得擅入的禁忌。

“三江并流”地区有藏、纳西、傈僳、普米、彝、白、回、独龙等民族分布，基本保留了他们的原始风貌。三江的各江峡谷里都有居民居住，一般都是刀耕火种，有的少数民族还保留着狩猎、采集药物等一系列劳作方式。

大理古城五华楼

历 史

元谋人

中国人的始祖——元谋人

1965年5月1日，两颗呈浅灰色、石化程度很深的猿人牙齿化石震动了世界考古界，经测定，牙齿的主人生存年代距今约170万年，为亚洲最早的原始人类。这一考古发现，把中国发现的最早人类化石的年代推前了100多万年。

这两颗牙齿化石发现于云南省元谋县，为一左一右的上内侧门齿。齿冠保存完整，齿根末梢残缺，表面有碎小裂纹，裂纹中填有褐色黏土。这两枚牙齿很粗壮，唇面比较平坦，舌面的模式非常复杂，具有明显的原始性质。经研究分析发现，这两枚牙齿同属一个男性成年人个体，形态特征与“北京猿人”相似，但较粗壮，具有明显的原始性状。

元谋人遗址还出土了7件石器，在地表采集到10件石器，均为刮削器。在化石层出土了大量的炭屑和两件烧骨，这表明元谋人在当时已学会用火了，元谋人也是目前所知最早的用火人。在遗址中还找到一些有明显人工痕迹的动物骨片，说明当时人类已会制造骨器和简单的工具了。元谋人遗址的发现，具有重大的历史意义和科研价值，我国及一些国家已将此发现写进了教科书。

1987年建成的元谋人陈列馆位于元谋县龙川街，距离元谋县城7千米。陈列馆展厅介绍了元谋人牙齿化石等内容，并通过图片和实物系统地展示了原始人类的进化环节。另外于2010年建成的元谋人博物馆内陈列了元谋人牙齿化石的标本、其他古生物化石，以及元谋人模拟生活场景。

神秘的古滇国

著名历史学家司马迁在《史记》中记载，秦汉时期，我国西南部曾经存在一个滇国：“西南夷君长以什数，夜郎最大；其西，靡莫之属以什数，滇最大。”2000多年过去了，许多人都怀疑司马迁的记载是否符合史实，不少历史学家甚至认为滇国根本就不曾存在过。直到1954年10月，云南晋宁石寨山和江川李

历史大事记

远古时期

距今约170万年前，旧石器时代早期的元谋猿人便活动于云南中部一带，是亚洲已知最早的原始人类。约4000年以前，古代人在临沧市沧源以及文山州麻栗坡县大王岩绘制的壁画，是我国最早的崖画之一。

先秦时期

公元前3世纪，楚国大将庄蹻进入滇池地区，建立古滇国。公元前221年，秦始皇统一六国后，在云南东北部设立郡县，并修建五尺官道。

古滇国文物

家山发现了古遗址和古墓地，出土了大量的青铜器，古滇国的真实面目才终于露出了冰山一角。

古滇国缘起于春秋战国时期。公元前300多年前，中原大地烽烟四起，群雄逐鹿。楚威王为开疆辟地增强国力，与强大的秦国抗衡，派大军南征，欲将西南诸国纳入楚国的领地。公元前286年前后，楚国大将庄蹻（juē）奉命率数万大军出征湘鄂，平定了巴、蜀、黔西地区，并打到云南洱海，完成了收服西南的任务。

就在庄蹻准备班师回朝时，秦军抄了后路，占领了巴、蜀、黔西等地。无奈之下，庄蹻和手下将士脱下军装，整合当地原有的各个部落，建立了滇国。滇国在历史上存在了100多年。楚军将士带来了中原地区先进的农耕技术、冶炼技术、建筑艺术，两种文化相互交流促进，使滇中地区更加繁荣。

西汉元封二年（前109年），汉武帝刘彻为打通从四川到西域的“蜀身毒道”，发兵进攻滇国。滇王举国归附，汉武帝在当地设益州郡，并赐“滇王之印”字样的王印一枚，滇国纳入汉朝版图。西汉末年到东汉初年，滇王的权力逐步被郡守取代，加之大量汉族人口移民进入，古滇国被逐步分解、融合，并最终消失，为后人留下了千年的谜团。

十 神话般的王国——南诏和大理

七彩云南的西部有一片古老神秘的土地：苍山雄美壮丽，洱海烟波浩渺，历史文化悠久的大理古城就静卧在这一山一水之间。大理古城曾经是古代少数民族政权南诏国和大理国的统治中心，现在的古城一带还留有众多的南诏大理遗迹，如美丽的崇圣寺三塔、南诏德化碑等。

大理古城是古代南诏国和大理国的历史见证。隋唐时期，云南地区分为六诏，公元737年，南诏王皮逻阁在唐王朝的支持下，几经战争兼并，统一了六诏，建立起中国西南民族史上著名的南诏国少数民族政权。鼎盛时期的南诏国疆域北到四川南部，南到今天泰国曼谷以北，东南一直到越南的河内，往西一直到今天缅甸曼德勒，是当时东南亚的第一大国。

公元902年，南诏国灭于权臣郑买嗣之手，30多年后，另一个滇西古国又在这片土地崛起，并在文学作品中留下了引人入胜的悬疑和传奇，这就是金庸小说中的大理国。南诏末期，通海节度使段思平趁南诏衰落建立了大理国，大理国以佛治心，以儒治国，统治时期长达317年，没发生过大的战争和动乱，是中国历史上延续时间最长的王朝之一。著名电视剧《天龙八部》便取材于

汉晋时期

公元前109年，汉武帝遣使至滇，封滇国国王为“滇王”，并赐“滇王之印”。

225年，蜀国丞相诸葛亮率大军降服“南中”大王孟获等人，云南归附蜀汉。

320年，爨（cuàn）琛在昆川（今晋宁）称王，此后，彝族豪族爨氏统治云南400余年。

6世纪后期，滇藏茶马古道开始兴起，途经现在的西双版纳、普洱、大理、丽江和香格里拉，最后到达拉萨，云南的贸易逐步兴盛。

当年大理国的历史故事，今天，游人在苍山脚下的天龙八部影视城可一窥当年大理国的盛景。

但大理国老百姓绝对没有想到，远在几千里之外的一个游牧民族会给他们带来灭国之灾。1252年，忽必烈亲率十万大军攻破大理城；1254年春，招降大理国王段兴智，并以他为先锋征服大理国全境，至此，大理国灭亡，神话般的南诏国和大理国也终于成为历史。

金戈铁马怒水寒，元跨革囊渡金沙

昆明大观楼里有一副著名的长联，长联下联中提到了汉、唐、宋、元四朝在云南的历史印迹，其中最有影响力的便是“元跨革囊”，它记载了元朝君主忽必烈远征云南和古代大理国覆灭的历史。

1206年，成吉思汗铁木真统一大漠南北，建立蒙古汗国。1234年，蒙古灭金国之后，灭南宋之事就被提上日程。当时忽必烈总管漠南军事，他采纳军中亲臣姚枢的建议，采取先征服西南诸番，而后形成南北夹攻南宋的战略。1253年，忽必烈亲率10万大军从宁夏六盘山下出发，到甘肃临洮，经过松潘，利用南宋和西藏之间的接合部，兵分三路，直扑大理。中路大军由忽必烈亲自率领，南下大渡河，西向金沙江，计划先入丽江东部，再南攻大理。

大理古城

1253年9月，忽必烈率军到达金沙江西岸，可面对汹涌江水，怎样渡江难倒了不谙水性的蒙古人。正在此时，丽江地区的纳西族首领阿良为保存部族和城郭（今丽江古城），将自己归降的想法传达给忽必烈，并积极想办法帮助蒙古军渡江，“革囊”正是纳西人出的主意。革囊以羊皮制成，可悬浮于水面，元军在纳西族人的帮助下制成了大量革囊。渡江的时候，蒙古兵身上各绑一革囊，数人为一小组扶着一竹筏，竹筏上承载着军械物件，就这样在绳索的牵引下元军渡过了金沙江，并一路南下占领了丽江和大理，辉煌一时的大理国也随之烟消云散。

元世祖结束了云南近500年之久的地方割据政权，是云南历史上具有划时代意义的事件，“元跨革囊”也已成为忽必烈征云南的代名词。

徐霞客的云南情怀

一位数百年前的外省人，对今天的云

隋唐时期

隋朝，西南爨氏出现分裂，出现了六个类似部落联盟的民族政权，合称为“六诏”。
738年，魏山蒙舍诏部落首领皮逻阁建立南诏国，迁都太和城（今大理）。

750年，南诏国占领云南全境，称臣吐蕃，云南实现统一。
751年，唐朝发动讨伐南诏的“天宝战争”，南诏与吐蕃结盟，大败唐军。

902年，南诏国权臣郑买嗣夺位自立，改国号大长和。
929年，赵善政灭大长和国，建立大天兴。
930年，东川节度使杨干贞灭大天兴国，改国号大义宁。

徐霞客

南有着特殊贡献，而云南也一直记着他的名字，他就是徐霞客。300多年前，当徐霞客进入云南时，他被云南的山水人文倾倒了。从徐霞客游记中，我们可以触摸到当年云南的脉动，感受到古老文化与自然美景的完美结合。从20世纪70年代开始，徐霞客游滇时所到之处，大多成为云南的热门景点。

400多年前的1607年，21岁的徐霞客肩负行囊，手持雨伞，步行离开家乡江阴，走向太湖，开始了探险和地理考察之旅。北历幽燕，南涉闽粤，西北直攀太华之巅，西南则到达中缅边境，足迹遍布大半个中国。1638年5月，53岁的徐霞客由广西来到西南边陲云南，这是他第一次踏入这片热土。这次入滇，徐霞客游历考察30多个县，经其友人整理而成的《徐霞客游记》全书63万字，其中《滇游日记》25万字，占全书的40%，居各省之冠，足以看出徐霞客对云南的情怀。云南之行，他考察出一个又一个突出的成果，比如他对岩石地貌的分类比欧洲人早130年；他论证了金沙江是长江的正源，改变了岷江是长江源头的旧说；他的著作《盘江考》中查明了珠江源头。

徐霞客在云南期间，曾先后两次进入昆明。他对昆明山脉的走势、江河的源流、岩溶地貌，均详加考证；对风土人情，历史沿革、名胜景观，文士名流等，亦颇多关注。其《滇游日记》中，约有5万多字记述昆明。1640年，徐霞客第二次进入云南，病中的徐霞客从丽江辗转半年，回到家乡。半年后，徐霞客与世长辞。两次到云南，徐霞客尽心尽力，圆满完成了一位中原文化使者的任务，在云南文化发展史上留下了重要的篇章。

十 吴三桂虎踞云南

吴三桂是中国明末清初时期一位具有传奇色彩的人物，他引清兵入关的行为，给中国历史的进程抹上了浓重的一笔。然而，正是这样一位为大清王朝立下汗马功劳，曾经在大清王朝位极人臣的武将，却以悲惨的结局走完了显赫的一生。

提起吴三桂，不得不提起云南。1644年，“冲冠一怒为红颜”的吴三桂降清后，充当清王朝的急先锋，从山海关直杀到云南。1662年，他镇压了南明永历帝及李定国的抗清斗争，并在昆明绞死了永历帝。同年，清廷晋封吴三桂为平西亲王，兼辖贵州省，永镇云贵。从此吴三桂独踞一方，统治了云南23年，给云南人民带来了无比深重的灾难。

明清时期

1381年，朱元璋派大将傅友德、沐英率军队在奢香夫人的帮助下攻占云南。
1638—1640年，著名旅行家徐霞客游历云南，并著《滇游日记》于《徐霞客游记》中。

1659年，吴三桂率清军入云南，后至缅甸追捕永历帝。
1662年，吴三桂从缅甸抓回永历皇帝，在昆明绞死。后吴三桂受封为平西王，驻守云南。
1673年，康熙决定削藩，吴三桂在昆明出兵反清。

1681年，清军攻破昆明，吴三桂之孙吴世璠自杀，三藩之乱失败。
1726—1731年，云贵桂三省总督鄂尔泰实行“改土归流”制度，加强了中央政府对边疆的统治，也促进了当地经济文化的发展。

飞虎队

“二战”援华美军中声名最为显赫的当属“飞虎队”。这支由美国退役军官陈纳德组建并指挥的长空利剑，创造了一个个不朽的传奇。

陈纳德领导的“飞虎队”沉重打击了日本空军，在抗战后期，飞虎队还开辟了著名的“驼峰航线”，为中国的抗战送来源源不断的物资，为中国抗战做出了卓越的贡献。

飞虎队

飞虎队抗战大事

- **1941年4月，** 陈纳德招募美军飞行员到中国以平民身份参加对日作战。
- **1941年8月1日，** 中国空军美国志愿大队成立，陈纳德为指挥员。
- **1941年12月20日，** 志愿大队在昆明初战告捷，开始被人们称为“飞虎队”。
- **1942年5月，** 日军侵占缅甸后进犯云南，为阻止日军跨越怒江，飞虎队连续出击，重创日军。
- **1942年6月，** 陈纳德率领飞虎队到桂林，在桂林上空一举击落日机8架。
- **1942年7月，** 美国航空志愿大队解散，陈纳德改任美国驻华航空特遣队司令。
- **1943年3月10日，** 驻华特遣队编为美国陆军第14航空队，开辟了著名的“驼峰航线”。
- **1943年11月25日，** 陈纳德指挥美空军机队远征日军在台湾的机场，击落日战斗机15架，并将机场上的42架日机全部摧毁。
- **1945年8月1日，** 陈纳德离开中国回国。

近现代时期

1856—1873年，云南杜文秀和李文学起义，几乎占领昆明城以外的云南全境。

1909年，清朝实行新政，云南编立新军，成立陆军讲武堂。

1910年，法国投资的滇越铁路（我国境内部分今名昆河铁路）通车，它是我国最长的窄轨铁路。

1911年重阳节，蔡锷、唐继尧率新军发动“重九起义”，脱离清朝。1915年12月25日，蔡锷、唐继尧又在此发动反对袁世凯的“护国运动”。

1928年，龙云任云南省主席，主政云南17年，人称“云南王”。

1938年，滇缅公路修通，成为抗战时期我国与境外联系唯一的交通线。

1938—1946年，清华大学、北京大学、南开大学在昆明联合办学，称为国立西南联合大学。

陈纳德

陈纳德是"飞虎队"的创立者，后被任命为美国陆军第14航空队司令，有"飞虎将军"之称，对中国的抗战做出了巨大贡献。

飞虎队创立者陈纳德

鲨鱼头

飞虎队的飞机头部全部漆画成鲨鱼头，鲨鱼在日本传说中被认为是可怕的象征，陈纳德决定以这种图案作为飞虎队飞机的专用图案，用于威慑日军。

飞虎队鲨鱼头战机

吴三桂在云南养了大约7万人的军队，向清政府每年索饷900万两白银，全省的赋税都不足供他的军饷，全省的粮食不足供他军队之需。而后又霸占土地，他将原来云南土皇帝沐氏的庄园全部据为己有，又掠夺了大量农民的土地，兴建豪华王府和别墅安阜园。当时的省会昆明，几乎大部分土地已变成了他养军马的牧场。另外，他还增重赋税，铸西钱及后来的洪化钱等，控制了整个云南经济，独霸一方。

1673年，吴三桂叛清，发动"三藩之乱"，与清王朝开始了长达9年的战争。1678年，做了五个多月皇帝的吴三桂身患重病，死于衡阳。1681年，清军攻下昆明，结束了吴家在云南的统治。

杜文秀起义

在云南的回族人民中，除郑和外，还有一位杰出人士值得纪念，他就是清末高举反清大旗，团结回、汉、彝各族人民，以无畏的勇气与清政府展开斗争的杜文秀。

杜文秀起义爆发于清咸丰六年（1856年），而起义的原因却要追溯到11年前的"保山惨案"。1845年9月，保山县官军与"香把会"勾结，对县城内的回族人民进行屠杀，4000多回族人民几乎被屠杀殆尽。杜文秀全家在这场大屠杀中几乎全部遇难，他的祖父、外祖父、父亲、母亲、弟弟和妹妹等15人均被杀害，未婚妻也被抢去。

近现代时期

1942年，驼峰航线开辟，有10多万中国远征军从云南进入缅甸作战。

1946年7月，社会进步人士李公朴、闻一多在昆明先后被特务暗杀，史称"李闻惨案"。

1949年12月9日，卢汉举行起义，宣布云南和平解放，至1950年2月24日，云南全境解放。

1970年1月5日，云南峨山、通海发生7.7级大地震，造成15 621人死亡。

1982年，西双版纳入选第一批国家风景名胜区，自此，云南逐渐成为旅游热门地。

1996年2月3日，丽江发生7.0级地震，造成17 366人死亡，之后丽江重建，开启了当地旅游的黄金时代。

1999年5月至10月，第14届世界园艺博览会在昆明举办。

1856年，清军与大理回族人民发生冲突，杜文秀认为时机已经到来，当机立断，率领义勇军近千人前往救援，将清军击退，占领了大理城，反清起义一举获得了成功。在各路起义头领中，杜文秀是秀才出身，到过京城见过世面，被推为“总统兵马大元帅”。他一上任，就下令废除清朝年号，用甲子纪年，改用明朝衣冠，旗帜一律用白色，以与清军相区别。他又把大理都督府改为大元帅府，大理新政权宣告成立。杜文秀高举反清大旗后，势如破竹，所向披靡，攻占了周围53座城池，半个云南在他的控制之下。

到1867年，杜文秀又向省会发展，发兵20万人围攻昆明。这时清政府改变“剿敌”政策，以高官厚禄为诱饵，对起义军进行招抚。这一招分化了起义军队伍，杜文秀手下大将马德新、马如龙投入了清军怀抱，使得抗清力量受到严重削弱，杜文秀的20万大军也在远征昆明中全军覆没。到1872年，形势急转直下，清军将大理城重重包围，杜文秀至死不屈，服毒而死。

杜文秀是一位杰出的农民领袖，他建立的大理政权是继太平天国运动之后又一面旗帜，声势震动了全国，他坚持武装起义长达18年之久，成为我国农民起义坚持时间最长的一次。

百年讲武堂

云南陆军讲武堂是中国近代一所著名军事院校，被誉为“黄埔军校的摇篮”，开办于1909年。它与创办于1906年的北洋讲武堂（天津）和创办于1908年的东北讲武堂（沈阳）并称三大讲武堂。

晚清时期，朝廷开始编练新军，各地开始开办讲武堂。1909年8月15日，云南陆军讲武堂正式开学，校址设在昆明原明朝沐国公练兵处，高尔登为首任总办（校长）。学堂开办之初，分步、骑、炮、工四个兵科，设甲、

讲武堂

乙、丙三班。课程仿照日本士官学校加以调整而成，分为学科、术科两项。讲武堂聘用了一批国内武备学堂毕业生和日本士官学校中国留学生任教。至辛亥革命时，讲武堂已为云南新军输送中下级军官600余名。

辛亥革命爆发后，云南都督蔡锷将军下令将云南陆军讲武堂改为云南陆军讲武学校。以云南讲武堂师生为骨干组建的滇军，在护国、护法战争中战绩辉煌，故学校声誉日隆，威名远扬。1924年，孙中山先生创办黄埔陆军军官学校之际，新式教官甚为缺乏，很多云南陆军讲武堂的师生进入黄埔军校，协助创办军校，很多人成了黄埔军校的重要教官。云南讲武堂使用过的辅导教材成了黄埔军校的重要读物和教材。

1930年，龙云在讲武学校成立滇军教导团，龙自兼团长，除步、骑、炮、工四兵科外，增设宪兵、经理、交通三个区队以培养专业军官。教导团共办三期。至此，云南陆军讲武堂、讲武学校共办22期，包括校内举办的各种培训队、班，共培养各类军官、军士约9000人。

1938年，该校按黄埔军校系列，改名为“中央陆军军官学校第五分校”，昆明分校由龙云兼主任。抗日战争结束后，1945年9月，第五分校奉令停办，讲武堂也结束了其30多年的历史使命。

抗战大后方

抗战时期，当中原和沿海地区的国土沦陷于水深火热之中，云南作为山峦屏障掩映

西南联大

中的大后方，理所当然地承担起了历史的责任，滇越铁路、滇缅公路、驼峰航线、中印公路的畅通，为抗战做出了巨大的贡献。抗战期间，云南人民为军队出征壮行助威，为阵亡将士恸哭祭奠，为前线献血筹款筹粮，为抗日救国争取民主游行呐喊……自1937年7月7日起，云南人民就把自己的命运和正在前线与敌寇生死搏斗的军民紧紧融合在一起。

西南联大

西南联合大学是中国抗日战争期间设于昆明的一所综合性大学，由北大、清华、南开三所著名的高校组成，大师云集，名家荟萃，师资力量一流。西南联大优质的生源，再加上良好的教育制度和学风，使得西南联大培养的一大批学生成为中国乃至世界著名的优秀人才。在中国两院院士中，西南联大师生共有172名院士，其中学生有90名。

西南联大对抗战的胜利同样做出了不朽的贡献。据统计，1938年4月到抗战胜利这一时期，西南联大参军的学生有870多人，他们在抗日的各条战线上都做出了杰出的贡献。

热血滇军

云南为抗战做出的另一贡献是直接派滇军出省抗战。抗战爆发后，云南迅速派出第60军、第58军、新3军、老3军奔赴抗日战场，连同国民政府历年征兵，抗战期间云南至少将42万名子弟输送到抗日前线。滇军装备精良，训练有素，战斗力强，参加了20余次抗日重大战役，其中最著名的是血战台儿庄和血战中条山，伤亡官兵10余万人，为抗战立下了卓著战功。抗战胜利后，滇军开赴越南受降，书写了光辉的一页。

滇缅公路

1937年抗日战争全面爆发后，由于中国的工业基础薄弱，急需大量物资和外援，开辟运输大通道便成了当务之急。于是在1938年初，来自滇西28个县的20万民众在抗日救国信念鼓舞下，风餐露宿，劈石凿岩，历时10个月，在高山峡谷激流险滩上，沿滇西、缅北990千米的山野，用双手和血汗修筑了滇缅公路。其间因爆破、坠岩、坠江、土石重压、恶性痢疾而死去的民众达几千人。当时青壮年大都已开赴中原参加抗战，修路的绝大部分是老人、妇女和孩子。于1938年年底通车的滇缅公路成为中国抗战的输血管。这在当时几乎是个奇迹，震惊了世界。根据当时的《云南日报》统计报道，修滇缅公路牺牲了约3000人，这些先烈用自己的生命打通了中国的生命线。

驼峰航线

“在天气晴朗时，我们完全可以沿着战友坠机碎片的反光飞行，我们给这条洒满战友飞机残骸的山谷取了个金属般冰冷的名字——‘铝谷’。”这是昆明驼峰航线纪念碑下纪念橱窗中的一段文字，也是美国《时代》周刊对驼峰航线的描述。

驼峰航线是“二战”时从印度东北进入中国西南的空中运输通道，因沿线山峦高低起伏状似驼峰而得名。1942年1月，8万日军大举进攻缅甸；5月，日军切断中国最后一条陆上交通线——滇缅公路，中美两国被迫开辟“驼峰航线”，为中国抗日战争、美国在亚洲战场补给物资。驼峰航线总航程约800千米，沿途地势险峻，最高海拔达7000米。至“二战”结束，驼峰航线以近600架飞机失事、1500多人牺牲的代价，向中国运送物资65

万吨，为抗战胜利提供了物质基础。

云南历史名人

云南历史悠久，风景秀美，数千年来涌现出了众多的人才。在美丽的彩云之南，他们创造了一个又一个传奇。

段思平（893—944）：白族，大理喜睑（今喜洲）人，大理国的缔造者、开国皇帝。937年，段思平领导起义军建立大理国，统治云南达300多年。

郑和（1371—1433）：本姓马名和，小名“三宝”，昆阳（今昆明晋宁）人。明代著名航海家。他七次远征西洋，比远航美洲的航海家哥伦布早半个多世纪。航海足迹遍及亚、非30多个国家和地区，最远到达红海和非洲东海岸。

曲焕章(1880—1938)：字星阶，云南白药创始人，生于今玉溪江川区。1902年，曲焕章研制出云南白药；1938年台儿庄战役中云南白药成功医治了大批伤员，此后声名远播。如今云南白药已成为著名的百年医药老字号之一。

唐继尧（1883—1927）：云南会泽人，近代著名革命家。1915年12月25日，唐继尧与蔡锷一起联名通电全国，宣布云南独立，发起推翻袁世凯的“护国起义”，掀起“护国运动”。

龙云（1884—1962）：字志舟，彝族人，云南省昭通市昭阳区炎山乡人。民国时期国民党滇军高级将领，曾任云南省国民政府主席、云南陆军讲武堂校长等职务，被称为“云南王”。

聂耳（1912—1935）：原名守信，字子义（亦作紫艺），祖籍玉溪，生于昆明。著名音乐家，创作的《义勇军进行曲》后成为中华人民共和国国歌。

聂耳雕塑

曼阁佛寺

松赞林寺

文 化

《云南映象》

《云南映象》，如梦如幻

继《五朵金花》《阿诗玛》这些作品让云南这片神秘的土地成为人们向往的胜地后，由我国著名舞蹈艺术家杨丽萍出任艺术总监、总编导并领衔主演的艺术精品——大型舞蹈剧《云南映象》又一次让人们的目光聚焦于云南。

《云南映象》是一台将云南原创乡土歌舞与民族舞重新整合的充满古朴与新意的大型歌舞。这部长达100分钟的舞蹈，倾注了舞蹈家杨丽萍的全部心血。参与《云南映象》的演员大多是来自乡间地头的少数民族农民，他们从小就能歌善舞，无论打鼓还是跳舞都是他们日常生活的常态，演出服装全部是少数民族生活着装。原汁原味的真实服装道具，不加雕琢的唱腔和原始自在的舞技，将传统歌舞和新锐舞蹈、现代舞美完美融合，在现实的基础上再创了神话般浓郁的云南民族风情。

这部歌舞剧的主要序目内容由序混沌初开、第一场太阳、第二场土地、第三场家园、第四场火祭、第五场朝圣、尾声雀之灵7个部分组成，也可以分为云、日、月、林、火、山、羽7大片段。2009年《云南映象》表演团队开始全球巡演，场场爆满，广受好评。杨丽萍把大地儿女对母亲的热爱化为对天地精灵的感悟，用感性的肢体语言勾起人们对家园的沉思。

奇特的云南十八怪

云南地处中国西南边陲，这里既有山谷高原，又有热带风情，千山万水间还生活着风情各异的少数民族。独特的地理风貌，特殊的气候状况，多彩的民族风情，奇特的风俗习惯，造就了云南许多不同于其他地方的奇异现象，人们将其中具有代表性的一些景象总结成为“云南十八怪”，折射出了云南的别样风情。

第一怪：鸡蛋用草串着卖。老乡们为了使鸡蛋便于携带，

云南卷轴

《徐霞客游记》：《徐霞客游记》中的《滇游日记》共计25万字，对云南山脉的走势、江河的源流、岩溶地貌、风土人情、历史沿革、名胜景观、文士名流等均有描述。

《丽江的柔软时光》：书中有近两千张的图片，以生活化的场景为主，全彩制作，呈现一派视觉的盛宴，让你全身心地贴近丽江，感受丽江的悠闲。

《消失的地平线》：美籍英国作家詹姆斯·希尔顿于1933年创作，书中描写了中国藏区一个叫香格里拉的地方，因为这本书，云南省的香格里拉成为世外桃源的代名词。

《汪曾祺写云南》：云南的诗意，昆明的诗意，经汪曾祺的如花妙笔，恰到好处地展现出来。虽然用的是散文体裁，但是背景是老昆明，景物与人情、民风都是写实的。

鸡蛋串着卖

又不被碰坏，便以竹篾或麦草贴着蛋壳编起，10个为一串，富有特色。

第二怪：摘下斗笠当锅盖。云南的锅盖形似于内地的斗笠，便于抓拿，而且用此做锅盖，透气保温，做出来的饭更加清香。

第三怪：三只蚊子一盘菜。云南的许多地区天气炎热，一些蚊子个头较大，故夸张地说三只蚊子一盘菜。

第四怪：火筒能当水烟袋。当地人抽烟所用的烟袋很像内地的吹火筒，烟气经过滤，可以降低焦油的浓度，味道更加清凉香醇。

第五怪：糌粑被叫作饵块。云南产稻米，蒸熟舂打后，揉制成长条形的半成品，可炒吃、煮吃、蒸着吃，颜色白如雪，当地称饵块。

第六怪：背着娃娃谈恋爱。一些少数民族，媳妇婚后数日便回门了，等有了娃娃再回婆家与丈夫相聚，开始真正的恋爱。

第七怪：四季服装同穿戴。云南地区气候多变，早晚温差较大，在街上四季服饰随处可见，长的、短的、厚的、薄的，颜色艳丽，绚丽多彩。

第八怪：蚂蚱能做下酒菜。云南许多地区的人们以昆虫为美味，蚂蚱油煎之后，焦脆鲜香，成了美味的下酒菜。

第九怪：姑娘被叫作老太。云南有些地区把姑娘叫作老太，喊老太也就是内地人所称的小姨。

第十怪：和尚可以谈恋爱。云南一些地

云南影像

《五朵金花》（1959）：电影讲述的是白族青年阿鹏与女孩金花在大理“三月街”相遇，次年阿鹏走遍苍山洱海寻找金花，经过一次次的误会之后，有情人终成眷属的爱情故事。

《阿诗玛》（1964）：由民间长诗改编而成的经典影片，描写了聪颖美丽的彝族姑娘阿诗玛与勇敢憨厚的青年阿黑相爱相离的凄美爱情故事。

《一米阳光》（2004）：该片讲述的是发生在美丽的丽江古城中的一对男女用生命镌刻的一段爱情故事，现在，“一米阳光”已经成为丽江的名片之一。

《茶马古道》（2005）：讲述了当国家处于危难之时，三个云南家族的主人公，放下个人恩怨，以民族大义为重，组成马帮商队走上茶马古道，保障抗战物资运输的故事。

区的男子上寺庙当和尚就像内地上学读书或服兵役一样，可以还俗结婚生子，受其影响，边民也穿和尚服谈恋爱。

第十一怪：老太爬山比猴快。云南多高山深谷，当地人从小到老爬山越岭、种地砍柴都习以为常，七八十岁的老人登山往往如履平地。

第十二怪：新鞋后面补一块。少数民族妇女在绣花鞋后面，用布巧做鞋曳，上面绣花精心点缀，既美观又有挡灰挡泥的实用价值。

第十三怪：汽车还比火车快。由于高山峡谷众多，云南境内的铁路坡度大、弯道多，使得火车的速度很慢，形成了火车没有汽车快的独特景观。

第十四怪：脚趾常年都在外。云南到处崇山峻岭，行路不便，当地人做成浅帮鞋，露出脚趾，能够感到更加凉爽。

第十五怪：娃娃全由男人带。云南的妇女们历来勤劳，很多外面的活都由她们来干，而男子们相对来说却比较清闲，大多待在家里带孩子。

第十六怪：花生蚕豆数着卖。旧时滇省民风多淳善，喜欢以物易物，耻言商品交易，故花生蚕豆等物品都数堆卖，人心就是秤一杆。

第十七怪：这边下雨那边晒。云南地理位置特殊，气候多变，相差十里便会有不同的天气景象。

第十八怪：四个竹鼠一麻袋。山区竹林很多，竹笋繁茂，食竹笋的鼠多硕大，与家鼠差异明显。

十 云南八大名花

“天天有绿叶，四季有花开”的云南是上天特别眷顾的地方，这里夏无酷暑，冬无严寒，绝大部分地区一年到头都气候温和，百花怒放，花香四溢。云南有八大名花，分别是山茶、玉兰、百合、杜鹃花、报春、兰花、绿绒蒿、龙胆，它们共同织就了美丽的七彩云南。

山茶：名列云南八大名花之首，为昆明市市花。据统计，全世界的山茶花属有80余种，云南有35种，占总数的44%。云南山茶栽培的历史悠久，数百年来，山茶花与云南人民的生活结下了不解之缘，以其娇艳无比、多姿多彩而在国内外享有盛誉。

玉兰：玉兰花属木兰科，在我国栽培历史久远。玉兰花中的龙女花，又叫大理木兰，花色洁白而馨香，闻名四海。

百合：百合花期长、花色多，有的还具有香味，既可盆栽观赏，又可植于庭园、花坛，还可切花作鲜花出售，是一种普遍受人喜爱的花卉。

山茶花

云南天籁

《远方的客人请你留下来》：歌曲的创作灵感来源于云南彝族热情淳朴的少数民族同胞。这首歌以彝族撒尼风格的曲调定下了主旋律，同时糅入民歌《放羊调》的音乐。

《小河淌水》：云南民歌，歌词质朴自然，富于想象，感情真挚、内在，表现出少女的活力与纯情，是一首经典的民歌作品。

《彩云之南》：歌手徐千雅演唱的歌曲，歌曲结合了云南多种民间音乐元素创作而成，充满了柔性的张力，具有很宽的音域和清亮明澈的音色。

《温暖》：歌手许巍作词、作曲并演唱的一首歌曲，抒发了作者对大理苍山洱海和丽江古城美景发自内心的热爱。

傣族

傣族是云南独有民族之一，主要分布在云南省的西部和南部边疆地区，主要聚居区在西双版纳傣族自治州和德宏傣族景颇族自治州等地。傣族属于古代越人族属，公元13世纪因蒙古族南下扩张而南迁至西双版纳周边地带。傣族多住在肥沃的河谷平坝间，以种植农作物和经济作物为生。

头发都是盘于头顶，以梳子固定，别以鲜花、梳子等简单发饰。

傣族妇女一般都长得身材苗条，面目清纯娇美。

上身一般穿绯色的紧身小背心，外面穿的是紧身短上衣，圆领窄袖，有大襟 ，也有对襟，有淡红色、淡黄色、青绿色和天蓝色等。

下身穿筒裙，一直长齐脚背，色彩鲜亮美丽，大多用丝绸、缎子、锦纶等料子缝制。

妇女的衣服、筒裙都紧紧地裹住身子，将人体的线条勾勒得更加流畅。

泼水节

泼水节是傣族的传统节日，这一天，人们清早起来便沐浴礼佛，之后便开始连续几日的庆祝活动。期间，大家用纯净的清水相互泼洒，祈求洗去过去一年的不顺。泼水节是傣族的新年，时间在公历的4月中旬，一般持续3~7天，期间还有赶集、赛龙舟、孔雀和大象表演等丰富多彩的活动。

泼水节

孔雀舞

孔雀舞是傣族民间舞中最负盛名的传统表演性舞蹈，其动作优美典雅、柔韧又轻盈敏捷，著名舞蹈家杨丽萍创作并表演的《雀之灵》《雀之恋》在中国广为流传。

孔雀舞

杜鹃：俗称映山红，各色杜鹃花常成密集的杜鹃花灌木丛，因它绚烂的花形花色，有“花中西施”之美誉。

报春：报春花不娇不奢、朴素大方，其生长环境不需要特殊的条件，只要有立锥之地便可生存。更为可贵的是它能在冰雪之中吐蕾开花，迎风傲雪向人们传递春天到来的信息。

兰花：兰花又名兰草，是兰科兰属多年生宿根草本植物。在中国古代艺术中，把它与竹、菊、梅并称为“花中四君子”，比喻一个人不被世俗污染的高洁品格。

绿绒蒿：绿绒蒿全世界共有49种，云南占17种，多集中分布于滇西北海拔3000~5000米的雪山草甸。绿绒蒿不仅具有很高的观赏价值，有些种类还可入药治病。

龙胆：龙胆在云南以滇西北、高山和亚山地带最为集中，多数种类生长在海拔2000~4800米的高山温带地区和高山寒带地区，多为青绿色、蓝色或淡青色。

茶马古道，蹄印依稀

在中国西南部的高山密林中，有一条难辨痕迹的小道曾在历史上发挥过重要的作用，它就是著名的茶马古道。

历史上的茶马古道并不是仅有一条大道，相反，茶马古道的脉络极广，是一个庞大的交通网络。它是以川藏道、滇藏道与青藏道三条大道为主线，辅以众多的支线、附线构成的道路系统。而云南省境内的茶马古道主要指的是滇藏茶马古道和贡茶古道。

茶马古道起源于唐宋时期的“茶马互市”。因康藏属高寒地区，海拔都在三四千米以上，糌粑、奶类、酥油、牛羊肉是藏民的主食。燥热的天气再加上藏民体内脂肪的不易分解，所以藏民在长期的生活中，养成了喝酥油茶的高原生活习惯，但藏区不产茶。临近的云南西双版纳则有良茶普洱，加之藏区与川、滇边地盛产良马，于是，具有互补性的茶和马的交易即“茶马互市”便应运而生。这样，藏区和川、滇边地出产的骡马、毛皮、药材等与川滇及内地出产的茶叶、布匹、盐和日用器皿等，在横断山区的高山深谷间南来北往，流动不息，并随着社会经济的发展而日趋繁荣，形成了延续至今的茶马古道。

茶马古道上经济物资的大量交流同样带来了文化的传播，促进了滇西北纳西族、白族和藏族等各兄弟民族之间的经济往来和文化交流。茶马古道像血脉一样横贯云南

云南驿村

纳西族

纳西族是中国一个古老的民族，是古代羌人向南迁徙的一个支系。纳西族绝大部分居住在滇西北的丽江市，纳西族中家族组织普遍存在，是一个聚居程度较高的民族。纳西族在艺术方面独树一帜，其诗文、绘画、雕塑、乐舞艺术名扬中外。

纳西族热情好客，贵客临门，主人要做六样或八样菜款待。纳西族是个极重信用且讲义气的民族，很看重平等与信用，所以在与他们交往时有什么要求最好能直接说明，不可欺瞒哄骗。

东巴文字

东巴文字是目前世界上罕见的仍使用着的原始象形文字，它比图画进步，但又比已属于表意文字发展阶段的甲骨文原始，是属于图画记事和表意文字中间发展阶段的原始象形文字。

东巴文字有1400多个单字，词语丰富，能够表达细腻的情感，能记录复杂的事件。

东巴文字

东巴文字被称为目前世界上唯一存活着的象形文字，被誉为文字的"活化石"。

东巴文字是居于西藏东部及云南省北部的少数民族纳西族所使用的文字。

东巴文字形态十分原始，甚至比甲骨文的形态还要原始，属于文字起源的早期形态。

东巴文字墙

东巴铃铛

纳西古乐

纳西古乐是中国最古老的音乐之一，由白沙细乐、洞经音乐和皇经音乐组成，融入了道教法事音乐和儒教典礼音乐，在纳西族地区广泛演奏。古乐最具欣赏性的地方是其"稀世三宝"。第一宝是古老的曲子；其次是古老的乐器，乐师们手上所持乐器，皆有上百年历史；再有就是古稀的艺人。

纳西古乐

境内，四通八达。艰险超乎异常的古道上，马帮每次踏上征程，就是一次生与死的体验之旅。现在在丽江古城的拉市海附近、大理州剑川县的沙溪古镇、祥云县的云南驿、普洱市的那柯里等地均有保存较完好的茶马古道遗址。

彝族土掌房

彝族是古羌人南下在长期发展过程中与西南土著部落不断融合而形成的民族。土掌房是彝族独具特色的建筑，其建造历史可追溯到1000多年前的汉朝。当时，为适应楚雄亚热带气候和山地特点，彝民们便就地取材，从自然、审美和宗教文化的角度，以一种最容易、最节省钱财人力的建房方式，创造出中国建筑的独特样式——土掌房。

作为楚雄地区彝族人居住的最古老的传统民居，土掌房大多建在干旱少雨的高寒山区和河谷地带，建筑材料以泥土为主，再添加适量的木材。山区泥土丰厚、石头众多，在村寨边的山坡上随手撬来一些大石头，砌起一二尺高的墙脚墙基，再用夹杆夹好筑板作为模板，挖来红土倒进模板中间，用木杵舂筑坚实土墙，等到土墙风干、晒干后，再把加工好的圆木头架放到墙顶上作为主梁，再酌距离搭放一些横梁，接头处用加工好的榫口卡接，一卡接上去，往往就严丝合缝，牢固难散脱。其他空间平行搭放上厚薄均匀、表面光滑的木片，再在上边铺上一层厚厚的山茅草，草上敷泥，经捶实后，形成平台房顶，这样，彝族传统的民居土掌房就建盖成功了。

彝族土掌房

土掌房一般为两层，下层是猪、牛的圈舍，上层是人居住的生活区，楼面和屋顶可做晒场和凉台。这样建造的房顶不易漏雨，有较好的隔热性能和防火性能，吸热慢，散热也慢，可以自然地调节昼夜温差，住在里面，冬暖夏凉。长期居住时，只要注意保养平台屋面，一般可住数十年甚至上百年，即使需要翻修更新，也较其他建筑省力。

彝族百姓常常在土掌房的大门上、门楣上等部位绘各种日、月、鸟兽等图案，极富建筑装饰效果，体现了彝族人民的审美情趣和建造艺术。

白族民居一颗印

云南高原地区，四季如春，无严寒，多风，故住房墙厚重，最常见的形式是毗连式三间四耳，即子房三间，耳房东西各两间。子房常为楼房，由于山区地方小，潮湿，为节省用地，改善房间的气候，促成阴凉，采用了小天井，住宅高墙型小窗是为了挡风沙和防火，住宅地盘方整，外观方整，当地称“一颗印”，又叫窨子屋。

每幢窨子屋都是坐北朝南，大门照壁上方尚留有色彩斑斓的绘画，或大禽猛兽，或松菊梅兰，中门来贵人才开。跨过高高门槛，里面是天井，青石板上长满了青苔。堂屋门前很多挂有木匾，有的勉强看出是“艺苑先声”，有的已辨不出颜色。

屋里地面一律是用石灰、桐油、瓷粉混合筑就的“三合泥”，这样的地面平整光亮而不滑，凉爽而不潮湿。再看厅堂、居室的门雕、格扇、栏杆都十分精巧，图案家家不同样，但都有福禄寿喜、封侯拜相的吉祥寓意。就是一个五层的台阶，也要建得一级比一级宽，一步比一步高，意谓步步高升。

白族民居一颗印

南传上座部佛教

西双版纳与泰国清迈、缅甸景栋、老挝琅勃拉邦齐名，被称为上座部佛教的四大中心。掩映于热带自然景观当中的佛寺建筑、凝刻着古老经文的贝叶经、身着黄袍的僧人、宗教信仰融于世俗生活的人文风情，无不让人对这片佛教圣地心驰神往。

佛教起源于公元前6世纪的印度，后分化为大乘、小乘两派。小乘佛教即南传上座部佛教。约在公元3~6世纪，佛教由印度或斯里兰卡传入缅甸，再从缅甸传入西双版纳。佛教传入之初称“摆坝派”，没有被傣族群众接受。后传入的一派称“摆孙派”，被群众所接受，成为普及派。由于佛教宣扬的消极、忍耐、调和、轮回、因果报应等有利于维护傣族封建领主的统治，受到统治者的赞扬、拥护并极力推广，所以成为傣族、布朗族信奉的宗教。

上座部佛教的基本思想和教义有四谛五蕴、十二因缘、三法印、轮回、业报。上座部佛教要求僧侣、信徒严格遵守十戒：不杀生、不偷盗、不淫邪、不说谎（不记前仇）、不酗酒、过午不食、不观听歌舞、不戴花不抹香水、不坐高处、不积蓄金银财宝。

傣族、布朗族的每个男子到七八岁左右，都要到佛寺当一段时间和尚，才有结婚、成家立业的权利和义务。当和尚的时间长短不一，有些人终身为僧。西双版纳的佛教建筑主要是佛寺、布萨堂（戒堂）、佛塔三大类，特别是佛寺和佛塔遍布傣族、布朗族居住的村寨，其中不乏国内外有名的建筑，成为西双版纳的一大景观。

云南白药，中华瑰宝

1938年3月，中国军队取得了台儿庄战役的胜利。在中方军队的阵营里，一支来自云南的部队让人惊讶。他们头戴法式钢盔、脚踏剪刀口布鞋，作战十分骁勇。他们身上还带有一小瓶白色的粉末。这些战士受了伤，不管伤势如何，只要还能动，就不打绷带、不坐担架，只把这白色的粉末，吃一点，外敷一点，便又上阵拼杀。台儿庄一役，不仅打出了滇军的威名，也让曲焕章的“万应百宝丹”声名远扬，后来人们又把这种百宝丹叫作云南白药。

云南白药是云南著名的中成药，由云南玉溪民间医生曲焕章于1902年研制成功。云南白药主要以云南文山州特产三七为主要成分，对于止血愈伤、活血散瘀、消炎去肿、排脓驱毒等具有显著疗效，特别对内脏出血更有其神奇功效，因此成为主治各种跌打损伤、红肿疮毒、妇科血症、咽喉肿痛和慢性胃病的特效药品。从20世纪初行销于世以来，历久不衰，被誉为伤科圣药。产品有传统瓶装和胶囊剂两种。近几年，又在云南白药的基础上研制出了酊、膏、创可贴、中药牙膏等系列产品，堪称家庭必备保健良药。

云南白药

云南白药创制至今，已有近百年历史，凭借神奇的疗效，畅销海内外，到现在它的处方仍然是中国政府经济知识产权领域的最高机密。

过桥米线人人爱

提起云南，很多人首先想起的都是过桥米线，它是云南百姓最喜爱的食品之一，并且早已穿过千山万水，走进了全国各地的大街小巷，不断挑拨着人们的味蕾。

过桥米线源于滇南蒙自，距今已有100多年的历史，以用料考究、制作精细、吃法独特而深受云南人民的喜爱。米线品种甚多，吃法多样，既可热吃，也可凉吃，可荤可素，丰俭由人。

正宗的云南过桥米线由汤、米线和作料三部分组成。吃的时候准备一个大瓷碗，先放入熟鸡油、味精、胡椒面，然后将鸡、鸭、排骨、猪筒子骨等熬出的汤舀入碗内。之后要先把鸽子蛋、鸡蛋放入碗内，接着把生鱼片、生肉片等肉食依次放入，并用筷子轻轻拨动，好让生肉烫熟，接着放入叉烧肉等熟肉，再加入豌豆、嫩韭菜、菠菜、豆腐皮、米线，最后加入酱油、辣子油，此时就可以开吃了。正宗的过桥米线吃起来味道浓郁鲜美，它集中地体现了滇菜丰盛的原料、精湛的技术和特殊的吃法，在国内外享有盛名。

过桥米线

东方小夜曲——《小河淌水》

2008年北京奥运会闭幕式上，一曲改编的《小河淌水》打动了每一个人。其实早在20世纪50年代，《小河淌水》就以超越地域环境的人性追求之美，被世界不同地区、不同民族、不同肤色的民众所喜爱，被西方音乐界誉为“东方小夜曲”。

《小河淌水》是一首来自大理白族自治州弥渡县的云南歌曲。这首歌产生于1947年春，由当时的云南大学学生尹宜公（笔名赵华）在云南弥渡民歌《放羊调》和《月亮出来亮汪汪》基础上整理改编填词而成。歌词简单质朴，优美的旋律使人陶醉。全曲是羽调式，五个乐句，速度稍慢，以从容舒展、比较自由的节奏和回环起伏、清新优美而具有云南地方特色的旋律，描绘了一个充满诗情画意的深远意境：在银色的月光下，山下小河不时发出潺潺的流水声。聪慧美丽的阿妹，

见景生情，思念阿哥，把对阿哥的一片深情，倾注在优美的旋律中。柔婉的歌声，随着小河的流水，飘向阿哥所在的地方。歌曲展现的意境美不胜收，热烈真诚的感情，在特殊环境中得到群山激流的共鸣。

走婚桥

行走 云南

带什么

普达措情侣游

常规必带物品

服装、背包、鞋袜

云南绝大多数地区的气候温暖舒适，年温差小，但日温差大，一般携带春秋服装即可；但要是前往梅里雪山、玉龙雪山等高山地区，需携带一些冬季保暖衣物。

在够用的前提下，旅行携带的行李背包应越少越好。一般45升以下的背包就足以应付，如果参与一些野外徒步野营活动，那么一大一小两个背包也就足够。

既然是旅行，首选运动鞋和中低帮登山鞋，在云南绝大部分地区备一双舒适结实的运动鞋即可。袜子方面，选择弹性较好、排汗良好的运动袜即可。

药品、食品

常规旅游准备一些感冒药品、胃肠类药品和一些去热止痛的药品就可以了，如感冒片剂、感冒冲剂、泻痢停、复方阿司匹林、扑尔敏、抗生素。

云南旅游业发达，美食也很多，路上简单携带一些喜欢的食品即可，纯净水、红牛等功能饮料视消耗情况，随时补充储量。

洗漱用品

毛巾、牙膏、牙刷、香皂、护肤霜、洗发水、梳子、剃须刀、手纸、湿纸巾等。

手套、防晒霜、太阳镜、帽子

户外旅行，拥有一双始终保持双手干爽的手套，可大大加

强旅行的安全；在高原旅行，防晒霜可以削弱紫外线的影响，避免被晒得脱皮；一副好的太阳镜和一顶带有边沿的帽子也起着防晒的作用。

特殊选带物品

服装、背包、鞋

云南西部地处青藏高原和横断山脉地带，气候差异较大，根据需要，可准备保暖绒衣、速干排汗长袖衣物、防雨衣裤和冲锋衣等衣物。

背包应越少越好，前往滇西横断山脉地区，携带一个45~60升的背包（最好有防雨罩）即可，可以不带的东西尽量不带。

建议选择符合中量级标准的高帮登山鞋，最好能够携带一罐足底清爽喷雾，对足底杀菌除臭很有帮助。

药品、食品

对于完全背包客、徒步、探险之类的自助旅游，要备一些药品：

常备药物：牛黄解毒片、黄连素、牙周宁、息斯敏、乘晕宁。

外用药：云南白药、万花油、创可贴、清凉油、风油精、伤湿止痛膏、眼药水、药棉、纱布、绷带、白胶布。

维生素类：金施尔康、善存片、其他维生素片。

滇西部分地区的海拔还是比较高的，为防止产生高原反应，可适当服用红景天、肌苷片、西洋参等药物。行李里根据需要可装些携氧片和便携氧气罐。

食物方面，首选巧克力、牛肉干、水果糖、榨菜、饼干等高热量的食物。

帐篷、睡袋

若是前往滇西地区自助旅行，需要携带防雨帐篷和稍厚点的睡袋。

旅行水壶、指南针

随身带个水壶饮水十分方便；万一迷了路，指南针能够指引前进的方向。

摄影器材

旅游和摄影向来是不分家的。前往风情多彩的云南也是如此，相机是必不可少的装备。普通旅游需求下，手机基本能满足需要。若是想拍摄高质量的自然美景和少数民族的风土人情，带上一个专业相机加一个广角镜头和一个中焦变焦镜头基本能满足需要，一个轻便的三脚架也十分有必要。多带几块电池和几张容量大点的SD卡是明智之选。此外，偏振镜、UV镜、清洁套装、防尘防雨塑料袋等设备也十分有用。

何时去

梅里雪山

云南地形地貌复杂，气候也很复杂。大部分地域属于低纬高原气候，“四季如春”是这里的真实写照。而北回归线以南的西双版纳、德宏等地则属于热带季雨林气候，全年高温如夏。西北部为山地立体气候区，“一山有四季，十里不同天”。雨季主要集中在夏秋。

云南的最佳旅游时间在10月到来年的4月，这些月份雨水较少，山区因雨水带来的交通危险也少。滇西北气温较低，5月和9月是最佳旅游季节，要注意昼夜温差很大。

七八月是云南的雨季，下雨会影响出行，不过雨后的天气清凉舒爽，很适合夏日去避暑。云南冬季的阳光很好，北方的人们可以来此躲避寒冬，此时的丽江、大理一带，晒太阳的游人如织。不过香格里拉这样的地区还是比较冷的，而且雪山附近容易遭大雪堵路。

云南民族众多，各民族节庆的时间也是重要参考标准。昆明最好的旅游时间在7月，不仅可避开雨季，而且彝族最隆重、最盛大、场面最壮观、参与人数最多、最富有浓郁民族特征的火把节也在7月举行。7月同样是水果最好、鲜花最多的季节。4月西双版纳将会举行最隆重的传统节日——傣族泼水节，此时为西双版纳的最佳旅游季节。

无论春、夏、秋、冬哪个季节来到云南，都会有着别样的风景等着你。

泼水节

吃什么

过桥米线

云南的传统美食是滇菜，大有成为“第九菜系”之势。旅游者到此，自然要将地道的云南美味好好品尝一番。

过桥米线

是云南特有的风味小吃，已被昆明列为非物质文化遗产。米线制作精良，现烫现吃，鲜嫩可口，别有风味。

汽锅鸡

云南著名菜肴，采用干蒸做法，让蒸馏水变成鸡汤，鸡肉蒸得色泽金黄、熟而不烂，鸡汤清澈透明，原汁原味。入口即化，滋嫩鲜香。

宜良烤鸭

云南有名的传统菜肴，仔鸭细嫩香甜，肥鸭多油老香，皮酥肉脆，外香里嫩。

路南乳饼

新鲜羊奶制成，营养丰富，食用方便，制作简单，可烹制成各种美味菜肴。与火腿一起蒸煮，味道鲜美，深受喜爱。

弥渡卷蹄

色泽鲜艳，肉质含香，兼有香肠与火腿的美味。无论是蒸、煮，单食或配菜烹制，皆味美可口，佐餐下酒最相宜。

大理乳扇

大理乳扇

白族自制的鲜奶食品，形薄如纸扇，清香甜美。不但是当地人们喜爱的小吃，也是宴席中的名点。

傣味包烧

傣族的特色美食，将鱼肉、海鲜或鸡鸭等食物包在天然的芭蕉叶中，在炭火塘中烤熟，原汁美味，不能错过。

大救驾

即炒饵块，是云南特有的著名小吃。久负盛名的腾冲炒饵块，更是以其色、香、味、形独有品质倾倒了有此口福的天下吃客。

竹筒饭

又叫香竹饭，是用新鲜竹筒装着大米及调味料烤熟的饭食。饭熟后再配以肉、鸡蛋和蔬菜或是喜欢的菜肴，香味可口，营养丰富。

住哪儿

丽江客栈

云南的旅游业十分发达，住宿选择相对来说也十分宽泛，像昆明、丽江、景洪等城市，无论是青年旅舍、客栈，还是宾馆、酒店，都随处可见，十分便利；若是前往众多颇具民族风情的县城及城镇，也有一定数量的小宾馆方便入住；假如是野外探秘，或是前往坝美等世外桃源的话，可能只有野外露营或是住在当地人家中了。

星级酒店

昆明、大理、香格里拉等地的星级酒店不仅数量众多，并能提供优质服务，由于入住客人的需求较高，这些地区的星级酒店在交通、娱乐等设施方面也十分完善，您可放心选择入住。

快捷连锁酒店

如家、7天、汉庭等酒店在绝大多数的地级市区及自治州首府均有分布，各处著名的古城景区也有分布，需注意的是无论淡旺季，往往都需要提前预订。

普通宾馆及客栈

云南各个大中城市及县城广有普通宾馆分布，除去旅游旺季，价格较为合理，但住宿条件各有不同。此外，丽江、大理、香格里拉等地的客栈也很多，不仅风格各具特色，服务也十分周到，价格跨度也较大。

青年旅舍

云南作为国内外知名的旅游目的地，自然吸引了全球众多的背包客踏上这片乐土。同样，云南也不负背包客的厚爱，为他们提供了众多的青年旅舍，价格低廉的普通床位足以满足探奇为主的背包客的需求，而且还提供做饭、洗衣等设施。具体可参见青年旅舍（YHA）的中国官网：www.yhachina.com。

野外露营

您若是酷爱户外旅行的旅行者，云南对您来说简直是天堂，不仅天气条件较好（除去每年的雨季），而且丰富的民族风情和自然风光更是让您流连忘返。一般情况下，只需携带适合春秋季的野外露营帐篷、睡袋和衣物即可。

客栈小院

少数民族家中

若是您十分想零距离地体验少数民族的生活，可以考虑向当地人家借宿。最好自带睡袋、防潮垫，可避免农家被褥不够，席地而睡。同时也要注意尊重当地少数民族的风俗习惯，避免有冒犯风俗禁忌的举动。当您在体验过他们的日常生活劳作后，打算离开时，请适当给予报酬，表达感谢。

怎么走

昆明北站

前往云南的交通方式有多种，方式也较为简单。在云南省内旅行时，所选择的交通方式，向我们所展现的云南风貌有所不同，带给我们的人生体验与感受更大不相同。

在云南坐火车旅行是最为经济安全的选择，虽然“火车没有汽车快”，但也绝不比汽车慢，云南的铁路交通还是比较便利的。

云南的主要城市都有机场分布，游客可更为便捷地进出旅游目的地，但主要客流集中在昆明的长水国际机场、丽江的三义机场和西双版纳州的西双版纳机场。

乘坐汽车或自驾车进滇，较为便利，游客可根据实际情况做选择。云南省内的公路交通中，东部要比西部便捷，但总体发展较为成熟。

大理火车站

有用信息

旅游通信

常用傣语

傣语读音	中文意思
太板扎了	太好了、太棒了
买买三三	哇，天哪
太吃得成伙食了嘛	太厉害了、太牛了
整哪样	干什么?
猫哆哩	帅哥
嗦哆哩	美女
挨砍呢	亲爱的
水人	骗人
老爹	爷爷
占马门	占便宜

通信

云南全境基本都通手机，信号覆盖全面广泛，从信号强度上来说，三家运营商的信号均表现良好，偏远地区则是移动最强，电信次之，联通最弱。一般除非进入深山老林之中，否则无须担心通信问题。

银行

云南的众多城市，商业银行设施齐备，一般持具有银联标志的银行卡即可使用。但在小城镇，多是农业银行、邮政储蓄及农村信用合作社等机构，若是持有农行银联卡或是邮政绿卡前往，则较为便利。不过，现在绝大多数地方皆可通过微信、支付宝支付。

节约技巧

（1）选择入住品牌连锁酒店时，除了订房网站外，不妨到团购网站和酒店官网看看，往往有更多惊喜；在丽江或是大理等地，数量众多的客栈及青年旅舍，往往是比较实惠的选择。

（2）要善于利用淘宝、大众点评及各种团购APP应用，不仅能吃到美味，还能得到众多优惠。

（3）合理安排行程，不仅可节省时间，还能减少交通费用，可参考第一步旅行网等网站的行程攻略。

（4）在城市内，尽量选择公共交通。前往大理、丽江、罗平等地区时，可乘火车，会节约不少，但速度却与汽车差不多。

（5）淡季出行是省钱的撒手锏。淡季不仅门票价格减半，避开众多的游人，也可以欣赏到别样的风光。如12月的梅里雪山，有日照金山般的景色。

风俗禁忌

（1）在楚雄彝族人家中，切忌往火塘里浇水，以及在火塘旁脱鞋，更不能从火塘中央跨过。

（2）在大理白族人家做客时，斟茶只能斟半杯，喝完再续；斟满杯茶端给客人，被视为不礼貌。

（3）在红河哈尼族人家吃饭时，主人会把鸡头、鸡肝敬给客人，鸡腿给客人中的小孩，表明主人对客人的尊敬和欢迎。客人告辞时，主人会用芭蕉叶、黑棉线包一些茶叶、草烟等给客人。

（4）在西双版纳和德宏，进傣族奘房（寺庙的大殿）或上傣家竹楼须脱鞋，不能摸小和尚的头。若是在傣家竹楼留宿，头的方向不能对着主人家房门，要把脚对着主人家房门，也不能从妇女的脚上跨过去。

（5）在香格里拉藏民家喝青稞酒时，主人会向客人敬"三口一杯"酒，客人应先用右手无名指蘸点酒，向空中、半空、地上各弹一下，然后小喝一口；主人会把杯子倒满，再喝一口，主人又会把杯子倒满。这样喝完三次，最后把杯中的酒喝完。

（6）在文山苗族人家中，忌讳吃狗肉，禁止杀狗、打狗。若是在苗寨中看到门口悬挂草帽或插青树叶的人家，或者苗族人在举行婚丧、祭祀等仪式时，客人不要进屋。

突发状况

旅途中总是会出现一些不期待发生的情况，但只要做到"事前认真准备，事后冷静处理"，一切都会迎刃而解的。

高原反应：云南地处高原，但云南南部区域及昆明四周等绝大部分区域，海拔不高，基本不会出现高原反应。在丽江及香格里拉等靠近西藏的区域，只要不登高山及高海拔的地区，也不用担心高原反应。打算登高山或是前往高海拔地区的游客，可提前服用红景天、肌苷片等应对高原反应的药物，带上携氧片或是便携氧气罐更会大大降低风险。

汽车抛锚：开车自驾游之前您应当掌握一些简单基本的维修技术，若是途中汽车抛锚，先依据经验判断是否可以自己解决。不能解决时要打电话给保险公司寻求帮助，也可电话咨询云南省交通运输厅（0871-12328）或拨打114查询最近的修理厂。

钱物丢失：应以预防为主，最好做到少携带现金，把现金放在贴身衣物中，只把零钱放在包里；银行卡不要与身份证放在一起。若是钱物丢失，马上联系可以联系的朋友进行及时帮助，切不可拖拉。

水土不服、食物中毒或生病：因为水土不服、食物不洁或者天气因素，生病也是会发生的事情。因此，旅途中应带足相关药品（如感冒类、胃肠类药品等），出行时要保护自己，不随便吃东西、避免在太阳下暴晒、少在雨里蹚行等。

不让七彩云南再添"色彩"

云南是青藏高原和云贵高原的结合地带，这里纬度较低，热量充足，是热带生物的天堂，我们前往云南除获得了旅行带来的快乐外，也应承担环保责任。每个人都应做到不随便破坏或是占有当地的动植物资源，旅途中尽量减少垃圾的产生，更不能乱丢垃圾，尤其是在偏远地区，应将其带回城市中，进行回收处理。七彩云南无须我们再为其"添彩"。

香格里拉

发现者旅行指南

昆明

概览

亮点

石林

昆明石林属典型喀斯特地貌景观，石峰幻化成剑状、塔状、蘑菇状等各种形态，千奇百怪，美轮美奂。石林是世界自然遗产，素有“天下第一奇观”的美誉。

九乡

“地上看石林，地下看九乡”，石林之美，在于峰林；而九乡之美，则在于溶洞。九乡风景区拥有大小溶洞上百座，是国内规模最大、数量最多的洞穴群落体系之一，被誉为“溶洞博物馆”。

翠湖公园

翠湖公园是昆明市区最漂亮的公园之一，也是市民平日休闲的绝佳去处，每年冬天千万只红嘴鸥会来此越冬，已成为昆明的一大景致。

滇池

滇池是云南省最大的淡水湖泊，素有“高原明珠”“五百里滇池”之称。滇池作为昆明风景名胜地的中心景点，风光秀丽，碧波万顷，是度假观光和摄影的绝佳之地。

东川红土地

东川拥有云南高原最具特色的红土地，变幻莫测的光束在蓝天、白云、红土地的映衬下，构成了一幅五彩斑斓的美景，是不容错过的必游之地。

必逛街道

正义街：昆明著名老街之一，街口竖立着一个大牌坊。街道保留了旧式建筑并汇集了各式百货商场。

南坪步行街：曾有“昆明华尔街”之誉，是老昆明的商业、金融和娱乐中心。现已发展为现代商业和旅游观光相结合的综合购物街。

线路

昆明市内二日游

第一天游览市区景点，感受春城的闲适生活节奏和悠久历史。上午逛翠湖公园，参观附近的圆通寺；下午游览金马碧鸡坊；晚上逛滇池路夜市，品尝美味小吃。第二天去昆明世博园和金殿游玩。

昆明周边三日游

第一天品味城市风光，在市区游览翠湖公园、云南大学和昆明动物园；第二天

西山森林公园

感受民族风情，前往滇池周边的云南民族村和西山森林公园；第三天体验自然奇特的石林风景区。

为何去

七彩云南

悠久的历史、灿烂的文化、绚丽多彩的民族风情、神奇美丽的自然风光和得天独厚的气候条件，使得昆明跻身于全国十大旅游热点城市。昆明境内有集佛寺道观、古树名木于一园的西山森林公园，还有雕梁画栋的金马碧鸡坊，被称为“高原江南”的滇池，中国历史文化名镇官渡古镇，被评为世界地质公园和世界自然遗产的云南石林等。

来到昆明，体验美好风景的同时也会让你有所感悟，生活中除了生存奋斗，还要适时放慢脚步享受宁静，活在当下。

何时去

昆明四季温暖如春，全年适合旅游，最好的旅游时间在3~10月，既是云南少数民族节日最多的时候，也是水果、鲜花最多的季节。

昆明日温差较大，尤其在冬、春两季，建议带毛衣或外套。白天的日照较强，最好准备防晒霜和太阳镜；还应多喝水、多吃水果以防脱水。

薰衣草

区域解读

区号：0871
面积：21 012.54km²
人口：860万人
主要少数民族：
彝族、苗族、回族

地理 GEOGRAPHY

区划

昆明下辖7个区（盘龙区、五华区、西山区、官渡区、东川区、呈贡区、晋宁区）、1个市（安宁市）、3个县（宜良县、富民县、嵩明县）和3个自治县（寻甸回族彝族自治县、石林彝族自治县、禄劝彝族苗族自治县）。

地形

昆明市地处云贵高原中部，境内主要地形是高原和盆地，相对落差较大。

位于东川区和禄劝自治县交界处的拱王山马鬃岭海拔4247.7米，为昆明境内最高点。金沙江与普渡河汇合处海拔746米，为昆明境内最低点。

昆明城区南濒滇池，三面环山。其中风景秀丽、湖光山色的滇池是我国西南地区最大的淡水湖，同时也是昆明风景名胜的中心景点。

气候

昆明属低纬度高原山地季风气候，境内大多数地区春季温暖，夏无酷暑，秋季温凉，秋高气爽，冬无严寒，日照充足，具有典型的温带气候特点。

昆明城区年平均气温15℃左右，是全国年温差最小的地方，降水集中在6~9月。早晚温差较大，游玩注意带上厚衣物。

由于温度、湿度适宜，日照长，霜期短，所以昆明鲜花常年不谢，草木四季常青，“春城”的美誉由此得来，也因此成为理想的旅游胜地。

历史 HISTORY

历史大事记

●远古时期

昆明是我国西南古老文明的发祥地之一，远在3万年前的旧石器时代，滇池地区（今呈贡龙潭山一带）就有人类繁衍生息。

约7000年至4000年前，农业民族定居滇池一带，从事“刀耕火种”的原始农业和捕捞、狩猎、采集、饲养畜禽等多种经营活动，并已能纺纱、织布。

●战国时期

公元前3世纪，楚将庄蹻开滇，建滇王国，昆明成为我国西南地方政权较早的古都。

●魏晋南北朝

东晋以后，“方土大姓”爨氏势力逐渐强盛，成为滇中地区的统治者。历经南北朝、隋初的200多年间，在中原政治动乱、民族

石林

纷争的形势下，爨氏统治昆川（今昆明城区一带）一隅，社会安定，经济发展，成为当时西南在经济上较为繁荣和富庶的地区。

●唐宋元明清

746年，蒙氏皮逻阁进兵安宁，攻灭爨氏。于昆川置拓东城，成为南诏国的东部重镇。

1275年，元朝大臣赛典赤·赡思丁入滇，设云南中书省，设中庆路，昆明县为中庆路首府，正式命名昆明，并将云南的统治中心由大理迁至昆明。

1382年，明朝开辟护城河，修筑昆明城。并实行了云南历史上规模最大的移民，先后从南京等地移民330万人来昆明。

1647年，张献忠领导的农民起义军余部退至昆明，推行一整套政治、经济、文化制度，左右局势达12年。

南明时期，昆明成为桂王永历政权的“滇都”。

●近现代

1884年，清廷创立云南机器局，成为昆明近代工业的开端。

1910年，滇越铁路修通，从昆明通往越南海防。

1911年，昆明爆发“重九起义”，废除云南府，推翻清王朝在云南的统治。

1911年重阳节，蔡锷、唐继尧率新军在昆明发动“重九起义”，脱离清朝。1915年12月25日，蔡锷、唐继尧又在昆明发动反对袁世凯的“护国运动”。

抗战时期，昆明成为抗日大后方和“民主堡垒”。昆明巫家坝机场是“驼峰航线”飞行的重要基地，同时也是“飞虎队”的大本营，在抗战中起到了相当大的作用。

1938—1946年，清华大学、北京大学、南开大学在昆明联合办学，称为国立西南联合大学，培养了一大批中国现代学术大师。成为世界教育史上的奇迹。

1949年12月9日，云南和平解放。昆明的发展进入一个新的时代。

七下西洋的文明使者——郑和

郑和本姓马，云南昆阳州（今昆明市晋宁区）宝山乡和代村人，生于明代洪武四年（1371年）。郑和的先世是西域布哈拉人，即元朝的色目人，郑和自12岁入宫当了太监。元世祖忽必烈推翻南宋王朝，建立了元王朝后，于1253年攻占了位于云南地区的大理国，征服了当地各民族，并于1276年设置云南行省，派郑和的先世——回族人赛典赤·赡思丁统治云南。由于赛典赤治理云南政绩显著，深得民心，他死后被元世祖忽必烈封为“咸阳王”。郑和父亲原名米里金，汉名马哈只，袭封滇阳侯，母温氏。

郑和祖上世奉伊斯兰教，他自己是穆斯林，同时也信奉佛教，并多次受菩萨戒。作为伟大的航海家和开拓者，郑和以其超凡的智慧和博大的胸怀，对世界两大宗教兼容并蓄，集东西方文化于一身。特别是凭借佛教这把金钥匙，打开东南亚佛教诸国大门，沟通交流，促进友好，从而成就旷世伟业，彪炳千秋。

明永乐三年（1405年）七月，明成祖命郑和率领庞大的240多艘海船、2.74万名船员组成的船队远航，访问了30多个西太平洋和印度洋的国家和地区，加深了中国同东南亚、东非的友好关系。郑和船队每次都由苏州刘家港出发，一直到明宣德八年（1433年），他一共远航了七次。最后一次，宣德八年（1433年）四月回程到古里时，郑和在船上因病过世。郑和船队最远到达红海沿岸和非洲东海沿岸。当时明朝在航海技术、船队规模、航程之远、持续时间、涉及领域等均领先于同一时期的西方。郑和七下西洋在当时具有里程碑作用，宣扬了国威，拓展了朝贡贸易，在政治、经济、外交、文化、航海等方面都有显著成效。

为了纪念郑和的丰功伟绩，昆阳市修建的郑和公园，位于距昆明60千米的滇池南端昆阳镇月山上。此公园原名月山公园，因昆阳是郑和出生故里，其父马哈只墓又在月山上，故于1979年改为今名。现公园内立有“明三保太监郑和故里”碑，石碑附近有民居建筑遗迹。游客前来昆明旅行，可以在此参观游览一番。

文化 CULTURE

昆明人的最爱——小锅米线

在昆明的米线大观园里，小锅米线是一大流派，它与豆花米线、凉米线、牛肉米线、鸡肉米线、过桥米线有所不同，热气腾腾，现煮现吃。米线是云南的特色小吃，小锅米线则是昆明人最喜欢的米线烹饪方法。其主要特点是，米线都是在炭火上用小锅煮沸，锅内加入秘制鲜肉，为米线增鲜添香。

据说最先把玉溪小锅米线传入昆明的是玉溪人翟永安，其幼年丧父，母亲改嫁，继父去世前将一套做饺担担的谋生手艺传于他，翟永安便沿街做起卖饺担担的买卖。20世纪20年代初，他把玉溪小锅的工艺带到昆明，并在制作方法上不断改进加以经营，便有了今天的小锅米线。

小锅米线是一道“功夫菜”，一碗一锅地专门做，不像其他米线，用筲箕在大锅中烫一下，就可以做出许多碗来。小锅米线店中的小锅是专用的，金黄色的铜锅配以长长的木质把手，用大火精心熬制，有专门的师傅负责制作。而现在市场上的部分米线，汤

郑和公园

金马碧鸡坊

色虽然浓郁，已鲜有使用纯正鸡汤的店家了，而是加了饵块和鸡精煮出的白色汤液，吃后易口干舌燥。因此，从工艺、味道上来看，小锅米线便是独具云南风味的特色品类了。

小锅米线的制作，有很多讲究。锃亮的铜锅用水洗过之后，放在大火上，加入鸡汤，先放韭菜煮一下，再放入酸浆米线（比干浆米线更加入味）；把肥瘦均匀的碎肉放进锅边用勺搅开，再放入盐巴、咸酱油、味精、水腌菜等；最后加入鲜嫩的豌豆尖，浇上麻辣的红油，就可以上桌了。热乎乎的小锅米线一下肚，心情舒畅的一天就开始了。据说小锅米线的酱油要用拓东厂的上好酱油，加入拓东甜酱油味道更鲜美，这是小锅米线的一个独门秘制手法。

昆明的小锅米线店不多，它往往与过桥米线、大锅米线、凉米线等各类米线混杂售卖。市区具有代表性的小锅米线店铺当属文林街上的百年老店端仕小锅，店铺外墙依然悬挂着百年以前的木头招牌，小小的店面虽不显眼，却处处透露着历史的沧桑，值得游客前去品尝。

金马钟秀，碧鸡呈祥

明末清初，云南出了个能诗、能书、能画，风格自成一家的担当和尚。他曾经给昆明留下一首诗："一关在东一关西，不见金马见碧鸡。相思面对三十里，碧鸡啼时金马嘶。"诗中提到的金马碧鸡便是昆明的东西两山。

自古以来，金马碧鸡就被人们赋予了许多优美的神话传说，一直流传至今。唐代，佛教传入云南后，由于统治者的大力提倡而逐渐兴盛，金马碧鸡的神话传说因此也演变成了佛教故事。金马碧鸡由古代先民自发崇拜的动物神祇拟化为佛教人物（印度阿育王太子），这也意味着人们对金马碧鸡的崇拜即是对佛教的尊崇，同时这也是佛教利用民间传说宣扬其教义的明显例证。

建于明朝宣德年间的金马碧鸡坊历史悠久，民族特色突出，是外地游客来到昆明必看的景点之一，因为它是昆明的象征。

金马碧鸡坊的独特之处，在于某个特定的时候，会出现"金碧交辉"的奇景。就是有那么一天，将落未落的太阳金色的余晖从西边照射碧鸡坊，它的倒影投到东面街上；同时，月亮则刚从东方升起，银色的光芒照射金马坊，将它的倒影投到西边街面上；两个牌坊的影子，渐移渐近，最后互相交接。这就是"金碧交辉"。相传，清道光年间有一年的中秋之日，奇观曾经出现过。据说，由于地球、月亮、太阳运转的角度关系，这样的奇景，要等上60年才能出现一次。

金马碧鸡奇景的设计，反映了古代云南

各族人民把数学、天文学和建筑学有机地结合在一起的高度智慧。可惜的是，两坊曾经被拆毁，如今看到的是1998年在原址按原风格重建的。所以，“金碧交辉”的奇观能否再现就不得而知了。

金马碧鸡坊与北面的赛典赤“忠爱坊”，以及南面建于南诏的东、西寺塔相呼应，共同构成了昆明古老的文明。奋蹄腾飞的金马、引吭高歌的碧鸡如今已成为昆明朝气蓬勃、充满活力的城市象征。

老昆明的赶街故事

云贵地区自古就有“赶街”的生活习俗，每到特定时间，一些固定场所或街道便会汇集成大型贸易市场，邻近村镇的人到这里买卖商品。过去，昆明著名的街子有4个——东边儿的是关街，西郊的叫马街，北边儿有个龙头街，南面的就是小板桥，如今，赶了300多年的小板桥乡街子还风光依旧，吸引着那些有乡街子情结的人们。

小板桥是指昆明东南郊的小板桥镇，现为小板桥街道，“赶”是“赶场”“赶集”的意思，之所以说“去赶小板桥”，是因为300年来，小板桥都是昆明郊区较大的一个农产品贸易集市。

这个市场坐落于滇东南公路干境线上，距昆明10余千米。据文献记载，当时通向昆明东南要道上的县城、村镇较多，各处民居贸易经营及家庭所需要的油酱菜等，必须到昆明城内才能交易和购买到，来回奔走一趟很艰难，特别是遇到农忙季节，会对农业生产造成影响。为不误农时通商便民，清朝，小板桥乡绅李天秀、李文林等13人向当时的昆明县申请在小板桥设立街场，昆明县政府于康熙五十二年（1713年）批复。

成立之初，交易品主要是盐、菜、粮、丝、牲畜、香灯等，尤以大牲畜交易最为兴旺，每街上市量多时达1000头。在这里，你可以看见嵩明的黄牛、禄劝的骡子、富民的驴、贵州的水牛。随着经济的发展，上市的品种不断增多，不仅毗邻村寨的农民、昆明的商人参加集市，省外及州市的客商也纷纷加入其中。

在这里，吃穿用玩，样样都有，整个乡街也颇有“章法”，所有的商贩好像约定俗成一样，划块经营，有服装一条街、羊汤锅一条街、花鸟鱼虫一条街、宠物一条街，如同一个超级百货商场，满足着所有人的需求。

随着昆明城市发展不断加快，关街、马街先后关停，退出了历史舞台，其他乡街子仍然存在，但也被挤向更为偏僻的地方，有的已经开始进行改造，有的规模在变小，只有小板桥风光依旧。

昆明的集市

景点推荐

昆明城区景点

金马碧鸡坊

昆明的象征

昆明市三市街与金碧路交会处（毗邻金碧广场）

乘坐3路公交车可到达

金马碧鸡坊是昆明的人文景观和标志性建筑之一，分为东、西两坊，东坊叫金马坊，西坊叫碧鸡坊，合称金马碧鸡坊。金马碧鸡坊始建于明朝宣德年间，原坊于“文革”中被毁，现存的金马碧鸡坊是1998年按原貌重建的。金马碧鸡坊雕梁画栋，精美绝伦，作为昆明的象征，是游客来昆明后一定要参观的景点。

玩家 解说

金马碧鸡坊以“金碧交辉”景观名扬天下：当夕阳西下时，碧鸡坊在落日余晖的照射下会将倒影投到东面街上；同时由于月亮刚从东方升起，金马坊在月色照射下会将倒影投到西边街上。当两坊在地面的投影渐移渐近时，最终会出现互相交会现象。

链接

金马碧鸡神的传说

据班固《汉书》载，汉宣帝五凤三年（前55年），一方士传言说益州有金马碧鸡神，可通过祭祀而得到。于是，汉宣帝派王褒前去求之。但是因为诸蛮叛乱，道路不通，王褒最终未能到达云南。接着，王褒异想天开地写了一篇祭文《碧鸡颂》，企图以此来遥祭金马碧鸡神并将其召唤到内地来，不久他就病死在了返回的路途中。

东寺塔·西寺塔

千年历史双塔

昆明市盘龙区书林街和东寺街

免费

东西寺塔始建于南诏时代，距今已有1100多年的历史，这里就是著名的元代爱情悲剧《孔雀胆》的发生地。东寺塔位于昆明市书林街，西寺塔位于昆明市东寺街。东寺塔和西寺塔均为13层密檐砖塔，塔顶四

角各有一只铜制贴金箔金翅鸟，每只高约2米，俗称金翅鸟为金鸡，故又称金鸡塔。金鸡嘴里含有铜管，管内有金属簧片，金鸡的头、脖颈和胸腔是空的。相传，这4只金鸡，在冬春风多季节，还会“喔喔”啼叫，远近都能听到。

抗战胜利纪念堂

云南革命先烈不朽的丰碑

昆明市五华区云瑞西路49号

乘坐公交1路、2路等即可到达

抗战胜利纪念堂建在原云贵总督府的旧址上，1944年动工兴建，初名为“志公堂”，随后改名为“中山纪念堂”。1946年落成时改为“抗战胜利纪念堂”，昆明市民也称其为“胜利堂”。抗战胜利纪念堂反映了云南人民的斗争历史。

纪念堂的整体建筑艺术可谓昆明近代建筑艺术的典范，其建筑形式除观众厅为弧形山墙外，采用传统的歇山顶筒板瓦屋顶，清式斗拱，彩画架枋，白石勾栏，具有浓郁的民族风格。

翠湖公园 AAAA

一颗镶嵌在昆明城中的绿宝石

昆明市五华区翠湖南路67号

市内乘坐100路公交可到

翠湖公园，为翠湖·讲武堂景区一部分，原名菜海子，因湖东北过去曾有9个出水泉眼，故又称“九龙池”。翠湖地处螺峰山下、五华山西麓，如同一颗镶嵌在昆明城里的绿宝石，因此有“城中之玉”的美名。公园内有两条柳堤“十”字交会，将全湖一分为四，其中南北横堤叫“阮堤”，东西纵堤叫“唐堤”。两堤交会处就是湖心小岛和湖心亭，这是全园的游览中心。此外，其他重要景点还有观鱼楼、

水月轩、海心亭、金鱼岛、葫芦岛、竹林岛、九龙池、九曲桥、莲花禅院等。

玩家 攻略

翠湖公园的必看景点之一——湖心亭，又叫“碧漪亭”，建筑风格为中国传统亭阁式的飞檐黄瓦，外形看起来十分美观。亭子里面分为前后两个内院，是举办各种展览活动的地方。

玩家 解说

每年11月、12月，成千上万只红嘴鸥从我国东北地区及俄罗斯西伯利亚地区到这里来过冬，给冬季的公园带来一道别样的风景，增添了无限的情趣。次年三四月，这些红嘴鸥又会离开昆明飞回原地。“翠湖观鸥”现已成为昆明的热门景观之一。

圆通寺

独特风格的千年古刹

昆明市圆通街中段螺峰山南麓（毗邻昆明动物园）

市内乘坐地铁2号线可到

0871-65193762

圆通寺始建于南诏时期（738—902年），其后多次重修，它是昆明最古老的佛教寺院之一，同时也是昆明最大的寺院，并且一直是“昆明八景”之一。该寺与一般佛寺的布局不同——进入庙门后不是一直上坡，而是要沿中轴线一路走下去，大雄宝殿就在寺院的最低点上。此外，这里还有铜佛殿、圆通宝殿、圆通胜景坊、八角亭等特色建筑。圆通寺外表壮丽，寺内建筑富丽堂皇，环境清幽，景色如画，青山、碧水、红亭、白桥、朱殿交相辉映，给人庄严、肃穆的感觉。

玩家 攻略

圆通寺闹中取静，以小见大，好像是美丽的江南水乡园林。游客进入寺内参观时，切记不要大声喧哗，以免打扰它的宁静气氛；在一些禁止拍照的景点，也不要偷拍照片；垃圾请随身携带，看到垃圾箱时再将其投入其中。

玩家 解说

目前，铜佛殿是我国内地唯一的一座上座部佛教佛殿，殿内供奉有释迦牟尼铜制坐像。该坐像与圆通宝殿内的释迦牟尼塑像风格不一，体现了佛教两大部派（上座部、大众部）间的差异，是为游客了解佛教、感悟佛教文化的范例。

云南省博物馆

云南历史文化的窗口

昆明市官渡区广福路6393号（新馆）

9:00～17:00（周一闭馆）

0871-67286223

云南省博物馆是一个综合性的历史博物馆，收藏文物5万余件，其中有元谋人牙齿化石、古滇国青铜器等珍藏文物。

云南省博物馆经过50多年的考古发掘、调查征集、社会收购和接受捐赠的青铜器、古钱币、陶瓷器、古书画、碑帖、邮票及各类工艺品数目众多，是云南省收藏文物最多的博物馆。在数以千计的珍贵文物中，被认定为国家一级文物的有1000余件。云南省博物馆的藏品最具特色的是滇文化青铜器、南诏与大理国时期的佛教文物，以及近现代多姿多彩的少数民族文物精品。

玩家攻略

新馆位于官渡区广福路，之前的老馆已经不对外开放了，从市中心到新馆坐公交车差不多要一个小时。凭二代身份证在微信公众号预约，馆内设有饮水机，并可免费寄存行李。主体展区共三层，一楼是临时展厅，时常会有书画、民族服装等展览，此外一楼的游客中心可租讲解器或请讲解员。二楼主要是远古时期、青铜时期，以及到隋唐时期的云南文物展品。三楼有南诏国大理、元明清时期、百年风云、陶瓷馆等展厅。尽量早些进馆，一般下午5点闭馆，4点半开始清场。

云南大学

云南陆军讲武堂旧址

中国近代早期的军事院校之一

昆明市五华区翠湖西路22号

乘125、133路公交车可到达

9:00～17:00

云南陆军讲武堂旧址为翠湖·讲武堂景区一部分，在今省农展馆、省图书馆一带，是中国近代著名的军事院校。陆军讲武堂旧时是清朝为编练新式陆军，加强边防而设的一所军事学校，与天津讲武堂和奉天讲武堂并称三大讲武堂，后与黄埔军校、保定陆军军官学校齐名。

现存讲武堂的主要建筑，是一座规模宏大的中国传统的走马转角楼式的土、木、石建筑，保存较为完好。云南陆军讲武堂紧靠着翠湖，由于其绿树成荫、湖水清澈、环境幽雅、鸟语花香，使之成为人杰地灵的风水宝地，培养出了许多著名的军事家。

云南大学

依山傍水的重点学府

昆明市五华区翠湖北路2号

乘1路公交车可到达

云南大学始建于1922年，时称私立东陆大学，1938年改为国立云南大学。云大位于商山余脉的贡院坡上，毗邻翠湖公园，是游人闲暇漫步、感受学术氛围的必游之地。校园大门入口有著名的95级长梯，象征着“九五之尊”。

云南大学的建筑中西合璧，有高贵的法式建筑，有神秘的希腊圆柱，还有中国古老的科举考场，此外，云大还有梁思成、林徽因设计建造的映秋楼和全国最早计算出昆明经纬度的“云南第一天文点”。

云南大学风景优美，置身其中，舒适惬意，最不能错过的是著名的银杏大道，大道位于天文点以北、文渊楼到会泽院一带。棵棵银杏树枝繁叶茂，每年11月开始，银杏叶子变黄，整条路上一片金黄，颇为壮观，是云大校园最美的景色之一。

黑龙潭景区

西南联大纪念碑

中国革命史、教育史的丰碑

昆明市五华区一二一大街298号

云南师范大学校园内东北侧的“一二·一”四烈士墓安息着四位为民主革命献身的烈士。烈士墓的西边有一块由冯友兰撰文、闻一多篆额、罗庸书丹的西南联合大学纪念碑。碑座呈圆拱形，高约5米，宽2.7米，中嵌石碑。碑文1000余字，记述了联大创办的始末及其特点，是联大在昆明的重要遗迹。这是一块中国革命史、教育史的丰碑。今日依然有来自五湖四海的人士前来缅怀先师们的教诲。

黑龙潭公园

黑龙潭四绝闻名遐迩

昆明市盘龙区蓝桉路1号

乘坐9路公交车直达　¥ 15元

黑龙潭公园位于龙泉山五老峰下，因民间传说有黑龙王潜藏于此，故而得名“黑龙潭”。公园总面积91.4公顷，园内主要有10余个景区，包括龙泉上观、下观、梅园、水景园、桂花园、精品园、杜鹃谷、红枫林、烈士墓等。其中，大型梅园是昆明的赏梅胜地，被誉为“龙泉探梅”，而里面的一株“唐梅”据传源于南诏时期（738—902年），是云南最珍贵的古梅。园内还有古树名木18株，是昆明保存古树名木最多的风景区。此外，黑龙潭也是有名的道教圣地，游人在此不仅能观赏到美丽的湖光山色，还能了解和感悟中国传统的道教文化。

玩家 攻略

冬末初春时节，是云黑龙潭赏梅的最佳时间。每当梅花盛开时，就会有“红梅万树一起开”的盛景，如诗如画，令人赏心悦目。此外，春节前后，这里还会举办梅展，也是去黑龙潭游玩的好时机。

玩家 解说

黑龙潭有深、浅两个池，深池即清水潭，浅池即浑水潭，两池以中间的石桥为界，一清一浑，就好像道家的阴阳“太极图”。潭内还有一个怪现象，就是两池之水互不相融，据说连鱼儿都互不过界，此景观被称为“两水相交，鱼不往来”，十分神奇，十分独特。

链接

黑龙潭的传说

《汉书·地理志》记载，益州郡滇池县西北有黑水祠。清代云贵总督阮元考证云：“滇池县有黑水祠，盖此地也，或者唐梅宋柏之间为故址，龙神庙乃下迁者。”也就是说汉代的黑水祠就是现在的黑龙潭道观，它是云南第一处名胜古迹。因为传说云南龙王黑龙的龙宫就在此，这里的潭水又终年不会枯竭，故后称“黑龙潭”。唐宋以来，昆明地区的老百姓就到黑龙潭祭祀求雨。明初，黔国公沐氏在此大兴土木，将龙神祠改名为黑龙宫，整个龙泉观初具规模。此后，明清两代，云南督抚多次对龙泉观进行修葺，使其规制不断完善。民国年间，这里称龙泉公园。

昆明植物园 AAAA
南国植物宝库

昆明市盘龙区龙泉路附近（毗邻黑龙潭公园）

乘坐9路公交车直达　¥ 10元

昆明植物园位于古树参天的黑龙潭公园的西侧，园区引进了云南名贵花卉、中草药、重要树木和珍稀濒危植物等。现园内已收集热带、亚热带植物近4000种，设有10个专类植物园，其中大部分是观赏植物，尤以茶花为佼佼者，此外还有杜鹃、玉兰、云南樱花、雪松、龙柏等。

枫香大道是园区特有的季节景区，每当10～11月，昆明植物园“枫叶节”在园内枫香大道举行，大道两旁便成了万山红遍、层林尽染的七彩世界。

金殿名胜区 AAAA
有我国现存最大的纯铜铸殿

昆明市盘龙区穿金路，市区东郊15千米的鸣凤山上　乘47、69路公交车可直达

¥ 免费　0871-65018306

昆明金殿名胜区，也称铜瓦寺，因其用黄铜铸成而得名，是我国现存最大、最完整的纯铜铸殿。金殿位于昆明东北郊的鸣凤山上，始建于明万历三十年（1602年），重建于清康熙十年（1671年），至今已有400多年的历史。其建筑结构为重檐飞阁仿木结构，是

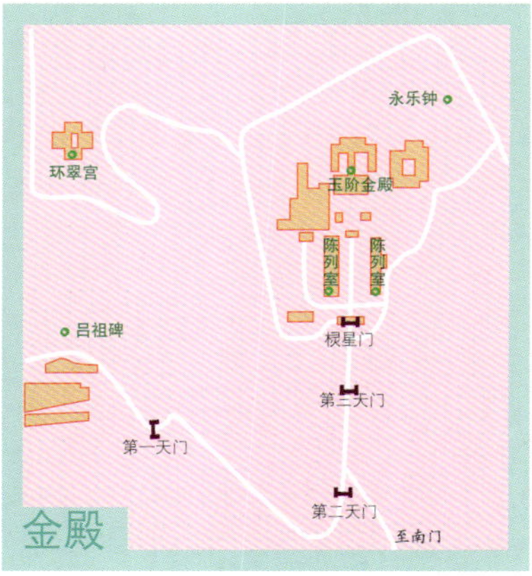

仿照武当山太和宫金殿样式而建的，同时也是明以来云南地区最著名的道观之一。此外，金殿四周还建造了砖墙，设有城楼、宫门等建筑，殿内供奉着道教的北极真武大帝。金殿整座建筑比例匀称，造型美观，雕刻细腻，虽经数百年风雨而至今保存完整。景区内风景如画，环境清幽，特别是当遍山的茶花竞相开放时，游人可在此尽情体验游玩和摄影的无限乐趣。

玩家 攻略

游客去金殿游览时，可从山脚步行上鸣凤山，这样便能一路悠闲地观赏景致，如迎仙桥、鸣凤胜景坊、第一天门、第二天门、第三天门等。当过了“天门”之后，就能看到太和宫的大门了。

链接

金殿的传说

据民间传说，当年云南巡抚陈用宾（1550—1617）曾在鸣凤山上“三遇吕洞宾”，在吕洞宾的指引下，他认为鸣凤山是“洞天福地”，所以在此建造了太和宫金殿。金殿建成后，陈用宾还曾撰一楹联，上联曰：春梦惯迷人，一品朝衣，误了九寰仙骨，鸡鸣紫陌，马踏红尘，军门向那头跳出？下联曰：空山曾约伴，七闽片语，相邀六诏杯茶，剑影横天，笛声吹海，先生从何处飞来！

世界园艺博览园 AAAAA
全世界园艺风景的博览盛会

昆明市盘龙区世博路10号

乘47、60等路公交车在世博园站下车即到，在长寿路乘中巴车也可到；乘地铁5号线亦可达

¥ 70元　8:30～17:00

0871-65012367

昆明世界园艺博览园，简称昆明世博园，位于昆明东北郊金殿风景名胜区，占地面积218公顷，是1999年昆明世界园艺博览会的展览基地，汇集了世界各地的园艺成果。它总共包括64个展园：其中国内展区34个，有中国馆、国际馆、科技馆、人与自然馆、大温室5大场馆等；国外展区30个。此外还设有专题园、企业展区等。目前，昆明世

博园是东南亚地区最大的国际性公园。这里不仅是“花的海洋”，里面的建筑也独具风格、很有气势，可以说它是昆明最具特色的城市公园，游客到昆明后一定要来此游赏一番。

玩家 攻略

世博园距昆明市区约4千米，交通极为便利。但是它面积大、景点多，所以一天是很难观赏完的，如果你想多看些景点的话，可在园内乘坐电瓶车。

玩家 解说

中国馆是昆明世博园最大的室内展馆，与自然馆、大温室一起构成了主场馆区。该馆共分2层，建筑风格为古典园林院落式群体建筑，绿瓦白墙，显得古朴而和谐。此外，这里还设有观礼台，是专门用来做展会活动的。

云南野生动物园 AAAA

大型野生动物观赏休闲区

昆明市盘龙区沣源路附近　234、241、249路公交可直达　100元　0871-65018888

云南野生动物园是云南省唯一的以野生动物驯养繁殖、展示为主的动物园，是融观光旅游、科普教育、迁地保护和休闲娱乐为一体的新型旅游景区。全园占地面积约200公顷，主游路线16千米，毗邻享誉世界的世博园和国家风景名胜区金殿，中间有金殿水库相连，有山有水，可谓是动物的天堂。

玩家 攻略

1.最佳出游时间：一年四季都是出游的好选择。公园推荐的最佳游览时间是早上9点至中午12点，此时段空气清新，动物活跃。

2.园区面积比较大，提供了电瓶车代步，1.2米以下儿童免费乘坐电瓶车。园内观光电瓶车的行驶路线为：总站（起点站）—天鹅湖—大熊猫馆—狮虎山庄—大型动物表演场（终点站）。可以每站下车游玩，之后上车继续前行。

3.云南野生动物园位于金殿公园后山，占地面积约200公顷。全部游玩至少需要大半天时间。带小朋友进园游玩的话，可以适当带一些饮料和零食。

昙华寺

繁花似锦的古典江南园林寺庙

昆明市盘龙区昙华路533号

132路公交车可到达　7:30～18:30

昙华寺距离昆明市东郊约2千米，始建于明崇祯年间，原为明代光禄大夫施石桥的别墅。相传园内有一株来自印度的优昙树，建寺时古优昙花树不慎被压死，寺建成后，老树又焕发生机重新萌芽，昙华寺因之得名。寺内墙上刻有“优昙献瑞”四个大字，至今古树依然耸立在藏经楼偏院内。

现在昙华寺被扩建成一座仿江南古典园林的公园，水榭亭台错落有致，牡丹园、杜鹃园、山茶园、海棠樱花园和儿童娱乐园值得一览。

官渡古镇 AAAA

拥有灿烂古国文明历史的古镇

昆明市官渡区云秀路　乘69路公交车可直达

官渡镇历史十分悠久，距今已有1000多年，其独特的魅力表现为“一镇五朝”（唐、宋、元、明、清）和“一镇三教”（佛教、道教、儒家），因而有“小云南”的美名。古镇文化古迹众多，人文景观丰富，集中了唐、宋、元、明、清时期的五山、六寺、七阁、八庙等多处景观，虽历经千年风雨而魅力依旧。当游客站在昆明官渡古老的街头，环顾四周的庙宇阁楼，闻其悦耳的风铃，仰视欲飞的金鸡，观望双塔的身影，一定能感受到这座古镇丰富的历史文化内涵。

玩家解说

金刚塔建于明天顺元年（1457年），是我国现存最早建造、保存最完好的金刚宝座式石塔。此塔建在一堆螺蛳壳上，当时古人在没有水泥的情况下，采用螺蛳壳拌黑胶泥夯实后，打下了数百根沙松桩进行固定，接着又用糯米饭和糯米汤拌红土做垫层，一块一块砌上塔石，最后才建成了宝塔。由此可见，这是一座十分特别的塔，具有很高的旅游价值。

昆明市博物馆

地方综合性博物馆

昆明市官渡区拓东路93号

乘1路公交车可到达

9:00～17:00

昆明市博物馆是一座地标性的综合博物馆，馆内现有滇池地区青铜精品展、地藏寺经幢展和恐龙化石展等基本陈列展，另有2个机动展厅，不定期举办各类临时展览。5具恐龙骨架标本耸立在恐龙厅里。其中曾经生活在早侏罗纪的一副双嵴龙（装架恐龙）化石骨架，是亚洲稀有种属，它是全世界仅有的三具之一，其余二具在美国。

官渡古镇

景点推荐

滇池风景区

滇池，古称滇南泽，也称昆明湖、昆明池，是云南省最大的淡水湖，也是我国第六大淡水湖，被誉为“高原明珠”“五百里滇池”。早在1988年，滇池就被列入了“第二批国家级风景名胜区”名单中，现在是全国唯一设在内陆省区的国家级度假区。此外，滇池东、西、南、北各有一座山，分别为金马山、碧鸡山、鹤山、蛇山，它们连绵起伏，构成了湖水的天然屏障。湖滨地区土壤肥沃，水源充足，气候温和，因此盛产稻米、小麦、蚕豆、玉米、油料等农作物，是云南著名的“鱼米之乡”。滇池作为昆明风景名胜的中心景点，风光秀丽，碧波万顷，是赏景和摄影的绝佳之地。

玩家 攻略

滇池距市区较近，上山时可乘坐缆车，下山时适合徒步。游客可在此乘快艇观赏湖光山色。山下还有观光大道，可近距离观赏红嘴鸥，当铺天盖地的海鸥在滇池上空翱翔时，是一道壮丽的景观。

玩家 解说

白鱼口位于滇池西南部，景致宜人，环境清新，是当地著名的风景疗养胜地。尤其到了每年春暖花开时，这里盛开的樱花如一片美丽的云霞，给人“世外桃源”的美妙体验。此处园林设施众多，登临其中可将整个滇池的美景尽收眼底。此外，这里还设有国家体育训练基地，游客可参加保龄球、网球、壁球、游泳、卡丁车等多项娱乐健身活动。

链接

滇池名称的来源

关于滇池名称的来源，有3种不同的说法：其一，从地理形态上看。据晋人常璩《华阳国志·南中志》记载：“滇池县，郡治，故滇国也；有泽，水周围二百里，所出深广，下流浅狭，如倒流，故曰滇池。”其二，寻音考义。这种说法认为，“滇颠也，言最高之顶。”其三，从民族称谓来考查。据《史记·西南夷列传》载，在古代，“滇”是这一地区最大的部落名称。所以，先有滇部落，后有“滇池”之名。

大观公园 AAAA

浓缩昆明的园林发展史

昆明市西山区大观路284号　乘97路公交车可到达　免费　0871-88240124

大观公园地处滇池之畔，因大观楼耸立其间而得名，是昆明十大公园之一。公园远映太华山，近吞滇池，园内花繁林茂，更有假山、亭阁、小桥、流水点缀其间，构成了一幅幅极美的画景。除了被誉为“万里云山一水楼”的大观楼（中国十大名楼之一）外，这里还有其他美景，如涌月亭、观稼堂、彩云崖、溯洄洲、燕语桥、怀古廊等，其中的每一处景点都能带给人清新、自然的游览感受，令人流连忘返。

玩家 攻略

大观公园设有过山车，要单独买票。此外，这里还设有其他游乐设施，如旋转飞椅等。

玩家 解说

大观楼始建于清康熙三十五年（1696年）。乾隆年间（1736—1795年），名士孙髯翁（1685—1774）为此楼撰写了180字长联（天下第一长联），使其名扬天下，并得名“大观楼”，取“阔大壮观”之意。民国初年，大观楼被辟为公园。

西山风景名胜区 AAAA

滇中第一佳境

西山区滇池西岸西山公路

乘6路、94路公交车可到达　8:30～17:30

西山风景名胜区坐落于滇池西岸，北起碧鸡关，南到灰湾，占地889公顷。西山因远眺起来像一尊睡佛，故又称“卧佛山”；也因远看像一位仰卧的少女，故又称“睡美人”。它由碧鸡山、华亭山、太华山、太平山、罗汉山等山组成，最高峰罗汉山海拔2507.5米。西山峰峦起伏，林木苍翠，景色十分秀丽，是游玩赏景的好去处。此外，每年农历三月初三，当地民间还会举办“耍西山”的活动，届时会有对唱山歌小调的民俗表演，游人可通过活动体验当地的特色风情。

玩家 攻略

西山风景名胜区内设置了多层次观赏游路，包括登山道、迂回道、太华古道、观览车道。其中太华山庄到三清阁一段，还专门设有观览电瓶车接送游客；太华山庄至小石林则专设了一条龙门索道。

玩家 解说

明嘉靖年间，“明朝三大才子”之首的杨慎曾在《云南山川志》中如此称赞西山：“苍崖万丈，绿水千寻，月印澄波，云横绝顶，滇中一佳境也。”当时，西山与秀山、巍宝山、鸡足山并称为“云南四大风景名山”。

链接

西山传说

西山相传古时有凤凰停歇，见者不识，呼为碧鸡，故唐代称为碧鸡山；元明以来，称太华山；因其在城西，群众习惯称它为西山。西山森林茂密，花草繁盛，清幽秀美，景致极佳，在古代就有“滇中第一佳境”之誉。远眺西山群峰，宛若一位仰卧于滇池之滨的“睡美人”，她的脸、胸、腹、腿，以至下垂入水的头发，都轮廓分明。

云南民族村 AAAA

民族文化风情窗口

昆明市西山区滇池路　9:00~21:45

乘24、44、73路公交车可到达　90元

云南民族村位于滇池湖畔的海埂，靠近西山森林公园，占地面积约85公顷，是享誉全国的主题文化公园。它是一处浓缩景观群，融合了云南少数民族的建筑、宗教、音乐、舞蹈、文化等，目前已建成开放的景点（民族村寨）囊括了云南全部的25个少数民族。此外，这里还建有一系列集旅游、度假、餐饮等于一身的旅游配套设施，如滇池大舞台、民族团结广场、风味食品城、激光喷泉、水幕电影等。云南民族村景区内水陆相交，村寨错落有致，环境清新优雅。因为这里荟萃了云南各民族优秀的自然景观和人文景观，是反映和展示云南各民族社会生活的窗口，在此可深入了解云南各民族的建筑、服饰、民俗等。此外，游客还能在此观赏到民族歌舞和大象表演等特色活动，体验当地的少数民族节日，如傣族的“泼水节”、彝族的“火把节”、白族的“三月街”、傈僳族的“刀杆节”、景颇族的“目瑙纵歌”、纳西族的“三朵节”等。

玩家 攻略

云南民族村中的民族村寨，是通过复原陈列的手法来展示云南少数民族风情的，有“人间仙境”之美誉。各民族村寨风格迥异，交错分布，内涵丰富，能给人真实的亲切感。

在滇池大舞台旁吉象园每天会有演出活动，观众可在此免费观赏到三场精彩的大象表演，与大象亲密接触，体验人与动物和谐相处的乐趣。

如果是在春夏游览的话，建议穿长袖衣服和做好防晒准备。建议自带饮料、水和食物，景区的食品比较贵。

链接

民族村表演节目单

民族村内在每年不同的季节和每天很多时段都会有很多的少数民族表演，值得一看。

云南民族村

云南民族博物馆

云南民族博物馆

中国最大规模的民族类博物馆

昆明市西山区滇池路1503号

乘24路公交车可到达

云南民族博物馆展出的全省26个民族的各类展品约2万件，是云南各少数民族历史文化最集中的收藏与展示场所，也是中国规模最大的民族类博物馆。

博物馆分两层共11个展厅，游客可根据馆内指示路线逐厅参观，也可以根据个人喜好选择参观，其中民族服饰、民族民间面具和民族乐器等场馆最具特色。

海埂公园

天然度假胜地

昆明市西山区滇池路1318号

乘24、44路公交可直达

海埂公园建于20世纪60年代初期，距离市区8千米。“海埂”就是横海之埂，原是一条由东向西横插在滇池中的楔形长堤，东起海埂村，西迄西山脚，它把300多平方千米的滇池一分为二；埂南为浩渺的滇池，埂北为“草海”。这里绿柳成荫，碧波荡漾，渔舟风帆，园林景色与池畔渔村一体，景色迷人。

海埂公园

整条海埂自然形成四大景区：东面为国家体育冬训基地；中部为沙滩浴场，坡度平缓，沙滩细软；西面为公园游览区，可坐观水景和西山景色，也可垂钓；北面沼泽地为疗养区和旅游中心。海埂公园辟有金鱼湖、百花园、大型民族村和数家园林式的度假村。来此度假，四季皆宜。

棋盘山

奇石与千年庙宇的胜迹

昆明市西山区团结乡

棋盘山山上原有一石，石面呈现棋盘纹，纵横各19道，故称棋盘石，山亦因此得名，明末旅行家徐霞客曾游览此地。山上有棋盘古寺，塑棋盘大仙像，有1000多年历史，当地一些民众认为棋盘大仙甚为灵验，登山烧香祷告者络绎不绝，此风俗一直持续到现在。

西华园

兰花种植基地

昆明市西山区西坝路

乘坐264路公交即可到达

西华园园址在昆明城西，这里是种植兰花的基地，“华”与“花”谐音，故名“西华园”。园内建筑以云南白族民居为特色——“三房一照壁，四合五天井”，斗拱飞檐的门楼，雕刻精致的木门窗，独具民族风韵而舒展大方的外墙彩画，在这里得到淋漓尽致的展现。西华园自成立以来，就以种植兰花而闻名，多年来在园林局高级工程师、全国兰花协会理事长潘光华先生的指导下，形成了云南省最具规模的兰花养殖基地。

斗南花卉市场

云南省最大的花卉市场

昆明市呈贡区斗南镇

乘地铁1号、4号线可到达

0871-67486611

斗南花卉市场距昆明市区18千米，占地面积8000多平方米，是“花都”昆明的典型体现和代表。这里拥有各种各样的鲜花，如玫瑰、百合、郁金香等，它们盛开在花市的每一个角落，所以到处都弥漫着花香，让人如同置身于“人间仙境”。这里的鲜花不仅种类多，价格也便宜，每天都吸引着国内成千上万的顾客前来观赏和采购，并且还源源不断地销往日本、朝鲜、新加坡等国。

斗南花卉市场

玩家 攻略

花市距南昆线货运组装站仅5千米，距昆明机场12千米，交通运输条件十分便捷，如果要购买大宗鲜花的话，完全不用担心运输问题。如果只买少量鲜花的话，携带则比较方便。此外，花市里还有很多干花，购买后可存放很长时间。

郑和公园

云南碑刻第一林

昆明市晋宁区兴阳路

乘J6路公交车可到达

郑和公园占地面积约17公顷，园林中松林、柏林、果林郁郁葱葱，登高远望，景象开阔。公园内庄严肃穆，南大门两侧有“郑和七下西洋”的浮雕——船队浩浩荡荡，向西乘风破浪，气势雄浑，蔚然壮观。东大门在昆阳大街中段，玻璃坊顶，翼角红墙。园内建有郑和纪念馆和马哈只碑等。郑和纪念馆里陈列着100多件各式各样的珍贵文物，其中有郑和航海图、郑和远洋楼船模型及郑和下西洋的图片及文字资料。

景点推荐

昆明近郊景点

盘龙寺

云南三大佛教圣地之一

昆明市晋宁区滇池东岸盘龙山上

8:00～17:00

盘龙寺是昆明香火最旺的寺院之一，它位于滇池东岸盘龙山，距离云南省昆明市区约40千米。

盘龙寺环境极其清幽，寺门内有三大天门、迎仙桥和吕祖殿、祖师殿、玉皇阁等，供奉释、道、儒三教诸神，尤以盘龙祖师殿、药师殿、观音殿香火最盛。寺宇四周林木繁茂，以茶花、松柏著名。原有万松寺，现建高大的观海楼，登高可远眺滇池风光。

玩家解说

每年农历八月初一，恰逢盘龙寺庙会之日，来此朝山拜佛赶庙会的香客和游人成千上万、摩肩接踵、络绎不绝。香客和游人大部分来自昆明、呈贡、昆阳和玉溪，庙会景象热闹非凡。

普照寺

风景如画，香客络绎的古寺

昆明市晋宁区昆阳镇普照路附近

普照寺俗称“大寺”，位于长松山麓，三面连山、四境空阔，景色如画。东与宝塔山文峰塔相对，南依白虎山，西靠昆阳苍翠群峰，北与滇池辉映。普照寺为佛道共参，每逢农历六月初一至七月，寺内举办“朝斗会”，乡绅富户争相当会首，善男信女邀约前往，盛况空前。除“朝斗会”外，每年八月初一、十六及春节等传统节日，登山游览者络绎不绝。

阳宗海

碧绿淡水湖，盛产金线鱼

昆明市宜良县汤池镇

阳宗海明清时称“明湖”，湖面形如一只巨履，两头宽，中部略窄，湖水面积30平方千米。阳宗海为高原断陷湖泊，湖水由周围汤泉河汇入及雨水聚积而形成。

阳宗海湖岸平直，湖底凹凸不平，有岩洞暗礁，水色碧绿，透明度高。阳宗海为淡水湖，湖内盛产著名的金线鱼。

万家花园

云南省最大的人工花园

昆明市宜良县匡远镇，距宜良城南1千米

万家花园是云南省最大的人工花园。该园区原有花园10余座，后连片发展，面积达46.66公顷。有数百年的古梅及百年山茶、桂花数千株，70年花龄缅桂数百株，以及兰花、山茶、杜鹃、紫薇、玉兰、扶桑等。

安宁温泉

天下第一汤

安宁市西北玉泉山麓的安宁温泉旅游度假区

安宁温泉又称“碧玉泉”，是历史上“南方丝绸之路”的重要站口。度假区林木茂盛、环境幽静，有许多天然的地下温泉，宜浴宜饮。此泉东汉初年就已被发现，温泉水由池底卵石缝中冉冉浮升，水质清丽如玉，水温40℃~50℃，含有钙、镁、钠、钾等对人体有益的矿物质元素，被誉为“天下第一汤”。明洪武三十一年（1398年），著名旅行家徐霞客来到云南安宁，留下了他的记载：“其色如碧玉，映水光艳烨然。”

曹溪寺

全国罕见的木质殿宇

昆明市安宁市龙溪路

曹溪寺位于安宁龙山树林里，地处龙山东麓。寺南有珍珠泉，北接“三潮圣水”，坐西向东，俯瞰螳螂川，与“天下第一汤”遥遥相望。

曹溪寺建于宋代大理国时期，至今已有八九百年的历史。最妙的是大殿的天窗，“天涵宝月”是曹溪寺一绝。寺内建筑现存大雄宝殿、后殿、钟鼓楼等。

三炷香公园

建有露天铜制释迦牟尼佛像

安宁市连然镇，安石公路旁

三炷香公园占地20公顷，是一座以大型群雕为主、风格独特的园林。园内建有目前国内最高的露天铜制释迦牟尼佛像，总高近20米，金光灿烂，十分壮观。此外，用37块汉白玉巨石精心雕琢的观音群像栩栩如生，令人眼界大开。还有全国独一无二、妙趣横生的铜铸“六子戏弥勒”像。

园内还有面积近10公顷葱葱郁郁的山林，数千平方米的水景、草地等。另有度假屋、素食店及其他歌舞娱乐项目。

安宁温泉

法华寺石窟

古代少数民族地区石窟艺术之一

📧 昆明安宁市新普公路

法华寺石窟是我国最南端的石窟群，为宋大理国时期所雕刻。景区有大理国时代的石窟石刻群雕，在山腰林间平坦处，有唐代建造的法华寺遗址。

景区林木葱茏，群鸟鸣啭，洞泉幽邃，岩壁如削。岩壁之上，古窟棋布，窟内有多尊雕凿的石佛，栩栩如生，是我国古代少数民族地区为数不多的石窟艺术之一。法华寺石窟现列为云南省重点文物保护单位，对研究云南的佛教艺术及民俗具有重要的价值。

玉龙湾公园

自然人文融合的世外桃源

📧 安宁市太平镇，距昆明22千米

玉龙湾依山傍水，层林叠翠，风景犹如世外桃源一般。

玉龙湾风景旅游区主要包括自然风景区、电影拍摄基地和东南亚民俗文化城。自然风景区依傍自然山水，以姹紫嫣红的春花、斑驳陆离的秋叶、云山雾罩的冬雾为特色。可水上泛舟或走藤桥、过溜索，或密林探险，或沿小溪漫步，曲径通幽，享受置身于大自然的乐趣。

电影拍摄基地以反映民国年间昆明旧城风貌的拍摄场景为主场地，并有溯古丝绸之路建立的“清、明、元、宋、唐”拍摄地。在这里，不仅可以观赏拍摄影片的全过程，还可感受云南文化与中原文化的魅力。

同时玉龙湾公园具有浓厚的东南亚民俗文化风格，集中展示了泰国、缅甸、老挝、越南等10个东南亚国家的民俗文化，使整个景区异彩纷呈，意趣盎然。

青龙峡风景区

滇中第一漂

📧 安宁市青龙镇

¥ 40元　🕘 9:00~17:00

青龙峡风景区总面积约19平方千米，是一处集旅游、休闲、度假、探险于一身的综合性游览胜地。景区内植被完好，树木葱茏，再加上溪流、瀑布、野花、小草的点缀，使这里呈现出一派山秀水美的自然奇观。此外，景区内还建了很多配套设施如客房、餐厅、停车场等，能让游人在游玩尽兴之后还能享受到安适的住宿和美味的餐饮。青龙峡之旅，将是你云南之旅中一段愉快而难忘的时光。

玩家攻略

景区距安宁市区29千米，交通便利。这里的景点星罗棋布，民风淳朴，游客除了能参加惊险刺激的漂流之外，还能体验到众多少数民族游乐项目，如弓箭狩猎、骑马、民族歌舞、篝火晚会等，充满了欢乐的气氛，也别具一番风情。

青龙峡

景点推荐 石林周边景点

云南石林世界地质公园 AAAAA

世界喀斯特的精华

昆明市石林彝族自治县石林镇022县道叠风段

130元

7:30~17:30　0871-67719006

云南石林世界地质公园，总占地面积400平方千米，2001年被批准为国家地质公园，2004年被评为首批世界地质公园。它是世界上唯一一处位于亚热带高原地区的喀斯特地貌风景区，被誉为“天下第一奇观”“石林博物馆”，并且与北京故宫、西安兵马俑、桂林山水并称“中国四大旅游胜地”。石林形状多样，风格迥异，有的像人，有的似物，造型也很优美，特别是石柱群连片如林，具有非常高的美学价值和游览价值。

玩家攻略

1.衣着：建议穿登山鞋或者慢跑鞋，石林景区内石阶很多，需要走的路也很长。山中温度较低，可适当携带厚衣物。

2.导游：景区可提供导游服务，中英文导游价格不等。值得注意的是，只有身上佩戴绶带的导游才是景区的专职导游。导游服务完全程（2个半小时左右）便会离开，填写完游客满意及意见调查表之后可以随导游离开景区，也可留下自由活动。

3.美食：石林当地特色美食品种繁多，包括石林汤锅、乳饼、野生食用菌、石林卤腐等，不容错过。石林景区大门进去有很多价格较贵的美味小吃。石林景区内有餐厅，更适合成群结队的游客聚餐。如果行程是中午抵达石林风景区，建议在景区外用餐或自带食品、饮料。

4.住宿：如果要在景区内住宿，无论住多久都无须多次购票。出入景区时，在景区门口出示房卡登记即可。

5.购物：悠久历史的撒尼刺绣品、独具特色的民族民间乐器、石林土特产等在石林景区土产杂货店内及商场内均可买到。其中土特产主要有乳饼、卤腐、骨头参、油炸鸡枞等。

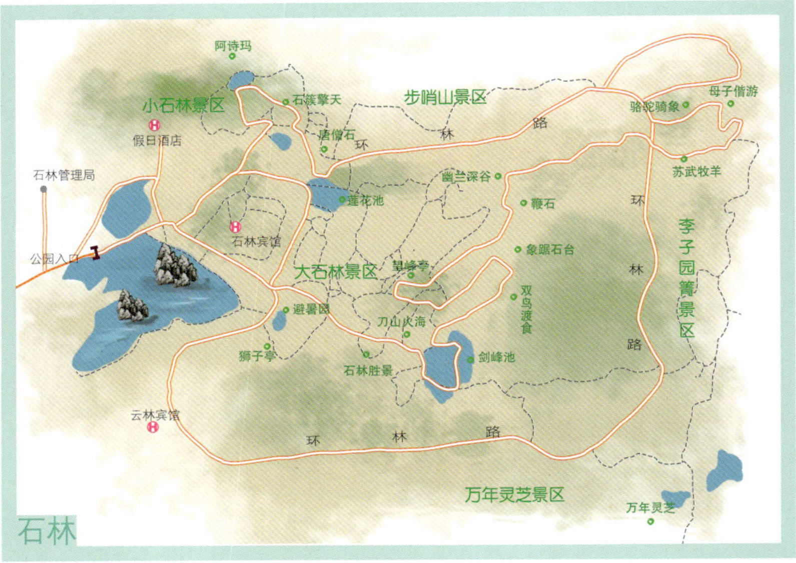

6.路线：如果到云南的旅游时间不是很多，建议选择石林一日游行程。最好选择上午出发到石林。早上到汽车客运站乘坐前往石林的班车，抵达石林停车场后乘坐直达景区门口的班车。到了景区门口，可以聘请一位撒尼人导游，带领着参观石林，全程步行下来花2个半小时时间。运气好的话，还能在途中听到撒尼姑娘们自发的山歌对唱表演。

如果想休闲一些，可以在石林住一晚，两日游行程比较适合携有老人、小孩的家庭游。可以选择第一天下午抵达石林，晚上住在景区内的酒店，第二天轻松游完石林，再返回昆明。

玩家 解说

相比世博园和金殿，石林景观别有一番风味。长剑般锋利的石头直指苍穹，形态各异，独具特色。慢慢走，细细看，倒真能感受到几分惟妙惟肖的韵味。近观石林不禁让人赞叹大自然的鬼斧神工，远眺石林森海感受这片土地的宏伟壮观。

◘ 大石林景区

整个景区由密集的石峰组成，如一片石盆地。这里的石林直立突兀，线条顺畅，并呈淡淡的青灰色，最高大的独立岩柱高度超过40米。其中有“莲花峰”“剑峰池”“千钧一发”“极狭通人”“象距石台”“幽兰深谷”“凤凰梳翅”等典型景点，最著名的当数龙云题词“石林”之处的“石林胜境”，而“望峰亭”为欣赏“林海”的最佳处。人们行走在峰林间，不几步便被石峰挡道，曲折迂回之后，又是另一番天地。

◘ 小石林景区

与密集的大石林相比，邻近的小石林便显得疏朗、清雅、秀美。宽厚敦实的石壁像屏风一样，将小石林分割成若干园林。小石林中最有名气的景点当数“阿诗玛”，当夜幕降临，彩灯映照，更是五彩斑斓，妩媚动人。

◘ 李子园箐景区

李子园箐景区位于环林路以外，这里方圆数十里的荒山野丘上布满了奇柱异石，有聚有散，有起有伏，而且没有过多的高树影响石林的高峻，保持着自然的风貌，身处其间，感受与大、小石林截然不同。

在李子园箐景区丛林石壁上，有一片古崖画，画面上是奔放粗犷的人、兽、物、星月等图像，专家考证后认为这属于原始宗教内容，或许这是远古彝人留给我们的言语。

步哨山景区

步哨山位于大石林以东，小石林以南，以环林东路为界，呈南北向带状分布，因清末石林彝民义军首领赵发曾在此山驻防，设步哨巡山而得名。

步哨山海拔约1800米，为石林景区海拔最高处。登高远望，林海松涛，柱石参差；漫步山间，石林卓越，剑峰罗列。步哨山景区里面多柱状石林，有“步哨五石门”“步哨松涛”等独特景观。景点里还有巨型腹足类动物化石，记录着2.7亿年前石林地区生机勃发的历史。

乃古石林

威严耸立的黑色石林

昆明市石林县石林镇，李子园箐石林北8千米

8:30～17:00

乃古石林，意为“黑色的石林”，占地330多公顷。这里的石林奇形怪状，有的峭壁千仞，有的直刺青天，有的像“八卦阵”，有的像石堡、灵芝，有的像大象、骆驼等，可谓千姿百态。当你进入乃古石林，如同进入了充满肃杀气氛的古战场，它的磅礴气势，古朴黝黑，以及深沉玄奥，都会给人带来神秘和苍茫之感。

玩家攻略

1.节庆：每年农历六月二十四、二十五日的火把节，石林景区热闹非凡。节日期间举行耍龙、斗牛、赛马、摔跤、对歌等活动，晚上围着篝火跳欢快的大三弦和进行阿细跳月等文艺演出，被誉为“东方狂欢节”。火把节期间到石林的游人络绎不绝，节日前后几日的交通、食宿会比较紧张，建议提前做好准备。

2.表演：石林景区内有免费歌舞表演，每天固定时间表演。

3.购物：中秋节前后，石林蜜枣开始成熟。石林蜜枣具有活血益脾、润肺强肾、养颜美容等保健功效，可到枣园（石林县城南门街188号）采摘购买蜜枣。

大叠水瀑布

云南最大的瀑布

昆明市石林彝族自治县西南27千米

大叠水瀑布又名“飞龙瀑”，为南盘江的支流巴江跌落而形成。因水头巨大，跌落时激起阵阵轰鸣，声震山谷，形成“叠水喷霞”的自然奇观。大叠水瀑布落差88米，宽30米，是云南最大的瀑布。

雾化的流水在阳光的照耀下变幻为七色彩虹，色彩缤纷，与湖光山色交相辉映，景色十分迷人。瀑布川流而下汇成潭水，波光粼粼，清澈见底。此外，景区还有小叠水瀑布、珍珠泉、清水河峡谷、仙人洞等景点。游客还可以选择乘缆车在半空中欣赏瀑布，效果极佳。

玩家攻略

从石林县城乘车往西南行约25千米，到达叠水电站后可以步行游览。沿途有山间小路和丘陵等美景，约走2千米后，就会隐隐听见水流的轰鸣；继续前行，在一片坡地的前端，呈现倒“Y”字形深箐，巨大的轰鸣声，就是从这箐沟里传出的。沿坡上的“之”字形小路攀藤扶石蜿蜒而下，约二三百米，至箐底，雄奇壮观的瀑布，便是大叠水瀑布。

大叠水瀑布

长湖

长湖景区

乡村旅游、品味山野的自然佳境

昆明市石林县维则乡维则村

长湖长约3千米，宽300米，因湖面呈长方形而得名“长湖”，又因其深藏于丛山密林之中而得名“藏湖”。这里是传说中阿诗玛的故乡，电影《阿诗玛》曾在这里取过景。长湖景色秀丽，游客可乘竹排泛舟湖上，或者悠闲地坐在岸边垂钓，或者体验爬山的乐趣……到了晚上，撒尼青年男女还会在这里弹琴、唱歌、跳舞，游人则可租用帐篷观赏他们的歌舞表演，享受当地的美味，参加火把晚会等，这是多么令人向往的夜晚。

链接

阿诗玛的传说

相传很久以前，在彝族的阿着底（地名），住着一位撒尼姑娘阿诗玛。阿诗玛美丽勤劳，后来与彝族青年阿黑相恋，但遭到霸道的地主儿子阿支的破坏。当阿支强抢阿诗玛后，诚实勇敢的阿黑历经艰辛救出了她，但他们在一起回家的路上遭遇了山洪。不幸的阿诗玛被山洪卷走了，她后来化成了一座山，似乎永远在等着阿黑的到来。

月湖景区

原生态的古老村落

昆明市石林县石林风景区东北方向10千米处

月湖村位于石林景区东北方向10千米处。这里有一个月牙湖，水面约3平方千米，形如月牙，秀美异常。湖水清幽透亮，湖畔芳草青青，湖心稀疏冒出一些袖珍小岛，岛上石灰石就像一群群牧羊。

月牙湖边有一个住着400多户2000余人的彝族支系撒尼人寨子——月湖村。登上月湖村旁石山，四周山野满目葱茏。村边的月湖，被大大小小40多个湖泊紧密簇拥着。月湖村依偎在星罗棋布的湖光山色之中，好似一颗明珠。村中房前屋后、街头巷尾生长着2000多棵已有500年以上的参天古木。

芝云洞

喀斯特风貌的美丽溶洞

昆明市石林县天生桥村

芝云洞长400米，宽3～15米，高5～30米，因洞内石乳形似灵芝和彩云而得名。它属于昆明石林景区，位居“石林八景”之首。洞呈“丫”字形，洞内多溶洞景观，如石钟乳、石笋、石柱等，并且形态多样，被誉为“仙迹胜景”“石硐仙踪”。这里主要有20多处景点，目前建成开放的有芝云洞、小芝云洞、祭白龙洞3处。此处交通方便，景点集中，是一个游玩和摄影的好去处。

玩家 攻略

洞内灯光照明设备齐全，通风良好，安全性高。但是由于这里道路崎岖，所以不适合穿皮鞋和高跟鞋，应当穿运动休闲鞋或旅游鞋。此外，在景点外面还设有小摊，游人能购买到食品、饮料和旅游纪念品。游玩需1小时左右。

玩家 解说

溶洞号称“仙踪”，带着汽灯、手电进入洞内，迂回蛇行，不久，即可见一厅豁然开朗，石钟乳、石笋、石柱玲珑剔透，争奇斗胜。再往前走，洞口愈加狭窄，不一会，又有一个宽敞的大厅呈现在人们的面前。厅内怪石奇峰，各呈异状。

最妙的是敲击这些石钟乳能发出声音，有的清脆悦耳，有的洪亮悠远，有的雄浑辽阔。大厅左右还有许多小洞，高低宽窄，各有特点，洞套洞，似断实连，令人叫绝。通过大厅再往前进，洞逐渐窄小，有一穴透光，形似窗户。继续走则到洞口，遥望群山，一片葱绿，倍加可爱。

奇风洞

会“呼吸”的溶洞

昆明市石林县石林镇，石林西北5千米

奇风洞是石林风景区众多溶洞中最为奇特的一个，它不以钟乳石的怪异出名，而是因其会像人一样呼吸而引人注目，所以被称为“会呼吸的洞”。每年雨季，大地吸收了大量的雨水，干涸的小河再次响起淙淙的流水声时，奇风洞也开始吹风吸风，发出“呼”“吓”“呼”“吓”的喘息声，像一头疲倦的老牛在喘粗气。要是有人故意用泥巴封住洞口，它也会毫不费力地把泥巴吹开，照样自由自在地呼吸。

玩家 解说

奇风洞所在地区为石灰岩岩溶地貌。在奇风洞之东100余米处，有一条山沟，沟内有一个石灰岩受溶蚀形成的落水井。一股清泉从上游流入井中，并从井底的裂隙流入地下暗河。

当泉水的水量充沛时，因井底裂隙的排水能力有限，水井中的水便逐渐上涨。由于此落水井的井壁上有裂隙，而且向上拱曲之后再缓缓落入地下暗河，奇风洞的洞隙向下倾斜与此裂隙相通。因此，当落水井的泉水上升到一定程度，即水流入井壁的裂隙，水位达到裂隙的拱曲最高点时，便产生虹吸现象，也就是说，水沿着井壁裂隙通道流到暗河。与此同时，急速的水流发出隆隆的响声；郁积在弯道中的空气受到流水推压，从奇风洞喷出。当落水井的水因被大量抽走而急剧下降至井壁裂缝时，空气便重新进入弯道，产生回风。奇风洞的现象是一种虹吸现象。

奇风洞、虹吸泉、暗河是相互作用的，如果山脚小溪中没有流水，奇风洞就不会呼吸；反之，若小溪流量太大，淹过暗河，奇风洞也不会呼吸。因此，奇风洞的呼吸现象并非四季都有，通常发生在8~10月。

阿诗玛生态文化园

展示石林旅游品牌形象的窗口

昆明市石林县城北郊

阿诗玛生态文化园占地约17公顷，是石林旅游区的一个形象工程。它使得石林世界

石林

地质公园景区外围的生态内涵得到了全面提升，成为对外展示石林世界地质公园旅游品牌形象的窗口，也是进入石林世界地质公园的一个亮丽景点。

园区通过雕塑、绿化、水景、石山等景观元素，塑造了一个能反映和展示彝族和撒尼人文化、旅游文化、石头文化，具有时代气息、舒适、多样、优美的生态文化空间景区。

九乡风景区 AAAA

规模较大的洞穴群落

昆明市宜良县九乡

在宜良县城乘中巴车至九乡风景区

60元

8:00～18:00

九乡风景区位于宜良县境内，是一处综合性风景名胜区，融合了自然风光、人文景观、民族风情等特色，被誉为“九乡一绝”“溶洞博物馆”等。这里拥有大小溶洞100多个，是国内规模最大、数量最多的洞穴群落之一，并且与石林风景区一起构成了“地上看石林，地下游九乡”的喀斯特立体景观。此外，这里的叠层石、倒石牙、边石湖群、暗峡谷、涡穴等，以及立体层型洞体、多层洞穴景观等，有的是国内罕见的绝景，被誉为“史前奇观”；而在溶洞暗河中发现的盲鱼，属于世界珍稀鱼种。所以，在九乡风景区，游客不仅能欣赏到美丽的自然风光，而且能体验到探险和考察的无尽乐趣，真令人心向往之。

玩家 攻略

在九乡景区，有国内首开的乘电梯山洞游，充满了刺激。在惊魂峡还有划船洞游，当游客在山洞中穿行时，能产生神清气爽、超凡脱俗的感觉。此外，九乡这里的特色美食如宜良烤鸭、腊肉，更是不能错过的美味。

玩家 解说

荫翠峡因两岸植被繁盛荫蔽河道而得名。它全长1千米，最大水深16米，峡中河流叫麦田河，游人可乘船游览河段约700米。荫翠峡还有一个俗名叫情人谷，据说这里过去是九乡彝族青年男女对唱情歌的地方，当对歌的青年男女两情相悦时，就会从横在峡谷的树上跨过峡谷走到一起。在这里，游客可感受游船的乐趣，也可欣赏峡谷景色，体验少数民族风情。

链接

九乡溶洞传说

相传玉皇大帝派人精心制成一串珍珠，打算作为西王母千年大寿的贺礼。在圣宴之上，众仙家争相观赏，一不留神，扯断了金绳，那些充满灵气的珠子自天

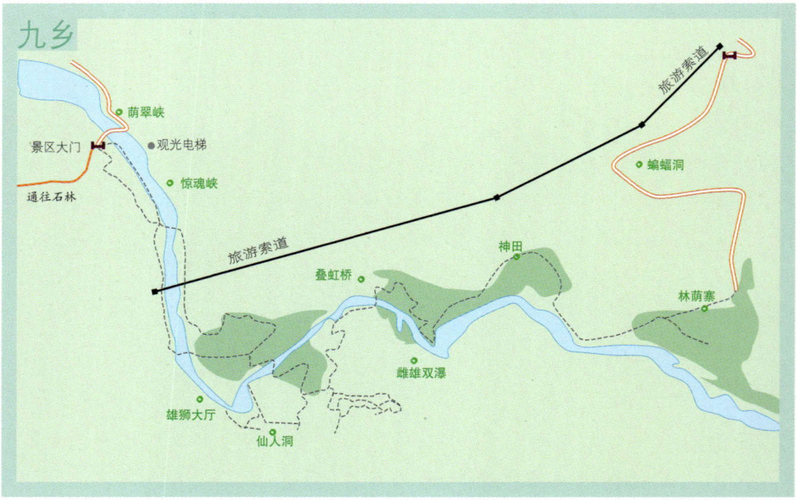

庭洒下，便化作了九乡大大小小的洞穴，而那条金绳也变成了穿梭于九乡溶洞的麦田河。

岩泉寺
佛道合一的古刹

昆明市宜良县匡远镇

从宜良县乘坐汽车到达

云南宜良有岩泉漱玉、法明晓钟、古城晚霞、西浦温泉、铁池夜月、云泉瀑布、野渡渔灯、东山叠翠八景。其中，排在第一位的岩泉漱玉指的就是岩泉寺。岩泉寺坐落在宜良县修竹茂密、清幽雅静的岩泉山上。

岩泉寺建筑规模很大，一年四季人流如织、香客如潮，整座岩泉山每天都处在香火的笼罩之下。登上数十级的台阶，迎门是一尊巨大的释迦牟尼金身塑像，塑像的背部贴满了圆形的、印有寺庙大门和谶语的纸签。转过塑像，是一堵同样巨大的浮雕——九龙壁，九条神态各异的苍龙张牙舞爪地悬浮在乳白色的石壁上。

岩泉寺历代名人题咏甚多，悬岩刻石、古迹甚丰，价值极高。

玩家 解说

1341年，一个法号盘龙的云游僧被这里的景色深深吸引住了，便在这里搭建了一间茅屋弘扬佛法、度化众生。多年以后老僧缘满而去，但却留下了众多的徒子徒孙。为了纪念老僧，他们建起了“祖师殿”加以供奉。后来，一些云游的道士也发现了这个“风水宝地”，便也在这里建起了道观。从此，岩泉寺便成了释道偕居、寺观并处之所。

小白龙森林公园
昆明近郊面积最大的森林绿地

昆明市宜良县汤池镇

从宜良乘坐汽车可到达

小白龙森林公园以森林自然风光为主体景观，是昆明近郊森林面积最大的绿地，其中林木以云南松、华山松为主，间有圆柏、杉木、柳杉、雪松、栎木、翠竹、栗子、野山茶、杜鹃、杨梅等。此外，菌类、苔藓植物也较为丰富，森林公园还生活着野兔、麂子等野生动物。

公园海拔2000多米，属滇中低纬高原，北亚热带气候区，具有冬夏温差小、四季如春的特点。置身于茫茫林海之中，仰流云、赏山花、听松涛、聆鸟鸣，使人神怡气清，充分领略和享受大自然的美景和野趣。

景点推荐 昆明北部景点

东川红土地

美到令人心醉的红土地

昆明市东川区新田乡

在昆明汽车北站乘长途大巴可直接抵达东川区红土地镇

东川红土地海拔1800~2600米，是云南红土高原上最集中、最典型、最具特色的红土地。专家认为，东川红土地是全世界最有气势的红土地之一，仅次于巴西里约热内卢的红土地，但其景象要比巴西红土地更为壮美。每年9~12月，当一部分红土地已种上青稞、小麦或其他农作物，而另一部分红土地翻耕待种时，远远看去，这里就像是上天涂抹在大地上的色块，斑斓多彩，像一幅幅五彩缤纷的水彩画，景色十分绚丽。如果再衬以蓝天、白云，简直就是“人间仙境”，怎一个“美”字了得！

玩家攻略

东川红土地的主要景点在新田乡花石头村，景观除七彩坡之外，还有锦绣园、落霞沟、螺丝湾、乐普凹、水平子、打马坎、锅底塘、千年龙树、瓦梁房子、红土地大观等。在这里旅游时，可选择在当地农家旅馆住宿，价格在60~300元。红土地的农家菜也别具风味，如清炖土鸡、老腊肉、血豆腐等，值得一吃。

玩家解说

这是一片绚烂的土地，如同赤、橙、黄、绿、青、蓝、紫七色彩虹坠落人间，仿佛被天火燃烧过一样，极其艳丽、壮美。大大小小的山头、山坡上，油菜花、苦荞花、土豆花等盛开着，麦浪在山风下像大海一样波澜起伏，黄、绿、白、红等各色相间，大气恢宏、鲜艳夺目，如同浓墨重彩的山水画。

乐谱凹

乐谱凹位于花石头社旁边，这里的红土

地风景以线条流畅优美而取胜。置身于乐谱凹的景色中，那些地埂犁沟铺就的场景就像漂亮的五线谱，跳动着美妙的音符。

其实，那些构成五线谱的物体都是一些很普通的农作物，只不过我们平时所见到的是印在白纸上的黑白色的五线谱，而展现在我们面前的是大自然铺就的彩色五线谱。只要是摄影好手，就能在此拍出绝佳的作品。

锦绣园

锦绣园位于花石头社北面，被称为中国红土地的代表作，以色彩斑斓、层次丰富而著称。由于地势的原因，这里的美景以很突然的形式进入你的视野，它会让你有一种曲径通幽的感觉，有一种艺术对心灵的灼热震撼，从而产生美感和联想。

这种纯自然的艺术是可遇而不可求的，哪怕是高超的艺术家，也难以把如此多的色彩渲染得如此浪漫、淋漓尽致。有风吹过的时候，红土地里的庄稼随风舞动，色彩斑斓，充满动感。

七彩坡

七彩坡是东川红土地著名的景点，距锦绣园约2千米。七彩坡地势高，站在七彩坡的高地上去观赏红土地，会带来不同的视觉冲击。

站在坡顶向下望去，天然的红土壤斑斓炫目、艳丽饱满，漫不经心地铺向天边，形成了如仙境般五彩缤纷的水彩画。从远处看，仿佛上天涂抹的色块，鲜亮艳丽，有着诱人的缤纷之美和曲线之美。

打马坎

打马坎是一个村子的名字，距离花石头社5千米。早晨日出前后在公路边的高坡上俯瞰打马坎村，红土地围绕的村子里炊烟缭绕，村子四周杨树在朝阳斜射下泛着光辉，一派宁静动人的田园风光。

不同季节山坡上不同的地块有不同的色彩，勤劳的农民在其中耕作或收获。如果说元阳梯田飘逸的线条犹如敦煌飞天仙女的飘带那样动人，那么红土地则是像女娲补天

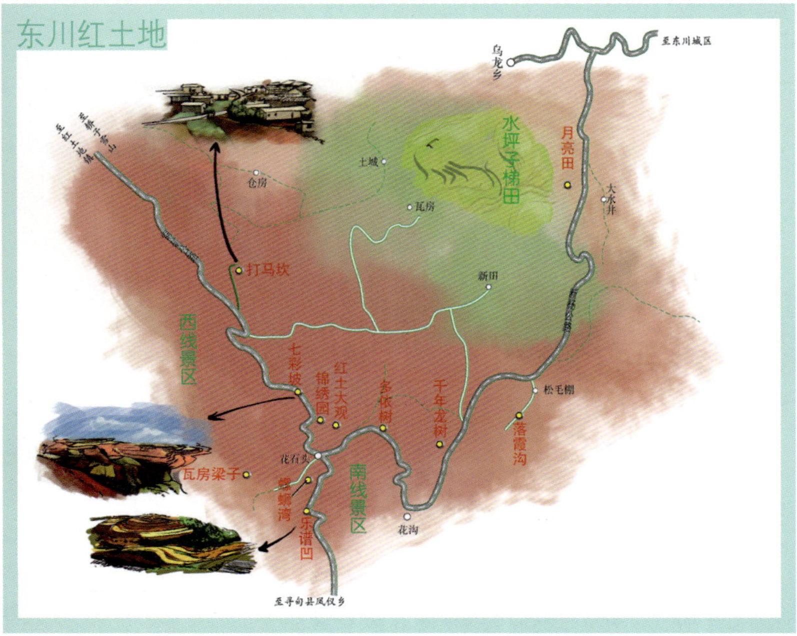

东川红土地

的七彩石头一样冲击着你的视觉。

月亮田

月亮田距离花石头社20千米。这是一处层层叠叠的梯田，最特别之处在于其中一块水田看起来仿佛一把玉琵琶，让人怀疑是上天遗落于人间，非常神奇。

月亮田是红土地周围仅有的一片可以种植水稻的梯田，有点像元阳梯田，但规模小。春天可以来这里观赏水田灌水后的景象，秋天则是一片金黄。月亮田附近还有峡谷景观，峡谷与梯田一同构成美丽的线条，层次丰富，在这里能够拍出优美的摄影作品。

蒋家沟泥石流

泥石流天然博物馆

昆明市东川区绿茂乡

东川区的泥石流发育已有百年历史，现共形成泥石流沟100多条，尤其是蒋家沟泥石流，暴发频繁、规模巨大、类型齐全，冲击扇面保存完整，是闻名遐迩的泥石流天然博物馆和研究人类生存与自然环境相互关系的理想场所。此种景观不仅在我国罕见，在世界也属稀有。蒋家沟泥石流形成区碎石处于特殊的临界稳定状态，常有“声喊则碎石崩流”的奇特现象。由于泥石流的冲击，河床在半个世纪的时间里，已被抬升100多米。

链接

泥石流

泥石流是指在山区或者其他沟谷深壑，地形险峻的地区，因为暴雨暴雪或其他自然灾害引发的山体滑坡并携带有大量泥沙以及石块的特殊洪流。泥石流具有突然性以及流速快、流量大、物质容量大和破坏力强等特点。发生泥石流常常会冲毁公路铁路等交通设施甚至村镇等，造成巨大损失。

轿子雪山 AAAA

滇中第一高峰

昆明市东川区西南与禄劝县分界处　¥ 68元（含往返摆渡）

轿子雪山山势险峻，有数座山峰远看犹如轿子，故名轿子雪山。景区方圆百余里，最高点海拔4223米，是昆明地区的最高峰。加上特有的地形，形成独特的立体气候，从山脚垂直向上气温逐渐下降。轿子山是云南纬度最低的冬季积雪山峰，有着独特的自然景观，每年春季有几十种杜鹃花盛开在山间。加之山上大小不等的高山湖泊、高山草甸，使得轿子雪山璀璨多姿。

玩家 攻略

1.10月至次年4月中旬，山间白雪皑皑，冰湖、冰瀑布、雾凇、雪原等景观又装点出另一番景色，可观赏还可开展滑雪等运动。

2.住宿：到轿子雪山，建议住在转龙镇。金龙宾馆位于转龙镇中山路，是刚装修好的宾馆，没有电梯。

3.美食：晚上吃饭可以让宾馆的老板带你到他家亲戚开的回民牛菜馆，10人消费不到80元，吃得很不错。

钟灵山

纯天然氧吧

昆明市寻甸回族彝族自治县近郊

坐昆明到曲靖的客车在302国道钟灵山站下即可

钟灵山国家级森林公园面积540公顷，最高海拔2332米。据说早在1000多年前三国鼎立的时候，蜀相诸葛亮率兵南征，曾在钟灵山东南3000米的杨磨山安营扎寨，杨磨山因关羽的儿子关索镇守而改称“关索岭”。这一带的山川、河流因诸葛亮及关索领兵鏖战孟获而增添了神奇的色彩，注入了永久的生命力。

钟灵山森林茂密，主要有云南松、云南含笑、大树杜鹃、兰花，还常有松鼠等小动物出没。冬末初春的时候，漫山遍野都是盛开的山茶花和杜鹃花；秋冬时节满树红叶的五倍子，像是镶嵌在翠绿山峰上的火烧云。

钟灵山除了森林茂密、植被丰富以外，还融合了众多的自然和人文景观，有山势地貌自然形成的“三十六筒花边鼓”“晨曦观日”“白马望金钟”“五老观太极”等自然景观。山上占地面积3000平方米的钟灵寺始建于明代，曾是西南六大名寺之一。

轿子雪山

攻略资讯

- 交通
- 住宿
- 美食
- 购物
- 娱乐

交通

飞机

昆明市有昆明长水国际机场，是中国西南部地区门户枢纽机场。昆明长水国际机场有国内外航线数百条，与省内各支线机场都有航线。

机场位于昆明市东北，距市区24千米，在机场可乘坐机场大巴前往市区。

火车

昆明铁路交通有昆明火车站、昆明南站。

昆明火车站：是西南地区最大的火车站，是西南的重要交通枢纽，是贵昆线、成昆线、南昆线、昆玉线、内昆线的交会处。

昆明南站：是西部地区大型综合性交通枢纽之一，其站房结合昆明独有的地域文化特点，以“雀舞春城、美丽绽放”为主题，用“孔雀开屏、鲜花绽放”的形象寓意昆明这座城市的开放进取和热情好客。

汽车

昆明作为云南的交通中心，有多条高速交会于此。昆明的客运站主要有东部汽车客运站、南部汽车客运站、西部汽车客运站、北部汽车客运站、西北部汽车客运站、昆明南站客运中心。这些客运站均开设有省内班车和省际班车，其中汽车南站还开有国际班车。

东部汽车客运站：位于昆明市盘龙区东三环虹桥立交桥与两面寺立交桥之间。班车发往省内各地，车次较多。电话：0871–63833680。

西部汽车客运站：位于昆明市西山区马街镇春雨路与益宁路交叉口东北侧。班车运营线路涵盖了滇西北、滇西等云南主要旅游目的地，是旅游者的首选。电话：0871–68182746。

南部汽车客运站：位于昆明市官渡区矣六乡新昆洛路东侧，五腊村对面。发车开往普洱、西双版纳、玉溪等地。电话：0871–67361683。

北部汽车客运站：位于昆明市盘龙区龙头街羊肠，7204公路北侧。发车开往曲靖、昭通、寻甸等地。电话：0871–68373009。

西北部汽车客运站：位于五华区普吉村

昆明公共自行车

昆明长水机场

西南方，距昆沙路约600米（普吉路公交修理厂旁）。电话：0871–68265359。

昆明南站客运中心： 紧邻昆明南站东广场，总占地面积42 930平方米，按照一级客运站标准建设。电话：0871–67482213。

市内交通

目前，昆明已开通1号线、2号线、3号线、4号线和6号线等8条地铁线路，覆盖城区绝大部分区域。

住宿

昆明作为旅游城市，星级宾馆、旅社、招待所等各类住所应有尽有，游客比较轻松就能找到舒适满意的落脚之处。建议住在翠湖、云南大学、滇池金殿等地附近，住宿条件佳，且距离景点较近，交通便捷。若想体验民俗客栈的感觉可选择郊区的官渡古镇。此外，昆明火车站、长途汽车客运站附近有很多适合背包客住宿的家庭旅馆，价格一般比较实惠。

●客栈、青年旅舍

倾城昆明国际青年旅舍： 旅馆在风景秀丽的翠湖之畔，在房间里就可以欣赏到翠湖的美景，到旅馆附近购物娱乐都很方便。在旅馆外的翠湖沿岸有许多民间艺术品商店，也有很多特色酒吧，出旅馆步行不到1千米

客栈房间

就是昆明有名的花鸟市场。

昆明云大宾馆：云南大学附近还有昆明理工大学、云南师范大学、云南民族大学等院校。宾馆附近有一条"文化巷"，不仅有众多地道的云南小吃，还有韩日料理、咖啡馆等各种小店。宾馆位于昆明市一二一大街与君殿巷（云南大学校区内）。

●酒店、宾馆

昆明金鹰广场酒店：这是一家豪华型商务酒店，它地处城市CBD中心，并且邻近昆明最时尚的购物场所——金鹰购物中心。

昆明市五华区威远街168号金鹰购物中心B座6楼

0871-65098888

●更多住宿去处

昆明饭店/昆明市东风东路52号/0871-63162063

连云宾馆/昆明市五华区圆通街58号/0871-65156751

美食

昆明的小吃数不胜数，让人垂涎，街边的小吃摊、环境优雅的室内餐厅都有当地的特色食品。对游客来说，品享美食实在是一件难忘的乐事。独具民族风味的菜肴在烹饪上有烤、腌、煨、焐、舂等多种方法，昆明菜的口味有点偏咸辣。值得一提的是，昆明的山珍在全国富有名气，山珍中的野生菌类，更是令人百吃不厌。

昆明餐饮较为集中的地方是北大门美食街和西山区政府大楼旁的兴苑路，另外还有祥云美食城、滇池路、关上中路、官南大道、世博大道等。

美食小吃

●过桥米线

过桥米线是云南滇南地区特有的小吃。米线品种很多，吃法多样，既可热吃，也可凉拌。吃过桥米线时，可以用大汤碗盛来热汤，热汤多是用肥鸡和猪骨熬制而成，清澈透亮，汤面覆盖着一层金黄的油光，入口醇香。

过桥米线

●汽锅鸡

汽锅鸡是云南名菜，因用汽锅蒸制而得名。其独特的烹饪方法能保持鸡的原味和营养，使鸡肉汤汁鲜甜、嫩香可口。加入三七、天麻、虫草等名贵药材烹饪，便分别成为三七汽锅鸡、天麻汽锅鸡、虫草汽锅鸡，是云南独具风味的滋补名菜。

●云南鲜花饼

鲜花饼是以云南特有的食用玫瑰花入料的酥饼，是具有云南特色的经典点心代表。鲜花饼的制作缘起300多年前的清代，历史悠久，是中国四大月饼流派滇式月饼的经典代表之一。

●破酥包子

破酥包子是昆明的特色风味小吃，由低筋精白面粉、熟猪油、熟云腿、蜂肉丁、冬菇末等精制而成。破酥包子的馅心有咸、甜两

云南鲜花饼

种。由于此种包子负有盛名，几乎在昆明各种高档筵席、宴会、自助餐、风味餐中都能够品尝到。

美食去处

●滇池路美食街

滇池路美食街是一条非常热闹的街道。街上著名的餐厅、火锅店、酒吧、茶馆很多，菜肴讲究菜色与菜式的搭配。在这里，不仅可以吃到极具特色的云南的民间土菜、重庆的火锅，还有极富情调的西餐、韩餐等。

炸饵块

●三市街

三市街，旧称南关厢，全长约330米，因其东、西、北三面分别邻近珠市桥、羊市口和马市口，故而得名“三市街”。它是昆明第一条步行街，以历史悠久和商业繁荣而著称，现在是昆明的一张城市名片。

●祥云街

祥云街地处昆明市中心，地理位置优越，交通便利，是一个会聚了云南各地特色美食的地方。这里的主要风味小吃有罐罐米线、蒜蓉鸡纵、炒饵块、米糕、麻辣烫、炒饭、臭豆腐、布袋豆腐等。

购物

昆明是整个云南的商贸中心，这里集中了最为丰富的云南特产和民族工艺品。特色商品主要有山珍野味、中草药、名烟名茶、少数民族手工艺品、鲜花等。在昆明购物可以买到很多外省不易见到的特色商品，如山货虫草、松茸、雪茶、乳扇，产自缅甸的宝石、红柚木，风格各异的民族制品等。

昆明特产

●鲜花

昆明被誉为“百花之都”，鲜花四季供应不断，昆明斗南鲜花市场已成为国内规模最大并逐渐国际化的鲜花交易市场。

●云南白药

云南白药被誉为伤科良药，是纯中药制

云南鲜花

成品。它的研制人是云南民间医生曲焕章，至今已有百年的历史。云南白药自20世纪初行销于世一直受到海内外的赞誉，是主治各种跌打损伤、红肿疮毒、妇科血症、咽喉肿痛及慢性胃病的特效药品。

●松茸

松茸是一种珍贵的真菌，学名叫松口蘑，别名有大花菌、松菌、剥皮菌等多种。松茸的营养价值很高。云南出产的松茸朵头大，茎柄粗，肉质纯白细嫩，具有一股浓郁的香味。

松茸

●鸡枞

鸡枞在雨季多生于山野的白蚂蚁窝上，刚出土时菌盖呈圆锥形，色黑褐或微黄，菌褶呈白色，老熟时微黄。烹制食用时，切片肉质酷似鸡白肉，且有鸡肉的清香，故而得名鸡枞。

●云南斑铜

斑铜工艺是在吸收青铜、铜鼓制作技术基础上发展起来的。斑铜制作工艺复杂，它采用独特的工艺使铜和其他金属混而不合，呈现出各种瑰丽的棱斑花纹，色彩金黄交错，华贵高雅，因而取名斑铜。

昆明购物场所

●昆明金格购物中心

昆明金格购物中心（金格百货）是昆明零售业的一面旗帜，“金格”的意思是“顶级格调”。它是一家多功能复合性购物中心，设计上体现了人性化的服务理念，里面除了购物场所外，还设有文化展览中心、时尚会所、咖啡厅、主题餐厅等，彰显着全方位享受精致新生活的理念。

●斗南鲜花市场

斗南鲜花市场距昆明市区18千米，占地面积8000多平方米，是“花都”昆明的典型体现和代表。这里拥有各种各样的鲜花，如玫瑰、百合、郁金香等，它们盛开在花市的每一个角落，所以到处都弥漫着花香，让人如同置身于“人间仙境”。这里的鲜花不仅种类多，价格也便宜，每天都吸引着国内成千上万的顾客前来观赏和采购，并且还源源不断地销往日本、朝鲜、新加坡等国。

●景星花鸟珠宝市场

景星花鸟珠宝市场，别名“花街”，位于昆明老城区，是一条综合性购物街，销售花鸟、鱼虫、珠宝、古玩、字画、渔具等。这里是“闹市中的闹市”，不仅有花鸟鱼虫等各类玩意儿，还能在此品尝到昆明几乎所有的特色小吃。所以，这里每天总是人来人往，热热闹闹，从另一个侧面映射着老昆明的闲适气息。在这里，顾客不仅能购买到花草虫鱼和珠宝等，还可看到老昆明的旧房子，也可感受到老昆明人的旧风俗……总之，这里体现了一个不一样的昆明，也是游人体验昆明风情的一个重要窗口。

●王府井百货

王府井百货地处昆明市中心的繁华地段，它集时尚购物和娱乐休闲于一身，是昆明新兴的一家大型综合商场。这里的商品琳琅满目，而且还建有大量配套设施，包括超

斗南花卉市场

市、餐厅、电影院、咖啡厅等。所以，此处不仅是顾客购物的理想之地，也是娱乐休闲的好去处。

●云南古玩城

云南古玩城荟萃了几乎全云南的各种珍奇异宝，是云南历史上第一个专业的古玩市场，也是云南最大的古玩收藏品市场。古玩城是一座中式仿古建筑，青砖黄瓦、雕梁画栋，散发着古色古香的韵味。高四层，营业面积近3400平方米，里面聚集了100余户商户，经营商品包括文物古玩和珠宝艺术品等。

娱乐

昆明这座传统与时尚相互融合的城市，既保留着历史厚重、富有民族风情的戏曲和歌舞，又兼收并蓄地传递着热情洋溢的青春气息。

●昆明滇剧

滇剧形成于清末民初，由外来的丝弦、襄阳调和胡琴戏三种声腔组成，以丝弦腔为主，流行于云南及四川、贵州部分地区，代表剧目有《牛皋扯旨》《闯宫》等。

剧院推荐：云南省滇剧院剧场（昆明市东寺街275号）、云南大剧院（昆明市春城路289号昆明国际会展中心）。

●《云南映象》

《云南映象》是一台将云南原创乡土歌舞与民族舞重新整合的充满古朴与新意的大型歌舞。参与《云南映象》演出的演员70%是来自云南各村寨的少数民族村民，村民演出服装全部是少数民族的生活着装。

剧院推荐：云南映象剧场（盘龙区昆明会堂）。

节日和重大活动

名称	地点	时间
金殿庙会	金殿	农历正月初九
三月三	西山森林公园	农历三月初三
圆通花会	圆通山	2月
昆明狂欢节	市内各广场、公园或景区	五一期间

《云南映象》演出

发现者旅行指南

滇中

（含曲靖、楚雄、玉溪）

概览

亮点

罗平油菜花海

20万亩油菜花在罗平坝子竞相怒放，一望无际的金黄，十分壮观。罗平县的油菜花以金鸡峰丛和牛街螺丝田最为出名。

元谋土林

楚雄州元谋县土林以色彩丰富、规模宏大而著称。这里的土林层次感强，形状千姿百态，是观光的乐园、摄影爱好者的天堂。

彩色沙林

陆良彩色沙林是曲靖一处颇具特色的旅游胜地。这里的沙林造型多样，呈现出屏、嶂、峰、崖各种形态，变化万千。

抚仙湖

玉溪市抚仙湖是中国有名的淡水湖，状如倒置的葫芦，湖水清澈，碧波万顷，风光秀丽，湖内所产的抗浪鱼是此处的名贵特产。

黑井古镇

自汉朝起即已开井煮盐的古镇，有“明清社会活化石”之称。主要景点有黑井文庙、武家大院、古盐井等。

哀牢山

哀牢山云缠雾绕，巍峨壮观，主要景点有南恩瀑布、陇西世族庄园、茶马古道等。当地的新平花腰傣民族特征鲜明。

线路

曲靖经典三日游

第一天前往陆良观赏五彩沙林，午饭后前往罗平欣赏油菜花田。第二天早餐后前往龙马石林，然后前往九龙瀑布群，观赏气势磅礴的瀑布。第三天前往多依河旅游区，泛舟河上看两岸的秀丽风光。

楚雄全景四日游

第一天上午参观元谋人陈列馆，然后前往元谋土林，夜宿景区。第二天早餐后前往黑井古镇，用一天时间游览镇上的黑井文庙、武家大院等景点。第三天前往禄丰世界恐龙谷，下午游览彝人古镇，观彝人风情。第四天在楚雄市参观楚雄州博物馆、彝族十月太阳历文化园等景点。

玉溪精华三日游

第一天前往汇龙生态园，在此可以游泳、划船、踢足球。午后来到玉溪红塔，参观红塔工业区，然后去映月潭泡温泉。第二天前往抚仙湖景区，观碧波万顷，下午游览星云湖。第三天上午去九龙池，看清澈池水，午后前往秀山，观禅院，看古亭，赏原始自然风光。

为何去

曲靖名雕众多，享有“雕塑之都”的美誉。这里是古代爨（cuàn）文化的发祥地，境内风景名胜有珠江源、多依河、九龙瀑布群等。

曲靖油菜花开

楚雄州历史悠久，是元谋人的故乡。境内自然风光优美、人文遗迹众多，充满彝族风情，游客在此可以体验到各种各样的特色主题。

玉溪市有“滇中粮仓”之称，酸汤米线全国闻名。这里还有“花灯之乡”“云烟之乡”“聂耳故乡”等众多美誉。

何时去

到曲靖旅游的最佳时间为春秋两季。每年2~3月，罗平漫山遍野的油菜花盛开，一片金色的花海。每年农历二月初二，九龙瀑布附近的各族青年会身着盛装，欢度对歌节。

罗平油菜花海

玉溪旅行时间以夏秋两季最宜，此时温度和湿度适中，气候宜人。

每年的10月至来年4月是来楚雄州旅游的最佳时间，此时可以赶上彝族火把节及农历二月初八的马缨花节，还有热闹非凡的三月会等重要节日。

陆良彩色沙林雕塑

区域解读

区号：曲靖0874、玉溪0877、楚雄0878
面积：约73 447km²
人口：约1130万人
主要少数民族：彝族、哈尼族、傣族

地理 GEOGRAPHY

区划

曲靖市下辖3个区（麒麟区、沾益区、马龙区），5个县（罗平县、富源县、师宗县、陆良县、会泽县），1个县级市（宣威市）。

楚雄州下辖8个县（双柏县、牟定县、南华县、姚安县、大姚县、永仁县、元谋县、武定县），2个县级市（楚雄市、禄丰市）。

玉溪市下辖2个区(红塔区、江川区)，3个县(易门县、华宁县、通海县)，3个民族自治县(元江哈尼族彝族傣族自治县、新平彝族傣族自治县、峨山彝族自治县)，1个县级市(澄江市)。

地形

滇中位于云南省中部地区，地势西北高、东南低，主要以高原山地为主，峡谷、盆地交错分布，地形复杂。境内有乌蒙山、哀牢山两大山系，海拔大多在3000米以上，其中位于会泽县的乌蒙山脉主峰牯牛寨山，海拔4017米，为境内最高峰。滇中境内水系发达，河流、湖泊众多，主要有南盘江、北盘江、黄泥河等河流，玉溪市内抚仙湖为著名的高原湖泊。

气候

滇中大部分地区属于亚热带高原气候，四季气候温和，夏无酷暑，风和日丽，基本上全年都适合出行游玩。由于地形影响，滇中地区气候有明显的立体特征，这里既有四季如春的山区平坝，也有被称为“天然温室”的谷地。境内干湿分明，降水多集中在每年的5~10月。值得注意的是，这里早晚温差较大，即使是春秋两季前往，也应该备好外套，以防着凉。

历史 HISTORY

曲靖历史大事记

公元前225年，秦始皇派兵修通起自宜宾、终于曲靖的“五尺道”。

公元前109年，汉武帝派兵打败劳浸、靡莫部族，滇国归顺汉朝。设味县，隶属于益州郡。

225年，诸葛亮率军南征，七擒孟获，在曲靖会盟。

唐天宝十三年（754年），唐兵战败于南诏，曲靖全境尽归南诏。

北宋开宝四年（971年），大理国与当地37部落在石城歃血盟誓，结束战乱。

明洪武十四年（1381年），明军与云南梁王在石城周围打败蒙古残余势力，随后大明统一云南全境。这就是历史上著名的白石江战役。

抚仙湖

1913年，改南宁县为曲靖县。

1950年，设曲靖专区，辖曲靖、沾益等7县。

1997年，地级曲靖市建立。

楚雄历史大事记

先秦时期，楚雄州境内活跃着氐羌、百越和百濮等族。公元前4世纪，属滇地。

汉时分属益州郡和越嶲郡，民族间经济文化交流得到加强。

西晋时楚雄分属晋宁郡和云南郡。

东晋咸康八年（342年），彝族酋长威楚在此筑土城，称“威楚城”。

唐初属戎州都督府。南诏时分属拓东节度和弄栋节度。

大理国时分属姚府、威楚府。

元朝时分属中庆路、威楚开南路、武定路和大理路。

明洪武十六年（1383年），威楚更名为“楚雄”，并沿用至今。

清代分属云南府、武定直隶州、楚雄府。

1949年，新中国成立后，分设楚雄、武定两专区，后合并为楚雄专区。

1958年，楚雄彝族自治州正式成立。

玉溪历史大事记

西汉元封二年（前109年），滇王降汉，置益州郡，郡建置双柏县（今易门）、俞元县（今澄江）等24县。

蜀汉时置俞元县，属益州建宁郡。

晋、南北朝时属宁州建宁郡。

隋时属宁州总管府。

唐时属南宁州都督府。南诏国时属河阳郡。大理国时属河阳郡。

元时，前后属云南中路罗伽万户府、云南行中书省澄江路。

明时，分属昆阳州、澄江府、临安府、宁州、元江府。

清时分属云南府、澄江府、临安州、新兴州、元江直隶州。

1916年置玉溪县。

1997年建地级市玉溪市。

文化 CULTURE

花灯之乡——玉溪

玉溪花灯起源于明朝，主要流行于玉溪境内，尤以红塔区最盛。花灯是玉溪的主要地方剧种。花灯题材广泛，涉及传统的传说故事和现代的爱情、家庭等，如《八仙图》《秦香莲》《白扇记》《张小二从军》《出门走厂》等，内容非常丰富。作为名副其实的花灯之乡，玉溪花灯是这里的一张文化旅游名片，所以对于来玉溪旅游观光的游客来说，一定要好好欣赏一下这一民俗活动，如果可以亲自体验一次，也就不枉来这里一趟了。

恐龙之乡——禄丰

楚雄州的禄丰市，不仅恐龙化石数量众多，年代古老，而且以其完整性和原始性享誉全国，是名副其实的“恐龙之乡”。禄丰恐龙谷再现了侏罗纪时代，是游客了解和体验恐龙文化的绝佳之地。此外，禄丰市还出土了大量古猿人化石及历史各时期的珍贵文物，可以说这里就是一处“地球历史博物馆”，非常值得游客前来观光、游览。

东方的狂欢节——彝族火把节

滇中地区作为多个少数民族聚居地，随时都能看到迷人的少数民族风情，彝族的火把节就是这里的一个传统少数民族节日。

火把节拥有“东方的狂欢节”的美誉，在每年农历六月二十四前后举行，前后持续3天。节日期间会开展多种特色民俗活动，彝族歌舞、赛马、摔跤、斗牛、斗羊、斗鸡、篝火晚会等，精彩纷呈，非常热闹，绝对不容错过。

走向世界的宣威火腿

云南盛产火腿，但凡提及“云腿”二字，就绕不开宣威火腿。汪曾祺、唐鲁孙、何炳棣等文人、美食家提及云南菜时，都不吝笔墨言及宣威火腿的种种妙处。

宣威火腿的优质与其地理环境和气候条件密不可分。宣威地区海拔接近2000米，冬季气温低且光照充分，非常适合火腿的腌制发酵。传统的宣威火腿，采用俗称“乌金猪”的后腿腌制。这种猪被当年来云南的“知青”王小波称为“特立独行的猪”，并专门写有文章，很有意思。

宣威火腿

宣威火腿早在1915年就已打入国际市场。1923年在广州举办的全国各地食品比赛会上，孙中山先生品尝宣威火腿后，倍加赞赏，并留下了“饮和食德”的题词，从此宣威火腿名声大振，走出国门，远销东南亚、日本和欧美国家。宣威火腿与浙江金华火腿、江西安福火腿并称为“中国三大名腿”。

古越遗民——花腰傣

神秘的花腰傣是我国傣族的一个分支，是传说中遗留在哀牢山腹地的古滇国皇族后裔。花腰傣以服饰斑斓、色彩绚丽、银饰琳琅满目如彩带层层束腰而得名。花腰傣现有7万多人，大部分居住在新平县内，其余散居于元江等县。

花腰傣与西双版纳、德宏等地的傣族一样，其最早的先民为“古越人”。但由于他们繁衍生息在偏僻的哀牢群山、红河之畔，封闭的环境使花腰傣完整保存着古傣族先民原始的自然崇拜、祭祀、巫术、染齿、文身等原生态傣文化元素，有着自己鲜明的文化特征。在滇中花腰傣聚居区，人们既可体会到古越文明的深邃灿烂，也能感受到古老文明与现代文明交融的壮美。

景点推荐

会泽周边景点

会泽古镇

云南最早设置的四个郡县之一

曲靖市会泽县境内

会泽古镇历史悠久，是云南最早设置的4个郡县之一。这里古代就以盛产铜、铅闻名，清朝时，铜的开采和冶炼得到进一步的发展，会泽成为中国西南的铸币中心。与此同时，会泽遗存下来的大小会馆也形成了独具特色的会馆文化。这些会馆数量集中、造型别致，十分引人注目。现保存较好的有万寿宫、文昌宫等。此外，会泽还是著名的护国运动领导人唐继尧的出生之地，镇上现留存唐继尧先生的故居供游客缅怀。

玩家 攻略

来到会泽古镇一定要去古街和二道巷、三道巷民宅区，那里是古镇最有意思的地方。一排排老房子被新居围着，但没有遭遇拆迁的命运，也没有被强行翻新装修，因此韵味十足。

文昌宫

文昌宫始建于清雍正五年（1727年），至今已有200多年的历史，是我国典型的道观建筑。文昌宫依山势直线布局，主要建筑有戏台、对厅和大殿。每年农历二月初二，会泽人便携友来此地游玩，热闹异常。

万寿宫

万寿宫是会泽县规模较大、保存较为完

整的会馆建筑之一，总占地面积7500多平方米。整个建筑布局严谨，气势宏大，特别是古戏台，造型别致，外观秀美，是研究清代会馆建筑的宝贵资料。其中最有特色的建筑是戏台。

唐继尧故居

唐继尧故居是一座小型封闭式的四合院建筑群落，属典型的清代中晚期民居建筑风格。整座宅院坐南朝北，分前后两院，大门迎东，前院有正堂三间、对厅、书房及马房，后院有仓房、厨房，院中有一口井，井中的泉水清澈见底。

链接

护国功勋唐继尧

唐继尧，云南会泽人，1883年出生于一个书香家庭。1904年赴日留学，1905年秋加入同盟会，1908年毕业于日本士官学校，次年回国。1909年返云南，在讲武堂担任教官及从事革命活动。辛亥革命爆发后，参加蔡锷指挥的昆明“重九起义”。1915年12月25日，蔡锷、唐继尧联名通电全国，宣布云南独立，发起推翻袁世凯的“护国起义”，掀起“护国运动”。

娜姑古镇

历史久远的文化重镇

曲靖市会泽县西部，距县城32千米

会泽县城有班车直达

娜姑镇之名原为彝语“纳姑”，意为“黑色的土地”。古镇地处滇川古要冲，是云峰古驿道的起点。云峰古驿道西起娜姑，东至会泽，全长67千米，现保存完好的一段长2.8千米，宽2米，坡道及弯道处均由石阶铺筑而成，是明清时期运铜的主要官道。娜姑古镇现保存有云峰寺、陈家大院、老教堂等文物古迹。

玩家 解说

娜姑古镇绝大部分古建筑均集中于白雾街，现仍然保持着滇东北山区集镇古老的淳朴风貌和独特情趣。据传，太平天国翼王石达开率部西征，两次攻打东川府未克，遂挥师西进，抵崇礼乡白雾街。石达开本人就住在白雾街寿福寺，如今寺内神像全部被毁，唯独“禹王”安然无恙。

云峰寺

云峰村曾经是古娜姑镇的中心地区，而今只剩下孤零零的云峰寺。寺庙内殿堂保存尚好，环境清幽，生长着两株参天古柏。

陈家大院

陈氏住宅是民国时期原白雾镇民团团首陈炳的私宅，建于1945年，占地1100多平方米。院子正面有着最具当地民居建筑特点的“猫弓墙”，顺高高的石阶而上，两进院落，是典型的“合五天井”“马转角楼”建筑形式，陈家大院现作为村委会办公地点。

老教堂

娜姑古镇老教堂建于清朝晚期，是一座中西合璧式的土木结构建筑。教堂由一个意大利神父和一个法国神父传教时所建，当时信教的人很多，教堂的范围也比现在大，周围种满了各种鲜花，教堂旁还建了一所简易的医院供教友看病。

大海草山 AAAA

素有“云南的新西兰”之美誉

曲靖市会泽县大海乡东南部

大海草山属亚高山草甸，素有“云南的新西兰”之美誉。大海草山每个季节都有它独特的美，无论何时前往都不会让人失望。春夏季节这里如内蒙古大草原，秋冬季节又是一片雪域高原美景。因其内蒙古风情与西藏景观的兼得之美，大海草山被《国家人文地理》杂志评为全国108个绝美地标之一。

玩家解说

来到大海草山，抬头可见东南角牯牛寨顶峰云雾缭绕、飞云走雾的美景，低头是绚烂的“七彩草毯”，纯粹的花海将草山装扮如仙境。如果运气好恰逢天晴云稀，还能看到晨曦时分出现的“佛光”绝景。

雨碌大地缝

曲径通幽，神秘莫测的奇观

曲靖市会泽县雨碌乡

雨碌大地缝属喀斯特地区岩溶嶂谷型自然风景区，这里地貌类型复杂多样，以奇、险、幽、深、秀著称于世。景区内有众多的石芽、石柱、石幔、溶洞等奇观。两边陡峭的山崖常年挂绿，草尖的露水含羞欲滴，一条小米河穿缝而过。整个地缝曲径通幽，神秘莫测。主要游览景点有大思想者、生命之门、凤尾滴翠、神龟过河、金佛洞、睡美人、天生瀑、古葡萄藤、仙人指路等。

黑颈鹤自然保护区

世界最大的黑颈鹤种群栖息地

曲靖市会泽县大桥乡

会泽黑颈鹤自然保护区水草茂盛，沼泽生态保持完好，是世界上最大的黑颈鹤种群栖息地。这里除了有黑颈鹤，还栖息着灰鹤、赤麻鸭、斑头雁、红嘴鸥、苍鹭等各种水鸟。每当旭日初升，百鸟齐鸣，万鸟齐飞，蔚为壮观，堪称鸟的天堂、黑颈鹤的乐园。

黑颈鹤

黑颈鹤保护区风光

链接

黑颈鹤

黑颈鹤为大型涉禽，体长110~120厘米，体重4~6千克。体羽灰白色，头、前颈及飞羽黑色，尾羽褐黑色。栖息于海拔2500~5000米的高原的沼泽、湖泊及河滩地带，主要以植物叶、根茎，水藻，玉米为食。黑颈鹤是人类发现最晚，也是世界上唯一在高原地带生活的珍稀鹤禽，与大熊猫、金丝猴并称为中国的“三大国宝”。

金钟山

会泽十景之一

曲靖市会泽县金钟镇南郊

金钟山形状如钟，山上古树成林，且多为松柏，山顶建有古庙——文昌庙。关于此山，民间还有传说：德高望重的文昌星君，用铁锅把在会泽兴风作浪的九条蛟龙扣住，并坐于锅上，年深日久，铁锅即变成一座郁郁葱葱的青山，屹立在会泽县城的南面，人们便以铁锅与金钟相似为由，取名“金钟山”。金钟山的“金钟夕照”之称，是会泽有名的十景之一。

东山寺

佛、道两教合一的建筑群

曲靖市宣威市东郊东山公园内

东山寺始建于明初，又名松鹤寺，由祖师殿、灵官殿、大士阁、白斋洞、回廊、海会塔等主要建筑物构成，是少见的佛、道教合一的建筑群。东山寺原寺建造在峭壁之上，后因大火经多次修复之后，主要寺体已迁至山腰的平地上。如今寺内古木森森、庭院重重，又有清泉喷涌。山腰峭壁上有平地、清泉，实为一大奇观。

玩家 解说

东山寺以树为衣，以水为镜，古柏林浓荫蔽日，九龙池清澈见底，为寺院增添许多灵气。游人在寺院处处可见雕梁画栋。祖师殿内，佛像栩栩如生，香烟袅袅，木鱼声声。回廊依山势而建，左回右折，似无穷尽。海会塔古朴典雅，庄严肃穆，为东山寺一大景观。

玩家 攻略

游东山寺，最宜沿小路蜿蜒而上，此路虽然坎坷，却最具妙趣。那如刀削斧劈般的峥嵘石壁，裸露着太阳炙烤后的红色，俨然一道天然屏障，像是倾斜欲倒却又丝毫不动，令人惊叹不已。岩畔一股清泉飞泻而下，山风徐来，清泉成倒洒之状，水珠点点似金钱万斛，这便是前人称颂的奇观“倒洒金钱”。

尼珠河大峡谷生态旅游景区 AAAA

原生态的神奇秘境

曲靖市宣威市

尼珠河大峡谷被誉为“世外桃源”“人间仙境”。这里有着独特的峡谷地貌、溶洞奇石、悬流瀑布，以及古朴的村落和民族风情。另外，这里268米的青云电梯直冲云霄，站在520观景台，可以一览众山小，领略绝美的峡谷风光。

景点推荐

曲靖周边景点

白石江公园

曲靖市区最大的公园

曲靖市麒麟区瑞和东路

市区内乘坐1、2等路公交车可到

白石江公园依托白石江而建，是曲靖市区最大的公园。园内的诸葛亮与孟获浮雕由240块黑大理石砌成，属现代大型浮雕。公园新建有白石江之战雕塑，这一雕塑反映的是明代平定云南的关键之战——白石江战役。雕塑的造型是一位身着战袍、雄武威猛的明代将军，其左手紧握身后宝刀，目光如炬，炯炯有神地凝望着远方，仿佛刚刚渡过白石江，战胜了敌人的军队，又遥望着前方，期待着更大的胜利。

玩家 攻略

游览完白石江公园，还可以去附近的麒麟公园看一看。麒麟公园是一个圆形花园，景色秀丽，曲靖人称麒麟城。

段氏与三十七部会盟碑

大理国时代的遗物

曲靖市麒麟区曲靖第一中学院内

段氏与三十七部会盟碑立于北宋开宝四年（971年），是大理国时代的遗物，此碑于清康熙十八年（1679年）在曲靖市北出土。碑文记载了大理国主段素顺联合滇东三十七部征讨“妄服背恩”的部落后会盟立誓、论功行赏的史实，对研究大理国官制历史及宋代云南民族关系具有重要价值。

玩家 攻略

在曲靖一中院内除了段氏与三十七部会盟碑外，还有一座爨（cuàn）宝子碑，全称为“晋故振威将军建宁太守爨府君之碑”。此碑立于东晋时期，全碑共计388字，记述了爨部首领爨宝子生平事迹。碑文字体是隶书向楷书过渡的文体，古朴浑厚，有较高的欣赏价值。

寥廓山森林公园

山上曾出土了大量的古鱼类化石

曲靖市麒麟区西南

寥廓山森林公园因背靠寥廓山而得名，是一座自然风光优美的生态公园。公园内绿草如茵，修竹幽幽，梅兰争艳；寥廓山上森林茂密，山花烂漫。登山凭栏远眺，市区内鳞次栉比的楼房、山川江河尽收眼底，大有一览众山小之感。公园内的亭台随山势而筑，一条条小径蜿蜒曲折。园内还养有猴子、熊、鹿、孔雀等动物，山上曾出土了大量的古鱼类化石。

麒麟水乡景区 AAAA

素有“鱼米之乡”的美誉

曲靖市麒麟区靖宁东路

0874–3921616

麒麟水乡景区，依偎着南盘江，水资源较为丰富，素有“鱼米之乡”的美誉，集江南水乡风光、民族风情、历史文化于一体，有碧波荡漾的湖泊、古朴典雅的建筑、多彩的民俗文化，是一处难得的度假胜地。

这里有数千亩的荷塘，盛夏时节，荷花争相开放，在此泛舟、赏花，别有一番江南水乡的韵味。

克依黑景区 AAAA

独特的乡村旅游胜地

曲靖市麒麟区东山镇克依黑村

0874–3951505

克依黑景区，离城区40余千米，沿途风景优美，十分吸睛。“克依黑”一词是彝语发音，代表依山傍水、灵动秀美之意。景区全年气温舒适，四季如春，有草原、湖泊、山脉等自然景观，还可观赏到美丽的黑颈鹤。此外，这里的草原牧民风情和藏族文化也具有独特的魅力。

天生洞

洞中的岩石敲击可演奏乐曲

曲靖市沾益区

天生洞原名仙人洞，洞内曲折宛转，共分三层，二层比一层高18米，三层又比二层

天生洞

高8米，各层洞中的景色各不相同，引人入胜。洞底层有一股清泉流向洞外，第二层钟乳石星罗棋布，为洞中的精华。最奇特的是第三层洞中的“音乐厅”，那里的碧莲玉笋，许多都会发出声音，熟悉音律的人，敲击适当的部位，就能演奏出悦耳动听的乐曲。

珠江源 AAAA

翠峰一滴三江水，珠流万里入南洋

曲靖市沾益区炎方镇　30元

9:00~17:00

珠江源是我国第三大江珠江的发源地，现为云南省省级风景名胜区。景区内植物资源十分丰富，有73科、190种植物，其中，滇朴、滇玉兰、梁玉茶、云南含笑等植物为当地特有品种，每到春夏时节，漫山遍野鲜花盛开，鲜艳夺目。此外，这里还生活着野兔、野鸡、松鼠等多种野生动物，是一处非常适合旅游观光、休闲度假的好地方。

玩家攻略

来到珠江源游玩可以去霞客山庄品尝苗族晚宴。在竹楼上铺满松针的房间里，坐着竹编的小圆凳，喝着竹筒盛的酒，吃着美味的土鸭、新鲜的野山菌，再来上一碗农家玉米面拌饭，风味十足。

玩家解说

珠江正源位于马雄山东麓出水洞处，旁边题有“珠江源、饮水思源”7字，立有“珠江源碑记”碑石1块。碑石上有这样的文字描述：“溪流泉涌，若暗若明。汇涓蛰流，出洞成河。水流汩汩，终年不绝，是乃珠江正源。”

彩云洞

天然暗洞，六厅景区

曲靖市沾益区花山街道

彩云洞为一天然暗洞，北距珠江源20千米。洞长约3千米，洞体宽敞。洞一般高20多米，由钟乳石自然分隔成6个不同的景区。第

珠江源

一大厅较宽敞，以石幔、石瀑为主；第二厅洞分数层，一层一天地，如秀拔笋林、华表龙柱；第三大厅以石花、钟乳石为主，阡陌纵横，一步十景；第四大厅洞穴狭窄，阴森恐怖；第五大厅又名盘蛇洞，有许多形似蟒蛇的石头相互盘绕在一起，甚至还有蛇鳞，被疑为蟒蛇化石；第六大厅钟乳石森林一样密布，但这还不是彩云洞的终点。

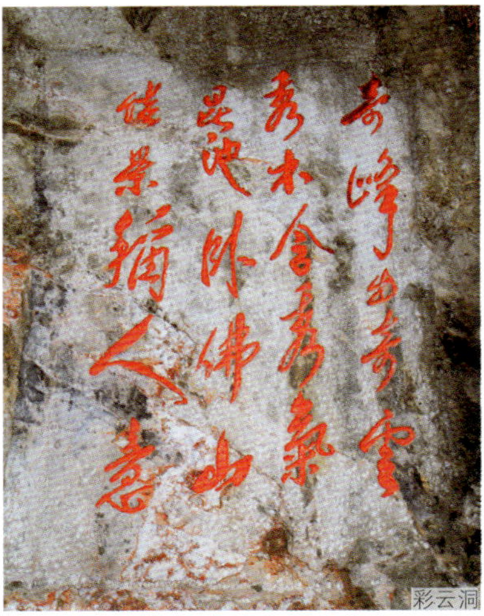
彩云洞

胜境关

古代由黔入滇的重要关隘

曲靖市富源县中安镇

胜境关位于滇黔交界的山脊上，俗称界关，是古代由黔入滇的重要关隘，人称“入滇第一关”。关口立有1座界坊，坊匾上书“滇南胜境”，故名胜境关。历史上，人们在胜境关出入，或修建筑物，或题诗作赋，或撰联勒碑，由此形成了滇南胜境坊、石虬亭、关隘城楼、古驿道、古炮台、胜境公馆等古迹建筑。界坊系3门12楹柱的木构牌坊，高14.8米，面阔14.5米，始建于明景泰四年（1453年），后经多次修葺，留存至今。

香炉山

山形酷似香炉

曲靖市马龙区旧县镇

香炉山因山形酷似香炉而得名，景区以香炉寺为中心，总面积约400公顷。景区内青山对峙，碧水中流，两山呈S形首尾衔接，恰似一幅神形兼备的太极图。太极正中，香炉山倚空，危崖临水，峭壁千仞；山有洞穴，曲径通幽，深不可测。香炉山地势雄险，山奇

彩云洞

景美，掌故传说神奇诱人，令人遐思神往。山上的香炉寺始建于蜀汉年间，随着历史变迁几经破损，又多次修复，如今香火旺盛。

玩家 解说

春夏秋三个季节是香炉山最值得游玩的季节。春天，黄澄澄的金锁梅和缀满枝头的红、黄、青各色相间的杨梅染遍整个山头；夏秋之际，林中又盛产各种蘑菇，可以体验原生态的采摘蘑菇活动。涓涓的泉水声应和着百鸟的啼鸣声，奏出的大自然交响曲萦绕耳际，石潭中鱼儿怡然自得地游弋。

彩色沙林 AAAA

以天然沙柱、沙峰为特征的景区

曲靖市陆良县马街镇

彩色沙林是一个以天然沙柱、沙峰为主景的特色景区。这里的沙林造型多样，呈现出屏、嶂、峰、崖各种形态，如“八仙过海”“蘑菇腾云”等，千姿百态，变化无穷。这里还有丰富的野生动植物，像七彩蝴蝶、七彩小蛙和杜鹃、兰花等，在这里，游客可以欣赏到奇异缤纷的景观，感受到沙林古朴神秘的魅力。

玩家 攻略

美食：在彩色沙林景区外面的餐厅，可以享用一顿著名的“官兵宴”。除了当地风味外，还有一道干煸豆子非常好吃。指甲般大小的豆子，经过干煸后，入口非常松软，又带着豆子的软糯，香辣适中。

游玩：在沙林可以享受沙浴、沙疗，可以堆沙、滑沙，可以沙地狩猎、沙地跑马，也可以打沙地排球、踢足球，内容丰富多彩。赤脚游沙林也颇为惬意，静站在沙溪间，脚下的沙慢慢被溪水洗走，形成沙对脚板皮肤的摩擦，感觉奇特。

玩家 解说

沙林是由几亿年的地壳运动而形成的，地力的切割、抬拱、沉降，形成了它复杂的地质地貌。沙林是不可多得的古地质地貌的标本，具有重要的科研价值。彩色沙林现已加入世界自然基金会，被列为世界遗产之一加以保护。

沙林内多处泉水浸渗，潺潺流水为沙林增添了几许灵秀之感。在泉水的出口处，水压冲沙、翻滚蒸腾，沙泉清澈透明，水质口感甚好。

爨龙颜碑

宋代侯爨使君之碑

曲靖市陆良县马街镇

爨龙颜碑位于彩色沙林西3千米处，全称为“宋故龙骧将军护镇蛮校尉宁州史都县侯爨使君之碑”，又称大爨碑。碑为长方形，额半圆形，高3.8米，上部浮雕青龙、白虎、朱雀、玄武；下部正中穿孔，左右刻日月，日中刻俊鸟，月中有蟾蜍。

千佛塔

保存完好的元代古塔

曲靖市陆良县中枢镇

千佛塔原名为金鸡塔，始建于元代，经过历代修葺，保存完好。千佛塔的塔身为砖砌，呈六角形，共7层，高18米。塔身密布着许多窗格样的佛龛，每个龛内供奉陶制佛像数尊，故又名千佛塔。塔顶有一口铜锅，塔尖上有一具石雕葫芦。

链接

千佛塔传说

相传古代有条桀骜不驯的鲨鱼在陆良地区兴风作浪，造成此地连年阴雨、江水肆虐、民不聊生。这里的人们听从神仙的指点，建造了这座高塔以镇住鲨鱼。为了防止鲨鱼逃脱，人们又在塔顶放置两只金鸡监视它的一举一动，从此这里风调雨顺，人们过上了宁静的日子。

陆良彩色沙林

景点推荐 罗平周边景点

多依河风景区 AAAA

热带风光与布依族风情交融

曲靖市罗平县旧屋基乡 ¥20元

多依河河水清澈碧绿，时有竹筏出没其中，河道上分布着大小50多个钙化瀑布浅滩，十弯九跌。沿河两岸盘根错节的千年古树，仿佛就是一座庞大的自然根雕艺术展览馆。布依村寨沿河而布，吊脚楼隐现树丛竹林之间，不时冒出一缕缕炊烟，一派十足的热带风光画面。

景区内的布依族风情更为浓郁醉人，尤其是农历三月初三，布依族青年男女盛装云集河边，赛竹筏、送荷包、对歌求偶，与远方的客人相互泼水祝福、玩乐嬉戏。

玩家解说

多依河风景区山秀水美，风光旖旎，环境清幽，散发着浓郁的布依族风情。置身于景区内，满目所见是参天古木、茂林修竹、野花野草、瀑群、河水、水车、村寨，田园风光引人入胜，让人流连忘返。

九龙瀑布群 AAAA

形似一条“银龙”盘游于群山中

曲靖市罗平县长底乡九龙河上 ¥45元

0870-8754101

九龙瀑布群是九龙河上闻名遐迩的大瀑布群，曾经是“罗平古十景”之一的“三峡悬流”。长约2千米的河道上，由于地貌差异，形成了大小不一、形态各异的10级瀑布。

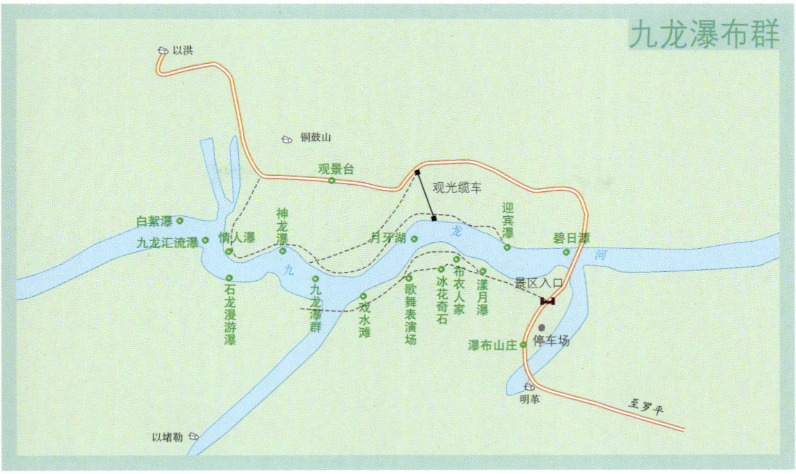

这些瀑布或气势雄浑，或端庄秀丽，瀑布间以浅滩、深潭相连，在阳光辉映下形成一串明珠彩带，绚丽夺目。随着季节更替，瀑布群的景色也会变幻多姿，就连那轰然的响声也令人感到震撼。

玩家 攻略

每年农历二月初二是九龙瀑布群最热闹的日子。这一天，云贵毗邻地区方圆百里的布依族、彝族、水族、壮族等各族青年会身着盛装赶到瀑边欢度对歌节，人们跳起古朴的野毛人舞、高跷舞、把式舞，提着传统花灯对歌择偶，人潮涌动，热闹非凡，不可错过。

链接

九龙瀑布群的传说

传说很久以前，罗平是一片汪洋大海，并且有1条白龙和9条黑龙在此争夺不休。后来，白龙独占了海子，但被9条黑龙放干了海水，硬是把白龙气死在海边并变成了白腊山。此后由于黑龙胡作非为，玉皇大帝就整治了它们，使它们最终变成了九龙大瀑布。

龙马石林

融合多种景观的奇景

曲靖市罗平县　从罗平县乘小型车前往

龙马石林俗称石城，是一处融合了石林、森林、温泉、溶洞群等多种景观的综合性观光旅游景区。这里的山既高又奇：有的像香炉，有的像彩缎，有的像孔雀，有的像松鼠，有的像莲花，千姿百态，瑰丽无比，让人大开眼界，不禁感叹大自然的鬼斧神工。

罗平油菜花

峰林的核心景区

曲靖市罗平县板桥镇金鸡村

在罗平乘坐罗平—金鸡的中巴车可到

罗平县位于滇、黔、桂三省交界处，素有“鸡鸣三省”的美誉，每年早春二三月，大面积的油菜花盛开，当地的油菜花节也在这时候举行。1.3万多公顷的油菜花在罗平坝子竞相怒放，放眼望去，一片无际的金黄，但凡驻足这里，无不感叹罗平是“金玉满堂”之乡。

油菜花并不稀奇，哪里都有，但罗平的油菜花田不但气势壮观，而且造型和其他地方的不同，这里的油菜花与远山近水、村落人家相辉映，近看远观皆为美景，形成一幅幅变化万千、风光明媚的画面。

罗平县的油菜花以金鸡峰丛和牛街螺丝田的最为出名。

玩家 攻略

摄影：拍摄油菜花景观最好赶在日出时，太阳出来的一刹那，万亩油菜花顿时披金戴红，远处薄雾弥漫，再加上梯田的优美布局，组成了一

罗平油菜花

幅真切自然的田间原野画。

住宿：由于罗平油菜花知名度高，每年春季油菜花开的季节游人云集，是罗平酒店最繁忙的时候，这时的住宿价格会大幅上涨，最好是提前订房。罗平县城云贵路北段有几家不错的宾馆，不足之处是这里的车流比较多，县城西部的九龙大街上有许多规格较高的酒店，不过价钱稍贵。

购物：罗平特产以“三白三黄”最为出众，“三白”指白果、白薯、百合，“三黄”为黄姜、菜油、蜂蜜。罗平县城和县内各景点有很多旅游购物店，主要销售蜂蜜和菜油等当地特产，若买蜂蜜的话推荐罗康蜂产品专卖店，有蜂蜜、花粉、蜂王浆等产品。

链接

罗平的油菜花节

罗平人把每年春季油菜花盛开的季节定为油菜花节，持续两个月左右。节日期间，成千上万的游人从四面八方赶到罗平，观花海、弄花潮，领略高原金色花海的万种风情。节日期间，还有情人喜结连理，乘花车、游花海，赏心悦目，喜气盈怀。

金鸡峰丛

金鸡峰丛由一片错落有致排列在坝子里的锥状小山丛组成，占地面积近百平方千米。冬春季节，坝子里数十万亩油菜花盛开，汇集成一片金色的海洋，在微风的吹拂下，泛起层层金浪，耀眼迷人。

登上一个小山包，放眼望去，远处是青霭的山，金色蔓延到山上，花海连着花梯。茫茫油菜花海里，村落点点，溪流纵横，成片的油菜花田无边无际，像一张巨大的黄色地毯，也像一片平静的黄色海洋。一座座独立的山包耸立在田间，柔和的太阳光线为花海洒下一片金黄，空气中弥漫着淡淡的花香，令人陶醉。

牛街螺丝田

牛街螺丝田的油菜花田与金鸡峰丛的花田相比，少了一分大气壮观，多了几分小巧精致。这里的梯田随着山势一圈一圈好像一颗颗螺丝，所以这个地方的梯田又叫螺丝田。牛街一带的丘陵起伏较大，油菜随地形种植，与冬小麦、蔬菜等多种作物交织在一起，同金鸡花海相比又是另一种韵味。

在牛街螺丝田，长满油菜花的地块金光

灿烂，长着小麦的地块碧绿如玉，不同的农作物，形成各种不同的色块造型，从中部的圆形小盆地放射性展开，色彩鲜明、线条优美、奇妙无比。这是大自然与人工的杰作，大自然生就了这一奇特的串珠漏斗岩溶地表，经勤劳的农民修造耕耘，加上罗平得天独厚的气候，造就了牛街螺丝田壮美的奇观。

湾子湖

湾子湖位于师宗和罗平交界处，这里也是罗平油菜花的最佳观赏地之一。每当晴日，风和日丽，碧绿的湖水倒映着蓝天白云，与群山围绕中点缀着的金黄油菜花田相互映衬，如同银光闪闪的镜子映照着黄绿相间的翡翠，光彩夺目。沙子湖周边星星点点的村落、寨子以及“千丘田”、牛街石岩溶洼地等，更加衬托出油菜花海美丽的“世外桃源”风光。

鲁布革三峡 AAAA

融峡、湖、瀑布和布依风情为一体

曲靖市罗平县鲁布革电站大坝

鲁布革为布依族语，意为“山清水秀的布依村寨”。鲁布革三峡景区融峡、湖、瀑和布依风情为一体，峡湖全长19.8千米。峡区两岸青山隐隐，峭壁千仞，或雄奇、或清幽，还有让人浮想联翩的钟乳石，以及湖面嬉戏的水禽和在悬崖绝壁间跳跃的群猴。“美女梳妆”“双象饮水”“大鹏折翼”“皇阁古榕”“飞龙瀑布”等景观，展示着大自然的神奇与险绝，泛舟其中，顿生一种忘却尘世喧嚣之感。

玩家 解说

鲁布革三峡风景区集奇特、秀美、险峻于一身，有“小三峡”之美誉。全长19.8千米的峡湖景区由雄狮峡、滴灵峡、双象峡组成，峡区内峭壁对峙，群峰耸立，峡内自然景观气象万千，令人目不暇接。

凤凰谷 AAAA

奇特的溶洞景观

曲靖市师宗县五龙壮族乡 30元

8:00～16:30

凤凰谷是一个巨大的峡谷，以凤凰洞而闻名于世。凤凰洞是一个暗河型水平溶洞，特点表现为“高”“大”“险”“奇”“绝”，是峡谷中的一处绝景。前洞高219米，属国内之最，洞内厅堂高70余米，面积达1万余平方米。这里不仅有奇绝的“溶洞日照”，还有丰富的植被，是旅游观光、休闲娱乐的好去处。

玩家 解说

凤凰谷是以奇特的地学景观为主体，兼有植物景观、水景景观和浓郁的民族风情的景区。景区内的凤凰洞是一暗河型水平溶洞，溶洞前洞垂直高度达219米，堪称国内之最。洞内有1

鲁布革三峡

万余平方米的巨大厅堂，硕大的洞口和巨大的厅堂组合构成了“溶洞日照”的奇观。与溶洞相连的是一个巨大的峡谷，高差达600多米，形成了十分险峻的溶洞峡谷绝景。

溶洞内还有各种大小不一、形态各异的钟乳石、石笋、石柱、石盾、石瀑。法岗河在洞内咆哮奔流，在1.8千米的洞内下跌100米，形成了跌水、险滩。大峡谷周围植被林木茂密、藤蔓缠绕，十分有生气。

由于凤凰谷位于五龙壮族乡，因此在游览壮丽景色的同时，还可以领略独特的壮族文化。

南丹山

山分五峰，绵延相连

曲靖市师宗县

南丹山屹立在五龙水寨西北端，海拔1831米，相对高度达900余米。山峰壁立千仞。山分五峰，绵延相连，峰峰雄伟。最高的中峰似一天然佛像，大佛面部饱满而端庄，两眼一睁一闭，在蓝天白云下展现着慈祥的面容，神圣庄严，却又悠然自得。

玩家解说

南丹山佛像高280米，极为壮观。佛像右侧为一天然观音像，长发垂肩，手托净瓶，足踏莲花飘然而立。山下自然天成的六座圆润山峰，排列整齐而匀称，似苹果又似仙桃，是大佛像前的天然贡品。

当地壮族人对南丹大佛的膜拜是虔诚的，因为他们认为南丹大佛既能护佑南丹山下的壮乡风调雨顺，又能使远近的游人延年益寿。

南丹山

菌子山

师宗第一峰

曲靖市师宗县

菌子山为师宗县第一峰，这里万顷杜鹃艳惊天下，珍奇异木遍布山野，高原草甸充满异国情调，四季景色诱人。菌子山是云南最大的杜鹃花自然群落、最大的原生态露营地，还有着世界最高的仿真蘑菇建筑群。

菌子山现开辟标志性景观有六园九景。六园：天然大花园、天然植物园、天然动物园、天然野果园、天然野生菌子园、天然奇石园。九景：千年鹃、醉红岭、黑松林、荒城古墟、猕猴湖、菌子峰、珍稀林、万花泉、蘑菇岭。菌子山每年举办千花会和摩托车、越野车大赛，吸引了大量游客。

菌子山

景点推荐 抚仙湖周边景点

抚仙湖 AAAA
我国第二深淡水湖

玉溪市澄江市

在澄江县城乘坐面的前往抚仙湖各个景区

抚仙湖是中国有名的淡水湖，这里的湖水水质极佳，清澈见底。抚仙湖为断层溶蚀淡水湖泊，形状像一个倒置的葫芦。湖内出产20多种经济鱼类，其中尤以抗浪鱼最负盛名，它也是抚仙湖的名贵特产。这里碧波万顷，风光秀丽，沿湖还有很多胜景，非常适合旅游观光和休闲放松。

玩家 攻略

美食：抚仙湖鱼鲜美，特别是明星鱼洞的美味鱼不可错过。明星鱼洞紧靠水边，饭馆一字排开，鱼多是从湖里打上来的，十分新鲜，鱼肉鲜嫩，没有丝毫腥味。这里的烧烤也千万别错过，烧烤多是当地自产的湖鱼以及可口的蔬菜，清爽可口，价格也很便宜。

来到抚仙湖可以体验潜水，探寻湖底的奥秘。也可以去附近的山上爬山，这里的山一点也不陡，而且由于小镇的环境保护得力，周围的空气一流。呼吸着新鲜的空气，欣赏着山边野花，远眺湖泊美景，十分畅快。

禄充景区（AAAA）

禄充风景区主要指位于抚仙湖西岸的禄充村，禄充村的湖岸线长3.2千米。禄充村古树成荫，背山面湖，风景优美，境内有风光秀丽的抚仙湖，巍峨葱翠的笔架山，状如金钟的玉笋山和波平浪静的波息湾等景点。这里有优美的山水风光，葱荣挺拔的百年古榕树。夏秋时节，渔民们使用古老传统的水车

捕捞抗浪鱼，是禄充村最独特的景观。每年农历二月十九日，笔架山主峰上的观音寺会举办庙会，场面热闹，盛况空前。

玩家攻略

禄充村地处抚仙湖畔，盛产抗浪鱼，洋溢着浓郁的渔村风情。这里背山面湖，树木成荫，历史上曾出现过“一门双进士，百步两翰林”的佳话。笔架山位于禄充村北，三峰鼎立，形如笔架，因而得名。位于笔架山北面的波息湾风平浪静，适合游泳和开展水上运动。位于禄充村南的禄充大洞，地下泉水温度常年保持在24℃左右，源源不断流入抚仙湖。

◻ 立昌村

立昌村位于澄江市龙街镇，东邻抚仙湖，北靠禄充村，是环抚仙湖游览路线的重要一站。村内道路畅通，环境优美，还有许多新潮的娱乐设施。在立昌村的潜水俱乐部可以体验潜水，去寻找传说中的水下古城，晚上可以请农家乐老板带着去夜游抚仙湖、捕鱼，乐趣无穷。

◻ 孤山岛

孤山岛位于江川区境内抚仙湖南部，面积约6万平方米。孤山岛南面与海门公园相隔，北面与碧云寺上的莲花峰相望。岛上景色迷人，享有“迤东胜迹”之美誉。每年农历六月初六，当地人便纷纷前往孤山赶庙会，那也是岛上最热闹的日子。

◻ 明星景区

明星景区位于抚仙湖的西岸，距离禄充村12千米。在澄江至江川公路西侧百米处有座碧云山，从山脚登499级石阶而上，转36道弯便可到达碧云寺。这座寺院又称为武当别院，寺内大多是道教仿古建筑。每年农历三月初三是碧云寺的庙会日，届时大多滇中人来此集会，热闹异常。

◻ 新河口景区

新河口位于抚仙湖北岸，距离澄江县城5千米，现在已经辟为湖滨公园。以新河口为起点的湖岸线长约10千米，湖岸浅滩水域宽阔，是不错的游泳场所。

◻ 界鱼石公园

界鱼石公园也叫海门公园，因园中有一座界鱼石而得名。海门河又叫隔河，为星云湖的出水口，星云湖水经此流入抚仙湖。位于海门河中段有一座石碑，碑上刻有诗句:“星云日向抚仙流，独禁鱼虾不共游。岂是长江限天堑，居然咫尺割鸿沟。”据说星云湖的大头鱼与抚仙湖的抗浪鱼以此石为界，抵石而返，这便是公园内最引人注目的“两湖相交，鱼不往来”的“界鱼石”奇观。

澄江动物化石群

澄江动物化石群中的云南虫、抚仙湖虫、三叶虫等180多种化石，是世界上目前所发现的最古老、最完整的软体动物化石群。这些动物化石的发现，曾轰动了国际科学界，被誉为“20世纪最惊人的科学发现之一”，是云南乃至全国的宝贵财富，也是揭开寒武纪“生命大爆炸”奥秘的金钥匙。

玩家解说

澄江动物化石群是中国科学院原南京地质古生物研究所的研究员侯先光于1984年7月在澄江帽天山西坡首先发现的。澄江动物化石群主要由多门类的无脊椎动物化石组成，门类相当丰富，保存精美。发现的动物群达40多个门类，180余种动物，其中不仅有大量的海绵动物、腔肠动物、腕足动物、环节动物和节肢动物，还有一些鲜为人知、至今还难以归入任何已知动物门的化石。

从低等的海绵动物到高等脊索动物，几乎所有的现存动物门，还有许多已经灭绝的动物类群都可以在澄江动物化石群中找到它们各自的代表。因此，澄江动物化石群对研究寒武纪早期动物的解剖构造、功能形态、生活习性、系统演化、生态环境、埋藏条件和保存方式提供了具有重要科学价值的可靠依据。

月亮湾湿地公园

月亮湾湿地公园内是一系列的人造景点，抚仙湖的湖水在园中荡漾，湿地生态保护很好，景色也显得格外美丽。如果要选择最佳视角俯瞰月亮湾湿地公园，抚仙湖对面的悦椿度假酒店是不错的选择。公园内的沙滩也是人们来此游玩的目的地之一，沙滩很干净，适宜嬉戏游玩。

抚仙湖

热水塘温泉

热水塘位于抚仙湖东岸，依山傍水，风景独好。村中有一热泉，全天候出热水，水质清澈，村民们淘米洗菜，游客洗脸、沐浴，不亦乐乎。离村数百米的抚仙湖边还有一热水池，出水口的水温则与村中热泉的水差不多，无论是在热泉或是在热水池中泡澡，都能使人解除疲劳，神清气爽。

帽天山寒武纪世界自然遗产旅游区 AAAA

生命起源地、生命衍生地、生命延续地

玉溪市澄江市右所镇

景区由澄江化石地世界自然遗产博物馆和寒武纪小镇欢乐大世界组成，以“生命起源地、生命衍生地、生命延续地”为定位，以地质遗迹、亲子游乐、休闲养生、科普研学为亮点，是融化石科普、学术科研、文旅体验、生态康养、休闲娱乐、旅游观光等多元功能于一体的寒武纪生态文旅示范区。

李家山青铜器博物馆

我国最早的青铜器博物馆

玉溪市江川区星云路西段

李家山青铜器博物馆是全国第一个功能较齐全的青铜器专业博物馆，馆内开放两个青铜器展厅和一个书画展厅，里面陈列着20世纪70年代出土并轰动世界的“牛虎铜案”等珍贵文物。博物馆还展出了许多代表古滇国文化的青铜器、金器、玉器等，按功能和用途分为生产类、生活类、军事类、舞蹈类、装饰类。其中有些文物是在其他地方没有被发现过的，值得一看。

象鼻温泉

融观景、温泉、娱乐为一体

玉溪市华宁县

象鼻温泉为古宁州八景之一，其山形如象鼻，原建有一间火龙庙，内供石象一尊，现庙已毁，石象被搬到桥南洗澡塘村庙内保存。象鼻岭石壁屹立，林木丛生，岩隙间涌出温泉两股，清澈如玉，属碳酸泉，水中富含多种对人体有益的微量元素，四季可浴，对多种疾病有很好的辅助疗效。每逢花朝月夕，春秋佳日，远近浴人，不绝于路。昔日许多游客骚人都为徐霞客、杨升庵未能至此而惋惜，发出“惜不遇升庵，汤名书第一”的感慨。

宁州公园

融观景、温泉、娱乐为一体

玉溪市华宁县城西

宁州公园初建于1983年，为中式仿古园林风格，其建筑充分体现了华宁的制陶艺术。园内亭台廊阁错落有致，湖、桥、石、树浑然天成，整个景区因地就势，因势造景，共分4个景层，呈台阶式递进，每层景色各不相同。从正门沿阶而下，美景迭现，曲径通幽，大有“柳暗花明又一村”的味道。园中清风徐徐，垂柳依依，鸟语花香，也是县城居民和游客休闲、锻炼的好地方。

象鼻温泉度假村

景点推荐 玉溪周边景点

映月潭温泉 AAAA
娱乐休闲一体的文化中心

玉溪市红塔区大营街 ¥60元

市区乘坐21路公交车可到

映月潭温泉是一处日式风格的温泉旅游度假区，也是一个休闲疗养佳地。这里秉承自然之风格，注重健康、休闲与生态平衡，将最传统的温泉文化和最新潮的健康休闲理念融合，配以体贴周到的服务。

露天日式温泉是整个度假区的亮点，28个功能各异的温泉池点缀在鲜花碧草之中，若隐若现，形态各异。映月潭温泉水富含多种矿物质，为偏硅酸温矿泉，是珍贵的复合型医疗矿泉，具有促进人体新陈代谢、增强免疫力、润肤驱疾等多种功效，非常适合时尚休闲和放松身心。

汇龙生态园 AAAA
新兴休闲场所

玉溪市红塔区玉泉路1号

市区乘坐21路公交车可到

汇龙生态园是一个以水上运动、航空运动、体育运动为主题的新兴休闲场所。生态园占地20万平方米，2004年建成并对外开放。这里服务设施齐全，主要有客房部、餐饮部、汇龙会议中心、水上运动场、室内温泉、儿童乐园、标准足球场、篮球场、停车场等，能满足消费者的多种需求，是一处融休闲、度假、会议、温泉为一体的多功能休闲场所。

玩家 解说

汇龙生态园内娱乐休闲项目齐全，有以水为主题的水上运动场及室内温泉，配有大型游乐设备的儿童乐园，占地6700平方米的滑草场。这里还引进了刺激性极强的动力伞及牵引伞项目，有1个标准足球场及3个篮球场。生态园内还组建了一支由22位乐手组成的，俗称古代音乐“活化石”的洞经音乐乐队，以及一支由23位舞蹈演员组成的具有“花灯之乡”特色的民族歌舞队。

聂耳公园
以纪念聂耳为主要特色

玉溪市红塔区红塔大道35号

全天

市内乘坐6、9路公交车可到

聂耳公园是一处以纪念聂耳为主题的综合性公园，占地13万平方米，建成于1987年，据称是玉溪最好的公园。园内分多个景区，包括纪念区、文化活动区、花卉生产观赏区、安静休息区、儿童游乐区、公园管理区等，公园集文化、休闲、娱乐等功能于一身，既是瞻仰音乐家聂耳风采的地方，也是休闲观光的好去处。

链接

玉溪走出来的人民音乐家

聂耳（1912—1935），原名聂守信，云南玉溪人，中国音乐家。聂耳开辟了中国新音乐的道路，是中国无产阶级革命音乐先驱。他在有限的生命里创作了大量的优秀歌曲，代表作有《义勇军进行曲》《大路歌》《码头工人》《毕业歌》《梅娘曲》等，他创作的《义勇军进行曲》是中华人民共和国国歌。1935年7月17日，聂耳在日本游泳时不幸溺水身亡，年仅23岁。

红塔工业园区
现代化花园式企业

玉溪市红塔区

市内乘坐2路公交车到红塔集团下

红塔工业园区是一片花园式的现代化企业，绿地面积达20公顷，草坪如茵，生机无限，著名的玉溪卷烟厂就建在这里。现代化厂房装备着世界一流卷烟设备，一排排自动化流水生产线，一尘不染的高大明亮车间，25个机器人在产品车间川流不息地搬运成品烟，秩序井然。红塔山下，烟以塔而得名，塔因烟而生辉，如今的红塔集团已成为业界骄子，世界级的明星企业，堪称中华民族企业的典范。

玩家 攻略

参观完红塔工业园区后可以步行前往附近的红塔看一看。玉溪红塔原名为白塔，为七级八角实心密梁式塔，塔为圆形，塔身全部用大青石条砌成，第五、第六、第七层的西南方各有一个拱形佛龛，十分精美。此外，红塔山烟草博物馆也是每一个烟民必去的地方，博物馆里五花八门的烟具一定会让你大开眼界。

聂耳公园

红塔

九龙池

玉溪著名的风景胜地之一

玉溪市红塔区

九龙池又名奇黎溪，是玉溪当地著名的风景胜地之一。清澈明净的池水，四季皆有游鱼摇尾游弋。晴日里池旁斑驳的树影倒映在池中，微风吹来涟漪轻荡，树影碎散，鱼群晃动，别有情趣。

链接

九龙池传说

传说有一天张三丰出游至九龙池，在小摊上一口气吃了9碗凉粉，因为没钱付账就把竹篓里的鳝鱼（张三丰捉的孽龙）拿了9条给摊主，让摊主用小铁锅盖住，并嘱咐不能见光。谁知张三丰刚离开小摊，摊主不小心把放鳝鱼的盆给踢翻了，9条鳝鱼遇光化龙，顿时天上乌云密布。张三丰于是化了一座山镇压九龙，九条龙被压在山下吐水，便汇成了九龙池。而压住九条龙的山便是奇黎山。

秀山历史文化公园 AAAA

山中曲径通幽，古建筑众多

玉溪市通海县秀山镇文献里46号

20元

秀山是玉溪的著名风景区，与县城相连。秀山在明朝时曾与昆明金马山、碧鸡山，大理苍山共称云南四大名山，素有“秀甲南滇”的美誉。山上林木葱茏，禅院森森，曲径通幽。山上公园建筑经历代修建，遗留有三元宫、普光寺、斗天阁、涌金寺等古建筑群；珍贵的碑刻、楹联，素来被誉为“匾山联海”。山上的宋柏、元杉和明玉兰有“秀山三绝”之称。登上秀山，不仅可以一览通海县的美景，还可在观赏人文景观的时刻感受其浓浓的文化气息。

玩家攻略

秀山上有8座亭子布局巧妙，风格各异，如妙空亭坐落于莲花池上，挹秀亭掩映于浓荫古木中，值得细细游赏一番。

杞麓湖

湖内盛产鲤、鲫、大头鱼等

玉溪市通海县

杞麓湖与秀山紧密相连，又称通海湖，是云南九大高原湖泊之一。古人称为“湖水拖蓝”，是通海八景之一。湖内盛产鲤鱼、鲫鱼、大头鱼等。岸边有人工筑起的海埂，人们在海埂上既能饱览湖光美景，又能享受闲钓雅趣。杞麓湖北岸建有沙沟嘴湖滨公园，公园利用直伸湖内的天然沙嘴建成，三面临水，园内水池与湖相通，是一个避暑休闲的好去处。

三圣宫
始建于明初的宫殿

玉溪市通海县东部

三圣宫始建于明洪武年间，正殿中门装置的6扇木雕贴金隔门，分三四层凿镂空雕，玲珑剔透。木雕格子门出自清末民初木雕艺术大师高应美之手，堪称一绝。

圆明寺
清净之所，拜佛诵经的好地方

玉溪市通海县境内的善应山麓

圆明寺始建于元代，清光绪年间重修，寺院内设大雄宝殿、玉皇阁、天王殿等建筑，依山就势，结构巧妙，古朴典雅。院内还有历代游客诗人、著名书法家赞颂的匾额楹联，文化底蕴浓厚。圆明寺从建寺至今一直是佛教圣地，环境清幽，是拜佛诵经的好地方。

锦屏山
景区内空气清新，植被保护完好

玉溪市峨山县

锦屏山空气清新，植被保护完好，山中空气清新，草木繁茂，主要有云海阁、林海阁、百花区、茶山明珠、云茶山庄等景点。每年三月，顺着山中的小道而上，沿途可看到漫山遍野的杜鹃、马缨花、映山红、香叶花等，缤纷的花色点缀着林海青松，景色美不胜收。

玩家 攻略

锦屏山脚下便是峨山县的临江公园，游完锦屏山可顺便到临江公园转一转。

易门恐龙化石保护区
云南第二大恐龙化石保护区

玉溪市易门县十街乡脚家店村

易门恐龙化石保护区占地面积10平方千米，是1987年首次发掘的易门恐龙化石群，也是云南仅次于禄丰恐龙谷的第二大恐龙化石保护区。保护区恐龙化石的出露地层时代为早侏罗世，出土恐龙化石数量多且保存完整，时代延续长，具有重大的科学、考古价值和一定的游览价值，值得一看。

龙泉公园生态旅游景区 AAAA
以水闻名，以龙出彩

玉溪市易门县龙泉街道

0877-4961193

景区位于易门县城以西，以龙泉国家森林公园为核心，包含龙泉河、南屯湖、栗园湖、野生菌博物馆等主要景点，融“湖—山—屏—河”为一体。

景区以水闻名，以龙出彩，以“易”文化贯穿始终。漫步景区，可领略独特的神女镜碎留云影、翠障绵延清幽境的大美风光。

龙泉国家森林公园

景点推荐 新平周边景点

哀牢山自然保护区

有“生物基因库、动物王国”之称

玉溪市新平县戛洒镇

哀牢山自然保护区海拔3000多米，山中云缠雾绕，巍峨壮观，境内有茂盛的原始森林和各种珍稀野生动植物，景色磅礴壮美，有“生物基因库、动物王国”之称。夏天宛如进入翡翠宫中，冬天又似水晶龙宫。现已开辟的主要景点有南恩瀑布、陇西世族庄园、茶马古道、石门峡等。

玩家 解说

哀牢山自然保护区核心部位于新平境内，这里的原始生态最为典型，为世界同纬度生物多样化、同类型植物群落保留最完整的地区。哀牢山横跨热带和亚热带，形成南北动物迁徙的“走廊”和生物物种“基因库”，被列为联合国“人与生物圈”森林生态系统定位观察站和国际候鸟保护基地。被誉为镶嵌在植物王国皇冠上的一块“绿宝石”。

陇西世族庄园

陇西世族庄园也叫陇西世族土司府，是陇西世袭土司李显智末代传人李润之的宅地。庄园由大院、花园、马厩三大建筑群组成，共有58间房屋，为欧洲中世纪城堡式建筑风格。园内装饰采用了大量的雕刻、绘画、书法，虽有很多在“文革”时被毁坏，但幸存的残刻墨画仍不失为艺术珍品，其中尤以园中的大理石浮雕、红椿木雕最有价值。

南恩瀑布

“南恩”为傣语，意为“银白色的水”。瀑布四面悬崖峭壁，奇岩异石，星罗棋布。湍急的流水从山顶悬崖喷涌而出，重重地跌落在突兀的岩石之上，激起狂浪飞溅，数十股泉水汹涌而下，最后汇集成一股滔滔洪流从桥底奔腾而去。听着落差高达100米瀑布的轰鸣声，让人心潮澎湃，别有一番韵味在心头。

茶马古道

茶马古道风景区是哀牢山的心腹之地，这里有“一夫当关，万夫莫开”的险要地势，曾是土司、商霸、兵匪必争之地。新中国成立前，茶马古道上每天都有800多匹骡马、1000多商人通过，悠悠长队非常壮观。布匹、丝绸、烟丝和小手工制品顺着古道而去，驮回来的是洋烟、盐巴、茶叶等物品。沿着这条古道，细细体味前人的足迹，倾听那些流传于古道上的动人故事，感受人们割舍不断的情怀。

石门峡

石门峡是哀牢山腹的一条山涧，1000多米长的岩石峡谷内森林茂密，有清澈的溪流穿过，四周一望无尽的绿意让人心旷神怡。乘小竹筏是石门峡中非常有趣的一景，坐在小竹筏中看着苍翠的群山和清澈的泉水，呼吸着水润、清新弥漫的空气，仿若置身仙境。

大槟榔园生态村

傣乡大槟榔生态村坐落在气象万千的

哀牢山脚下，村前的红河水滔滔南流，江边的沙滩开阔舒软，岸边的古榕树等亚热带乔木高耸云天，周边是阡陌纵横的田地。在景区可以充分领略到花腰傣独特的生态文化景观：溪流转动水车的旋律，织布机的吱吱声，傣家老人慈祥温柔的容颜，少女银铃般清脆的笑声……花腰傣田园牧歌般的甜美日子，就这样在岁月的更迭当中缓缓流淌。

大沐浴生态村

大沐浴生态村是花腰傣聚居地自然形成的村落，这里原汁原味地展示了花腰傣的民居建筑、历史文化、民俗民风等。一幢幢傣家房子掩映在槟榔、凤尾竹、荔枝树下。花腰傣独特的民俗、风情、文化、音乐、舞蹈、宗教在这里融为一体。

磨盘山国家森林公园

苍茫的原始森林景观

玉溪市新平县

磨盘山国家森林公园依磨盘山而建，此山因山体形如磨盘而得名。磨盘山上列十二峰，有十一溪。春天，山花相继开放，构成了烂漫的“花海”奇观；夏季，绿荫湖水翠山倒影，碧波潋滟，形成“人在画中，山在水中，水环山行”的山水风光；秋日，红、黄、绿叶点缀山野，层林尽染；冬季则满山雾气蒸腾，瑞气彩云，可以观赏到雾海奇观。磨盘山森林公园不仅景观奇特优美，氧离子含量也十分丰富，是放松身心的好地方。

元江世界第一高桥

五跨连续钢构大桥

玉溪市元江县桥头村

元江世界第一高桥是一座混凝土连续钢构特大桥，大桥海拔518.2米，为五跨连续钢构，有主墩2座，现已成为元江的一处著名旅游景观。景区内集休闲、娱乐于一身，现有裕林式度假村及20公顷的杧果园等自然生态景观。另外，这里也是解放云南的最后一战的所在地，至今留有当年的战壕遗址，还有观景台、大明寺等景点。

那诺梯田

壮美梯田

玉溪市元江县那诺乡

那诺梯田是元江梯田最为壮观的部分，勤劳的那诺人用自己的双手创造出这片雄伟壮丽的杰作。梯田景观四季不同，春日梯田轮廓清晰，色彩明丽；夏日的这里一片葱绿，生机盎然；秋日稻谷成熟，一派金色丰收之景；冬日里云雾缭绕、变幻莫测。观赏完那诺梯田，还可以到那诺乡民家中品尝一碗著名的猪街生态绿茶，十分惬意自在。

元江世界第一高桥

景点推荐 楚雄周边景点

彝人古镇 AAAA

彝族民居展示

楚雄州楚雄市经济开发区永安西路　免费

在市区乘坐2、17路公交车在彝人古镇下

彝人古镇是在宋代“德江城”遗址附近新建的集民居展示、旅游于一身的文化旅游名镇，是国家AAAA级旅游景区。

彝人古镇的主要景点有望江楼、桃花溪、德运广场、古戏台、梅葛广场、火把广场、彝人部落、土司府等。在这里不仅能够感受浓厚的彝族文化风情，还能观看众多的演艺和娱乐项目。其中“彝人部落”景区的“天天长街宴，夜夜火把节”活动，专为游客体验彝家风情而举办。

玩家 攻略

古镇平时比较幽静，景色比较像丽江古城。你可以坐在小河边酒吧外的秋千上，品品绿茶，听听水车的吱吱声，看看周围悄然绽放的山茶，恬淡悠然地感受时光的悠远。

楚雄州博物馆 AAAA

楚雄市标志性建筑之一

楚雄州楚雄市鹿城南路471号

楚雄州博物馆占地4万平方米，总建筑面积1.12万平方米，平面布局为六边形。博物馆的设计和建筑充分利用坡地高差，依山布局，将彝族民居与现代建筑风格设计融合，是楚雄市标志性建筑之一。展厅面积7000余平方米。馆内绿草如茵、花木繁茂。开设有序厅、古生物厅、历史文物厅、民族厅、中共楚雄州地方党史厅、书画厅、动植物标本厅、洞经音乐演奏厅等8个展厅12个展室，展出各类文物8400余件，是了解彝州历史文化的一个窗口。

玩家 解说

楚雄州博物馆的古生物厅、历史文物厅、民族厅、书画厅、动植物标本厅系统展示了闻名中外的禄丰恐龙化石、元谋猿人牙齿化石、万家坝铜鼓等一批珍贵文物，另外还有民族手工艺绣品、彝族太阳历、书法、油画、壁画、剪纸等艺术品，内容丰富，值得一看。

彝族十月太阳历文化园

我国唯一的中国彝族文化园

楚雄州楚雄市北郊太阳历大道

彝族十月太阳历文化园距离市中心约3千米，是我国唯一的彝族文化园。园内以彝族文化瑰宝十月太阳历雕塑广场为标志，集民族风情展示、艺术交流等于一身，是一个综合性的文化园。

玩家 解说

彝族十月太阳历文化园主要景点有十月太阳历雕塑祭坛、火把广场、葫芦海、葫芦长廊、民族体育竞技场等。园内每天有迎宾、婚嫁等彝族民俗风情及歌舞表演。在这里可以欣赏不同风格的彝族民居，追寻彝族远古文明，感受奇异的少数民族风情。

紫溪山森林公园 AAAA

云南省最大的天然公园

楚雄州楚雄市紫溪镇

紫溪山专线—万松林站

紫溪山森林公园是云南省最大的天然公园。紫溪山整个山脉为东南向西转北的弯月形，主峰海拔2500米，早在宋代以前就有“66座林、77座庵、88座寺”的说法，是当时有名的佛教圣地。

紫溪山森林公园以万松岭为中心向四周辐射，景区内峰峦起伏、森林茂密、古木苍天。有万年古藤、千年银杏和650余年历史的大茶花树。这里的茶花不但树龄早，而且品种之多、花色之全在滇中首屈一指，有“云南茶花甲天下，紫溪茶花甲云南”之说。山上四季鲜花盛开，古木森森，春节前后更是山花遍野，仿佛是一个天然大花园。

玩家 攻略

紫溪山动植物资源丰富，三尖杉、香水月季等珍稀植物较多，绿孔雀、棕颈犀鸟等珍禽栖于林中。山上所建的紫霞山庄、望海山庄等别墅园林建筑值得一看。四月的紫溪山樱桃成熟，还会举办樱桃节，坐在湖边品尝樱桃也是一大享受。

紫溪山紫虚寺藏经楼

玩家 解说

紫溪山曾一度是滇中的有名佛教圣地，山间古刹林立，历代都有一些名士高僧在此修行。历史上，紫溪山曾以“66座林，77座寺，88座庙”而享誉四方，后多被毁。现有楚雄州境内最大的寺庙紫顶寺。紫顶寺由山门、天王殿、大雄宝殿、藏经楼组成，具有一定的规模，供奉的是弥勒佛。

万家坝古墓群

出土过许多珍贵的古青铜器

楚雄州楚雄市城南万家坝村

万家坝古墓群出土随葬品1245件，其中青铜器居多，共1002件，其余有玉石、玛瑙、琥珀、绿松石等。出土文物中，以5件铜鼓最为珍贵，距今2300年以上，是迄今世界上发掘所得铜鼓中年代最早者，在铜鼓分类上称为“万家坝”型。与铜鼓同时出土的还有6枚一套的羊角编钟，其形制特殊，大小依次递减，钟身上部有方孔，钮为羊角形，与中原地区出土的编钟差别甚大，对于研究我国古代五声和七声音阶的形成和发展，有重要参考价值。

护法明公德运摩崖碑

大理国遗留摩崖碑

楚雄州楚雄市紫溪镇

护法明公德运摩崖碑是为了歌颂大理国相高量成而立，碑通高3.6米，额高1米，刻文共25行，据《楚雄县志》记载，楚雄护法明公德运摩崖碑为大理国龙兴三年立，即南宋绍兴二十八年（1158年）。

黑井古镇

明清社会活化石

楚雄州禄丰市

黑井古镇是自汉朝起开井煮盐，2000多年来形成的一个经济繁荣、多元文化发达的古镇，有“明清社会活化石”之称。古镇历经千年风貌依旧，历史纹脉清晰，特色鲜明，现为中国历史文化名镇。

古镇内主要景点有黑井文庙、武家大院、真觉禅寺、大龙祠、真武祠、新石器遗

址、十八犁田、滴水箐瀑布等。古镇虽然早已失去了昔日的辉煌，却留下了古色古香的坊巷、民居、碑刻、石雕、古塔以及古寺庙、盐井等，特别是保存完好的明清建筑——武家大院，更是吸引了众多的海内外游客前来参观。

玩家 解说

黑井古镇是一个重新被人发现的景点，这里曾是个以盐闻名于世，商贾云集的小镇，现在则是一片宁静。青石板路旁是明清时期的建筑群，武家大院、吊脚楼、四合五天井都是访古寻幽的好地方。

世界恐龙谷 AAAA

恐龙主题公园

楚雄州禄丰市

0878-8985598

世界恐龙谷是一处以恐龙化石埋藏遗址为依托，融科普科考与观光娱乐为一体的大型恐龙文化主题公园。公园由“恐龙遗址科考观光区”和“侏罗纪世界旅游区”两大区域组成，其中包括禄丰发掘的60具恐龙化石的装架展示，其科技含量较高、互动性强。此外还有各种游艺、游乐设施。

世界恐龙谷

鄂嘉梯田

鄂嘉农耕文化的见证

楚雄州双柏县

鄂嘉梯田是鄂嘉农耕文化的见证，被誉为“仙人撒落于行云流水间的珍奇景观”。

依山的数十万亩梯田如大地流云，似仙女织锦，其壮观、大气之景让人流连忘返，可与享誉国内外的元阳梯田相媲美。

化佛山
滇中名山之一

楚雄州牟定县境内

化佛山是滇中名山，是著名的佛教历史圣地，也是楚雄州主要旅游景区之一。化佛山自明代后期兴建佛寺，至今已有400多年的悠久历史，境内先后兴建了白云窝、檀林、宝莲寺、迦叶殿等13座寺院，人文景点丰富，自然景观优美，登上主峰万佛台，可将楚雄山川景色尽收眼底。

德丰寺
保存完整的明代斗拱建筑

楚雄州姚安县栋川镇德丰路

德丰寺系三重堂古代建筑群，是云南省现存明代斗拱建筑中最为完整的一座。德丰寺内保存的德化铭碑，刻于宋大理国元亨二年（1186年），为云南八大名碑之一。该寺现为博物馆馆址，馆内保存珍贵历史文物600余件，藏品种类、数量、质量均为全州之冠，属省级文物保护单位。

德丰寺

姚安光禄古镇 AAAA
花灯之乡、荷城

楚雄彝族自治州姚安县

光禄古镇历史悠久，古迹众多，素有“迤西文化名邦”“花灯之乡”的美誉。整个古镇建筑呈“坤”字形，是古南方“丝绸之路”通往东南亚和印度等地的重要据点。古镇以历史文化和农耕文化为主，突出“福”“寿”“禄”“喜”四大特色主题，兼具春、夏、秋、冬不同的田园风光。另外，这里也人杰地灵，名人辈出，涌现了赵子骧、马驷良、赵鹤清等名人学士。

大姚白塔
古印度佛塔样式

楚雄州大姚县西城门外的文笔山顶

大姚白塔是一个奇特的空心砖塔，为典型的古印度佛塔样式，属古代南诏国佛教

大姚白塔

石羊孔庙

盛行时的遗物。白塔基座小而顶部大，形如磬椎，故又名“磬椎塔”。白塔始建于唐天宝五年（746年），为吐蕃僧人所建，迄今已有1200多年的历史。塔身由刻有梵汉文字的砖块砌成，汉字砖上刻有“大佛顶”“八大灵塔咒”“十方诸佛镇塔咒”“资益谷塔咒”等汉字。

石羊古镇 AAAA

以石羊文化为特色

楚雄彝族自治州大姚县城西北部35千米处

石羊，古称白井，历史悠久，文化底蕴深厚。历史上，中原文化、彝族文化、儒家文化、盐文化等在此碰撞交融。明清时曾设灵源、张公、绿萝、龙泉、龙吟五大书院及多所义学、塾馆，孕育了现有石羊特色的石羊文化，留下了许多名胜古迹。

石羊孔庙

石羊孔庙又称大姚孔子铜像庙，始建于明代，由大成殿、天子台、朱子阁、明伦堂、东庑、西庑等建筑组成。孔庙建筑格局采用古代宫殿衙署的庭院形式，讲究纵横轴线，突出主体建筑，两侧对称排列次要建筑，形成建制统一颇具规模的建筑群。其中，最引人注目的是大成殿内的孔子铜像，高2.3米，重约3吨，据称是全国最大的孔子铜像。

咪依噜风情谷

彝族群众聚居区

楚雄州南华县龙川镇岔河村

咪依噜风情谷是一个风景秀丽、民族风情浓郁、彝族文化底蕴深厚、民俗保持完好的少数民族聚居区。在咪依噜风情谷，可相聚姑娘房，体验彝家情；爬青山、找菌子、采野花、摘林果，尽情体验一次彝族人的古朴平和、闲适快乐的世外桃源生活。

玩家 解说

咪依噜风情谷的彝族文化底蕴深厚，民俗民风保存完好。自1990年日本国立民族学博物馆横山广子到云南寻根，发现岔河彝村以来，先后有美国、法国、新加坡等10余个国家和地区的专家、学者和游客前来观光考察，中外新闻机构竞相追踪报道这个拥有原生态彝族稻耕文化的咪依噜风情谷。日本NHK电视台《彩云之南》摄制组还曾对这里的彝族农耕稻作文化进行过卫星直播。

景点推荐 元谋周边景点

元谋土林 AAAA

神奇的魔幻世界

楚雄彝族自治州元谋县物茂乡

元谋县旅游专线车直达虎跳滩土林

7:00~19:00

50 元

元谋土林是一种由土状堆积物形成的柱状地形，因远望如林而得名。土林一般出现在盆地或谷地内，以近年在中国云南元谋发现的最为典型，反映了古地理变迁和地貌发育过程。云南土林分布较广，其中以元谋县的物茂土林、班果土林、浪巴铺土林为佳。它与西双版纳热带雨林、云南石林并称为“云南三林”。

玩家 攻略

最佳时间：每年11月至次年5月为干季，适合去土林。游土林一天中以早晚最佳，土林景区内中午燥热，早晚凉爽。土林地区极度干燥，进景区前要带足饮用水。

徒步：土林景区由一条主要的土沙路和34条幽谷组成，路面几乎全部为土石沙质，而且上坡下坡较多，徒步游览一定要穿一双舒适的运动鞋，并且最好有防沙功能。

摄影：土林的风光奇特，湛蓝的天空、黄色的沙土森林在相纸上会呈现出绝妙的效果。如果专门为摄影而去，建议在楚雄住一夜，或者直接住在土林景区内。早晚的土林另有一派神秘景象。但是那里沙尘较大，要注意保护相机。

虎跳滩土林

虎跳滩土林又名物茂土林，是元谋三大土林中开发最早、设施最完善的景点，通常所说的元谋土林即指此处。虎跳滩土林的景点分布在主沟和支沟两侧。主要景点有土司古堡、盘龙玉柱、沙海蜃楼、刺破天、东海龙宫等，沿着主要游览路线参观即可。

虎跳滩峡谷

虎跳滩峡谷与虎跳滩土林相距仅100米，峡谷深300米，谷底沟壑纵横、绝壁林立，谷内各种奇石遍布，溪流不绝，天然的石锅石灶和龙潭区飞瀑构成了峡谷的独特美景。从苍凉迷离、大漠风光的土林景区出来，顺着虎跳滩峡谷悠然前行，潺潺的溪流、密集的瀑布、岸边的怪石，让人心旷神怡。

浪巴铺土林

浪巴铺土林又名新华土林，是元谋土林景观的一个重要景点。这里的土林高大密集，类型齐全，圆锥状土林发育良好，最高达42.8米，为元谋土林高度之冠。

浪巴铺土林周围分布着几个大小不等的水库，其中浪巴铺水库水清似镜，土林倒映其中，如诗如画。土林中溪水潺潺，竹子、松树、花草点缀在土柱峰丛间，不时还可见到野兔、雀鸟等小动物跑过，生机盎然。

班果土林

班果土林总面积14平方千米，是元谋土林中规模最大的土林。

班果土林是老年期残丘阶段的代表，土柱分布疏密有序，高度一般在5~16米。土柱的形态多为孤峰状、城垣状、宝塔状。每片小区域内土林的色彩比较统一，有白色土林、褐红色土林、棕黄色土林和浅黄色土林等。班果土林的土柱表面夹杂有闪烁的石英砂和玛瑙片砂，如同镶嵌了宝石，在阳光的照耀下，五光十色，分外夺目。

玩家攻略

班果土林尚处于未开发状态，不收门票，但景区内没有旅游接待和食宿设施，游客可以就近在班果集镇解决吃住问题。此外，进入景区务必注意安全，量力而行，最好能请熟悉当地情况的人当向导。

元谋人遗址

天然原始社会博物馆

📍 楚雄州元谋县108国道旁

元谋人遗址被人类学家誉为“天然原始社会博物馆”。这里蕴藏着丰富的古文化遗产，在对元谋人遗址的考察中，除了不断发现元谋人骨化石外，还出土了元谋人制造、使用的各种骨器、石器工具，以及云南马、剑齿虎、剑齿象等动物化石。元谋人遗址中还找到了炭屑和烧黑的物件，由此证明元谋人除了会使用劳动工具，还有会使用火的可能。元谋人遗址的发现，具有重大的历史意义和科研价值，中国及一些国家已将此发现写进了教科书。

玩家 攻略

元谋人遗址、石器遗址等众多古遗址全部免费对外开放，适合对考古等方面感兴趣的人参观。但是这些遗址景点均无旅游方面的接待和服务设施，如要前往需做好准备。另有元谋人博物馆可供参观。

元谋人博物馆

展示古人类进化演变的历史

楚雄州元谋县凤凰大道附近

元谋人博物馆是由元谋县投资2000余万元、历时近5年修建而成的，博物馆共有1个序厅和5个展厅对外开放，馆内陈列了元谋人复原头像和两颗复制的元谋人牙齿化石，以及在元谋境内发现的古猿、犀牛化石等，分别展出了人类起源图解、古人类和古生物化石、场景模拟等，全面展示了各时期古人类和古生物进化演变的历史，自开馆以来，已经吸引了大批慕名而来的外地游客参观。

狮子山 AAAA

西南第一山

楚雄州武定县西部　¥50元

武定县当地许多交通车可到狮子山

武定狮子山是滇中地区著名的风景名胜，素有“西南第一山”之称，因山形像一头伏卧的雄狮，因而得名。其山势由南向北缓缓斜下，山顶四周是陡峭的悬崖，从正面观赏十分雄伟。

狮子山

狮子山融自然风光和人文景观为一体，110平方千米的景区内古树参天，绿荫蔽日，山花烂漫，流水潺潺，空气清新，鸟语蝉鸣，积淀深厚的佛教文化底蕴和冠盖西南的牡丹芍药精品园吸引了大量游客前来参观游览。

玩家 攻略

到武定游玩一定要品尝久负盛名的武定壮鸡。武定壮鸡最大的特色是“壮”，个头有火鸡那么大，肉质鲜美。此外武定还有“春吃花，夏吃菌”之说。春天到武定满桌都是苦刺花、金雀花及很多不知名的花类菜肴，夏天则有干巴菌、鸡纵。当地腌制的火腿、野坝子蜂蜜、云雾茶等都是值得购买的特色产品。

永仁方山

彝州第一山

楚雄州永仁县东北部

方山山形独特，山顶宽阔平缓，边缘悬崖陡立，四面视之皆平整方正，因而得“方山”之名，素有“彝州第一山”之誉。

方山地处滇川交通要道，曾是僧侣往来于鸡足山与峨眉山之间的咏经之地，历史上曾是佛教圣地。元代的静德寺、观音寺，2001年修复的活佛寺等古香古色的庙宇楼阁掩映于古木苍翠中，古朴清幽。

方山还是著名的避暑胜地，这里年平均气温12℃，最高温也不超过24℃，气候长年凉爽宜人。

玩家 解说

方山为川滇要冲、金沙江渡口关卡，凭着居高临下、易守难攻的地势成为兵家必争之地。从三国至清道光年间，方山作为军事要地，不断完善工事，曾经驻兵近十万。位于方山东麓的诸葛营遗址及方山南顶和西侧的营垒遗迹至今仍在。

攻略资讯

- 交通
- 住宿
- 美食
- 购物
- 娱乐

曲靖田园风光

交通

火车

滇中地区靠近云南省省会昆明，铁路交通较为便利，区域内主要城市玉溪市、曲靖市、楚雄州都有火车站。

曲靖火车站：曲靖有两座火车站，分别为曲靖站和曲靖北站。曲靖站是云南省仅次于昆明站的铁路大站，也是云南通往东部和整个中原地区的东大门。地址：曲靖市麒麟区建宁西路，市内乘1路公交车可到。曲靖北站也是沪昆高速铁路上的站点，位于曲靖市沾益区龙华街道龙泉社区椒树下村77号。

楚雄火车站：楚雄火车站车次较少，主要有到昆明、大理、丽江、成都、广州等的火车。地址：楚雄州楚雄市320国道北侧。

玉溪火车站：玉溪火车站车次很少，仅有蒙自北和昆明之间的火车经过此站。地址：玉溪市红塔区大营街街道，市内乘4路公交车可到。

自行车租赁

汽车

滇中地区公路网密布，多条高速公路和国道纵横交错，汽车运输线路四通八达，甚至比火车更加方便。

●曲靖

曲靖市高快汽车客运站：位于曲靖市麒麟区交通路189号，主要有发往富源、师宗、陆良等地的客运汽车。市内乘坐K7路、16路公交车可到达。电话：0874–3380959。

●楚雄

楚雄客运站（西站）/楚雄客运北站：前者位于楚雄市鹿城西路197号，电话：0878–3139888；后者位于楚雄市鹿城北路130号，电话：0878–8982466。

楚雄城市风光

●玉溪

玉溪城西客运站/玉溪城南汽车客运站：前者位于玉溪市红塔区七星街9号，电话：0877-2026592；后者位于玉溪市红塔区高仓立交桥旁，电话：0877-2022807。

住宿

曲靖

麒麟区是曲靖市的中心区，火车站也在这里，选择在麒麟区住宿，无论是出行、购物都十分方便。这里的酒店种类也很多，能够满足不同消费水平的住宿需求。此外，游客还可以前往周边县城的景区附近住宿，这样更加方便游玩，罗平县多依河景区附近就是一个不错的住宿选择。

●曲靖希尔顿欢朋酒店

酒店交通便捷，距离昆明长水机场车程仅需90分钟，距离曲靖北站、曲靖火车站也不远。其设计简约时尚，建设有希尔顿欢朋特色的“HUB”大堂，集欢迎、聚会、休闲、商务功能于一体，值得体验。✉ 曲靖市麒麟区三江大道汇都华庭5栋 ☎ 0874-3337222

●曲靖官房大酒店

酒店地处潇湘河畔，依寥廓青山，风景秀丽，环境优美。从酒店步行10分钟即可到达市中心繁华地段，地理位置优越。✉ 曲靖市麒麟区南城门外 ☎ 0874-3226666

●更多酒店推荐

云上四季连锁酒店/曲靖市麒麟区廖廓南路/0874-3194777

曲靖麒麟阁酒店/曲靖市麒麟区珠江源大道1778号/0874-3256566

曲靖天龙大酒店/曲靖市麒麟区南宁南路276号水务局内/0874-6158888

楚雄

楚雄目前还不算云南旅游热门地区，所以各档次的酒店和旅馆房价也相对便宜。除了专程游览楚雄之外，到滇西旅游也可以考虑尽量住在楚雄。楚雄市长途客运东站附近的宾馆是不错的住宿选择，方便乘车。禄丰和元谋县城较小，但宾馆、招待所较多，可以多看几家选择条件合适的，也可以适当讲价。

●楚雄樱花坞客栈

客栈位于彝人古镇楚园西区，庭院式的客栈，安静而惬意，落地窗前小桥流水，意境难得。✉ 楚雄市彝人古镇楚园西区D41幢，近清

武家大院

玉溪映月潭客栈

明街 ☎0878-3363033

●阿佬俵客栈

客栈以经典的彝族民居四合院式的古建筑风格为原型，集彝族传统文化及现代风格于一身，一幅幅彝家人手工自绘的彩色墙壁画讲述着彝家人动人的故事，置身于庭院中，静坐喝一杯普洱茶，顿感愉悦轻松。✉楚雄市彝人古镇一期会馆七号 ☎0878-3150168

●更多酒店推荐

楚雄州宾馆/楚雄州楚雄市龙泉路102号/0878-6129999

盈泰大酒店/楚雄州元谋县凤翔街27号/0878-8317988

盐兴园客栈/楚雄州禄丰市黑井镇二街86号/18788108605

玉溪

玉溪城内有一些星级宾馆，如红塔大酒店、玉溪宾馆等，不过价格较高。可以到城区的一些小旅社，价格较便宜，卫生也不错。还可以到一些景区酒店，依山傍水、风景秀丽，十分适合休闲度假。

●云南红塔大酒店

云南红塔大酒店毗邻聂耳公园、玉溪博物馆，环境清新，交通便利，还提供丰盛的早餐。✉玉溪市红塔区红塔大道32号 ☎0877-2066666

●玉溪映月潭温泉客栈

客栈位于著名的温泉胜地映月潭附近，毗邻汇溪公园，周围环境清幽，出行方便。客栈糅合了传统温泉文化和时尚休闲，是一家纯日式温泉客栈。✉玉溪市红塔区大营街公园路99号 ☎0877-2770666

●更多酒店推荐

抚仙湖华美达广场酒店/玉溪市澄江市仙湖路29号/0877-6686999

玉溪云溪宾馆/玉溪市红塔区凤凰路8号/0877-2026178

美食

滇中地区有着源远流长且丰富多样的饮食文化。曲靖市风味独特的“宣威火腿”明清以来已有盛名，还有陆良板鸭、沾益辣子鸡、马龙荞丝等。楚雄彝族自治州的饮食独具民族特色，以米和杂粮面为主，荞制食品口味独特，荞粑粑、荞饭都值得一尝。玉溪市的饮食则主打绿色健康，有很多以田螺、石蚌为原料烹饪的菜，口味偏酸，但营养丰富。此外，这里的卤菜也十分流行，卤味纯香，配料多样，佐酒对饮均可。

特色菜

●陆良板鸭

陆良板鸭是曲靖市陆良县的一道特色佳肴，板鸭色白透明，盐味适中，肉质细嫩，味道鲜美，是一道不可错过的美味。

●沾益辣子鸡

沾益辣子鸡以其独特的原料配方和精细的加工工艺而著称，鸡肉辣而不辛、味道醇厚，凡到沾益者，都以一尝为快，被称为滇中一绝。

●元谋凉鸡

元谋凉鸡选料考究，以未生蛋或未啼鸣的仔鸡为最佳。凉鸡具有浓厚的川菜风味，又具有地方特色。鸡肉质鲜嫩，辅以适度的麻辣香料，余味无穷，是元谋饮食中的上品。

●全羊汤锅

这是彝族人待客的一道名肴。将宰杀后肥羊的所有部位全部切成块，放在一锅煮，煮时除了放盐，不再放任何作料，食用的时候再放花椒、辣椒粉、薄荷等，汤汁鲜香，肉质美味。

●彝族烤乳猪

烤乳猪选用刚满双月的瘦肉型乳猪，烫褪去毛后去掉肚杂和四蹄，涂上蜂蜜等各种作料调制的汁水，然后将全猪挂在小土窑内，用文火烘烤至熟。烤乳猪以元谋、禄丰一带最具特色，千万不要错过。

●青松烧鸭

青松烧鸭是玉溪菜谱中的头牌。选用青松针叶晒干的草团为燃料烧制而成，质味鲜嫩清香，鲜而不腻，骨脆汁甜。

●炖鳝鱼

炖鳝鱼是玉溪烹调大师们的拿手菜，其汤汁红亮，加入油炸泡肉皮入味，得薄荷清

炖鳝鱼

辣子鸡

香，再垫以韭菜，得其鲜甜。鳝鱼滋嫩味浓，油而不腻，是一道难得的特色佳肴。

风味小吃

●麻衣馓子

麻衣馓子是以麦面为原料，和好面后扭成“千钧扣”油炸的糖果。其色泽金黄，表层有芝麻糖衣，香脆酥甜；内灌满糖饴，甜润柔腻，是陆良传统风味食品。

●五花米饭

五花米饭是用糯米泡在枫叶汁、紫蓝草汁、红草汁、黄花汁里，分别染成黑色、紫色、红色、黄色，加上本色（即白色）蒸制而成，色香味俱全。

五花米饭

●苦荞粑粑

苦荞面营养丰富，清凉利肠胃。苦荞粑粑蘸蜂蜜是彝族传统的风味食品，也是待客的美食。

●鳝鱼米线

玉溪素有“滇中粮仓”的美誉，这里米质优良，因此米线十分出名。鳝鱼米线以鲜鳝鱼、米线为主料制成，酸甜麻辣、清香味美，根据个人喜好还可以凉吃。

美食去处

曲靖滇东饮食文化城：位于曲靖市麒麟区南城门广场东南侧，这里集聚了几十家特色餐馆，其中有如云南人家、香樟花园、六合居等知名餐馆，这里也是曲靖最负盛名的夜市，是美食爱好者的必游之地。

楚雄彝人古镇：位于楚雄州的彝人古镇，会聚了彝家餐饮、滇菜系列、南粤海鲜以及北方风味百余家风味独特、个性鲜明的餐饮企业，古镇已成为滇中地区的饮食文化大观园。

购物

滇中地区地域广阔，各类物资丰富，特产众多，曲靖的宣威火腿、陆良板鸭，楚雄的彝族特色服饰、禄丰香醋，还有玉溪街头贩卖的各种银饰品等，都是当地的特色产品。

滇中特产

●宣威火腿

宣威火腿以当地盛产的乌蒙猪为原料，

苦荞粑粑

宣威火腿

用当地的方法腌制，因产地而得名，有色泽鲜艳、香嫩可口、食而不腻等特点。

●竹荪

曲靖地区所产的一种名贵的天然食用真菌，通体洁白，色鲜味美，营养丰富，有很高的药用价值。

●鸡纵

鸡纵是一种野生菌，色白，伞状，新鲜的鸡纵与火腿同烹，鲜美异常。但因新鲜鸡纵不耐保存，因此当地多将新鲜鸡纵撕成条状油炸去其水分，以便长期保存。

●冬瓜蜜饯

冬瓜蜜饯是玉溪的特产食品，具有清凉甜脆、透明无渣的特点，是到玉溪市旅游的游客必买的产品。

●芝麻片

玉溪市传统名特产食品，1922年首创。采用上等白芝麻、优质白糖、葡萄糖、精炼油等为原料，以独特工艺精制而成。

●银饰品

玉溪街头有很多出售银饰的摊位和商店，其中尤以通海县的银饰品名气最大，游客可以买一些耳环、戒指、项链之类的饰品。购买时一定要和商贩还价。

●民族服饰

楚雄州各民族服饰争奇斗艳，风格迥异，街头市场还有各种土布、蜡染、背包、配饰、图腾面具等手工艺品，制作精美，极富民族风格与特色。

●丝织品

楚雄栽桑养蚕的历史悠久，这里的蚕茧出丝率高、茧丝长，能织成色泽光洁、质地良好的丝绸。以此制作的手绢、被面、挎包等丝织品美观耐用，图案设计精巧，颇具地方特色。

滇中购物场所

曲靖市麒麟南路是滇中地区最繁华的购物地区之一，从南城门广场到麒麟公园的这段商业区大型商场林立，曲靖百货大楼、珠江商场等购物商场商品琳琅满目。附近的珠江源广场是市民最爱的休闲之地，无论白天、夜晚都十分热闹，是购物休闲的好去处。

楚雄彝族小姑娘

罗平螺丝田油菜花海

娱乐

罗平油菜花文化旅游节：每年1至4月举办的罗平国际油菜花文化旅游节期间，罗平县会举办各种特色文化活动，比如喀斯特地貌生态观赏博览会、布依风情展示会、罗平风光国际摄影展等，游客届时不仅能欣赏到万亩油菜花盛开的壮丽景象，还可体验到布依族浓郁的民族风情，参观丰富多彩的摄影展。

陆良彩色沙雕节：每年3至8月间举办的陆良沙雕节吸引着成千上万的国内外游客前来旅游观光。届时将有各种特色活动轮番举行，包括大型文艺演出、沙雕作品展、沙文化学术研讨会等，精彩绝伦，令人流连忘返。

花灯：花灯是云南滇剧的鼻祖，玉溪是赫赫有名的“花灯之乡”，如今玉溪的中老年人中还有不少花灯迷，在玉溪的聂耳公园、绿地或小区等地方，随时都能看到很多民间花灯表演。

彝人古镇娱乐：彝人古镇在火把节期间会举行多种特色民俗活动，如彝族歌舞、赛马、摔跤、斗牛、斗羊、斗鸡、篝火晚会等，精彩纷呈，非常热闹。

节日和重大活动

节日	地点	时间
玉溪米线节	玉溪市红塔区	春节期间
彝族赛装节	主要在楚雄州永仁县举办	农历正月十五
布依族三月三	滇中各布依族聚居地	农历三月初三
彝族火把节	滇中各彝族聚居地	农历六月二十四日

发现者旅行指南

昭通

概览

亮点

豆沙关

豆沙关是古人由蜀入滇的第一道险关。湍急的关河像一把利剑将险峻的石山一劈为二，形成了一道巨大的石门，是滇东北通向四川、通向大西北途中的游览胜地。

小草坝

“天麻甲天下”的小草坝地跨彝良、盐津、大关三县，境内山峦起伏、林海绵延，四季风物各异：春赏花、夏观瀑、秋撷红叶、冬踏雪。

大山包黑颈鹤自然保护区

大山包黑颈鹤自然保护区以彩色的草海、起伏的山峦，清澈明静的跳墩河、大海子和雄奇险峻的鸡公山大峡谷为特色，极富民族风情。

昭通古城

昭通古城是昭通传统街巷最密集的城区，也是传统街巷风貌和市井文化保护较好的古城，还是唯一能集中反映本地历史文化和地区特色的区域。

西部大峡谷温泉旅游区

西部大峡谷是金沙江的一个河谷，以山青、水险、峡急而闻名。这里还有一处大峡谷温泉生态园，面积20多公顷，是目前国内最大的天然露天温泉浴场。

必逛街道

牛街：牛街是地处川滇边界的千年古镇，素有“小香港”之称，现为国家级重点旅游景点。这里交通便利，商业繁荣，文化气息浓厚，并且还有“烟雨江南”的美景。

线路

昭通生态一日游

早上从昭通市区出发来到大山包景区，大山包坡度平缓，有宽阔的草场，丰盛的水草，草甸沼泽星罗棋布，是国家一级保护动物黑颈鹤的越冬栖息地。

昭通北线二日游

第一天游览黄连河和豆沙关，观飞瀑，探寻古老的蜀道险关。第二天游览铜锣坝森林公园和西部大峡谷温泉旅游区，泡泡温泉，洗心清肺。

豆沙古镇

为何去

豆沙关

昭通市位于云南省东北部，属典型的山地构造地形，山高谷深，海拔差距大。昭通独特的地势使昭通形成了大山包、黄连河、铜锣坝、小草坝等独特的自然景观。昭通还是个历史悠久的城市，文化遗存十分丰富，全市有新石器遗址20余处。昭通还有许多国家一级保护动物、植物，水资源也十分丰富。

何时去

黄连河

昭通四季如春，全年平均气温为11℃~21℃，最冷月为1月，最热月为7月。昭通降水比较丰富，但是南北分布不均，南干北湿。3~11月间到昭通旅游，可以避开最冷的冬季，比较舒适。

日落时的鸡公山大峡谷

区域解读

区号：0870
面积：约23 021km²
人口：633万人
主要少数民族：回族、苗族、彝族

地理 GEOGRAPHY

区划

昭通下辖1个区（昭阳区）、9个县（巧家县、鲁甸县、永善县、大关县、彝良县、威信县、镇雄县、盐津县、绥江县），代管1个县级市（水富市）。

地形

昭通居于云岭高原与四川盆地的接合部，属典型的山地构造地形，山高谷深，海拔高差大，位于巧家县的药山海拔4040米，为境内最高点。境内水系水量充沛，多属雨水补给型的高原河流，均属长江水系。其中，直接流入金沙江的有横江、牛栏江、以礼河等大小河流40多条；流入长江干流上游的有罗布河、赤水河等。

气候

昭通属亚热带、暖温带共存的高原季风立体气候，四季不明显，具有冬无严寒、夏无酷暑、雨热同季、干湿分明等特点。全年平均气温在11℃~21℃。每年5~10月，是昭通的雨季。昭通境内各地海拔差异较大，注意携带厚衣物。

历史 HISTORY

历史大事记

●远古时期

出土于昭通市北郊过山洞的一枚人牙化石，经鉴定为“早期智人化石”，距今约10万年，称作“昭通人”，填补了云南省猿人阶段到晚期智人阶段之间的空白。

●春秋战国

昭通古称“朱提”，西周末至春秋初期，传说朱提人杜宇率部落入蜀，带去了先进的农耕文明，得到了蜀民的拥戴，做了蜀王，号“望帝”。

公元前250年，秦孝文王派蜀郡太守李冰开凿第一条入滇道路——僰（bó）道，经豆沙到千倾池（今昭通），后秦始皇派常頞将僰道延伸至建宁（今曲靖），史称“五尺道”。

●汉晋时期

西汉建元六年（前135年），汉武帝开“南夷道”，并派唐蒙将“五尺道”整修扩建，形成由僰道南下，过石门（今盐津豆沙关）到朱提（昭通）直至滇池地区的“朱提道”。

自西汉建元六年至唐天宝年间，今昭通以“朱提”冠名，或为县治，或为郡治，前后有800多年。

●唐至明清

唐宋时期，南诏、大理两个地方政权先后称雄于云南地区，昭通处于中原文化和南诏、大理文化的过渡地带。其中，唐豆沙关袁滋题纪摩崖，是当时中央和地方政治关系中最重要的实证文物，现位于今盐津县豆沙镇境内。

清雍正五年（1727年），雍正帝在云贵川一带“改土归流”，改乌蒙为昭通。这一时期，朱提的银铜业再度辉煌。

●近现代

1935年2月，中国工农红军长征途经昭通，中共中央在威信召开了具有重要历史意义的“扎西会议”，在中国革命史上写下了光辉的一页。

1937年，在抗战最艰苦时期，国民革命军六十军将士在今昭通辕门口举行出征仪式，远赴台儿庄抗日。

走五尺道，过豆沙关

五尺道北起四川宜宾，经过盐津、大关、昭通、鲁甸等地至云南曲靖，五尺道有很长一段都在今昭通境内，是最早联系云南和内地的官道。

公元前246年，秦始皇从修筑道路入手开发和治理云南。蜀郡太守李冰在川滇交界的僰道（今四川宜宾）地区开山凿崖，修筑通往滇东北地区的道路。秦始皇统一中国后，又派遣常頞继续修筑这条道路。五尺道从蜀南下经僰道、朱提到滇池，由于道路宽仅五尺，故史称“五尺道”。这条道路尽管狭窄，却是云南与蜀地的重要商道。石门关段的五尺道是现今保存得最长、最完好、马蹄印迹最多的古驿道。五尺道现残存长约350米，道宽5尺，每级尺阶宽窄高矮不等。从关河东岸上缘三曲而至摩崖，路面留有清晰的马蹄印迹数十个。

今天，生活在这里的人们依然还会行走在祖先开凿的这条路上，所不同的是他们脚下多了几条路——古老的关河水路、五尺古道和现代的滇川公路、内昆铁路、水麻高速公路在这里汇集并行，构成了独特的“五道并行”交通奇观。

石门关的身后是一座名叫“豆沙”的古镇，因此，当地人又把石门关称作“豆沙关”。豆沙镇上杂居着汉、回、苗、白等民族，一条青石板铺就的小街，佛教、道教、基督教、天主教、伊斯兰教五教俱全，水乳交融。豆沙古镇的雏形是先民村寨和古道驿站，到了清朝乾隆时期，这里已经居住着四川、贵州、湖南、湖北、江西、福建、安徽、广东八省移民，建有八省会馆，虽然这些会馆已被拆毁，但遗址还在，依稀可辨。

豆沙镇可谓是八省建筑文化的博物馆，现存房屋中最早的房屋是清康熙三十六年（1697年）建造，距今已有300多年历史。2006年7月22日，豆沙镇发生5.1级地震，造成22人死亡，古镇严重毁损。之后，历经三年重建，古镇重新焕发生机。虽然震后重建的豆沙已非真正意义上的古镇了，但镇西的五尺道却是货真价实的千年文物。穿过古镇，走五尺道，过豆沙关，也许还能寻访到历史的遗踪。

文化 CULTURE

大山包的黑色精灵——黑颈鹤

大山包是一片平坦的高山草甸，有方圆百里的面积。山区起伏柔美的曲线，秋天有各种色彩，形成美丽的层次。冬季来临，一切都归于沉寂，而一群从远处赶来的黑颈鹤会将这片天地的寂静打破。在高原湖泊波光粼粼的碧水边，在水汽氤氲的沼泽地上，一排排漂亮的黑颈鹤亭亭玉立。

每年的冬春季节，很多摄影爱好者手持“长枪大炮”涌进昭通大山包镇大海子，他们的目标不是雪景，不是沼泽地，而是有着“鸟中熊猫”之称的黑颈鹤。

当地人称黑颈鹤为“雁鹅”。黑颈鹤的到来，对当地的农业生产还是有一定影响的。黑颈鹤除了在当地海子草甸中取食植物根芽、鱼虫之外，还会啄食田地里的作物，尤其是越冬迁飞之前，刚刚撒下的种子往往成为其觅食的对象。当地人并不因此去伤害它们，反而会主动投喂一些食粮，在当地流传一些说法：“雁鹅不能打，打了会天阴。雁鹅蛋不能捡，捡了会下白雨（冰雹）。”

黑颈鹤是生活在我国高原上特有的鹤类，国家一级保护动物。由于生存的自然环境恶劣，繁殖率低，数量稀少，被视为世界上最珍贵的鹤类之一，是世界上唯一在高原上繁殖越冬的鹤类。海拔3200米的大山包自然保护区作为云贵高原越冬黑颈鹤最集中的区域，已成为我国黑颈鹤特别重要的越冬栖息地之一。

由于黑颈鹤主要觅食草根、小虫等，冬季很难找寻到食物，大山包黑颈鹤保护区的大海子保护站为了保证黑颈鹤顺利越冬，采取了投食方式。在保护区，经常能看到一个个子不高、皮肤黝黑的投食员陈光会，她是大海子管理站的护鹤员。她和黑颈鹤的感情也最深，以至于现在只有她一个人才可以近距离接近黑颈鹤。2008年春节南方雪灾的那段时间，她冒着失去生命的危险在沼泽地的

大山包风光

天麻

冰水里救起了两只黑颈鹤。在这个贫瘠而朴质的土地上，这样动人的故事还在不断地延续着，这也带动着更多的人去爱护黑颈鹤。

黑颈鹤雌雄结成终身伴侣，一旦丧偶，活着的孤鹤就不再寻伴，并且很快就会抑郁而终。对感情的执着忠诚，相信会让很多人自惭形秽。在大山包盛传着这样一个关于黑颈鹤的爱情故事：有一年，一只母鹤受伤掉队，被当地农人收养。第二年，公鹤寻来，几次要接走伴侣，在多次试飞失败后，公鹤绝望了，与母鹤交颈死于农人的院子里。

当地政府为了改善生态环境，也逐步在退耕还草。同时，政府想利用旅游大力发展当地经济，修了昭大公路，以便于游人进出。您如果来到这里，也请注意保护环境，保护这群美丽的生灵。

神奇的名贵中药——昭通天麻

昭通地区盛产世界名贵中药材——天麻，与其特殊的地理环境有关。昭通地处云南东北部，乌蒙山区在境内绵延千里，北下的冷空气和南上的暖湿气流在这里交汇，形成独特的“明准静止锋”气候，雾霭蒸腾，阴雨轻飞。

明代李时珍《本草纲目》中有“天麻补脑，三七养心，人参强肾”之说。天麻具有较强的补脑健脑、养心安神的作用，对治疗头晕目眩、偏头痛、老年性痴呆、中风、口眼歪斜、高血压、风湿、脑功能紊乱等有独特效用。昭通天麻在初唐时期就是“贡品”，清朝则是“御膳”之必需品。当年马帮入川，载以官船，天麻直送京城，文武官员获皇帝赐赠后，倍感荣耀。

天麻是治疗头痛的妙药早在民间就已流传。早在1800多年前的东汉末期，当时曹操身患头疼病，经常坐卧不安，于是找来了老乡华佗。但华佗那时还不知道天麻，所以诊断后说要用斧子劈开头颅才能医治，多疑的曹操以为华佗要谋害他，大怒之下便下令砍了华佗的头，就这样，一代名医华佗死在了曹操手中。如果当时华佗知道天麻的功效，也不会有这样的结局了。

现在昭通全市有野生天麻林地1.3万余公顷，年产野生鲜天麻300万千克，已有天麻片、天麻茶、天麻粉、天麻酒、复方天麻颗粒等初级产品。天麻产业成为当地的新兴经济支柱产业。昭通天麻以天麻素含量最高而成为众多天麻中的佼佼者。

昭通天麻作为一种名贵的中药，它的神奇药效和滋补功能早已被人们熟知并在实际生活中广泛应用，譬如天麻汽锅鸡、天麻火锅这样的佳肴已成为昭通老街饭馆的招牌菜。

"二月八"龙洞庙会

昭通每年的二月初八是"二月八"龙洞庙会，人们竞相前往城北郊的大龙洞，当地传说中这里是神龙出入的地方。这一点与中国其他地域祭龙的岁时农历二月初二有所不同。

其实昭通的"二月八"与各地的"二月二"是同一个日子，昭通是彝族先民的发祥地之一，自先秦起便在此聚居、生息、繁衍。"二月二"指的便是彝族十月历中的日子，现代昭通人的"二月八"就是古代昭通人的"二月二"，于是昭通人就将"二月八"定为龙岁日。"二月八，春风刮，男男女女龙洞爬。"据《正德云南志》史籍称：昭通自古有祭龙、迎神等活动。上古时天大旱，人们天天到大龙洞求龙王下雨，终于在二月初八感动了龙王，救活了庄稼，保证了丰收。为此，便在此修建了龙神祠，每年的二月初八，人们都要到龙洞祈福求雨。此后，这一习俗一直承袭到今天。

如今的二月初八庙会，在风和日丽、飘满花香的日子里，当地人和游客齐聚大龙洞敬香祈祷，祝福家人平安。一些诸如求龙祈福、摸石乞子等传统习俗也逐渐演化成了游春、休闲的"二月八"大龙洞庙会内容。

昭通土豆家家有

昭通大山包的粮食作物只有荞麦、燕麦和土豆三种，荞麦和燕麦产量都不高，在当地算是细粮，所以土豆就成了这里的主要粮食。在昭通旅游，如果你去一些农家，会发现每家都会有很多土豆。

昭通盛产土豆，当地人也非常喜欢吃土豆，昭通的土豆在云南是鼎鼎有名的。一些老乡家里一日三餐吃土豆都不奇怪。其实这与昭通某些地区地处高寒山区不无关系，在有限的作物外，土豆既可当菜也可当饭，有时也是当地老百姓不得已的选择。从牛粪堆里能烤出香喷喷的土豆，听上去你也许会觉得怪怪的，但这可是昭通大山包人的一个"绝活"。大山包人牛粪烤土豆的方法是，将土豆放在上风处，如果放在下风处，那就真成了牛粪土豆了。

在昭通旅游，你完全可以来一顿土豆盛宴。关于土豆，昭通还有众多的别种做法——烤土豆、炸土豆、炒土豆等。

炸土豆

景点推荐

昭通旅游区

豆沙关

古人入蜀第一险关

✉ 昭通市盐津县豆沙镇

🚌 盐津县城乘中巴车可到

豆沙关，古称石门关，地处云、川交界处，始建于隋朝，关内为蜀地，关外为滇地，是古时自蜀入滇的第一道险关。豆沙关的著名景点有五尺道遗迹、豆沙古镇、唐袁滋摩崖、僰人悬棺等。其中，豆沙古镇有“南有和顺，北有豆沙”之说，现在的古镇是震后重建的，但是古韵不减当年，依旧弥漫着浓厚的古典气息。此外，当地还流传着这样一句民谚：不到石门非好汉，英雄要过豆沙关。

玩家 解说

豆沙关风景名胜区由豆沙关、三股水、莲花洞、大黎山4个片区60个景点组成，面积约70平方千米。有雄险的古驿道豆沙关，绚丽的老黎山岭风光，众星捧月的圆丘乳峰，梦幻迷离的天然迷宫，漫山遍野的名贵花卉，顶天立地的参天古木，美丽如画的三股水瀑布，丰厚古老的文化遗存等，是滇东北通向四川、通向大西北途中的游览胜地。

链接

豆沙关的别称

古时，每逢有将士出征时，家人们会在豆沙关为他们送行，因而此关又有“情关”之称。据说，当地普洱一带还出美女，清代时此地美女曾先后7次被选入皇宫，故而此关又有“美人关”之称。

黄连河景区 AAAA

以瀑布景观为主体的景区

✉ 昭通市大关县城东北5千米处

🚌 在大关县城乘坐大关1路可直达景区

¥ 33元

大关黄连河风景区，总游览面积42平方千米，融山、水、林、洞为一体，以奇、秀、幽、雅而著称。景区内以瀑布群为主，既有北国的风光，又有南国景观。云雾奇峰、山林竹海、参天古木、鸟语花香、苗寨风情等一幅幅山水画卷如梦如幻，令人赏心悦目，引人入胜，是一处适合旅游观光、休闲度假、科学考察的景点。

玩家 解说

景区内有47条瀑布，并且形态各异，风情万千，包括对歌瀑、团圆瀑、仙女瀑、情郎瀑、少女瀑、月老瀑、鸳鸯瀑、洞房瀑、迎客瀑、寿星瀑、珠帘瀑等，是名副其实的“瀑布群之乡”，极具观赏游览价值，不容错过。

铜锣坝国家森林公园

亚热带常绿阔叶林区

昭通市水富市太平镇

铜锣坝国家森林公园总面积5000公顷，是滇东北保存完好的亚热带长绿阔叶林区。景区内拥有108座山峰、18个小盆地以及数十条瀑布，可谓风景秀丽，环境清新。这里除了有丰富的植物资源外，还有种类繁多的动物，以及各种自然奇观，神秘莫测，令人不禁浮想联翩，神往不已。游客在这里不仅能观赏到迷人的自然风光，也能感受到宜人的气候，瞬间就能产生回归自然的无限美妙之感。

西部大峡谷 AAAA

风景如画的大峡谷温泉区

昭通市水富市太平镇，距县城40余千米

在昭通市内乘班车到水富市，然后换乘小面包车可到 0870-8633333

西部大峡谷是金沙江的一个河谷，以“山青”“水险”“峡急”而闻名。这里还有一处大峡谷温泉生态园，面积20多公顷，是目前国内最大的天然露天温泉浴场。温泉生态园拥有多种温泉类型，包括地板温泉、花瓣温泉、药物温泉、牛奶温泉、醋温泉、酒温泉等，情调各异。对游客来说，是非常不错的旅游、休闲和娱乐的好去处。

玩家 攻略

温泉不宜长时间浸泡，否则会有胸闷、口渴、头晕等现象。一般而言，单次不宜超过15分钟。尽量避免饭前或饭后、酒后立即浸泡温泉，

西部大峡谷

应该至少间隔30分钟。凡有心脏病、高血压或身体不适者，不宜泡温泉，除非经医生允许。容易失眠的人，不要长时间浸泡。

码口溶洞群

溶洞与洞穴并存，水洞与旱洞交融

昭通市永善县码口镇

码口溶洞群距昭通市130千米，距永善县城180千米，与四川金阳隔江相望。溶洞与洞穴并存，水洞与旱洞交融，幽深奇长，神奇迷人。在沿金沙江一线方圆几千米分布着二三十个溶洞和溶穴，其中以牛郎洞、织女洞、碧莲洞、大小龙洞、龙宫洞最有代表性。

小草坝生态旅游区

景区山峦起伏、林海绵延

昭通市彝良县小草坝镇

小草坝生态旅游区地跨彝良、盐津、大关三县，境内山峦起伏、林海绵延，四季风物各异，是度假、旅游、观光、休闲的理想去处。小草坝风景区内森林茂密，景色优美，并且有许多野生动物。景区内有瀑布、跌水30余处，林场地处岩溶地区，深邃神秘的溶洞和绝壁险峰令人赞叹。每年的三月三是苗族的花山节，六月二十四是彝族的火把节。每到这个时候，少数民族同胞都会载歌载舞，欢度传统佳节。

莲花洞

洞内有一巨大的玉莲状钟乳石

昭通市盐津县柿子镇

莲花洞位于盐津县城外28千米处的白水江畔，毗邻牛街路。莲花洞因洞内有一巨大的玉莲状钟乳石悬于石壁而得名。洞口顶若苍穹，地面平坦宽敞，可容百人栖身，洞深800余米。主要景点是莲花洞、玉泉宫等。

莲花洞

小山峡风景区

雄、奇、险、秀

昭通市镇雄县中屯镇翟底河

小山峡风景区集山、水、溶洞、峡自然景观于一身。轻舟漫游翟底河，尽览两岸“小山峡”雄、险、奇、秀的自然风光，仿佛置身于“桂林山水”之中，尤以躲军洞、回波洞最为壮观。

天星国家森林公园

名副其实的“杉木王国”

昭通市威信县高田乡

在昭通市客运总站乘旅游专线可到

天星国家森林公园占地面积近2600公顷，森林覆盖率63.5%，主要景点有竹苑、茶园、植物园、动物园、观峰望霞、神龙壁泉等，基本分布在天星、八字山两个林区内。公园里拥有2000多株树蕨，64个杉树品种。公园内环境清幽，气候凉爽。其中，天星水库占地13公顷，像是一颗明珠镶嵌在景区之中；观斗山石雕群姿态万千，丰富多彩。对游客而言，这里不仅是欣赏自然风光的理想地，也是避暑、休闲的绝佳点。

玩家 攻略

去天星国家森林公园旅游的最佳旅游时间，是每年的夏末秋初（7、8、9月）。如果春天来这里游览的话，要忌春天吹，因为春季容易导致伤风感冒。此外，在这里还要忌吃野生动物，如野山羊、山獐、鸟、蛙、蛇之类，因为这些野生动物身体中普遍有寄生虫，吃了会导致腹泻。

天台山溶洞
洞中有洞、洞中有山

昭通市威信县麟凤镇南3千米

天台山溶洞洞口在天台山腰，洞口上方悬崖壁立，绿藤垂挂，青树横空，被人们誉为“西南第一洞”。悬崖上端凹进去的地方有座寺庙，如一只山鹰展翅欲飞。天台山溶洞的特点是洞中有洞、洞中有山，洞中有泉、洞中有林、洞中有天。此洞分上、中、下三层，为天然彩色石洞，上层为淡红色，下层为淡绿色，中层为淡黄色。

扎西会议纪念馆 AAAA
为纪念扎西会议而建

昭通市威信县扎西镇龙井社区老街1号

扎西会议纪念馆，是为纪念1935年2月中央政治局在扎西镇等地召开的会议而建立的。馆内珍藏有数千件红军长征期间留下来的珍贵革命历史文物和历史照片，以及其他大量的史料，展现了红军长征过云南在威信的真实情景。

纪念馆整体占地面积8960平方米，包括扎西会议会址主体陈列和扎西陈列馆辅助陈列两个基本陈列。

扎西会议会址原为江西会馆（又称江西庙）和湖广会馆（又称禹王宫），为木结构建筑，古色古香，典雅庄重。扎西陈列馆倚山而建，气势恢宏，可鸟瞰扎西全景，有上下两层四个展室。

两合岩
中国工农红军长征经过的一大险地

威信县扎西镇南郊5千米处

两合岩位于扎西镇田坝和庙坝两个办事处的接合部，距县城4.5千米。两合岩是田坝峨通山和庙坝扎岭山的分界线，两山靠近处悬崖绝壁，中间夹一缝，远看一片岩，近看夹一缝，两岩几乎合拢为一岩，故称两合岩。两合岩以险著称，名载史册，是中国工农红军长征经过的一大险地。

观斗山石雕
集佛教、道教文化于一山

昭通市威信县高田乡

观斗山石雕距离天星国家森林公园较近，该处山峰巍峨，叠翠堆绿，万亩竹海，山泉清澈。此山于700多年前的明代时期就开始建庙，后经明、清、民国几代的经营，集儒、佛、道教于一山。庙宇被毁后，现复建了三个大殿，遗存有大批石雕碑刻，这些石雕造型别致，镌刻细腻，形象逼真，具有很高的宗教文化、艺术研究价值和观赏价值。

罗炳辉将军纪念馆
爱国主义教育基地

昭通市彝良县城北部

乘坐去彝良县的班车可到达

罗炳辉将军纪念馆建筑面积500多平方

罗炳辉将军纪念馆

米。馆舍共三层，馆藏罗炳辉将军生前事迹介绍及图片展览，是全国爱国主义和国防教育基地。展室分为四个主题：矢志从戎争自由，赴汤蹈火建奇功，千里江淮扫敌顽，血洒疆场炳青史。

大山包黑颈鹤自然保护区

被列为“国际重要湿地”

昭通市昭阳区大山包镇

从昭通乘坐汽车可到达

大山包黑颈鹤自然保护区地处云贵高原凉山山系五莲峰山脉分支的高原上，属高山丘陵，是集自然保护区、自然景观于一身的山岳型风景旅游区。

该保护区地形属高山丘陵，坡度平缓，有宽阔的草场，丰盛的水草，草甸沼泽星罗棋布，是国家一级保护动物黑颈鹤的越冬栖息地。

这里有广袤的高原湿地，并于2004年12月被列为“国际重要湿地”。这里栖息着国际濒危物种、国家一级保护动物黑颈鹤。这里有着彩色的草海、起伏的山峦以及清澈明静的跳墩河、大海子和雄奇险峻的鸡公山大峡谷。

玩家 攻略

大山包冬天的气温常在零下10℃左右，且拍摄地海拔在3500米左右，要注意防寒和预防高原反应。

最佳拍摄时间为农历九月初九至次年农历三月初三。

8月初至10月初，山上的野花、燕麦、芳草地成块成片，层层叠叠，色彩斑斓，把苍凉的大山包点缀成一个世外桃源般的梦幻世界。在大山包的跳墩河水库、大海子水库两个地方可看到成群结队的黑颈鹤在湖边觅食、栖息。

任何单位和个人对保护区都有保护的义务，并有权对破坏保护区生态环境、伤害黑颈鹤及其他野生动物等行为进行制止、检举和控告。

玩家 解说

黑颈鹤是候鸟，“来不过九月九，去不过三月三”，这句谚语说的就是黑颈鹤在每年农历九月就准时从遥远的青藏高原来大山包越冬，次年的三月飞走，每年如此。黑颈鹤繁殖于西藏、青海、甘肃、川北一带，在藏南、贵州、滇东北等地越冬。黑颈鹤生活在高原的沼泽地带，以土豆、蔓菁、青稞等植物性食物为主，也会吃小鱼、泥鳅等动物性食物。高原上条件严酷，食物短缺，加之幼鹤成活率低，所以黑颈鹤的数量很少，成了珍贵的“鸟类熊猫”。

霍承嗣墓壁画

墓室内有大量东晋时期壁画

昭通市昭阳区昭通文庙内

霍承嗣墓室呈正方形，边长3米，高2.2米。室内四壁绘满题材丰富的壁画，画为彩绘，颜色为朱、赭、黄、黑等色，画风古朴，出自民间画匠之手。其中有墓主人、侍从、家丁、部曲、中闾侯、金童、玉女等人物形象。此墓壁画对研究东晋时期云南与中原关系、

大山包黑颈鹤自然保护区

汉彝融合、“南中大姓”和“夷汉部曲”，以及服饰、建筑、习俗等，具有重要的价值。

清官亭公园

为纪念当时的县令王禹甸而建

昭通市昭阳区环城北路190号

市区内可步行前往

清官亭公园始建于清嘉庆十四年（1809年），初名三多塘，为纪念当时的县令王禹甸而建。王禹甸为官清正廉明。公园内有水上楼台——清官亭。园虽不大却有苏州园林的风韵，亭台楼阁掩映于绿树丛中，新建的盆景园、哈哈镜园为园中园。两座假山崛起于水池畔。阳春三月碧桃方绽，岸上花香袭人，水中游鱼戏萍，令人心情舒畅、流连忘返。

孟孝琚碑

主要记述了孟孝琚的生平

昭通市昭阳区市第三中学院内　9:00~18:00

孟孝琚碑立于清光绪二十七年（1901年）5月，于昭通白泥井出土。从碑文上看，主要记述了东汉学者孟孝琚的生平。

此碑书法苍劲，文辞典雅，浑朴古茂，现嵌于凤池书院（今昭通第三中学）壁。现存孟孝琚碑，上端断残，下端完整，左有龙纹，右有虎纹，下有龟纹。残碑高1.33米，宽96厘米，碑文共15行，每行残存21字（按上下文意推测，每行缺7字），为隶书。此碑被国内学者称为“寰宇稀世之奇珍”“海内第一石”。

昭通龙洞

景区是一个天然的森林公园

昭通市昭阳区北闸镇龙洞山，距市区12千米

昭通龙洞有许多古色古香的建筑群落，楼台上雕梁画栋、飞檐彩亭。轩内苍松成林、翠竹成荫，绿茵满地、碧水环绕，曲径通幽。一古寺藏于林深洞口处，洞口恢宏，洞顶钟乳石倒悬，千姿百态。一泓清泉从侧洞中汩汩流出，水质优良，清澈见底，是昭通市的城市主要水源之一。整个景区是一个天然森林公园。

望海楼

昭通的风物胜景

昭通市昭阳区南郊凤凰山西麓

望海楼是昭通的风物胜景，始建于1756年，其“恩波蜃影”为“昭阳八景”之一。望海楼不但是昭通的风物胜景，也是中共昭通地下党早期革命活动的地点。中共昭通地下党的同志常以郊游为名，到望海楼进行工作联系。

大龙洞景区

景区有“三个月亮”的奇特景观

昭通市北郊，距昭通城12千米

大龙洞景区山林蓊郁，庭院幽静，水库广阔，是一个天然森林公园。每逢农历八月十五，当明月升空后，天上的月亮就会倒映在龙泉之内，龙泉中的明月又会反射到洞内岩壁上，“三个月亮”相映成趣，形成独特的

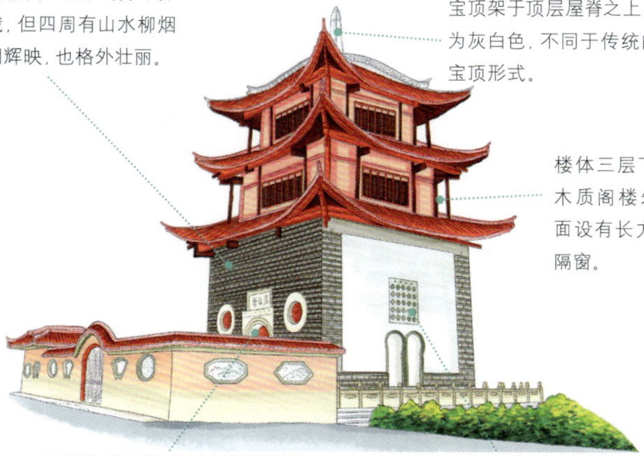

自然景观，人称“龙洞吸月”。

拖姑清真寺

云南省五大古寺之一

昭通市鲁甸县桃源回族乡拖姑村

拖姑清真寺占地面积4000多平方米，始建于清雍正八年（1730年），以建筑独特、历史悠久而著称，是云南省五大古寺之一。该寺在当地被奉为祖寺，其为四合院形式，由主殿、唤醒楼、无倦堂、后亭、厢房、水房、照壁等组成。寺庙周围有大片山丘、良田及河流、树木等，景色秀丽，环境十分幽静。

玩家解说

主殿是拖姑清真寺的主体建筑，它依靠36根圆柱支撑着。殿宇飞檐翘角，雕梁画栋，构筑奇妙，技艺精湛，庄严雄伟、气度不凡，令人赞叹不已。

金沙水上乐园景区 AAAA

水上漂浮旅游综合体

绥江县县城龙湖路中段（B、C区交界处）水域

金沙水上乐园为异型水上漂浮旅游综合体项目，也是一个集水上度假休闲、亲水娱乐、水上运动等多种功能为一体的水上休闲娱乐综合体。这里设有儿童、成人天然游泳场，专业游泳标准赛道，儿童成人水上充气设备体验，以及空中飞人（水上拉伞）、极限速度（水上摩托艇）、热气球、水上飞龙、皮筏艇等水上极限运动。

野石山遗址

省级重点文物保护单位

昭通市鲁甸县桃源乡普芝噜村野石社

野石山遗址面积为5.25公顷，东临草海，在1982年文物普查中被发现，是省级重点文物保护单位。在野石山遗址出土的陶器有单耳陶壶、陶罐、长颈带流陶片，大型带耳陶罐片等。陶质有磨光黑陶、泥质灰陶、夹沙灰、红陶。其遗址地名“普芝噜”，彝语意为祖先或“濮”居住的地方。这些出土陶器是研究彝族历史的重要物证。

攻略资讯

- 交通
- 住宿
- 美食
- 购物
- 娱乐

交通

飞机

昭通机场属4C级民用机场，开通了往返昆明、北京、广州、上海、成都、杭州等城市的航班。机场位于金沙江南岸的昭阳区，距市区约10千米。可在市区乘2路公交车或机场大巴前往机场；从机场到市区，可乘坐机场大巴或出租车。

火车

昭通火车站有到昆明、广州、重庆、成都、贵阳等国内大中城市及周边市县的车次。火车站位于昭阳区，在市内乘坐1路公交车可到达。

汽车

昭通公路交通网完善，上接重庆、宜宾，下至昆明，市内主要有昭通客运站。

昭通客运站：位于昭阳区凤凰办事处远大广场转盘往昆明方向520米，市内的几条公交线路基本都到达。电话：0870-2237056。

住宿

昭通市区宾馆很多。出了昭通市长途汽车站，马路对面有一些小型的旅店比较实惠。

豆沙古镇

●海能雅阁大酒店

昭通市镇雄旧府街道办事处知行园33栋/0870-3838888

●昭通画苑宾馆

昭通市昭阳区凤霞路50号/0870-2238888

●水晶宾馆

昭通市昭阳区南顺城街248号/0870-2126666

●高原红宾馆

昭通市昭阳区大山包镇/13887067505

美食

昭通地接川、黔，人口的流动使川菜、黔菜、滇菜三个菜系在此融合，形成了兼有三味的昭通菜。比较有名的昭通菜有菜豆花、酸辣鸡、酥红豆、老腊肉等。昭通小吃历史悠久，其中以咸菜小吃最为有名。昭通其他有名的小吃有绿豆糕、刺老包、牛干巴、粑粑等。

●昭通凉粉

昭通凉粉按其原料的不同，可分为豌豆凉粉、玉米凉粉、荞麦凉粉等。其中以傅家凉粉名气最大。傅家凉粉的原料是金豌豆，具有淀粉含量高和口感好的优点，做成凉粉后色香味俱全。

●油糕稀豆粉

油糕稀豆粉是将油糕、稀豆粉结合起来的一种美食。油糕是将土豆煮熟然后切碎，再油炸至色泽金黄制成；稀豆粉是将豌豆磨成面粉，然后放入作料（生姜等）熬制而成。最后，把油糕和稀豆粉混在一块即可食用。

●酸辣饺面

酸辣饺面是昭通的风味小吃之一，以制作过程独特、口味酸辣、历史悠久而著称。酸辣饺面以饺子皮为主料，以肥瘦猪肉为配料，以焙芝麻、醋、甜酱油、葱花等为调料，吃起来酸中有辣，味道鲜美，令人回味无穷。

●酸菜红豆汤

酸菜红豆汤是昭通人饭桌上一道不可或缺的菜肴。以上好红豆为原料，熬成汤后闻起来香气扑鼻，喝起来酸辣爽口，回味悠长，并令人胃口大开。此外，昭通还有加工成方便食品供游客购买的酸菜红豆汤。

购物

昭通山林资源丰富，为盛产竹笋、食用菌等山珍提供了条件。昭通还盛产水果，如苹果、樱桃、猕猴桃、柑橘、石榴等，产量和质量皆居全省之首。昭通还是中草药之乡，天麻、杜仲、当归等名贵药材声名远扬。

牛街素有“小香港”之称，这里交通便利，商业繁荣，会聚了当地特产和手工艺品，也是品尝美食小吃的好去处。

●昭通酱

昭通与四川接壤，当地居民有酿酱自食的习惯。清雍正年间开始建立作坊生产昭通酱。昭通酱吸取川味麻辣特点，并利用当地龙洞泉水，逐渐形成了独特风格。

●昭通苹果

昭通苹果主要产于乐居、洒渔、苏家院等乡镇，由于得天独厚的自然环境，所产苹果色泽鲜艳，肉质细脆，甜酸适度，汁液丰富，风味浓郁。

●昭通天麻

昭通天麻是一种名贵中药材，具有个大、饱满、颜色明亮的优点，对风湿、癫痫、高血压、疼痛、虚弱等有明显疗效。游客可购买供自己使用，或者馈赠亲友。

娱乐

昭通境内人数较多的两个少数民族是彝族和苗族。少数民族同胞有着自己独特的民风民俗，彝族的主要节日有彝族年和火把节；苗族的主要节日有药王节、龙船节、糍粑节、花山节等。昭通当地保存着许多独特的地方曲艺、音乐艺术，如昭通唱书、昭通扬琴、洞经音乐、龙灯舞、打鼓草、四筒鼓、傩戏等，这些都是当地人们特有的娱乐形式。

节日和重大活动

节日	地点	时间
昭通市文化旅游节	昭通市昭阳区	9月下旬
巧家金沙江国际漂流节	巧家县	11月下旬
鲁甸伊斯兰文化旅游节	鲁甸县	4月下旬
水富文化旅游节	水富市	5月上旬
大关旅游文化节	大关县	8月下旬
盐津文化旅游节	盐津县	9月下旬

昭通风光

发现者旅行指南

滇南

（含西双版纳、普洱）

概览

亮点

西双版纳热带植物园

该植物园是中国面积最大、保存物种最多的植物园，这里有大片热带雨林和很多奇异品种，如“神秘果”“下雨树”“猪笼草”等。

野象谷

野象谷是西双版纳野象活动最集中、频繁的地方。野象谷内森林茂密、沟河纵横，一片热带雨林风光。

泼水节

泼水节是傣族的新年，也是傣族最隆重的节日，人们在节日期间用清水相互泼洒，祈求为新的一年带来好运。

茶马古道

茶马古道是世界上历史最悠久、海拔最高、地势最险要的古商贸通道之一，如今尚存的古道遗址古朴斑驳，依稀还能看到过去的马蹄印迹。

必游街道

景洪街： 地处景洪市最繁华的勐泐大道，街道上散发着浓郁的佛教气息。白天这里人流熙攘，晚上便成为夜市一条街。在夜市上不仅能够买到各种特色工艺品，还能品尝风味烧烤，非常适合休闲放松。

线路

景洪自助二日游

第一天上午前往西双版纳热带植物园游览，然后前往西双版纳民族风情园。下午去曼听公园游玩，晚上参加篝火晚会。第二天上午参观西双版纳原始森林公园，下午去野象谷漫游，晚上回到景洪市，逛景洪街夜市。

西双版纳三日游

第一天在景洪市区附近参观勐泐文化园、曼听公园、西双版纳民族风情园等景点。第二天早餐后前往西双版纳热带植物园，之后前往易武古镇，品味七子饼茶故乡的独特韵味。第三

天前往望天树景区，走空中走廊，看热带雨林风光，之后前往磨憨口岸参观边境风景。

普洱精华二日游

第一天上午游览梅子湖公园，然后去莱阳河森林公园，下午去体验刺激的澜沧江第一漂。第二天前往小橄榄坝景区，观遗址，寻古迹；然后去中华普洱茶博览苑，感受高雅、别有情趣的茶文化。

为何去

西双版纳历史悠久，文化源远流长，以傣历、傣文和民间艺术而闻名。澜沧江纵贯西双版纳全境，西双版纳与老挝、缅甸山水相连。西双版纳享有“植物王国”“动物王国”“南药王国”等诸多美誉，以热带雨林景观和少数民族风情而著称的众多旅游景点，吸引了无数海内外游客前来观光游览。

佛寺

普洱同样是一个充满诗意浪漫的地方，这里拥有原生态的自然风光、民族文化和民风民俗，充满原始神秘的韵味，令人流连忘返。

何时去

滇南四季都适合旅游，但以11月至次年4月为最佳。这里每年4月会举行傣族泼水节，是体验民族风情的好时机。6~9月来到西双版纳则可以大饱口福，尝遍热带水果。但要记住一定要带雨伞、准备好驱蚊和防晒用品。

傣族泼水节

傣寨风光

区域解读

区号：西双版纳0691、普洱0879
面积：约64 967km²
人口：约365万人
主要少数民族：彝族、哈尼族、傣族、拉祜族、佤族

地理 GEOGRAPHY

区划

西双版纳州下辖1个县级市（景洪市）、2个县（勐海县、勐腊县）。

普洱市下辖1个区（思茅区）、9个自治县（宁洱哈尼族彝族自治县、景东彝族自治县、镇沅彝族哈尼族拉祜族自治县、景谷傣族彝族自治县、墨江哈尼族自治县、澜沧拉祜族自治县、西盟佤族自治县、江城哈尼族彝族自治县、孟连傣族拉祜族佤族自治县）。

地形

滇南位于云南省南部地区，横断山脉南端，地势由北向南倾斜，主要以高原山地为主，峡谷、沟壑纵横，地形复杂。境内有无量山、哀牢山两大山系，其中位于普洱北部的猫头山，海拔3307米，是境内最高峰。滇南多山地，少平坝。号称“东方多瑙河”的澜沧江纵贯滇南全境，出境后称湄公河，向南流经东南亚入海。

气候

滇南属热带雨林气候，终年温暖，四季常青，有“长夏无冬、一雨成秋”的说法。这里一年分雨季和旱季，雨季从5月下旬一直到10月下旬，降水量占全年降水量的80%以上。西双版纳是一个没有冬季的地方，11月到次年4月雨水少，气温不高，前往最佳。4月份的泼水节期间更是前往西双版纳旅游的最佳时机。

历史 HISTORY

西双版纳历史大事记

两汉时先后属哀牢部、鸠僚部。

西晋到唐后期（476—902年）为部落联盟，傣称“泐西双邦”，号称勐泐国，都于景德。

宋绍兴三十年（1160年），傣族首领帕雅真统一各部，建景陇王国，属大理国。

元代设彻里路军民总管府，属云南行中书省。

明为车里军民宣慰使司，属云南布政使司。

傣族建筑

普洱茶园

清为车里宣慰使司，属云南行省元江直隶州，后属普洱府。

1913年，设普思沿边行政总局，辖7个区分局和1个行政区，先后属滇南道和普洱道。

1950年，全境解放，建立人民政权，属宁洱专区。

1953年，建立西双版纳傣族自治区。

1957年，设立西双版纳傣族自治州。

普洱历史大事记

普洱早在西汉时期就见诸文字历史，距今已有2000多年。

汉朝开始，历代王朝都在普洱设有行政管理机构，或称郡、部、司，或称道、州、府。

清雍正七年（1729年），清廷设普洱府，辖威远厅、他郎厅、思茅厅、宁洱县和车里宣慰司（今西双版纳州）。

1919年6月8日，普洱学生联合分会成立，积极响应五四运动号召，发动工商各界反帝反封建，提倡新文化运动。

1935年5月1日，普洱设特货（鸦片）统运分处，收购鸦片运交省府。

1949年2月9日，普洱解放。

1953年，普洱改为思茅专区，后改称思茅地区。

2003年设立地级思茅市。

2007年4月8日，思茅市改名为普洱市。

文化 CULTURE

傣族的新年盛典——泼水节

泼水节是傣族的新年和最隆重的节日，至今已有700年的历史。在云南地区，泼水节也是影响最大和参加人数最多的一个少数民族节日。该节日一般持续3~7天，第一天是“麦日”，第二天是“恼日”（空日），第三天是“叭网玛”（守岁）。节日内容丰富多彩，除泼水外，还有多种特色活动，如划龙舟、孔雀舞、跳象脚鼓舞、放高升、斗鸡等，热闹非凡，每年节日期间都会吸引大量海内外游客前来观看。

傣族泼水节

古道余香，千年普洱

普洱茶产于云南西双版纳等地，因自古以来即在普洱集散，因而得名。“普洱”为哈尼语，“普”为寨，“洱”为水湾，意为“水湾寨”，带有亲切的“家园”的含义。

普洱茶的历史可以追溯到东汉时期，距今已达2000年之久。民间有“武侯遗种”的说法。明清时期普洱茶便已名扬四海，六大茶山几乎家家种茶，户户卖茶，马帮塞途，商旅充斥，产品远销四川、西藏和南洋各地。普洱茶的外销之路便是历史上著名的茶马古道。时光流逝，古老的茶马古道没有因历史而湮没，它就像普洱茶一样，历久弥香，仍然散发着浓郁的东方韵味。

傣族的百科全书——贝叶经

贝叶经就是写在贝树叶子上的经文，源于古印度。在西双版纳地区，贝叶经可以说是傣族文化的根。傣族先民用它记录下了民族古代社会历史、生产生活及文学艺术等内容，民间将这些经典称为“坦兰”。

目前西双版纳州收集到的贝叶经有3000多部，内容涉及历史、哲学、经济、政治、天文历法、自然科学、医药卫生、法律法规、文学艺术、建筑技术等诸多方面，堪称傣族的百科全书、智慧文库。

小乘佛教，一场全民的修行

来到西双版纳的傣寨，除了那些穿着筒裙的傣族女子之外，看到最多的便是披着金黄僧袍的小和尚了。小乘佛教在傣族村寨几乎是全民信仰的宗教，傣族地区有村就有寺。西双版纳的傣族男子从儿童时代起，都要过一段脱离家庭的寺院生活。男孩子很小就被送进佛寺当和尚，学习文化，但他们学习写的文字却是傣文，女孩子则进学校，学汉语。

傣族是个崇尚知识的民族，特别是傣族少女非常仰慕有文化的男孩。若谁家的男孩子没有进过佛寺，便会被认为没有文化，是不会赢得姑娘青睐的。在这里，少男少女从很小就开始谈恋爱，于是便有了“小和尚谈恋爱”的风俗习惯。在街头巷尾，时常会看到穿着袈裟的小和尚，骑着自行车，载着如花似玉的少女在街头穿行，那是傣家山寨里一道亮丽的风景。

小乘佛教佛寺

景点推荐

景洪旅游区

曼听公园 AAAA

古代的傣王御花园

西双版纳州景洪市曼听路35号

市区乘坐景洪6路A或景洪6路B公交车可达

40元　0691-2160296

曼听公园地处澜沧江、流沙河的汇合地带，面积2.4万平方米，过去是傣王御花园，至今已有1300多年的历史，是西双版纳最古老的公园。这里是一个天然村寨式公园，里面有山丘、河道、植被，以及500多株古铁刀木。曼听公园以“傣王室文化”“佛教文化”“傣民俗文化”3大主题而著称。在这里，游客既可观赏到美丽的景色，也可体验到龙舟比赛、傣族民间堆沙活动等，这些特色民俗充满了浓郁的娱乐休闲和艺术情趣。

曼听公园后门外，有一座西双版纳总佛寺，金碧辉煌，值得一看。

玩家 攻略

文艺演出是曼听公园最大的亮点，名为《澜沧江·湄公河之夜》，融合了中、老、缅、泰、越、柬6个澜沧江—湄公河流域国家的文化特色，以及傣、瑶、基诺、拉祜、布朗、哈尼6个世居少数民族的民族风情，充满了热情、奔放、神秘的色彩，非常值得观赏。

曼迈桑康风景区

独特的水上傣乡民俗风情展演

西双版纳州景洪市橄榄坝

曼迈桑康傣语意为“节日的寨子”，是目前西双版纳唯一在水上展演傣乡民俗风情的景区。曼迈桑康民俗风情展演以传承傣族历史空间为背景，以蓝天白云为帷幕，以青山绿水为舞台，以鲜活浓郁的民族气息和风俗为展示内容，景区内500名表演者组成的原生态的表演队伍，演绎了傣族传统节日的各种风情，其丰富多彩的文化内容与优美的

西双版纳热带花卉园大门

自然风光构成了一幅迷人的人文风情画，让人流连忘返。

玩家 解说

丰富的民俗风情展演是曼迈桑康风景区最大的亮点。景区内主要有观赏洒拉比英、美景浮桥戏鱼和吊桥观湖等活动。大型的傣民族民俗风情在湖面上倾情展演。此外还有丢包传情、拴线祝福和傣家少女迎宾敬酒等互动节目，将活动推向高潮。游客和小卜哨、小卜冒在长老的号令声中，登上西双版纳最为古老的9条龙舟，体验傣族原生态的龙舟竞渡。如果所乘龙舟获胜，还有机会坐上万人敬仰的“傣王轿”。

西双版纳热带花卉园 AAAA

展示各种热带花卉和植物

西双版纳州景洪市宣慰大道99号

40元

西双版纳热带花卉园占地80公顷，园内保存着热带花卉100多个种号300多个品种，以及600多个种号近7000份种的热带经济植物。花卉园通过独特的创意与新颖的园林布局，把这些与人类生活息息相关的热带花卉和植物展示出来。花卉园以自然形成的一连串水面作为游览的主轴线，有百花园、空中花园、周总理纪念碑、棕榈区、稀树草坪区、盆景区、观叶植物区、热带果树区等景点。

西双版纳民族风情园

西双版纳的缩影

西双版纳州景洪市民航路41号

西双版纳民族风情园坐落于风景秀丽的流沙河畔，面积66.7万平方米。园区是西双版纳的一个缩影，由南园、北园两部分组成，融热带动植物和民族风情为一体。南园共有3个游览区，即植物标本区、热带水果区、沙滩日浴游泳区；北园则分为民族情展览区、民族游乐活动区两部分。在这里，游客不仅能观赏到美丽、神奇的热带风情景观，还能体验到浓郁、古朴的少数民族风情。

玩家 攻略

民族风情园里的动物园是这里的一大特色。里面分别设有多个动物展馆，有鸟馆、孔雀馆、大象馆、爬行动物馆。在这里，游客可以近距离跟多种热带动物接触，是在西双版纳观赏热带动物的最佳去处，绝对不容错过。

民族风情园里还有40多公顷的热带水果园，种植着杧果、椰子、荔枝、阳桃、柚子、波罗蜜等，是游客了解、欣赏热带植物的好去处。此外，这里还专门辟有4个露天歌舞场，定期举办各种民族舞表演，像傣族孔雀舞、哈尼族竹筒舞、基诺族大鼓舞等，时间在每周一、周三、周六。

勐泐文化旅游区 AAAA

傣家人心目中的圣地

西双版纳傣族自治州景洪市曼弄枫

0691-8998555

勐泐文化旅游区（勐泐大佛寺）依山而建，占地面积近27公顷，是在古代傣王朝皇家寺院“景飘佛寺”原址上恢复重建的。该寺建筑呈坐佛形，融合了佛祖释迦牟尼的元素，彰显着南传佛教的色彩。此外，勐泐大佛寺是西双版纳最大的一座佛寺，也是地位最高的一座佛寺，被傣家人视为心目中的圣地。在这里，游客能深切体验到浓郁的佛教文化和地域文化。

链接

寺内的“小和尚”

在寺内还有一些“小和尚”，也就是正在过僧侣生活的傣族男孩，他们是在这里学经识字的，1~5年后就还俗回家了。在当地，“小和尚”的头外人是不能摸的，属于禁忌，游客需要特别注意。

西双版纳勐泐文化园

风景优美的城市公园

西双版纳州景洪市勐罕路

西双版纳勐泐文化园地处傣王宫遗址范围内，拥有多个景点，像傣王宫遗址、勐泐博物馆以及珍稀猿猴园等。其中，勐泐博物馆中展示了1000余件文物，包括国家一级、二级和三级文物各3件、2件、41件，这些文物整体上反映了西双版纳悠久、灿烂的历史文化。此外，猿猴也是这里的一个特色景观，它们均来自热带雨林，能让游客在感悟西双版纳历史文化的同时得到心灵上的放松。

玩家 解说

景洪坝区有“九塔十二城”之说，其中勐泐文化园内的塔庄慕就是“九塔”之首。塔庄慕始建于东晋太元十三年（388年），距今已有1600多年。该塔造型庄严、肃穆，每年都有大量佛教徒慕名前来朝拜，是体悟佛教文化的好去处。

玩家 攻略

园内有一处圣泉，被誉为“西双版纳第一泉”。泉水四季水位如一，清澈如镜，据说还有明目、治病等功效。此外，这里还有菩提树、铁力木、箭毒木等珍贵古树，它们均是三四百年前傣王宫的珍贵植物，极具观赏价值。

曼典瀑布

原始森林中的瀑布

西双版纳州景洪市026乡道西200米

曼典瀑布位于曼典河上，分为左、中、右三道，宽约15米，落差在25米左右。飞瀑两旁浓荫密布，高大的常绿阔叶乔木遮天蔽日，古藤曲蔓攀爬，悬挂在高大的乔木上。曼典河像雪练似的在一派绿色中蜿蜒而来，河床突然“断落”，河水飞流而下，冲入深谷，雪白的水帘像一道帷幔高挂在沟谷雨林中，壮丽非凡。

曼典瀑布

玩家 解说

这里是一片原始森林，河床两岸是典型的沟谷雨林植被，瀑布悬挂的岩顶古木遮天，浓荫密布。乔木挺拔向上，在高层伸展枝叶。林下灌木丛生，古藤曲蔓相互交织缠绕着大树，拉着小树，形成一派沟谷林景。

傣族园 AAAA

展示傣族传统民族风情

西双版纳州景洪市橄榄坝　¥45元

乘高快大巴或景区直通车均可到达

傣族园全称西双版纳傣族园，占地面积3.36平方千米，1999年初步建成并对外开放。园内有我国保存最好的5个傣族自然村，既是一处民俗旅游度假区，也是一个大型游乐园，主要景区包括大门楼、迎宾广场、泼水广场、旅游购物区、江边活动区、烧烤场、大型露天剧场等。这里的村寨是原汁原味的傣族村寨，极富民族特色，在橄榄坝中独树一帜，是体验傣族传统民族风情的好地方，一定能让你大饱眼福。

玩家 攻略

在景区内的江边活动区，每天都举行多种民俗活动，如斗鸡、放高升、放孔明灯等，非常热闹。在赶摆购物区，游客可以买到傣包、织锦、木雕等民间艺术品，还可品尝到傣家烧烤、版纳名茶等。

泼水广场是傣族园内的主要活动景区，这里每天都会举行泼水活动，可谓“天天泼水节”，并且还是百人的专业泼水队伍表演的泼水活动，游客可以尽情参与其中，感受泼水的独特魅力。

西双版纳原始森林公园 AAAA

集原始森林风光和民族风情于一身

西双版纳州景洪市城东8千米处　¥45元

0691-2759888

西双版纳原始森林公园总占地面积166.67公顷，园内突出体现了原始森林、野生动物、民俗风情3大主题，有10大景区、50多个景点，如热带沟谷雨林、孔雀繁殖基地、猴子驯养基地、大型民族风情演艺场、爱伲寨、九龙飞瀑、曼双龙白塔、百米花岗岩浮雕、民族风味烧烤场等。对游客来说，这里是观赏美丽的原始森林自然风光和体验独特的民族民俗风情的绝佳地，很值得去一看。

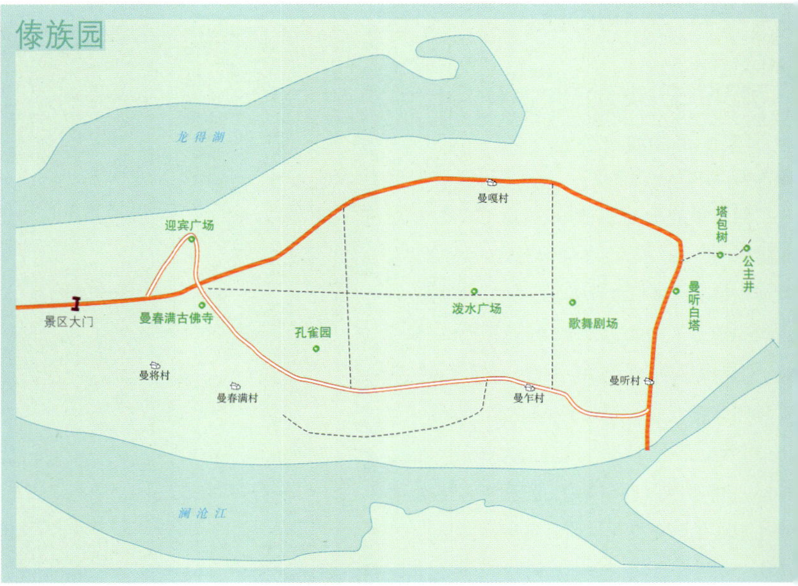

野象

玩家 解说

在原始森林公园内，分布着大面积的热带沟谷雨林，是我国北回归线以南保存得最完好的热带雨林景观；而孔雀园是一个大型孔雀繁殖基地，里面饲养着400多只绿孔雀，所以这里享有“热带雨林，孔雀家园”的美誉。

玩家 攻略

目前，该园主要有6个西双版纳旅游景区，分别是公园接待区、野外游憩区、西双版纳观光游览区、森林保护区、花果林木区、中心游憩区。其中，公园接待区在园门附近，建有两个月亮湖，湖畔辟有停车场和别墅楼；野外游憩区建有游客植树留念场、野营野炊基地和召片领登基仪式表演活动点。

野象谷 AAAA

野象活动最集中、频繁的地区

西双版纳州景洪市勐养镇

在景洪客运站乘专车可直接到达野象谷景区

60元

0691-2431040

我国的野象仅在西双版纳热带雨林中有分布，而野象谷是最为集中、频繁的野象活动基地。野象谷地处勐养自然保护区内，海拔747~1055米，总面积约370公顷，里面大约栖息着50群野象，数量为300~350头。这里还分布着各种热带树木。除了有野象出没外，还生存着猕猴、野牛、绿孔雀等珍禽异兽。在景区内，游客可以欣赏到美丽的热

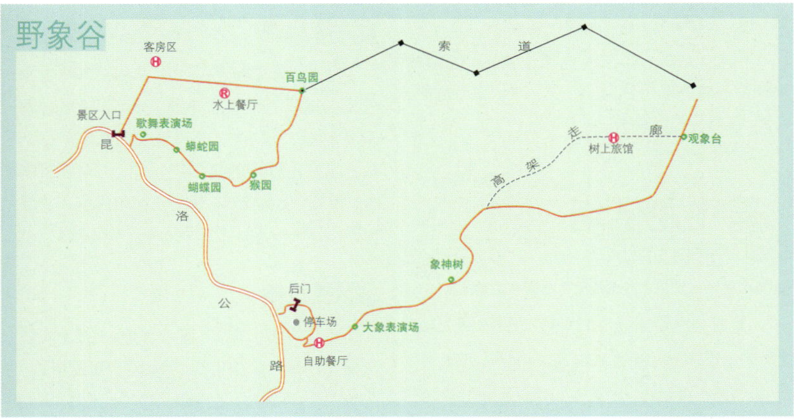

曼飞龙佛塔

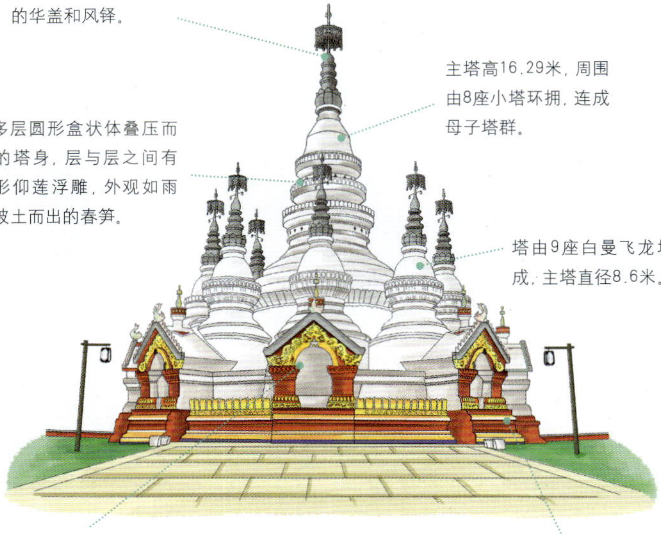

带雨林景观，还可观看到民族风情表演，真是赏心悦目，精彩绝伦。

玩家 攻略

野象谷平均每4天会有一群野象出没，它们在此漫步、洗澡、嬉戏，非常有意思，运气好的游客将会赶上这样的好时机。此外，这里还建有我国第一所驯象学校，游客能观赏到大象表演节目，独具特色，非常有趣。

大树旅馆架在树上，有高架走廊连接，是观察野象活动的理想住所。但住在这里要自备手电筒，住宿价格也较高。

曼飞龙佛塔

通体洁白如雪

西双版纳州景洪市勐龙镇曼飞龙寨后山顶上

曼飞龙佛塔始建于1203年，它由1座主塔和8座小塔组成，因其形状宛如春笋，因此在傣语中称“塔糯庄龙”（大头笋塔）；又因其通体洁白如雪，故又称“飞龙白塔”。曼飞龙佛塔是一个金刚宝座式佛塔群，早在1988年就已被列为全国重点文物保护单位。该塔造型独特，轮廓美观，规模宏伟，历史悠久，建筑风格十分迷人，是了解佛教建筑文化的绝佳地。

玩家 解说

曼飞龙佛塔群建在山顶，乍看起来很像是一丛刚劲挺拔的大竹。8座金色小塔顶上均挂有一具铜佛标，母塔尖上还有铜质的“天笛”，山风吹来会发出叮叮当当的响声。塔上各种各样的彩绘、雕塑，优美典雅。佛塔正南向佛龛下的原生岩石上，有一人裸足印，传为释迦牟尼脚迹。

玩家 攻略

每年泼水节期间，曼飞龙寨子的傣族群众要在塔前举行欢庆仪式，男女老少都围塔跳“依拉贺”，追逐泼水，欢度傣历新年，热闹非凡。

景点推荐

勐海旅游区

景真八角亭

代表傣族建筑和装饰的最高水平

西双版纳州勐海县勐遮乡景真村

景真八角亭因山得名，傣族人称其为“波苏景真”，它始建于康熙四十年（1701年），是西双版纳的一座佛教建筑物，属于“瓦拉扎滩”佛寺的一部分。景真八角亭呈八角形，为砖木结构，亭身嵌有彩色玻璃，并印有各种图案，如花卉、动物、人物等，绚丽多彩。八角亭是西双版纳最知名的人文景观之一，代表了傣族建筑和装饰的最高水平，非常值得游赏一番。

玩家攻略

游览完八角亭可以在周边逛逛。在亭子北边的山顶上，还有一座佛塔与其遥遥相对，也是这里的一个重要景观。此外，佛塔、八角亭之间还有一棵巨大的古菩提树，树干粗壮，为这里增添了绮丽的风光。

哈尼文化园

哈尼阿卡文化展示

西双版纳州勐海县

西双版纳哈尼文化园主要由哈尼族生态博物馆、民族民居、民族手工艺展示、餐饮娱乐、住宿接待用房等部分组成。哈尼族生态博物馆分上下两层，设有名人录、文学艺术、服装服饰、茶文化、纺织工艺等专项展厅，馆内展品内容丰富多样，有近千件实物展品和百余幅图片资料，并附有简要的文字说明。展馆建设大都采用可再生的竹子为建筑材料，外观设计体现了与自然和谐、与居地和谐相融的淳朴观念，集观赏性、趣味性、知识性于一身，是一处难得的学习交流、了解哈尼民族文化的场所。

景真八角亭

曼短佛寺

云南建造最早的佛寺之一

西双版纳州勐海县

曼短佛寺始建于公元950年，是小乘佛教传入云南后建造的最早佛寺之一。佛寺由大殿、戒堂、彭房、僧舍、佛塔和八角亭等建筑组成。主体建筑大殿阔4间，深8间，是抬梁、穿斗结合的梁架结构建筑。重檐歇山式屋顶，上下两檐为五面坡。殿内外的构件上均有龙凤、花卉等图案的雕刻装饰，形象逼真，原始古朴。

勐景来旅游区

中缅第一寨

西双版纳州勐海县打洛镇勐景来村

“勐景来”是傣语，意为“龙影之下的村寨”。清澈的打洛江水从村寨西侧流过，形成了一条天然的国境线，江的对岸就是邻国缅甸。

勐景来旅游景区是一个典型的傣族传统村寨，与缅甸掸族边民来往频繁，互相通婚，形成了罕见的傣掸混居现象。勐景来在文化上保持了传统的边境少数民族文化特色，村民多信仰南传上座部佛教（小乘佛教）。村里有一座佛寺，村里所有男童到了七八岁的时候都必须剃度出家，在佛寺里学习傣文、佛教经典及傣族的历史、文化、科学知识，传承博大精深的贝叶文化。

玩家解说

勐景来曾经一度是中缅边境的宗教文化中心，村口的塔林、神树、神泉都有着悠久的历史，一到节日，信徒都会来这里赕佛求经，最盛时曾达到3万多人。勐景来由于特殊的地理位置和历史悠久的传统文化，形成了在傣族群众心目中特殊的地位，被人称为“中缅第一寨”。

独树成林

打洛森林公园
中缅边境公园

西双版纳州勐海县打洛镇

打洛森林公园位于勐海县曼景山，占地100公顷，是一个边境公园。公园依山傍水，原始森林密布，风景自然优美。园内有两条界河流经，四座界碑屹立，庄严肃穆。公园主要景观、景点有热带原始森林、“独树成林”和密林瞭望塔、森林动物园、橡胶园、野人谷、中国远征军抗日遗址、国境线探秘、原始村寨寻迹等。

玩家 解说

“独树成林”是打洛森林公园著名景点，这是一棵古榕树，树龄近千岁。树高70多米，树幅面积120平方米。榕树除主干外，还从枝干上生出许多柱根插入土中，每支柱根又变成了另一棵树，形成树生树、根连根的壮观景象。枝叶既像一道篱笆，又像一道绿色的屏障，成为热带雨林中的一大奇观。

茶马古道景区 AAAA
古代滇南的“茶盐之路”

西双版纳州勐海县

茶马古道处于崇山峻岭的石子大道，它是古代滇南的“茶盐之路”，普洱茶、磨黑盐都由此道出境，它也是“南方丝绸之路”的重要路段。残存的茶马古道苔痕斑斑，上面是原始密林投下的树荫。沿着斑驳的古道而上，人们可以去体味、去追寻“径仄愁回马，峰危畏如去”的意境。

玩家 解说

茶马古道景区占地面积100多公顷，是融观光旅游、茶文化展示、茶交易、科研培训为一体的综合性生态旅游园区。景区深度挖掘茶文化内涵，将古老的茶马古道和现代的有机茶园、各少数民族的制茶工艺和饮茶习俗集中展现，是展现、传承、发展普洱茶文化的旅游景区。景区内地势起伏、地貌优美、风光秀丽，是休闲度假的好地方。

曼垒佛塔
大小双塔

西双版纳州勐海县曼垒村

曼垒佛塔有大小两座，塔基均为四方形，塔身为八面体，造型美观，周围古木参天，环境优美。传说佛祖释迦牟尼带领一名高徒到西双版纳传经时曾坐在此地休息，后来当地傣族人民为了纪念佛祖，运来砖石建造了双塔，据说已有1000多年历史了。现两塔修复一新，成为远近傣族及佛教信徒朝拜之地和游览的景点。

景点推荐 勐腊旅游区

西双版纳热带植物园 AAAAA

中国最大的植物园之一

西双版纳州勐腊县勐仑镇 80元

从版纳客运站乘客车到勐仑下车后步行可到景区

0691-8715914

西双版纳热带植物园创建于1959年，占地面积900公顷，是中国最大的植物园之一。园内保存有国内外热带植物近万种，是目前中国保存物种最多的植物园。植物园将物种保存、热带科研和科普教育融为一体，是游客在西双版纳观赏热带植物、体验民族风情、参加科普专题活动的绝佳景点。

玩家攻略

在植物园内参观可以跟着园内的科普导游队伍，这支队伍由当地70多位傣族姑娘组成，导游队伍分为无偿服务、有偿服务两种，前者为有旅行社行程单的游客提供免费服务，后者为没有旅行社行程单的游客服务。

章朗布朗村寨

布朗族民族风情展示

西双版纳州勐海县西定乡章朗村

在勐腊县打车前往景区

章朗是一座将布朗族古老历史文化、生产活动以及民间习俗保存得极为完整的千年老寨，村寨内不仅有古老的布朗族佛寺、古茶园、幽深的龙山森林，还有大象井、仙人洞、古驿道、景桑古城遗址、白水河瀑布等一系列自然与人文结合的景观。章朗村对布朗族古老文化与传统美德的传承与发扬尽善尽美，无论是生产劳动、婚丧嫁娶、宗教祭祀，还是音乐舞蹈、文学艺术等，都保留着古朴淳厚的民风民俗，具有亘古如斯的延伸之美与高远之韵。

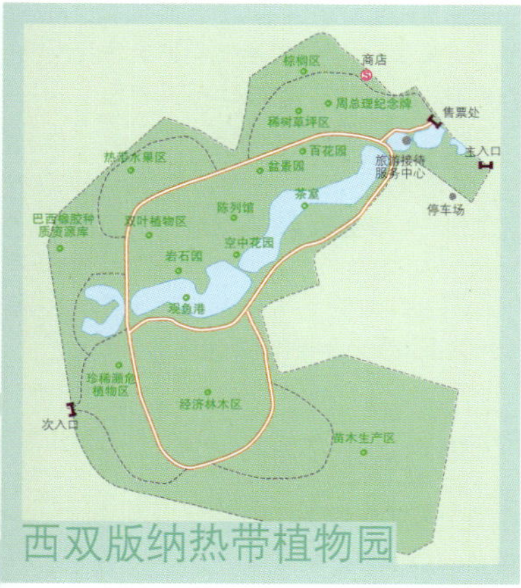

磨憨口岸

与老挝相邻的边境口岸

西双版纳州勐腊县

在勐腊县打车前往景区

磨憨口岸与老挝磨丁口岸对接，是中老两国唯一的国家级一类口岸，也是通往东南亚最便捷的陆路通道。口岸前修有一条东盟大道，300米长的街道两旁满是漂亮的二层小楼，上面住人，下面是商铺，“中国免税”标牌店销售的多为日用品。

磨憨口岸区位优势明显，距老挝琅勃拉邦285千米、万象680千米；距泰国清孔口岸228千米、曼谷1098千米，是一条通往东盟诸国的便捷通道。口岸绿树成荫，风光优美，非常值得一看。

勐远仙境 AAAA

布朗族民族风情展示

西双版纳州勐腊县关累镇　60元

在勐腊县打车前往景区

勐远仙境是一个按国家AAAAA级景区标准打造，以南传佛教为背景，融山水、季雨林、溶洞群落、傣族瑶族等民族风情为一体的生态旅游景区。景区地处勐腊国家级自然保护区内，自然资源丰富，会聚了热带亚热带的植物物种和野生动物物种，还有众多的石峰、石森林、石笋和地下暗河等自然景观。规模宏大的溶洞群落与周围热带雨林有机结合，构成了勐远仙境景区独特的自然景观。

翠屏峰热带雨林公园

热带雨林景观公园

西双版纳州勐腊县勐仑镇

从勐腊县乘小型车前往

翠屏峰热带雨林公园是以西双版纳独特的自然景观著称的旅游胜地。公园以百木汇集、花团锦簇的热带雨林景观见长。公园内古木参天，藤萝交织，河水潺流，洞藏奇趣，登高远眺，心旷神怡。

目前，翠屏峰热带雨林公园已架设了吊桥，修筑了两条游览道路，开发了幽深惊奇的翠峰洞，建设了登山探险的观峰台、远望亭、石林区等景点，并设有浴场，可供洗浴休闲。

绿石林雨林公园

热带雨林、季雨林荟萃之地

西双版纳州勐腊县勐仑镇

景洪客运站乘客车到勐仑下车后步行可到景区

西双版纳绿石林雨林公园是典型的热带雨林、季雨林荟萃之地，与闻名世界的中国科学院热带植物园相隔仅1千米。公园内拥有多项世界之最——水能资源最丰富、生物多样性最丰富、世界热带雨林气候分布的最北界。

“上有森林，下有石林”是公园内一大奇观，裸露的石岩上生长着各种千姿百态的植物，各种各样的藤蔓缠绕在一起，十分奇特。园内栖息着白猴、长尾叶猴、白唇鹿、熊猴、长臂猿、鸟类等上百种野生动物；森林覆盖率达到90%，被称为“天然植物园”。

望天树景区 AAAA

景区生长着望天树和许多珍贵动植物

西双版纳州勐腊县勐腊镇　55元

从勐腊县客运站坐车可到达望天树景区售票处

望天树景区位于补蚌原始湿润雨林内，

望天树景区

是我国唯一能够从水、陆、空三个方面体验热带雨林风景的AAAA级景区。

景区内生长着40～70米高的望天树，架设在树上的“空中走廊”，全长2.5千米，它把公路两旁的原始森林连接起来，可在景区内尽情地领略热带雨林的风光。沿着密林中的溪流，钻入幽深沟谷，还可观赏热带植物群落。森林里还生存着野象、野牛、长臂猿等动物30多种；生长着竹柏、石梓、苏铁、云南鸡毛松、西双版纳团花树等10多种珍贵树木，并有珍贵药用植物马前子、美橙木、花叶龙血树等30多种。在这里，游客们可以挑战惊险刺激的树冠走廊，和雨林巨人望天树亲密接触，领略热带雨林的奇观，欣赏“东方亚马孙”——南腊河热带雨林河流奇观，体验最原汁原味的傣族、哈尼族、瑶族、彝族的风情民俗。

玩家 攻略

望天树景区因为路途较远，去的人不多，自然风光保持得很好。景区内有一个露天山泉水游泳池，水又清又凉，喜欢游泳的朋友可以带上泳衣游上几圈。另外，那里没有吃饭的地方，要自带干粮。

有“东方亚马孙”之称的南腊河热带雨林观光带，是探秘望天树热带雨林的第一站。南腊河蜿蜒曲折，两岸茂密的雨林和水中的奇异植被共同构成了一幅风光旖旎的美妙画面。水上快艇穿越之旅，令人心驰神往，畅快淋漓。

在望天树景区一定要去挑战空中走廊。这条世界最高的树冠空中走廊，是20世纪90年代美国植物学家摩尔为了近距离观察望天树热带雨林，与当地政府共同修建的。空中走廊凌空36米，树冠与树冠之间连接而成，如今许多人甚至不远万里而来专程体验，实在不可错过。

易武古镇

七子饼茶的故乡

西双版纳州勐腊县易武镇

从在景洪的版纳客运站可以乘车前往易武

易武古镇过去曾是镇越县城所在地，如今只是一个几十户人家的小村镇。镇上新盖的商店、旅社、医院等建筑，都是掩映在绿树之中的小巧的瓦房，成了边陲新镇的一道亮丽风景。

在距易武镇约5千米处的茅草地山边，有个“一线天”峡谷，好似一步就可以跨越，因而叫作“天生桥”，下面水流湍急，从“天生桥”上往下看，深达数十丈，很有气势。

链接

易武七子饼茶

易武茶山是传统普洱茶的主产地，茶园面积和茶产量长期居于古六大茶山之首，是有名的“七子饼茶”产地。

清朝嘉庆和道光年间，是易武普洱茶最辉煌的时期，街上商铺相连，茶庄林立，生意兴隆，内地茶商和马帮往来不绝。倚邦、革登、曼庄，甚至攸乐山的茶箐也都有一大部分被集中到易武加工成“七子饼茶”，道光年间，最多的时候达到了6000多担。

普洱茶

景点推荐

普洱周边景点

梅子湖公园

水库辟成的公园

普洱市思茅区梅园路

梅子湖公园原为水库，1982年辟为公园，因拦截梅子河筑坝蓄水成为人工湖而得名。

梅子湖水域面积40公顷，蓄水量660万立方米，平均水深15米。公园大门外有一凌空飞架、气势宏伟的引水渡槽。园内建有小规模的动物园和种鱼池。在牌坊式的园门上示有“梅子湖公园”五字，左右悬挂“望梅解渴意，见湖身自凉”的楹联。

梅子湖水清澈如镜，波光潋滟。泛舟湖上，只见蓝天白云、青山绿树，倒映水中，野鸭、鹭鸶展翅腾飞。园内建有种鱼池和小规模禽兽饲养园，餐饮和综合娱乐服务设施完善。登上大坝，湖光山色尽收眼底，湖内备有机动游船和脚踏船，湖畔有几处亭榭和仿古建筑，布置有文人墨客楹联的书法长廊，充满文艺气息。

玩家攻略

湖畔有亭台楼阁，玩累了可以休息一下，品尝当地生产的普洱茶，还可品尝用湖水烹煮湖中之鱼做成的酸辣鱼、砂锅鱼等。四周青山如黛，湖水碧波荡漾，成群的水鸟飞来湖中栖息，环境优美，观之可谓幸甚。

莱阳河国家森林公园

生物物种丰富

普洱市思茅区

莱阳河国家森林公园属无量山脉南延末端的低中山地，山脉从东向西延伸，地势延绵起伏，东北高西南低。莱阳河位于森林公园东南，河由东向西流入大开河后注入澜沧江。山林东西长23千米，南北宽9千米，大部分地区海拔在1200米以上，最高点1707米。这里是热带北缘向亚热带过渡的南缘地带，气候受印度洋季风控制，年平均气温18℃，可谓是“冬无严寒，夏无酷暑”，气候十分宜人。

玩家 解说

森林公园内有哺乳动物和鸟类200多种。属国家重点保护野生动物有爪哇野牛、蜂猴、金猫、云豹、金钱豹、水鹿、猕猴、菲氏叶猴、平顶猴、红面猴、熊猴、苏门羚、大灵猫、穿山甲、原鸡、白鹇、冠斑犀鸟、双角犀鸟、蟒蛇等20多种。1992年国家批准建立莱阳河国家森林公园。

澜沧江第一漂

刺激畅快的漂流体验

普洱市思茅区城东南47千米处

在思茅区哪澜村有着被誉为“澜沧江第一漂”的漂流线路——从虎跳石到景洪港，全程115千米，途经老洼滩、蛮垒滩、龙王滩、情人滩、淘金滩、上鹿滩。江两岸植被丰厚，翠竹婆娑，怪石嶙峋，古树遮天蔽日，藤蔓攀崖附壁，野生动物出没，风光秀丽无比。

澜沧江第一漂拥有一流的水手，安全措施、各项救护设备齐全，游客可以放心体验。

链接

澜沧江

澜沧江发源于青藏高原，是中国西南地区的大河之一，也是东南亚第一长河。它自景东县流入普洱地区，区内流程300多千米，是通往东南亚的“黄金水道”，有“东方多瑙河”之称。澜沧江流入缅甸、越南、老挝后称湄公河。

澜沧江

小橄榄坝

有象鼻山新石器时代遗址

普洱市思茅区以西103千米的澜沧江畔

小橄榄坝景区地处澜沧江畔，有距今约3000年的象鼻山新石器时代遗址，在南夺、那畔、曼畔、竹林、南爬河等8个原始村落遗址，考古人员采集到石刀、石斧、陶片、石饼等文物150余件，在遗址处还发现了距今约2600年的铜斧3把。这些文物兼有芒糯、芒怀文化的特点。

中华普洱茶博览苑

展示博大精深的普洱茶文化

普洱市思茅区倚象镇营盘山上　30元

从普洱市区汽车站乘坐中巴可到

中华普洱茶博览苑占地20公顷，海拔1700米，博览苑以万亩生态茶园为建设背景，青山环绕、丘陵相拥，天高气爽、景色秀丽，是茶海中的一颗璀璨明珠。

博览苑由普洱茶博物馆、村村寨寨、嘉烩坊、普洱茶制作坊、茶祖殿、品鉴园、采茶区、问茶楼、闲怡居9个部分组成，充分体现了观茶、采茶、制茶、吃茶、品茶、斗茶、拜茶、购茶的乐趣。

玩家 解说

普洱茶博览苑入口处有高大而具有古典式样的普洱乾坤牌坊。博览苑里可以看到与悠久的普洱茶文化有关的实物、模型和图片资料，游客可以了解普洱茶的起源、发展与兴盛。村村寨寨以傣、拉祜、佤、彝、哈尼5个民族民居式样建设，组成一个多民族和谐共居的村落。与村村寨寨相邻的是嘉烩坊，这里的建筑物一律是青砖灰瓦，古色古香，仿古建筑与历史悠久的普洱茶和谐一致，彰显出古朴而久远的气氛。

品鉴园是博览苑内规模最大的建筑，园内亭台楼阁全仿中原的古建筑式样，青砖灰瓦，古色古香。茶楼中的茶室宽敞典雅，配以与普洱茶相关的屏风、对联、匾额、石刻装饰，构成高雅的品茶、赏茶环境，在品茶的同时还可以欣赏多姿多彩的茶艺表演和民族歌舞节目。

勐烈古镇

江城县县城所在地

普洱市江城县勐烈村

勐烈古镇历史悠久，在南诏国时代属银生节度地域，元朝建立云南行省后属云南省管辖，明朝时正式在此设立钮兀司，清朝时开始叫勐烈。因其重要的战略位置，为加强国防，民国政府正式建立江城县，县城设在勐烈镇。

勐烈古镇主要由老街、勐烈湖公园、烈士陵园、南麓山森林公园、观景台、田房和洛捷彝族民俗村、二官寨温泉、高地茶园、玥子山桫椤园茶园、宝藏深层矿盐浴、牛洛河万亩茶园等景点组成，建筑古色古香，值得拜访寻觅一番。

整董民俗村

民族特色保存完整的傣族村寨

普洱市江城县南部

在江城县生活的25个民族中，民族特色保存比较完整的当数整董的傣族村寨。傣寨村寨选建在宽广肥沃的坝子中，隐于苍翠幽静的竹林丛中。整董的傣族群众几乎全都居住在傣族特有的传统民居里，而最为集中的村寨是连在一起的曼贺井、曼贺、曼乱宰三个寨子，三寨户户相连，家家相对。

整董民俗村主要景点有中董一碗神水、大河边傣族民俗村、大河边瀑布、温泉、曼贺井三寨民俗村、古贺井塔、巨榕成林、漫滩傣族民居。

玩家攻略

在寨子里欣赏完傣族民居稍休息后，就可以让几个傣族少女引领着去看大河边瀑布。这是江城县最壮观的瀑布，它隐藏在一个峭壁后面。瀑布宽约5米，从20多米高的地方凌空飞落，冲进一个深潭。因日照时间短暂，加之四处草木、荆棘丛生，使得瀑布下面暗淡阴森、寒气逼人，待上半小时就浑身发冷；从瀑布出来后，阳光灿烂，又是另一种享受。

勐烈古镇

李仙江

两岸高山有热带雨林

普洱市江城县李仙村

李仙江发源于无量山，入越南称黑水河，全长974千米，为红河最大的支流。李仙江历史上是一条传统的通商河道，物资水运繁忙，沿江傣族曾以水运为生。

江城县境内的李仙江河段因流经李仙村而得名，这个河段水量丰富，两岸多为高山，因水热条件好，山上有大片茂密热带雨林，林木树干高大，绿叶浓翠，藤缠蔓绕。林中还有当地特产——观赏性极强的大树花生，其树干高达30多米，上部密叶组成的树冠如擎天伞，其果形、果味如人工栽培的花生果。

十层大山

中、老、越边境三国交会处

普洱市江城县东南中越公路30千米大竹棚垭口

十层大山位于中国、老挝、越南三国的交会处，因为独特的地理位置，在十层大山上可以“一眼望三国”。大山层层有十叠，以其天然的屏障成为三国的交会点，这里建有三国交界点界碑。界碑为三棱立柱体，高2米，三面分别朝向本国，并刻有该国文字标志。一个界碑代表三个国家，这是世界界碑史上少有的奇观。

十层大山的植物呈立体分布，山底青青草地，间或杂林；山腰则是热带亚热带雨林，乔木高大，植被茂密，伴生着西南桦、千果榄仁等许多珍贵树种，错落有致地生长着大尾芭蕉、刺竹、巨芋、树蕨等原始植物；山顶则因山风狂烈，空气稀薄，加之土地贫瘠，草木十分稀疏。

文昌宫门楼

当地群众文化活动的中心

普洱市宁洱县城凤新街头

文昌宫门楼始建于清道光二十三年（1843年），光绪年间重修。门楼坐北朝南，为中原古典式建筑。文昌宫是当地民间艺术活动的常聚之地，旧时，普洱洞经音乐会不定期在文昌宫举行。新中国成立后，文昌宫被辟为县文化馆，成为当地群众文化活动的中心。

玩家解说

文昌宫门楼共3间，建筑面积103平方米，建筑结构为穿斗式重檐歇山顶，檐下有斗拱3层，背面中隔为戏楼，下面是大门。大门檐下左右斗拱各用木雕龙头40个、凤头15个、莲花10对，相嵌而成，雕刻工艺精湛细腻，十分逼真。门楼正壁有叙事古画数幅，门楼门面上端悬挂着阴刻“文昌宫”行书体匾额一块。门楼墙体为土基墙，墙四角用砖砌成砖墩，屋檐四角安有风铃。院内有两棵与门楼同龄的古柏树，与门楼相互辉映。

北回归线标志园 AAAA

天文科普乐园

普洱市墨江县联珠镇　¥40元

北回归线从墨江县城穿过，云南省政府在墨江县城建了一座北回归线标志园。标志园占地1500平方米，以北回归线的位置（北纬23°26'）为主轴线，截北回归线上500米地段，依次建有“太阳之路”“夸父追日”“北回归线之门”“日晷广场”“春夏秋冬”等建筑小品、雕塑以及主体标志。该园通过技术手段精确地展示北回归线的地理位置及变化，使人们每年夏至均可在此“捕捉”到北回归线的身影，是一个融科普知识和园林艺术、旅游文化为一体的精品景点。

太阳广场

墨江城的标志

普洱市墨江县新区中部

墨江太阳广场建于2003年，是墨江城的标志。广场占地1.8万平方米，以雕塑为主，融天文、地理、观赏、休闲为一体，布局精巧、内容丰富，反映了墨江人民团结奋进、勇于开拓的精神以及对太阳的崇拜。

这里有世界上最大的石刻式日晷，可以利用太阳光直观地测出时间、季节和方向。还有中西方文化相结合的十二星座，可用人体做指针的人体太阳钟及无影手等景点，妙趣无穷。

墨江文庙

登高俯瞰县城的最佳场所

普洱市墨江县东正街口

墨江文庙始建于清道光元年（1821年）。文庙系纵向庭院建筑群，有凌霄阁、魁星阁、左右厢房、大成殿、后殿，总面积约7600平方米。文庙依山而建，建筑层层相连，甚为雄伟壮观。

北回归线标志园的日晷

文庙主体建筑大成殿为重檐歇山顶、抬梁式木结构，殿前有用石栏相围的天子台殿，正中有孔子牌位，牌位雕有9条蟠龙，栩栩如生。大成殿下的魁星阁和凌霄阁，阁四角的飞檐高高翘起，大有凌空欲飞之势，站在阁楼之中凭窗远眺，县城景色、城南绿野等景致尽收眼底。

千家寨

以山雄、水美、林幽、物奇为特色

普洱市镇沅县东北

千家寨景区由千家寨、弯河、者东3个片区共49个景点组成，以山雄、水美、林幽、物奇为特色。这里曾经住过千户人家，因而得名“千家寨”，至今这里还有房屋的残墙、石磨、石水缸、炮台、城墙等。而今房屋残墙内的古木参天、青藤蔓绕，与哀牢山融为一体，成为了历史的见证。

风雨桥

茶马古道驿站

普洱市镇沅县九甲镇境内

风雨桥始建于清道光十四年（1834年），曾是茶马古道上过往马帮和行人的避风遮雨、休息之地，故名风雨桥。该桥工艺考究，桥墩为硕大的河石垒砌而成，桥面两侧为人行道，中央为木板加固的骡马行道。桥面到桥顶高5米，出入口为土墙身，桥顶上青瓦挑头，挑头挂风铃。每当有人经过时，微风乍起，风铃迎风轻响，让人思绪万千。

哀牢山—漫湾风景区

有“神奇的自然博物馆”之美誉

普洱市景东县

哀牢山—漫湾风景名胜区由漫湾、哀牢山杜鹃湖、无量山荒草岭、大朝山、锦屏、仙人寨等六片和安定至漫湾一线组成，总面积160平方千米。该风景区因地处南北地质地理的重要分界线上，原始生态保存完好，有“神奇的自然博物馆”之美誉。景观以原始森林植被、珍禽异兽、奇花异卉、水库为主体，以民族文化、彝族风情等人文景观为辅衬，自然风景优美，风情独特。

无量山自然保护区

云南著名大山之一

普洱市景东县境内无量山上部

无量山自然保护区内山峰奇异，瀑布众多，景色优美，是科考、探险、旅游观光的好地方。无量山是云南著名大山之一，山上有振文塔、林街清真寺、保甸清真寺，山顶还留有道观遗址，山中有仙人洞，并有公平瀑布、乌龟坝等景观，还有山清水秀的湾水河水库等许多风光秀丽优美的旅游观光景点。

保甸清真寺

历史悠久的清真寺

普洱市景东县保甸村

保甸清真寺原建于1907年，是一幢三间土木结构的房子，名为“朝真殿”。该寺是穆斯林传承和弘扬阿拉伯文化和伊斯兰教的圣地。由于年代久远，屋顶破损，已经几次补修，并于1989年进行了翻新扩建，现有礼拜大厅一幢，教拜楼一幢，教学楼一幢。

千家寨瀑布

保甸清真寺虽历经百年，寺内构建难以考证，但从墙体外观和续用的雕木中仍可以看出古朴的历史痕迹和典雅的建筑风格。

御笔山公园
文化气息浓郁

普洱市景东县景东一中旁

御笔山公园山形秀丽，右边紧邻景东陶氏土司时代卫城，文化气息浓郁。公园于2005年建设完工，正式对外开放。公园再现了景东陶氏土司时代卫城，沿人工石板路拾级而上，阵阵山风吹来，荡尽心中凡俗污秽之气，满眼红花翠竹、凝霞滴玉，花香沁人心脾。伫立山顶，极目远眺，郁郁葱葱的森林尽收眼底，而川河则静静流进川河坝子。

景东土林
云南四大土林之一

普洱市景东县西南约20千米

景东土林为云南四大土林之一，是千百年以来大自然鬼斧神工造就而成，是个险峻奇伟、壮观瑰丽的神话世界。无数土林拔地而起，气势磅礴，佳景叠生，千姿百态，生动形象，栩栩如生，惟妙惟肖：似情人相拥，关公思蜀，母子相依。红色的土林三面被森林包围，就连土林中也缀满了绿色。站在土林的东面最高点，还能看到1千米外的无量山美景。

景东土林

勐卧佛寺

玩家解说

由南向北看土林，锥形、圆柱形有之。土林高低不一，有的高5米，有的高10米，也有的高20多米。土林形状千姿百态，有的像动物，仪态万方、惟妙惟肖；有的似一对紧相依偎的恋人，低低私语。从不同的角度看土林，总有不同的感觉，真是应了“横看成岭侧成峰，远近高低各不同”的诗句。

勐卧佛寺双塔
南传上座部佛教傣族佛寺塔

普洱市景谷县威远镇大寨

勐卧佛寺双塔，俗称“树包塔、塔包树”。勐卧佛寺是昔日的官佛寺，有山门、侧门、双塔、戒堂、大殿、僧房，双塔在大殿两侧，南北向并列。

这个建筑群为明末清初傣族威远土官刀汉臣所建。双塔属南传上座部佛教傣族佛寺塔，亚字形仰莲复莲多层叠式须弥座，方形基座，每方4米，基石上有浮雕图案，四角有4个“埃香弄”（大力士）石雕为塔柱支撑，塔身上部为青砖竖砌连环圆柱。树包塔为6层，上部呈圆弧形，塔刹已被大树代替，双塔塔身上的浮雕为傣族佛经故事、民间传说等。

景点推荐

孟连周边景点

娜允古镇

有700多年历史的傣族古镇

普洱市孟连县娜允镇西门外山坡上

从普洱市五一客运站乘坐发往孟连县的班车，到达后步行即可到达景区

娜允古镇是中国至今还保存着的最后一个傣族古镇，已被列为傣族历史文化名城。娜允古镇历史悠久，至今仍保留着傣族古城的特色和风韵，蕴含着丰富多彩的傣族土司文化，以及宗教、建筑、饮食、服饰、节日、音乐、舞蹈、民俗等文化，有着珍贵的历史价值和艺术价值。娜允古镇由“三城两镇”组成，从上城到下城是按照等级顺序布局的。

土司时代，上城是土司及家奴居住的地方，中城是中级官员和家属的居住地，下城则是下级官员的住处。芒方岗和芒方冒这两个小镇是林业官和猎户居住的寨子，孟连宣抚司署位于上城的最高处，上、中城佛寺屹立在宣抚司署的附近。

玩家解说

娜允古镇迄今已有700多年的历史，“娜允”即傣语“内城”的意思。娜允古镇的房屋是傣汉两个民族不同风格合璧的建筑群。从古代至近代，孟连历代有28任土司，统治达660年，随着土司统治的延续，娜允古镇也逐步完善和扩大，成为宣抚司统治区（孟连、澜沧、西盟等）方圆数百里的政治、经济、文化、宗教中心。

上城佛寺

上城佛寺建于1868年，占地5000多平方米，紧靠龙血树群落，是娜允古镇的一个重要组成部分。相传，寺内有一石洞与南垒河的龙潭相连，因龙潭中的龙经常沿此通道来佛寺听经布道，接受香火洗礼，又得名“龙缅寺”。

上城佛寺具有较高的声誉，是土司时期土司家族的专用佛寺，国内外高僧到孟连相访通常都到这里居住。佛寺由佛殿、僧房、大门、引廊、经亭、金塔、银塔组成，佛龛上塑有释迦牟尼像，周围悬挂着教徒们敬献的各式各样的幡。幡上记述着傣族的神话和传说故事，绘有各种图案，并通过剪纸、织锦、彩绘等民间艺术形式，把傣族的历史、建筑、生产、生活、宗教、信仰等生动形象地表现出来。

中城佛寺

中城佛寺傣语称“佤岗”，是孟连县城内历史悠久、规模较大的佛寺之一，寺内墙上精美的傣族民间金水壁画和金饰彩绘图案，是研究傣族历史、文化、宗教、信仰的珍贵实物资料。中城佛寺是土司时期居住在中城的官员们的专用佛寺。

勐外土司避暑山寨

勐外依山傍水，自然生态环境良好，孟连第七代土司刀派约因病退位，选择这里做他的隐居地，从此这里便成了土司家族的避暑山寨。

勐外土司避暑山寨在丛山密林之中，傣族水文化、宗教文化在这里得到了充分的展现，并且还保留了厚重的土司文化。

孟连宣抚司署

孟连宣抚司署俗称“孟连土司府”，始建于明永乐四年（1406年），是傣族土司刀氏的衙署。孟连宣抚司署是云南唯一由汉族、傣族建筑合璧的古代建筑群，有正厅、议事厅及后厅、厢房、门堂等附属建筑，是一个独具特色的雄伟古建筑群。

孟连金塔

8个小塔环抱一个主塔

普洱市孟连县的南垒河畔

孟连金塔由8个小塔环抱一个主塔构成，主塔高31.6米。每座塔均挂有风铃，每当风吹过，风铃便发出清脆的叮当声，让人感受到别样的佛国意韵。

孟连金塔的附属建筑中最主要的是四个环绕于塔基周围的方亭。方亭傣语称“侈哦啦”，意为“指路的亭”，为人指点迷津。4个方亭分别置于东西南北不同的方向，供奉东西南北四大天王。孟连金塔“外实内空”，地宫只准男性进入。

玩家 解说

金塔与孟连宣抚司署门堂遥遥相对。据传，孟连金塔的来历与孟连宣抚司署密切相关。孟连宣抚司署，傣语称“贺罕”，意为“金殿”。很久以前，人们就觉得应该有一座与金殿交辉的塔，后来便造了金塔。金塔建成后，与金殿珠联璧合，相映生辉。

娜允古镇中佛寺

阿佤山云海

整控江摩崖
崖上留存元代石刻

普洱市澜沧县雅口区

从景洪市乘船沿澜沧江而上前往

整控江摩崖为元代石刻，位于澜沧江边不远处的一个石灰岩岩壁上，是云南省重要的文物古迹之一。整控江一带田野广阔，物产丰富，傣寨、彝寨隔江相望。摩崖临江，山石多姿，行人过往有渡船。大江南流，气势磅礴，边陲风光秀丽，自然景色迷人。

玩家 解说

从已辨认出来的字迹来看，整控江摩崖记述的是大元壬午年（1222年），中道总兵官万户达石八力都不花领军南征征讨八百媳妇国的一起兵事。八百媳妇国在今缅甸东南部、泰国北部清迈一带，与我国西双版纳有历史婚姻渊源关系。此事距今已有800余年的历史，对研究元代云南地方史有重要历史价值。

糯福教堂
干栏式围廊建筑

普洱市澜沧县糯福乡西北

糯福教堂建于1922年，是英国牧师永纬里主持修建的教堂。糯福教堂为拉祜族干栏式围廊建筑，面积506平方米。平面呈纵向双十字形相连结构，正中为礼拜堂，左右四耳堂为拉祜族教堂。礼拜堂长27.6米，宽11.4米，耳堂为方形。教堂下部有拉祜族干栏式脚柱129柱，呈梅花形排列。教堂设计别致，风格奇异，融合了西方与当地民族建筑形式，非常值得一看。

阿佤山云海
阿佤山独特的自然景观

普洱市西盟县境内

冬春季节，阿佤山夜间，低海拔河谷的暖气与高海拔沿山下滑的冷空气相遇，导致逆温层以下形成了厚厚的云海，覆盖着沉睡中的山谷旷野。太阳出来后，云海变得绚丽多姿。而在那云开雾散之后露出来的佤山龙竹、梯田、青松、芭蕉树和竹楼村寨，在巍峨的群山之中，更加显得清新秀丽。

勐梭龙潭 AAAA
西盟县必游景点

普洱市西盟县龙潭路40号

勐梭龙潭是来到西盟县一定要去的景点。勐梭龙潭是一个高山断陷湖泊，晴日里白云片片，水面波光粼粼，四围青翠欲滴，遍布珍稀物种。佤族朝拜神灵的圣地“龙摩爷”坐落在长满参天古树的坝子上，周围山崖陡峻，溪流湍急。沿环湖林荫小路前行，湖边别墅倒映在水中。自然倒下的树木静卧在清澄见底的湖水中，充满诗情画意。

攻略资讯

- 交通
- 住宿
- 美食
- 购物
- 娱乐

交通

飞机

西双版纳嘎洒国际机场是云南众多机场里客流量较大的机场。机场位于景洪市南郊嘎洒镇，距景洪市区5千米。国内通航城市有北京、上海、广州、西安、武汉、成都、太原等，国际航班可到泰国、老挝和柬埔寨。由机场到市区可乘坐机场中巴，还可搭乘出租车前往。

普洱思茅机场位于普洱市西郊2千米，目前开通了前往昆明、西安、济南、烟台等地的直达航班。由机场到市区可乘坐出租车。

火车站

目前，景洪市有西双版纳站在运营。

西双版纳站：是中老昆万铁路的客运站，于2021年12月运营，可同时容纳3000多名旅客候车，站场总规模为5台12线。

汽车

●西双版纳

目前西双版纳主要长途客运站有2个，分别是景洪汽车客运站、西双版纳客运站。

景洪汽车客运站：位于景洪市勐泐大道16号，省内班线通往昆明、丽江、宣威、保山、蒙自等市县，省外班线可到衡阳、南宁、成都、重庆等城市。国际班线发往老挝勐赛、南塔和缅甸南板。市内乘坐景洪4路公交车可到达。

西双版纳客运站：位于景洪市民航路3号，是景洪市最大的汽车客运站，主要发往西双版纳境内各县乡。

西双版纳大桥

泼水节盛况

● 普洱

公路运输是普洱境内主要的交通方式，从普洱乘坐长途汽车可以到达昆明、西双版纳、墨江、江城、景东、临沧等地。

住宿

西双版纳

西双版纳是热点旅游地区，宾馆众多，但泼水节和节假日期间价格都大幅上涨，建议事先订好。

如果考虑交通方便，那么就住在景洪市区，客运站旁有不少旅馆，经济实惠。如果前往野象谷游玩，可以住在野象谷的大树旅馆，那是观察野象活动的理想住所。如果要充分品味民族风情，那么橄榄坝是个不错的选择。

● 西双版纳云涧度假酒店

酒店建筑保存了傣泰风格，呈现出独特的气质。大厅设计得更像一个客厅，客人可在客房之外找到一个舒适的甚至是可以结交新朋友的区域。在服务上，这里虽然只拥有19间客房，但为每一个客房配备了私人管家，服务非常温馨、周到。 景洪告庄西双景景真寨33栋 0691-2565656

● 西双版纳世纪金源大饭店

酒店位于素有“柔情傣乡”美誉的西双版纳景洪市沧江新区，紧邻澗公河畔，交通便捷，距机场仅10分钟的车程，毗邻猴山，依山傍水，风光旖旎，是集商务、会议、餐饮、

西双版纳市区风光

娱乐、休闲、度假于一体的高端休闲度假型酒店。📧 景洪沧江新区大沙坝 📞 0691-2585888

● 湄公河国际青年旅舍

旅舍交通位置便利，环境优美，是一家集餐饮、住宿、休闲等多功能服务于一身的综合性旅舍。在这里，消费者不仅能体验到温暖、舒适的住宿环境，品尝到特色美食，还能欣赏到美丽的热带风情，领悟到西双版纳独特的韵味。📧 西双版纳景洪市勐龙路景兰国际G栋 📞 15969189558

普洱

普洱市有多家星级酒店可以选择。如果想体验茶山住宿则可以选择各村寨的农家，收不收费视情况而定。

金凤大酒店：位于普洱市人民东路8号，电话：0879-2138868。

普洱绿谷酒店：位于普洱市思茅区无量路北部湿地公园，电话：0879-3011322。

普洱江山花园民宿：位于普洱市思茅区高家寨旅游环线江山花园六号，电话：19184134577。

西双版纳民族博物馆

美食

西双版纳有着丰富多样的饮食文化。特殊的地理气候和自然资源造就了它独有的风味，概括起来为酸、苦、辣、怪，而烧烤则是傣味的常规制作方法。不论口味如何怪，到西双版纳一定要尝试那里的菜肴，否则是一种缺憾。

西双版纳美食多在夜市，夜市上有各少数民族风味食品。曼景兰旅游一条街是不错的选择。在夜间，一边品尝风味佳肴，一边观赏景洪城的夜景。在五颜六色的灯光下，尝之不尽的美食会使人流连忘返。

美食小吃

● 香茅草烤鱼

将葱、芫荽、辣椒、盐等作料放入清理过的鱼肚中，用当地一种有香味的草捆扎住鱼，放在炭火上烘烤。

香茅草烤鱼

● 香竹饭

把糯米放在香竹筒里，用水浸泡，然

竹筒饭

后烘烤至熟。吃的时候，要先捶打竹筒使外壳裂开，然后轻轻一掰，香竹饭就从竹筒中脱壳而出，香气扑鼻而来，香竹饭口感细腻。

●酸笋煮鸡（鱼）

酸笋是用竹笋腌制而成，通常与鸡肉或鱼放入锅里同煮，酸笋能把油腻化掉。

酸笋煮鸡

德宏特色菜

美食去处

曼景兰风味街：这里原是景洪东南边的一个傣族寨子，后辟为傣族风味街，街道两边都是饭馆，而且席间还有歌舞表演，表演者都是没有经过任何专业训练的本地人。

曼腊寨：在流沙河大桥终点站，也是一个傣族寨子，近年来新开设了饭馆，是本地人常去消费的地方。这里没有歌舞表演，口味正宗、价格便宜是吸引人的原因。可乘景洪6路公交车在终点站流沙河大桥下车，再往前走一点就到了。

普洱古镇夜景

购物

滇南地区地域广阔，物产丰富，特产众多。无论在景区、市区都有傣族妇女出售傣族特色的服装、金银首饰、黑陶器皿、大象木雕、竹编工艺品等，还有热带干果、蜜饯、水果等。普洱地区除了名扬天下的普洱茶，这里的各类山珍和墨江篾编、墨江紫米、镇沅杧果等也是有名的特产。

滇南特产

●普洱茶

普洱茶是中国十大名茶之一，属于重发酵茶，味道醇厚，涩苦回甘，具有消食理气、清热明目、除油瘦身等多种功效。普洱茶通常分为散茶与紧压茶两种，以春尖与谷花品质为最佳。普洱茶是普洱最重要的特产，也是来普洱旅游购物的首选物品。

●版纳地毯

版纳地毯以云南当地优质羊毛为原料，设计图案美观，纺织工艺精良，且融合民族文化韵味精纺而成，因此富有浓郁的地方民族特色。其不仅色彩绚丽多姿，能给人强烈的艺术美感，而且富有弹性、经久耐用，是一种非常实用的工艺品，可用来装饰客厅、卧室等。

●墨江篾编

墨江山高林茂，盛产竹篾。墨江篾编工精致，历史悠久，细花篾帽、细花背篓就是其中代表。

●墨江紫米

产于北回归线上的墨江紫米，是滇西南的特产，因米呈紫黑色，故得名。属糯米类，俗称“紫珍珠”。墨江紫米以粒大饱满、黏性强，蒸制后能使断米复续，质地醇厚而著称。

●镇沅杧果

镇沅杧果最大的重达几千克，最小的只有李子那么大；形状各有不同，圆形的、椭圆形的、心形的、肾形的、细长的都有；果皮有青、绿、黄、红等色；果肉有黄、绿、橙等色；味道有酸、甜、淡甜、酸甜等。

滇南购物场所

●景洪街

景洪街地处繁华的勐泐大道，街道上散

普洱茶

傣族舞蹈

发着浓郁的佛教气息，晚上这里成为“夜市一条街”。在夜市上，有很多具有当地特色的小饰品等手工艺品，比如傣族花包、竹编等。在这里，游客不仅能买到特色工艺品，还能品尝到风味烧烤，非常适合在晚上出去休闲、放松心情。

地址：景洪市勐泐大道。

●橄榄坝农特产品购物市场

在橄榄坝农特产品购物市场，顾客既可买到多种热带水果，像柚子、杧果、菠萝、荔枝、龙眼、木瓜等；也可买到多种香料，像香茅草、依兰香、香荚兰等；还可买到多种珍贵药材，像血竭、金鸡纳、白豆蔻、阳春砂仁等；还能买到热带干果蜜饯、普洱茶、傣族服装、竹编等。这里不仅拥有各种农特产品及手工艺品，而且物美价廉，是购物的好场所。

地址：景洪市勐罕镇中心。

娱乐

泼水节：也称“浴佛节”，是傣族最隆重的节日。节日期间，游客不仅能见识到泼水盛况，还能观看到丰富多彩的特色民俗活动，比如孔雀舞、划龙舟、斗鸡等。泼水节是一个热闹、精彩的节日，对游客来说，这是体验傣族风情的最佳时机。

嘎汤帕节：是西双版纳哈尼族的年节。节日活动包括祭祖和宴请，还有各种文艺体育活动，包括竹筒舞、长竹竿舞、射弩、荡秋千、打陀螺、游春、对歌活动等，是游客了解和体验哈尼族风情的好时机。

其他娱乐活动：橄榄坝每天下午有表演项目和大型泼水活动，游客可以参与。曼听公园晚上有篝火晚会和民族风味自助餐。野象谷每天都有大象表演可以欣赏。这些都是不错的娱乐项目。

节日和重大活动

节日	地点	时间
泼水节	滇南各傣族聚居地	4月13～16日
嘎汤帕节	西双版纳哈尼族聚居地	1月2～4日
关门节	信奉小乘佛教民族聚居地	傣历九月十五日
开门节	信奉小乘佛教民族聚居地	傣历十二月十五日

泼水节

发现者旅行指南

滇西

（含保山、德宏、临沧）

概览

亮点

和顺侨乡

华侨出国历史长、侨属多的著名侨乡，以优美的田园风光、独特的建筑风格、丰厚的文化底蕴著称。

腾冲热海

腾冲热海是一片天然的地热温泉群，规模大、形态各异且保存完好，以浮石、火山蛋、火山溶洞最为典型，享有“天然的地质自然博物馆”的美誉。

姐勒金塔

姐勒金塔位于德宏州瑞丽市，是当地最古老的佛教建筑、佛事活动场所。每年的泼水节，这里会举行三天隆重的佛会。

勐巴娜西珍奇园

勐巴娜西珍奇园位于德宏州芒市，珍奇园汇集了国内少见的大量古树名木和世界罕见的硅化木玉石，是亚热带植物基因宝库。

沧源佤山

典型的佤族自然山水风情区，佤山碧绿苍翠，佤族风情浓郁独特，服饰工艺丰富多彩，崖画文物闻名。

必逛街道

东南边贸集市：位于保山腾冲市，集中销售翡翠玉器，还有东南亚国家和云南当地的特产等。

瑞丽边贸街：位于德宏州瑞丽市，边贸街长达1千多米，这里卖货的大多是中缅边民，货物琳琅满目，有本地傣族特色的木雕、皮革制品、纺织品等。

线路

腾冲经典三日游

第一天从腾冲市区包车去火山地热国家公园，游览完火山地质公园，可以去附近的热海景区，还可以试吃热海大滚锅煮熟的鸡蛋。第二天前往和顺古镇，之后沿着古镇的小巷慢慢踱步到艾斯奇故居。游览完古镇后下午回县城包车前往北海湿地景区。第三天前往国殇墓园，游玩后可顺便去距离较近的叠水河瀑布景区。

瑞丽风情一日游

瑞丽—畹町线是瑞丽周边比较经典的一条路线，“独树成林”、莫里雨林等景点都在这条路线上。

上午去德宏独树成林景区，下午游览莫里热带雨林，晚上去瑞丽边贸街淘宝。

沧源村寨一日游

上午前往翁丁佤族原始群居村落，感受最后的原始部落的秘境风光；下午游览临沧崖画谷，时间充裕的话还可以参观广允缅寺。

为何去

保山是"西南丝绸之路"的重要驿站，享有"兰城"之称。保山境内有瑞丽江、大盈江国家级风景名胜区及扎朵河雨林瀑布等景点。

腾冲火山国家公园

临沧是闻名世界的"滇红之乡"，拥有丰富多彩的旅游景点，到处都洋溢着独具特色的西南边陲风情，让人流连忘返。

何时去

保山四季如春，无严寒酷暑，四季都适合旅游。秋冬季可游览腾冲火山群，到腾冲热海泡温泉。

每年9月至次年5月，是出游德宏的最佳时间。春秋季可前往勐巴娜西珍奇园尽情领略绚丽多姿的亚热带风光。

孔雀开屏

临沧地区光照充足，四季温差很小，可选择避开雨季的春秋季节，游览南滚河国家级自然保护区、佤族原始群居村落、沧源崖画等著名景点。

德宏秋收美景

区域解读

区号：保山0875、德宏0692、临沧0883
面积：约54 409km²
人口：约593万人
主要少数民族：傣族、佤族、拉祜族、布朗族

地理 GEOGRAPHY

区划

保山下辖1个区（隆阳区）、1个县级市（腾冲市）、3个县（施甸县、龙陵县、昌宁县）。

德宏下辖2个县级市（芒市、瑞丽市）、3个县（陇川县、盈江县、梁河县）。

临沧下辖1个区（临翔区）、4个县（凤庆县、永德县、镇康县、云县）、3个自治县（双江拉祜族佤族布朗族傣族自治县、耿马傣族佤族自治县、沧源佤族自治县）。

地形

滇西地区地质地貌复杂，横断山脉由北向南纵列而下；从西到东间有5条江河，奔腾千里，劈山而下，形成罕见的迈立开江、恩梅开江、怒江、澜沧江、金沙江山川水系区域。

气候

滇西地区属于亚热带季风气候，四季温差不大，干湿季明显，降水主要集中在夏季。区域内海拔高差大，立体气候显著。日温差较大，游玩要携带必要衣物，以备保暖。

历史 HISTORY

历史大事记

●保山

远古时期保山地区曾是滇西最早的原始居民“蒲缥人”的居住地。

战国中期，奴隶制国家哀牢国建立，其开国之君是我国著名的民族起源神话九隆神话中“龙的传人”九隆。

公元69年，哀牢王柳貌“内属”归附中央朝廷，成立永昌郡，是当时东汉第二大郡，即为保山市前身。

唐宋时期，保山先属南诏，后归大理，保山成为其向西发展的基地。

清道光二十五年（1845年），保山地区回汉民族冲突，造成“保山惨案”。这也成为

和顺古镇

临沧风光

11年后云南杜文秀带领回族人民起义的重要原因之一。

●德宏

近年来发现的南姑坝古人类牙齿化石以及陆续发现的新石器证实了早在新石器时代，就有古人类生活在今德宏境内。

公元前4世纪，中国历史上最早的一条国际陆路交通线“西南丝绸之路”开通，中印贸易便已开始，德宏即为西南丝绸之路的必经之地。

元至元二十四年（1287年），意大利著名旅行家马可·波罗随元军南下，途经德宏地区，他在游记中详细记载了德宏见闻。

清同治十三年（1874年），在今盈江县芒允乡发生震惊中外的“马嘉里事件”。

1911年，盈江土司刀安仁、张文光（均为同盟会会员）领导“腾越起义”，推翻清政府在腾越边地的统治，宣告成立“滇西军都督府”。

●临沧

商朝时期，称为“百濮”（佤族、布朗族、德昂族先民）的族群向商王献珠宝、短狗等特产。后濮参与武王伐纣，会于孟津。

清康熙四十一年（1702年），缅甸再次兵犯耿马，当地土司求援，勐缅土司俸胜派兵相助，大败缅甸兵。

1939年，湖南人冯绍裘在凤庆创建顺宁实验茶厂，亲自设计、制造了制茶机器，培训技工，批量生产滇红茶。自此，滇红茶声名远播。

1942年秋，中国远征军分部开进顺宁（今凤庆）、镇康，守备怒江三江口以南江防及麻栗坝到新地方一带防线。

1958年11月17日，勐沧公路通车，这是临沧历史上的第一条公路。

1988年11月6日，澜沧—耿马发生里氏7.6级地震，澜沧、耿马和沧源三地受灾最重。

和顺侨乡

神秘古老的国度——哀牢古国

历史上的滇西曾经有过一个辉煌神秘的国度——哀牢古国。今天的保山是哀牢古国的中心，也是云南重要的人类起源地之一。在这里考古学家发现了最早的哀牢先民——蒲缥人。蒲缥人距今约8000年，属于云南省发现的早期智人。

哀牢古国疆域辽阔、物产丰富、民族众多，大约形成于公元前300多年的战国中前期，其开国之王为九隆，传说他是龙王的后代。经若干代后传至柳貌，公元69年，柳貌父子率众归附东汉，东汉在其地设永昌郡，为当时东汉第二大郡。

哀牢古国土地肥沃，水源充沛，气候宜人，矿产丰富，林木茂盛，动植物种类繁多，积极发展各种产业。《华阳国志》和《后汉书》等史籍中均有相关记载。哀牢古国最鼎盛时期，疆域十分辽阔，其范围与后来设立的永昌郡辖地基本一致。疆域东起洱海，西至伊洛佤底江，南达西双版纳南境，北抵喜马拉雅山南麓。

哀牢王国是由最初的哀牢部落发展而成的。随着哀牢王国的形成和不断扩大，哀牢国内杂居了许多民族，哀牢民族就不再单指原来的哀牢部族，而包括了哀牢部落在内的所有其他部落。据考证，哀牢民族除濮系民族外，还杂居有氐羌和百越两大系。汉化以后，又有中原汉族迁入哀牢境内，各民族杂居在一起，相互学习，相互融汇，使哀牢古国形成了以土著民族为主、外来汉族为辅的多民族杂居的历史国度。

哀牢古国的地上文物在久远的历史中早已荡然无存，只剩下一些与之相关的地名、山水和后人根据传说修建的景点。目前，很多学者参与哀牢文化研究工作，并已经取得一些突破性进展。

瑞丽江

梦遗古城，勐卯王国

德宏是傣族的发祥地和傣族文化的中心，也是傣族人口聚居最多的地区。傣族人民在这片土地上建立的政权在古代历史上留下了辉煌的印记。

传说傣族首领根仑、根兰早在东周灵王十四年（前558年）就在南卯江（今瑞丽江）河谷建立了部落联盟。据傣文史书《嘿勐沽勐》记载，傣历亥卯年（前364年），国王在罕萨建立王城，为“勐卯果占壁王国”，俗称“勐卯王国”。“果占壁”是巴利语，意为“盛产香软米的地方”。上述史料，在时间、地点和内容上都与司马迁《史记》中记载的“滇越乘象国”基本吻合。《史记》中也有乘象国的相关记载，可见那时“勐卯果占壁”已经兴起。

唐代宗宝应元年（762年），南诏王阁罗凤统一了南卯江（今瑞丽江）流域的傣族区域。当地首领被南诏王招为驸马，册封为勐卯王，并为其建筑王城和宫殿。北宋时期，勐卯与勐生威、勐兴古、勐兴色联合，建立了“勐卯果占壁”王国。元末明初，麓川平缅军民宣慰使司思汉法起兵，不断征服周边领土，建立了强大的“麓川王国”，其统治范围东至今泰国清迈，西至印度阿萨姆邦，南至曼德勒，北至澜沧江的广大地区。1441年开始，明军先后三次征讨麓川，果占壁政权逐渐衰败，终于在1448年覆灭。

历史上勐卯王国历经了鲁赖王朝、混等王朝、雅鲁王朝、思氏王朝等，跨越了部落社会、奴隶社会和封建领主社会。统治时间之长，影响范围之大，可谓中国傣族史上最大的地方割据政权。国内外许多专家学者都在关注和研究果占壁王国。

在如今的瑞丽，还可以看到一些古王城遗址，如雷允（山城堡）的召武定城池，混等王所建的姐东雷（湖畔山城），思伦法王城广贺罕（国王岗），勐卯城是唯一一座有东、南、西、北四城门的砖城遗址。

沧源石壁上的神画

在阿佤山一带，流传着许多关于崖画的传说，沧源崖画就是因为这些传说而在1965年被发现。在沧源佤族自治县的勐来乡、丁来村、满坎村、和平村和耿马傣族佤族自治县芒洪乡等地的一些山崖上，分布着很多神秘的崖画。关于崖画的绘制年代，经中国科学院古脊椎动物与古人类研究所化验室测定，这些崖画绘制于新石器时代晚期。

当地佤族人称崖画为“梁典姆”，意为“崖上的画”。画面一般距地面2~10米，长1~30米不等，小者为数个零散图形，大者有数以百计的图像。崖画上的人物图形均为正面，以单勾勒和单线加平涂的剪影式手法绘制。画面上没有五官，身体部分多画成较为单一的三角形，四肢部分变化较多，以各种动态表现人物所从事的各种活动，如狩猎、争斗、厮杀、舞蹈、杂技、仪典等场面。画上的人物身上没有衣裤，只有头部有些装饰，有的为鸟形，有的呈羽状，有的是枝条、谷穗类农作物，少数腰部还绘有裙装物，另外还特意绘有丰满的妇女形象，这也表达了佤族人的生殖崇拜。

崖画呈赭红色，这些暗红色的彩绘崖画保持几千年不褪色，它的颜料主要是用当地产的赤铁矿粉末，掺和了适量动物血和含胶

沧源崖画

质的植物液体组成。这种颜料附着力强，稳定性高。

关于这些崖画的创始者身份至今仍是个谜团。当地有种世代相传的说法，说这些画是由身材非常高大的“第二世人”画的。在作为神祖的“第一世人”开天辟地以后，第二世人生活得非常愉快。但没想到一场异常大的洪水让他们几乎灭绝。幸存的几个人被逼到阿佤山的几座山峰上。为了让后人记住他们，就在山顶崖壁上描绘出自己的生活情况。由于他们身材高大，所以崖画都在距地面数米的绝壁上。

几千年来，当地佤族人民一直视崖画为神画，古老而神秘的沧源崖画浸透了佤族人的思想感情以及对神灵的崇拜。每当春节时，佤族人都会举行祭祀活动。

文化 CULTURE

不容错过的腾冲温泉

每年有很多外地游客千里迢迢赶来腾冲这个边远小城，为的就是这里丰富的温泉和奇特的火山景观。

在腾冲，地热就是这片土地最大的资源。亚欧大陆与印度大陆的激烈碰撞，不仅

给腾冲大地上留下了最密集的火山群，同时也留下了80多处风情万种的地热温泉。腾冲有三大温泉带。热泉水温在90℃以上的温泉有10个，较大的是热海、硝塘、瑞滇、大塘、石墙、石花洞6个温泉。

腾冲的温泉数量多，形态各异，按功能可以分为四大类：第一类是供观赏的；第二类是能蒸煮食品，可以饮用的；第三类是可以泡澡的，具有医疗作用，这也是大家最喜欢的；第四类就奇怪了，是带有毒性的，具有神秘感。当然，也有很多温泉集两种功能于一身。

在众多温泉之中最为奇妙的当属澡塘河谷的天下奇观——热海，其自古就名列腾冲十二景之榜首。热海大滚锅也是腾冲的旅游名片。该景区位于腾冲市区南10千米处的和顺镇。

腾冲有句谚语说道："来时人背轿抬拐杖带，走时抬头挺胸脚步迈。"用来赞扬风湿病患者在温泉疗养十天半个月后出现的神效，因为温泉水含有对人体有益的矿物质。去腾冲，温泉是不能错过的。

听葫芦丝调，品凤尾竹情

《月光下的凤尾竹》是著名作曲家施光南创作的曲子，后来被改编为葫芦丝独奏曲。闭上眼睛安静聆听此曲，感觉就像身处在那郁郁葱葱的凤尾竹林以及傣家楼阁中，在银色的月光下，一切都是那么清新淡雅。

葫芦丝是一种民族民间乐器，源于德宏州，至今已有上千年的历史，是世居德宏的傣族、阿昌族、德昂族的传统乐器。经过多年的发展，葫芦丝文化已从民间走向社会，走向了国际大舞台，是中华民族文化中一株灿烂的奇葩。

葫芦丝在民间称为"葫芦箫"，也称为"葫芦笙"，名称的变化原因说法不一，有说是20世纪五六十年代，知识青年下乡，将傣族不标准的汉语"箫"误听为"丝"而得名；有说是为了区别于哈尼族的"芦笙"又区别于"箫"（箫无簧），所以文艺工作者将它定名为"葫芦丝"。

葫芦丝文化在德宏的传承可谓人才辈出，多年来，德宏造就了一批享誉海内外的葫芦丝演奏大师，如哏德全、龚全国、龚家铭等，另外还有冯绍兴、莫安荣、杜德光等演奏技艺精湛的民间艺人。其中哏德全以葫芦丝演奏的《有一个美丽的地方》《月光下的凤尾竹》传遍中华大地，成为民族器乐演奏中一张响亮的名片。哏德全也被称为"葫芦丝之父"。

中国少数民族器乐委员会、中国管弦乐学会把葫芦丝列入了为数不多的考级民族乐器之一，为葫芦丝文化艺术的推广普及创造

葫芦丝表演

了更加有利的条件。另外，葫芦丝本身无论作为演奏器乐、工艺品还是旅游商品，都受到越来越多的国内外人士的青睐。

高山云雾产好茶——临沧红茶

中国有世界上最大的茶园，而中国最大的茶园在云南临沧。临沧临近澜沧江，冬无严寒，夏无酷暑，雨热同季，云雾较多，湿度偏重，具有“高山云雾产好茶”的得天独厚的自然条件，是全国大叶种茶的发源地。

世界上茶树变异最多、资源最丰富的地带即在临沧境内，双江勐库大雪山、永德大雪山、云县白莺山、凤庆香竹箐等地方都发现了树龄在千年以上的古茶树、古茶林。而凤庆香竹箐还拥有一株超过3000年历史的茶树王。这棵茶树基围5.8米，株高10.6米，是世界上现存最粗、最古老的栽培古茶树，被誉为“世界茶王母”。

1938年，滇红工夫茶在凤庆首先试制成功，这种茶芽叶肥壮，金毫显露，汤色红艳，香气高醇，滋味浓厚。随后在香港茶市一面世，就引来茶界的一片叫好声，从此声名远播。滇红的声名远播不得不提到它的创始人——冯绍裘。正是这个湖南商人将滇红茶推向了世界市场。从一开始他将滇红茶带入香港茶市，再到后来自己在凤庆设厂，批量生产滇红茶，并转运香港出口，打入国际市场，他都做出了巨大贡献。凤庆滇红老厂区立有他的雕像。

1959年以后，滇红特级工夫茶被国家定为外交礼茶，指定由凤庆茶厂独家定型定量生产。1986年，英国女王伊丽莎白二世访华，凤庆生产的滇红工夫茶金芽茶珍品被作为国礼，送给女王，滇红茶再一次名噪海外。

经过滇红品牌的带动，凤庆也成了国内著名的红茶生产基地。如今的滇红，“凤”牌和“王子冠”牌已经成为两个著名茶叶品牌。目前，全县累计建成茶园2万公顷，茶叶专业村、茶叶专业大户逐年递增，凤庆也有了“滇红之乡”的美誉。

景点推荐

保山周边景点

太保山森林公园

保山城中的森林公园

保山市隆阳区保岫西路

太保山森林公园以自然山体森林为主要景色，较完整地保留着与亚热带相适应的原生阔叶林，其独特之处还在于建在保山城中。公园有树木100余种，包括樟科、山茶科、杜鹃科、壳斗科、蔷薇科和桑科的多种乔木及灌木、花木，这些树木大都还保持着自然状态，常年展示其绮丽多姿的季节性变化。

玩家解说

随春夏秋冬周而复始，园内忽青忽绿，姹紫嫣红，朝雾暮云，气象万千。夕阳西照之时，层林尽染，为保山增加了“西山晚翠”一景。沿后山逶迤而下，有一豁然开朗的碧水景观展现在眼前，这就是保山有名的易罗池。易罗池波光潋滟，烟云缥缈；池周垂柳丝絮、亭阁交辉、生机勃勃。沿着700余级台阶登上山顶，保山城及保山坝尽收眼底，令人心旷神怡。山顶是一个3万多平方米的大平场，大平场上有西南第二大的武侯祠，是为纪念三国时期的诸葛亮而建。

玉皇阁

玉皇阁位于太保山的右山腰，为二层重檐斗拱建筑。玉皇阁建于明代洪武年间，外观飞檐翘角，气势雄伟，楼内彩绘装饰精美，绘有玉皇大帝天宫壁画。有趣的是在第二层的字匾，上面所写的文从正、左、右三面看内容色彩各异：从正面看是“至诚元息”朱黄色大字；左边看是“龙飞凤舞”红绿色大字；右边看则是“海晏河清”褐红色大字。大殿外左右各有八角式钟鼓亭一座，右侧为穿斗式建筑的“会真楼”，明代大旅行家徐霞客到保山时曾居住于此。

玉佛寺

玉佛寺位于森林公园的入口处，其前身为永昌府文人词客集中之地翠微楼，1986年，著名归国侨僧妙明法师为改变中国仅供奉四尊玉佛之状况，开山建寺，从缅甸请进玉佛。

如今玉佛寺已经建成山门、不二门、三圣殿、大雄宝殿、斋堂、僧舍、千佛玉佛塔、藏经楼、祖堂、韦驮殿、客堂等，大殿供奉有玉质佛像三世佛、地藏王菩萨、观世音菩萨，三圣殿供奉有贴金西方三圣及玉质释迦佛一尊，供奉有华严三圣及一佛二弟子，千佛玉佛塔供奉大型玉质佛像一尊、小型玉质佛像999尊，韦驮殿供奉贴金韦驮菩萨圣像，祖堂供奉临济宗白云系太白顶上历代祖师。

龙王塘公园

观赏樱花的好去处

保山市隆阳区龙王塘农民公园

龙王塘公园又称龙王塘水库公园樱花园，三面环山，山清水秀，幽静宜人。公园一边是用以蓄水的水库，一边是洁净如雪的樱花林。数股清泉从白山底石隙间涌出，分三沟向外流淌，这是保山坝子重要的水源之一。这里古树苍藤，鸟语花香，龙宫殿、玉泉楼等建筑深藏其中，楼前池水清澈如镜，池中游鱼往来穿梭。“五泉借碗”“关刀破岩”“公主泉”等优美的民间传说，更为龙王塘增添了无穷的情趣。

北庙湖公园

环境优美、气候宜人

保山市隆阳区板桥镇北庙村

北庙湖公园是保山具有吸引力的风景旅游区，北庙湖总面积600公顷，黏土心墙大坝为北庙湖主体建筑，登上大坝可览浩渺波光的湖光山色，放眼望去可看到辽阔的保山坝子。湖的四周广植云南松、思茅松、果松，库区建有茶园、果园、花圃，种植了茶花、杜鹃、兰花、月季、荷花等各类花卉近百个品种。水库下面栽有大量垂柳，并修建了人工湖、沙滩，公园有快艇、游船可供乘坐，大坝旁有风味小吃、文化娱乐街区等。

潞江坝

美丽富饶的聚宝盆

保山市隆阳区西南部

潞江坝是怒江大峡谷中的一段，保山市的潞江坝位于隆阳区西南部。这里江面宽阔平静，地势平缓，土壤肥沃，光热充足，是种植热带经济作物的天然区域。潞江坝的小粒咖啡和香料品质上乘，世界闻名；一年四季瓜果飘香，香蕉、荔枝、龙眼、杧果、酸角、西瓜、木瓜、台湾青枣、人参果、蛋黄果等热带、亚热带水果应有尽有。潞江坝聚居着汉、傣、傈僳、德昂、回、彝等多个民族，形成了多元的民族文化。傣族的泼水节、象脚鼓舞、傣戏和百家饭、傣锦、丢包，彝族的火把节、大镲舞，傈僳族的阔时节、刀杆节、三弦舞、三杯酒（交杯酒、倒杯酒、同心酒），德昂族的水鼓舞等，民族歌舞、节日民俗异彩纷呈。

保山潞江坝

易罗池

泉有九窦，似九龙喷泉

保山市隆阳区龙泉路

易罗池又称龙泉门。泉有九窦，似九龙喷泉，故又名九龙池。易罗池畔四周垂柳环绕，红桃成片，素有“绿柳锁烟波，红桃翻锦浪”之誉。易罗池主要景观为一池、一亭、一塔。池中现有湖心亭，原有濯缨亭已不在。池西山坡上有文笔塔，又称兹云古塔，始建于初唐，“文革”期间被毁，今又修复。池似砚，亭像墨，塔如笔，大地当纸，文房四宝齐备共同绘出美丽画卷。抗日战争胜利后，为纪念滇西战役中阵亡的爱国将士，易罗池畔建起公墓及“陆军第八军抗战滇西战役阵亡将士纪念碑”，今为“滇西人民抗日战争纪念碑”。

梨花坞

保山的佛教圣地

保山市隆阳区西南郊3千米九隆岗下

梨花坞也叫大梨园，是清代尚书保山人王宏祚所建，为保山的佛教圣地，已有300余年的历史。因其地势四面凸出，中间凹下，又因种植有大片梨树，每当春天梨花盛开，雪白如云，如花似锦，而得名“梨花坞”。坞内寺宇始建于清顺治十八年（1661年），慈云阁、藏经楼、月醉楼、卧云楼、养云池、雨花亭、韦驮殿等楼阁，错落有致，环境清幽，为一方胜景。寺宇四周广植花木，寺中制作的“素席”，味美可口，享有盛名。每年农历二月二十九日、六月十九日、九月十九日为观音会，朝山进香者摩肩接踵。

光尊寺

儒、佛、道三教合一的古建筑群

保山市城北12千米

光尊寺为唐天宝二年（743年）南诏王皮逻阁下诏所建。现存建筑多为清代后期至民国前期重建。该寺坐东向西，依山形筑成七进五院，有建筑物23幢，占地面积9000余平方米，主要建筑有斗姥阁、瑶池楼、文昌宫、玉皇阁、翠微楼、纯阳楼、大雄宝殿、观音殿、戏楼、过厅、耳房、厢房、厢楼、山门等，是保山现存规模最大的儒、佛、道三教合一的古建筑群。

金鸡古镇

吕不韦后裔的故里

保山市隆阳区金鸡镇

金鸡古镇占地100公顷，地处博南古道越澜沧江后进入保山的咽喉地带，有新石器遗址和东汉遗址，金鸡温泉、吕公祠、金鸡寺、卧牛寺、古戏台等胜迹。纵横两条主道在古镇中心呈“丫”字形相交，其余各道以主道为基点延伸交错。沿街民居具传统建筑风貌。相传为秦相吕不韦后裔永晶郡守吕凯的故里。

卧佛寺

寺内拥有全国最大的巨型卧佛

保山市隆阳区板桥镇云岩山麓

从保山乘23路公交车可到，也可乘出租车前往

免费　6:30~19:30

卧佛寺位于保山城以北16千米处的云岩山麓，寺内因拥有全国最大的巨型玉卧

佛而闻名中外，卧佛长6米，重达10吨，据称是全国最大的玉佛，始建于唐开元四年（716年）。

玩家 攻略

1.卧佛寺的湖里有一种罕见的珍稀鱼种——四须鱼，当地人称为卧佛鱼。这种鱼会吃葵花籽，而且还会剥壳，很奇特。一定要仔细看看。

2.每年春节前后，尤其是正月初八，游客云集于卧佛寺，非常热闹。

链接

卧佛寺传说

相传，以前这里曾有一个石洞直通怒江，由于巨石堵塞，使得江水不能流入。一次，江水冲开巨石汹涌而至，保山坝顿成泽国，一名勇敢的傣族青年见状，用身体堵住洞口，黎民百姓才幸免于难。后来，人们为了纪念他，就将洞中巨石雕琢成佛像，这便是现在的巨型卧佛。

永昌文化园

文艺活动和休闲娱乐场所

保山市隆阳区金水路

永昌文化园占地17公顷，是保山城区重要的文化艺术活动和休闲娱乐场所。永昌文化园分为四大功能区：风味餐饮园区，主要以餐饮、住宿为主，着重体现地方餐饮文化特色；花卉园区，主要以保山传统兰花和特色花卉为主，形成集花卉观赏、交易、休闲娱乐于一身的特色园区，是整个园区的亮点；书画茶园区，主要以古玩、字画、古乐器、茶座等为主，体现地方文化特色；温泉洗浴休闲园区，主要利用园区内地热资源，形成旅游度假中心。

汉庄城址

保存完好的汉代古城址

保山市隆阳区南郊4千米诸葛营村

汉庄城址平面略呈长方形，面积11. 6万平方米。城墙用红黏土掺砂石夯筑而成。城址内外发现大量方格纹、菱形纹砖，五铢钱和朱雀纹、卷云纹瓦当，以及板瓦、筒瓦等；城址附近先后发现墓葬多处，出土有“建武四年”“元康四年”的铭文砖，以及书有“长乐寿未央”“益寿未央”的吉语砖，都是汉、晋时代的文物。汉庄城址是云南省最具代表性的一处汉代历史文化遗产，对研究和了解云南地区古代文明状况，边疆少数民族地区与内地之间的政治、经济、文化联系，以及中外交通等，都具有十分重要的意义和价值。

姚关古镇

素有“高原水乡”的美誉

保山市施甸县城南20千米

姚关古镇风景秀丽，历史文物荟萃，是古代的军事重镇。姚关古镇有“高原水乡”的美誉，山邑有野鸭湖湿地，海拔1780米，生物多样性较为显著，是具有重要生态效益的湿地生态系统。姚关镇聚集了施甸县众多的历史文化景点，有辉煌的史前文化、英雄的戍边文化和悲壮的抗战文化。姚关火星山海拔1993米，坡度陡峭，山峰险峻，符合自然攀岩场地的基本条件。姚关古镇因其具有良好的区位优势、得天独厚的自然条件、灿烂的历史文化和久负盛名的食

姚关古镇

野鸭湖湿地

品加工文化，被纳入60个云南“旅游小镇”之中。

清平洞

为爱国将领邓子龙所辟

保山市施甸县姚关古镇外的龟山西麓

清平洞风景秀丽，文物众多，为明代爱国将领邓子龙所辟，是一个有历史价值的游览点。清平洞前有一个草坪，绿草如茵，旁有一堵石崖，上有邓子龙书写的“倚剑”两个大字。草地旁，有一个池塘，池中有八角亭，名为“磨剑亭”。池外绿草如茵，池内水色清莹，池塘周边垂杨环绕，水中有荷，朱阁映绿水，倍加鲜丽。

火星山

危岩高耸、怪石嶙峋的山峰

保山市施甸县姚关镇以西3千米处朱市冲的村寨旁

火星山耸立了上千年，举头仰望，神奇无比的火星山巍然兀立、危岩高耸、怪石嶙峋，加上关于它的传说的神奇色彩，让人不禁产生几分敬畏之感。

野鸭湖湿地

有着“滇西小桂林”之称

保山市施甸县城16千米

野鸭湖湿地景区因湿地常年栖息着野鸭，被称为“野鸭湖”。湿地湖水面积45.3公顷，湖的岸边是万亩森林，覆盖着景区山峦，湖中青山倒映，山、水、岛互为一体，使野鸭湖湿地素有“滇西小桂林”之称。划着当地人自制的小船游湖，登上湖心岛，远眺雄峻的火星山，近观秀美的小村景色，湖内“鸟飞鱼跃凌空起”，呈现出一幅幅“人在画中游”的画面。漫步在湖边时，微风轻轻吹过，迎面飘来的是莲花幽幽的清香，让人感到心旷神怡。

玩家 解说

优越的地理环境，形成了野鸭湖内适宜多种鱼类和水生物生长的有利条件，湖中有海子鱼、鲤鱼等，鱼的肉质特别细，吃起来味道独特，是名贵的上等生态鱼。此外，野鸭湖景区的清炖鱼、清炖花鲢、清炖鲫鱼、麻辣火锅鱼等美味值得一试。

三块石水库

湖水水质清澈、冬暖夏凉

保山市施甸县城南15千米处

从保山客运站乘坐到施甸的汽车可到达

三块石水库是由三块石和蒋家寨两水库相连而成，如两颗璀璨的明珠，相依在群山之间，故誉为“姊妹湖”。湖的水源出自南面曲折幽深的老黑龙洞。水从洞口喷出，汹涌澎湃，响声如雷，数里可闻。湖水水质清纯，冬暖夏凉。湖泊四周群山环绕，翠竹掩映着村庄房舍。湖中有一岛，岛上绿树成荫，野花遍地，一派清凉世界。

湾甸帕旭傣族村景区

傣族乡村民族风情区

保山市昌宁县

帕旭傣族村是集田园、山水风光为一体的具有湾甸傣族特色的美丽新村，主要景点有帕旭佛寺等。

帕旭佛寺

保山市昌宁县湾甸河西岸帕旭寨子的杧果林

帕旭佛寺是湾甸傣族乡的第一座佛寺，距今已经有400多年的历史，系大勐统土司相岁出资、剑川木匠出技术盖建而成。佛寺建筑奇巧，造型优美，做工精细；寺内装潢别致，大小佛像琳琅满目。更有面积达178平方米的帕旭壁画。壁画画面壮观，题材各异，人物栩栩如生，呼之欲出，每个绘画环节都体现了精湛的艺术造诣，充分显示了傣家古老而神奇的历史文化。

右甸河田园生态旅游区 AAAA

以“千年茶乡、田园城市”为主题

昌宁县田园镇

右甸河田园生态旅游区，总占地约5500亩，由茶韵公园、生态田野、水环境生态园组成，以打造“环山脉水、田城相拥的生态型田园城市”为目标，突出“千年茶乡、田园城市”主题，特色鲜明，具有较强的吸引力。这里建有茶博馆、茶社、茶文化广场等，茶文化厚重，令人流连忘返。更难得的是，其宽阔平坦的右甸坝田畴交错，古老的右甸河静静穿过，一派田园风光，是旅游者休闲观光的好去处。

滨河公园

沿河带状花园

保山市昌宁县前进路2号

从保山客运站乘坐到昌宁的汽车

滨河公园是沿河带状设计的公园，全长约1600米，按建设布局分为南段至北段，南段自武华路至右甸路。特色专类园区包括百果园、百花园及荷花园。景点以百花胜境、百果佳境、荷塘景观为主。百花园百花吐艳、争相开放，并用花色不同的乔灌草木相结合来丰富空间的变化。荷花园中接天莲叶青翠欲滴，荷花芳香阵阵令人沉醉。

右甸坝田园风光

龙潭寺

龙潭寺
景色绝佳的佛教活动场所

保山市昌宁县龙潭山山腰

龙潭寺原称龙王庙，始建于明代，由龙潭古刹、龙潭碧池和望山听泉亭等景点组成。这里景色绝佳，空气清爽，是一处富有山野情趣的游览胜地。龙潭寺迄今已成为昌宁县最大的佛教活动场所，是昌宁佛教协会的所在地，远近闻名的风景区。每逢寺院的庙会和节假日，大批的善男信女来进香拜佛，香火甚旺，热闹非凡。

玩家解说

龙潭寺建在龙潭山腰上，周围林木蓊郁，山下一股清泉从崖缝里涌出，汇集成龙潭。潭中建有一亭，在碧波粼粼的池水中，亭台青山相映成趣，是为望山听泉亭。亭子布局奇巧，建筑精致，与周围环境浑然天成。登亭远眺，清心静神。

沿着石级攀缘而上，就是龙王阁。龙王阁建筑特色与望山听泉亭大致相似，阁内供有龙王爷神像。走完150级台阶，就到大慈寺，墙上的“清净佛地”四个大字醒目可见。整个寺庙有楼阁7间，均建筑古雅、制工精细。殿内八百罗汉活灵活现，显示了精湛的雕塑技艺。

清灵寺
古朴典雅的寺院

保山市昌宁县右甸大街西侧

清灵寺重建成于1992年，全寺有两座“大雄宝殿”，一座“弥勒殿”，共三个大殿，整座寺院依山傍水，环境清幽。殿内供有三世大佛、弥勒佛和观音菩萨等40多尊佛像，雕工精细，惟妙惟肖。“大雄宝殿”和“弥勒殿”都是开展佛事活动、念经诵佛的地方，寺院左边建有“千佛塔”，右边是“安乐院”，两旁是僧人禅房，建筑巧夺天工，布景别具匠心。楼角随风而鸣的风铃和时隐时现的晨钟暮鼓，给寺院增添了几分古朴和典雅。寺院百花齐放，蝶舞蜂飞，一派生机，仿佛世外桃源。

小桥温泉
融旅游沐浴等功能为一体

保山市昌宁县312省道附近

小桥温泉是融旅游、沐浴、餐饮、娱乐、住宿各种功能为一体的景区。峭壁险峰之下，泉水清碧。古诗赞颂：“小桥深处有潜龙，知是山川灵气钟，喷出温泉宏利济，澡身浴得喜停踪。”明代行者徐霞客曾被这里的热泉风光所动，驻足流连，尽情游览。云保公路建成后，小桥景区更是游人不断，商贾不绝，逐渐成为昌宁的南大门。

天堂山原始森林公园
丰富的原始森林植被和动植物资源

保山市昌宁县城西北方21千米

天堂山原始森林景区是昌宁重要的水源涵养林区，具有丰富的动植物资源，最高峰松子山为省级自然保护区，海拔2875.9米，最低为澜沧江面1050米。林区呈放射状流出的泉水汇成了右甸河、橄榄河、大田坝河以及河西水库等重要的河流和汇水区。原始森林植被起着极为重要的生态屏障作用。整个景区树木郁郁葱葱，古老而苍劲，空气清新宜人。天堂山景观众多，有天堂山最高点——天坛，有鹅头山神韵、千亩高山湿地，昌宁城北最高的观音山顶有观音庙，还有龙潭石碑以及狮子塘等景观。

耈街仙人洞
天然的溶洞奇观

保山市昌宁县耈街乡

耈街仙人洞位于耈街河顺流而下4千米处。洞的三面是挺拔的岩崖，又尖又圆的尖岩，高耸于仙人洞背后，悬崖绝壁如同斧劈刀削一般，气势非凡。由于地壳变动等自然原因，水流干涸或改道，便留下了这一天然的美丽奇观。仙人洞分三岔，洞内石笋、石柱林立，与钟乳石相映生辉。洞中最奇之景乃石浆形成的一条石带，其沿着山脚蛇行，像一幅缩微了的中国万里长城实物图：八达岭上的城墙、烽火台，由近到远，由大到小，随视线的游移而逐渐消逝于崇山峻岭之中，其造型栩栩如生，巧夺天工，令人叹为观止。

街仙人洞

景点推荐

腾冲周边景点

腾冲火山热海旅游区 AAAAA

蔚为壮观的地热温泉群

保山腾冲市和顺镇，离市区20千米

在腾冲市区乘坐旅游专线可直接到景区，也可包车前往 套票132元 8:00~18:00

0875-5133333

腾冲作为著名的“地热之乡”，是我国第二大热气田。这里的热海、热田、热泉等不仅面积大，而且景致奇特、类型多样，其中热泉还对多种疾病有疗效。著名的地热火山奇观，这里就有很多，比如大滚锅、硫磺塘、黄瓜箐、澡塘河、鼓鸣泉、珍珠泉、眼镜泉、美女池等。此外，这里还有多种动植物分布，环境优美，是游客旅游观光和休闲放松的绝佳之地。

玩家 攻略

交通：到热海有专线旅游车，也可包车前往。此外，游览腾冲火山群和地热景观，有旅游专线车直达，每日可在腾冲市区乘中巴往返。

住宿：吃住在热海景区里面的酒店，是一件很享受的事情。白天到其他景区游玩，晚上回到热海，泡脚、按摩、洗温泉，疲劳尽消。

注意事项：最好清早赶去热海景区，趁着天气凉爽的时候游览，景区内地热丰富，温度很高，中午前往恐怕吃不消。

必看景点：大滚锅在腾冲市西南24千米处，是腾冲最著名的地热景观之一。该泉终年热浪喷涌，水温高达90℃，因此俗称“大滚锅”。大滚锅池内碧水翻涌，硕大水花飞溅，当人走近时就可感到足底发烫，非常有意思，很值得游客去游赏一番。

玩家 解说

硫磺塘、黄瓜箐、澡塘河是3处比较著名的热海景观，也很值得一看。硫磺塘位于腾冲市区西南16千米处，泉池为圆形，整个水池白浪翻滚，水温达96℃。黄瓜箐位于硫磺塘以南2千米处的小山沟，地面上虽没有温泉，但到处都冒热气，温度达95℃。澡塘河则位于硫磺塘、黄瓜箐之间，水温达95℃，河谷白雾缭绕，景致十分美妙，冬、春两季时，河水水温一般在40℃左右，特别适合洗浴。

链接

热海传说

有关热海，还有一个美丽的神话传说。在远古的时候，这一带天寒地冷，人民苦不堪言，有个善良的老人历尽艰险，寻找办法，决心使这里变成温暖丰腴的地方。后来，他的诚心感动了神仙，神仙赐他一宝珠让他含在嘴里，他顿感燥热难耐，便一口气喝干了几条河水，最后他变作了吐热水的小龙。凡是他歇过脚的地方，就有了数不清的热泉。从此，这里便四季温暖，牛羊肥壮，五谷丰登。

和顺古镇 AAAAA

著名的侨乡

保山腾冲市和顺镇

和顺古镇，古名阳温暾，有“西南第一侨乡”之美誉。和顺以华侨出国历史长、侨属多而成为著名的侨乡，和顺现在分布在缅甸、印度、泰国等国家的华侨有1万多人，形成了“海外的和顺”。这里保存了很多古建筑和文物古迹，以优美的田园风光、独特的建筑风格、丰厚的文化底蕴著称，是云南著名的旅游胜地。和顺古镇中的寸氏宗祠，是和顺古镇的标志性建筑，是腾冲寸氏家族的象征，也是和顺侨乡的一张名片。

玩家 攻略

和顺古镇门票55元，可在滇缅抗战博物馆、弯楼子、寸氏宗祠、艾思奇故居、和顺图书馆等各个景点任意游览。如果逛累了，可以在漂亮的“和顺人家”吃到正宗的腾冲菜，时间多的话去图书馆看看各类报纸，或者去“水上人家”划划船，打打牌。在幽雅的“和顺茶馆”，喝着由白龙水冲泡的普洱茶，聊聊天，也不失为一种享受。晚上也不用出村，饭后散散步后就可在民居旅馆住下，体验和顺人的幸福生活。

必看景点：在和顺古镇内，有上百棵百年树龄的古木，其中张家坡的千手观音古树群就是典型代表。千手观音古树群由7棵百年古樟树组成，其中5棵古樟一字排开，故又称“五子登科”，远望古樟似千手观音，近观如擎天巨伞；剩余的2棵古樟分列两旁，好似观音菩萨的两位弟子——龙女和善财童子。古树群独具特色，非常值得观赏一番。

玩家 解说

由于受外来文化的浸染，和顺的建筑多为中西合璧，风格很独特，而且在宅院里还有不少西方的工艺品和现代化用品。历经沧桑巨变之后，和顺人开展了各种文化旅游活动，成为云南最重要的文化生态村示范点。2003年，《中国国家地理》《时尚旅游》等杂志联合推荐和顺为“人一生要去的50个地方”之一。

寸氏宗祠

和顺古镇

滇缅抗战博物馆

滇缅抗战博物馆是我国第一个民间出资建设、收藏、以抗战为主题的博物馆。滇缅抗战博物馆建在当年远征军反攻腾冲指挥部的旧址上。

馆内有7000多件文物、1000张老照片，其中不乏珍品、绝品。其中有39件曾作为中美友谊的见证随江泽民访美。博物馆分5个

和顺图书馆

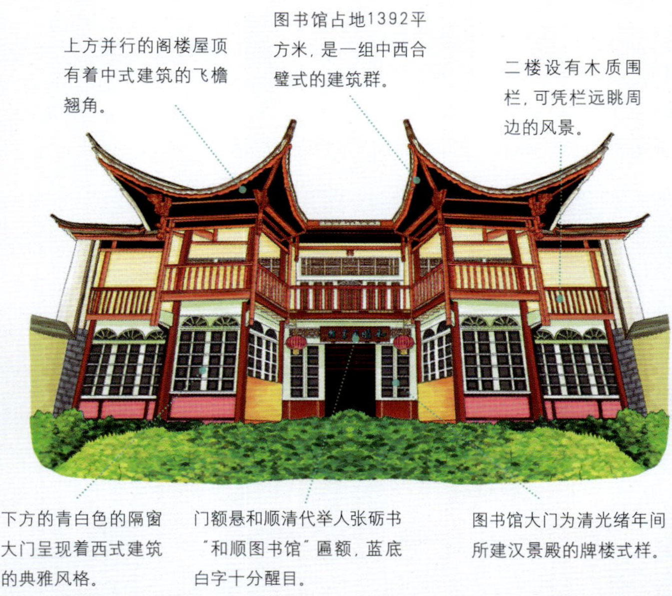

部分：山河破碎、悲壮远征、沦陷岁月、剑扫烽烟、日月重光，通过大量老照片、纪录片、史实资料、油画、连环画等，和馆藏文物一起，真实再现了历史。

艾思奇故居

艾思奇故居位于和顺镇水碓村，系一幢中西合璧式砖木结构四合院楼房。建筑占地600多平方米，建筑较为精巧，高屋大院，串楼通栏，点缀西式小品阳台。正房前厅有一石砌圆形拱门，青藤缠绕，古朴秀雅。故居前临元龙幽潭，后枕凤山，地势高旷，环境优美。

和顺图书馆

和顺图书馆为中西合璧式的建筑群，占地1392平方米，位于和顺双虹桥畔。建筑物由大门、中门、花园、馆舍主楼、藏书楼等组成。大门为清光绪年间所建汉景殿的牌楼式样，门额悬和顺清代举人张砺书“和顺图书馆”匾额，蓝底白字，十分醒目。

腾冲火山群

中国规模最大的休眠期天然火山群

保山腾冲市马站乡

从腾冲客运站坐汽车或包车前往

腾冲火山群位于横断山系西段的高黎贡山西侧，主要集中分布在和顺、马站一带，为我国西南最典型的第四纪火山。

在腾冲市区周围100多平方千米的范围内，分布着大小70多座形如倒扣铁锅的火山，而腾冲市区即坐落在来凤山火山流出的熔岩上。在市区西北10多千米的马站村附近，火山较为集中，黑空山、大空山火山群自北向南呈一字形排列，间距均在1000米左右，建有火山公园，为国家级风景名胜区。

玩家解说

腾冲火山群因为地处欧亚大陆板块的边缘，地壳运动活跃，地震频繁。当剧烈的地震发生时，岩溶喷出地表，待地震停止，岩溶冷却，就形成了一座座形状独特的火山。

在火山口附近，可以捡到灰、红、黑等颜色的火山石作纪念。这种火山石的比重很轻，人称“浮石”。一个人可以轻易地举起很大的一块，投入水中却不会下沉。

黑鱼河

黑鱼河因熔岩流堵塞地下水脉使其露出地表而成。黑鱼河因出水口每年的夏秋时节都会流出成千上万的黑色小鱼而得名。这种鱼在地下暗河中以食小虫和同类为主，故身子特别长，而又浑身呈黑色。鱼从洞口流出

腾冲火山

后，受阳光的照射和食料丰富的影响，几天后便长得又胖又短，很是可爱，当地群众以支溜筒和渔笆捕捉为食。

黑鱼河巨泉一年四季清澈见底，而且流量不减，其中两股水流各有特色，一股涌入龙川江，另一股则形成一潭温柔的泉水。在夏季的洪水暴发期，龙川江会形成清浊分明的两样江水，别有一番景致。

大小空山

火山地质博物馆前方并列的三座火山，从左至右依次是黑空山、大空山、小空山，可以登上参观的有大空山和小空山。黑色的火山岩铺成长长的石板路，正对着大空山，一条陡峭的阶梯，从山脚延伸至山顶。

小空山海拔1900多米，火山口顶部直径约200米，底部直径约60米。沿着步行道登顶只需要十几分钟，可以下到火山口的大坑里参观。

玩家 攻略

在火山口附近，可以捡到灰、红、黑等各种颜色的火山石，但公园禁止游客带走火山石，如果你真喜欢，公园外面的纪念品摊上有打磨好的火山石售卖。

柱状节理

位于曲石镇的柱状节理面积约2平方千米，形成于4万年前，是我国迄今为止发现的一片规模最大、保存最完整的柱状节理，当地人形象地叫它“神柱”。

所谓柱状节理，指的是出现在玄武岩质熔岩里的垂直节理，大部分呈多角形，一般为四角形与六角形。火山岩浆喷发时的温度为1200℃，当岩浆冷却至800℃至900℃时，岩浆结晶便形成柱状节理。它仿佛是石匠雕凿而成，却又绝非人工所为，令人不禁由衷地感叹大自然的神奇。

北海湿地景区 AAAA

高原火山堰塞湖、生态系统湿地

保山腾冲市打苴乡双海村

55元（包含船票 ）

腾冲北海湿地景区简称北海湿地，属高原火山堰塞湖生态系统，是国家首批公布的全国重点湿地之一，也是云南唯一的国家湿地保护区。保护区四面环山，生物多样，看起来像是一张五彩缤纷的巨型花毯。这里的旅游观光价值、科学考察价值极高，游客在此一定能切身体验到大自然绚丽的美景，神秘的色彩。

玩家 攻略

到北海湿地一定要准备拖鞋、短裤和毛巾，避免弄湿裤子和鞋，也方便擦洗，也可以在景区内租雨鞋。

玩家 解说

湿地的水草密密麻麻，根交错在一起，日复一日，年复一年，旧草腐烂，新的草长在腐烂的草根上，然后又腐烂，然后又长出新的，最后形成整片整片的草甸各自浮在水面上，宛如一个一个小草岛，通常有一米多厚。脱了鞋赤脚走上“草岛”，感觉像踩海绵一样。当地人经常把随意切开的一小块草排当竹筏子来划，捕鱼虾；还有人干脆在草排上开个洞，就把鱼竿伸到洞里钓鱼，其乐融融。

这儿每年四月中下旬最美丽，那时满目北海兰花开，美不胜收。秋天时草排颜色有些枯黄，空气里飘着草叶的清香，芦苇丛中不时传来嘎嘎的野鸭叫，泛舟湖面，宛若置身在大草原。只不过这片“大草原”是漂浮在水上的。

文星楼

腾冲城的标志

保山市腾冲城内十字街中心

文星楼建于100多年前，现已成为腾冲城的代表性建筑。

文星楼位于腾冲城内十字街中心，楼高三层，下层石砌方体，四方均设有门洞。城楼正门上悬挂有“福边”的匾额，据说为原腾冲知州、后任云南巡抚的伊里布所书；二楼悬挂明代旅行家徐霞客的“迤西所无”匾额；楼内还悬有镇楼之宝巨钟，散发出浓郁的文化气息。

文星楼的楼基为城墙，城墙正中开有门洞，上刻“溥润门”字样。墙体以腾冲特色建材条形火山石镶贴，两边设台阶直通城楼。站在文星楼上俯瞰，近处，牌坊林立，新城如画；远处，群山如黛，妩媚多姿，是作诗、入画、拍照的极佳素材。

沿街而行，全长近500米、宽约20米的

北海湿地

文星街，路面都是用火山石铺筑，平坦宽阔；两边是仿古商住两用房；街中三道牌坊耸立。

来凤山国家森林公园
主景区为一座火山锥体

保山腾冲市腾越镇南郊1千米

来凤山国家森林公园主景区为一座呈盾状的火山锥体，形似大象，传说有凤凰到此而得名。公园植被茂盛且品种繁多，是人与动物和谐相处、生态平衡的世外桃源。园内有野生鸟类300余种，兽类50余种。公园由于其独具特色的自然景观、人文景观，被称为镶嵌在“极边第一城”的一颗“绿色明珠”。公园内近年来新建了培植以茶花优良品种为主的茶花园母树林基地，育有110个品种，2500株形态花色各异的茶花树，盛开之时，令人目不暇接。山间有南诏时期的来凤寺，寺内建筑典雅大方，佛像庄重肃穆，有白玉卧佛和十八罗汉，造型有小乘佛教特色。

山顶有清代道光七年（1827年）修建的凤岭塔，又名文笔塔，是腾冲人杰地灵的标志。登上塔顶鸟瞰全城及四周山川秀色，田园风光，美不胜收。山顶还保留有抗日战争时的战场遗址4处，可供参观。

来凤山文笔塔

来凤山

来凤山是腾冲境内众多火山中最古老的一座，是90多万年前火山喷发形成的盾形火山。随着岁月的流逝，当年岩浆喷涌、大地隆起的地方，现在已成为古树参天、秀色迷人的风景名胜区。“来凤晴岚”是腾冲十二景之一，在冬春季节的清晨或夏秋季节的雨后，山间岚气升腾，形成一条白练缠绕山腰，或者叠为一层罗盖悬于山顶，景象十分奇丽又难得一见。而冬春季节时，对面的高黎贡山银装素裹，所以有“来凤晴岚银照壁”的佳话。

来凤寺

来凤寺原名龙凤祠，始建于唐代南诏时期，是腾冲最具盛名的佛教圣地。明代改称来凤寺，后毁于清代咸同战乱，现存殿宇为清光绪十三年（1887年）重建。

来凤寺建筑典雅大度，园林精巧幽静，大雄宝殿佛像慈悲庄严，玉佛殿有旅缅华侨奉送的白玉卧佛和十八罗汉，造型有南传佛教特色。大雄宝殿左前侧有释迦文佛殿，供奉白玉释迦牟尼佛坐像，左后侧有腾越古城四门模拟高楼，可登高一览。

白玉祖师殿

大雄宝殿右侧园林外，有白玉祖师殿，建于清代道光元年（1821年），咸同战乱后，重修于光绪七年（1881年），是珠宝玉石行业同人供奉祖师白玉真人集会的场所。白玉真人是腾越珠宝玉石行业对春秋时期楚国相玉奇才卞和的神化。

凤岭塔

凤岭塔始建于清代道光七年（1827年），毁于抗日战争时期。塔基周围还有日军作战工事遗迹，是县级文物保护单位。塔正对文庙的中轴线，塔身如笔，泮池如砚，有笔有砚则人才辈出，所以民间把凤岭塔叫作文笔塔。文笔塔也就成为腾冲人憧憬文运昌隆的象征。20世纪90年代，腾冲县政府在旧塔遗址重建了造型更壮观、功能更齐全的新塔。

凤岭新塔是具有传统风格的新塔，线条流畅，色调清纯，好似一支玉笔高插于来凤山顶，时时放射出文化之光。宝塔高40多米，共13层，内部是楼层结构，可以沿楼梯直上塔顶，纵览“极边第一城”和周围壮丽的山河。

云峰山

山高谷深，陡峭险峻

保山腾冲市瑞镇乡

从腾冲客运站乘坐到固东镇的车　40元

云峰山因峰腰常常云雾缭绕，故名“云峰山”，山峰远看形如玉笋挺立，直插天际，以其“山高谷深，陡峭险峻”而著称。山上1000多级“三折云梯”直通山顶，最陡处的43级石阶近乎垂直，且宽不足尺。两旁是万丈深渊，令人目眩心惊，需面贴绝壁、手扶铁链而上。

云峰寺建在1300多平方米的山顶上，有玉皇阁、老君殿、观音殿等明代建筑。站在天门极目远眺，但见远处高黎贡山雪峰皑皑，四周群山苍翠葱茏，平川春色如画，景色极为壮丽。山中悬崖峭壁间的“云梯三折”被誉为腾冲十二景之首。

云峰山

国殇墓园 AAAA

大型抗日战争纪念陵园

保山腾冲市腾越镇

国殇墓园地处来凤山北麓、叠水河畔，是我国目前规模最大、保存最完整的抗战时期正面战场阵亡将士的纪念陵园，1996年被列为全国重点文物保护单位。陵园占地5.86公顷，建成于1945年，碑铭“国殇墓园”4字为国民党元老、爱国人士李根源书写。墓园内松柏葱茏，清幽、肃穆，文化内涵丰富，是游客体悟抗战历史、缅怀先烈的圣地。

玩家解说

国殇墓园的主体建筑是中轴对称的，呈台阶递进式格局。这里还有“碧血千秋”刻石、忠烈祠、腾冲会战概要碑、阵亡将士题名碑、孙中山像、“倭冢”等景观。在这里，游客可见证一段非常的历史岁月。

槟榔江

独具魅力的边陲风光

保山腾冲市古永乡

从保山客运站乘到腾冲的汽车

槟榔江属大盈江右支流，古称海巴江。源于腾冲市古永尖高山南侧，入境后，南向流至盏西乡勐乃寨前与支那河交汇，纵贯盏西坝，接纳勐龙、小关、邦别、芒牙等河，于芒章乡芒章村入谷，流至新城乡接纳南当河入盈江坝，与南底河交汇，入大盈江。

玩家解说

槟榔江发源于高黎贡山的支系古永乡的狼牙山。从云南腾冲沿中印公路——史迪威公路北行60余千米，就可到达古永傈僳族乡的胆扎村。这里山清水秀，仿佛世外桃源。每年冬春，山峰白雪皑皑，与坝中的绿色庄稼和金色油菜花相映生辉。

槟榔江流经的中国最西南的乡村——猴桥，是史迪威公路跨越槟榔江铁索桥的傈僳族集居村，原名猴子桥，因古代系一条藤索悬垂两岸之间，旁牵两条手扶藤索缠绕，行人踩独绳过江，手足并用如猴攀缘，便以桥而命地名。

叠水河瀑布

从断层崖奔腾而下的瀑布

📍 保山腾冲市腾越镇西郊1千米

¥ 10元

叠水河发源于大盈江，它在流经腾冲市区西面的巨大断崖时，形成了著名的叠水河瀑布。瀑布从岩顶飞泻而下，水花四溅，响声雷动，出现了“不用弓弹花自散”的现象，十分壮丽。据说在阳光照耀下，瀑布上还会映出彩虹，看起来非常漂亮。这里还有1座太极桥，桥下激流奔腾，水汽蒸腾，给人以震撼之感，桥上是观赏、体验瀑布美景的极好位置。

江东古银杏村

村在林中，树在家中

📍 保山腾冲市北部固东镇

江东古银杏村共分布有古银杏树3000余株，其中，树龄在500年以上的600株，200年以上的2100株。全村年产干银杏果约12万千克。江东村银杏树除了具有古老和天然连片特色外，还有一个最大的特点就是“村在林中，树在家中”，家家户户与古银杏树世代和谐相处。每到初冬时节，整个村庄金黄一片，异常美丽。

叠水河瀑布

太极桥

为双孔悬臂式平板石桥

📍 保山腾冲市叠水河瀑布崖头

太极桥位于叠水河瀑布崖头。1913年1月改建成新桥，桥顶石亭内镌太极图，取名“太极桥”。太极桥为双孔悬臂式平板石桥。桥面用石条铺砌，从桥墩往两岸前伸呈悬臂式支撑。两孔之间的桥墩以河底天然巨石为基地。桥墩平台中间有一方形石亭，结构为4柱、4横枋、4斗拱，转角两边横枋又各置一小斗拱，支撑覆斗状顶盖，顶盖内为太极图案。亭西外侧镌“观瀑”二字，亭子被称为观瀑亭。

姊妹湖

龙潭双湖

📍 保山腾冲市顺江街西侧

顺江姊妹湖坐落于腾冲市区35千米的顺江街西侧。姊妹湖附近有大坝，因其里有一片开阔的地方经常积水而得名“海坝”。当地人称姊妹湖为龙潭，东边的湖叫小龙潭，西边的湖叫大龙潭。大龙潭面积大约6000平方米，潭水深不可测，四周绿树掩映，树下鲜花常开，四时不同。

龙王塘

保山第一座农民公园

📍 保山市隆阳区板桥镇郎义村（龙溪山山麓）。

龙王塘即龙王塘公园，总面积33公顷，早在明嘉靖年间（1522—1566年）就已是风景游览区，也是保山的第一座农民公园。这里的主要景点有秋水洞、龙王庙、公主泉等，其中，龙王庙建筑分2院，里面供着龙王、龙母神像；秋水洞位于龙王庙之南，夏末秋初雨水集中时，洞中还会有洪水涌出；公主泉泉水清澈见底，鱼儿成群，是一处趣味盎然的天然涌泉。

景点推荐 盈江周边景点

南甸宣抚司署 AAAA

有傣族“小故宫”之称

德宏州梁河县城遮岛镇南甸路103号

在芒市内乘旅游专线车可到

20元 0692-6161612

8:00~18:00

南甸宣抚司署按汉式衙署建造，从等级上可划分为公堂、会客厅、议事厅、正堂、后花园等。建筑群由47幢、149间房屋组成，主人为龚姓（又称刀龚氏）土司，世袭为官，定居于此，共历28代。这是德宏目前唯一的国家级文物保护单位，里面的建筑辉煌壮丽、精美绝伦，是观光游览、陶冶性情、感悟历史的理想之地。

玩家解说

南甸宣抚司署，于1996年11月27日被列为全国重点文物保护单位，目前是德宏州唯一的国家级文物保护单位。国家文物主管部门计划将其建设成为中国土司制度陈列专馆，让土司制度的活化石永久传于后人，并将遵循“有效保护、合理利用、加强管理”的文物保护方针，加强管理和修复。

南甸宣抚司署建筑群按汉衙署建造，占地面积10 625平方米，除有公堂、会客厅、议事厅等外，还建有牢房、戏楼、账房、小姐楼、巡捕房。

南甸宣抚司署是由三代人完成的，从1851年到1935年，用了80多年的时间，如此宏大的古建筑群，在全国土司署中规模最大，人们称它为傣族的“小故宫”。

允燕佛塔

是云南最重要的小乘佛教佛塔

德宏州盈江县平原镇东郊

可从盈江县步行，也可包出租车前往

允燕佛塔又称曼勐町塔，是云南小乘佛教最重要的佛塔之一。“允燕”是傣语，意为“吉祥、欢跃、令人向往的地方”。佛塔始建于1947年，历时8年才竣工，虽然是近代产物，但古风浓郁，被列为云南省重点文物保护单位。允燕山呈丘陵状，景色壮观，到处是竹林、槐荫，郁郁葱葱，与允燕塔相映成趣。

玩家 解说

允燕塔坐南朝北，从参天荫绿的榕树旁，顺着4米宽、80米长的水泥台阶上至塔的前沿就可通览塔的全貌。这是一座缅式佛塔，由主塔（高20米）和40座小塔组成，均呈圆锥体形。塔的基座上共设5层坛台，第一层立有7座小塔，从第二层开始逐层收缩，高低错落，气势雄伟。

虎跳石

像两扇半开大门的石壁

德宏州盈江县城西南17千米

数百米宽的大盈江，流到这里一下收束成七八米。两座冲天而立的石壁，像两扇半开的山门，封住了大江的去路，这就是虎跳石。狂怒的江水拍打着江中峥嵘乱石，激起冲天水柱和浪花，雷霆般的轰鸣，翻卷着穿过石壁，再加上户撒河飞帘倾注，给人一种吞天化地之感。

落水洞

堪称全国最大的落水洞

德宏州盈江县城西南17千米的坝尾山

从虎跳石沿江而下，步行数百米，就到了落水洞，洞口乱石嶙峋，江水咆哮着往洞里猛灌，震天撼地的江水穿过石洞，又从石缝中倾泻而出，撞着岩石，溅起翠玉般的水珠，再砸到岸边的石壁上，散成漫天的水雾。盈江虎跳石落水洞堪称全国最大的落水洞。

南甸宣抚司署

中国榕树王
仍有树干增生的榕树

德宏州盈江县铜壁关乡老刀弄寨旁

中国榕树王树高约40米，由下垂的气生根长成的新树干已达100多根，每年仍有10多条气生根在增加，树冠覆盖面积达3700平方米，远远看去，犹如一片小树林，故又叫“独树成林”。据专家考证，此树约有300年的树龄。

玩家解说

德宏人把榕树称为大青树，傣族人把它奉为神树。大青树是德宏风光的一大特色，无数枝繁叶茂、千姿百态的大青树遍布全州各地，生长在盈江铜壁关老刀弄寨旁的大青树，在全州的大青树中独树一帜，被人们称作“榕树王”。

大榕树主干上布满了块状根系，如山脉、峡谷，千沟万壑，波澜壮阔。那弯曲的树枝、陡直的气根构成的树洞，似殿堂、回廊，气势雄伟。巨大的树冠浓荫四布，遮天蔽日，像一把巨伞，伸向苍穹，好像要把蓝天白云都吞没。

大榕树枝干抛撒出的一束束气根，宛如一条条巨蟒，把头深深扎进泥土之中，像是要把土地中的水分全部吸干。整棵树，枝连枝，枝连根，构成一个整体，洋洋洒洒一大片。在树下穿行，就好像在原始森林中遨游。

凯邦亚湖景区
四季气候温和的度假区

德宏州盈江县铜壁关乡，距县城40余千米

凯邦亚湖景区分为自然景观游览区和自然游乐区两大部分。自然景观游览区主要由野生飞禽生态游览区、岛屿观光游览区、亚热带果园游览区、水源自然观光游览区组成；自然游乐区由水上游乐区、山林野趣游乐区和野营活动区组成。水上的游乐项目有渡筏、游艇、水上跳伞、水上空中滑索等；山林野趣游乐区有弓弩射猎场、镖鱼、驮铃马帮等。野营活动区内有野炊、篝火、露宿等活动。

德宏美景

橡胶母树
我国树龄最长的橡胶树

德宏州盈江县新城乡凤凰山上

盈江县有浩瀚无边如大海的橡胶林，满目碧玉，令人心旷神怡。在凤凰山腰，有一棵特别高大挺拔的橡胶母树，虽年代久远，但至今仍然挺拔苍翠，老枝纵横，郁郁葱葱。这棵树是傣族民主革命的先驱者刀安仁于1904年从马来西亚引进种植的。据专家考证，这棵橡胶树到现在已有110多年的树龄，它比台湾地区引种的橡胶树早两年，比海南引种的也早一年，是我国引种最早、树龄最长的一棵橡胶树，被称为“中国橡胶母树”，被列为国家重点保护树种。

刀安仁墓
省级重点文物保护单位

德宏州盈江县新城乡背后的凤凰山脚

刀安仁是辛亥腾越起义的主要领导人，也是旧民主主义革命时期少数民族中杰出的领导人之一。刀安仁墓“文革”期间被毁，1993年列为省级重点文物保护单位，1994年云南省政府拨款重造。墓高3.2米，面宽4.4米，呈嵌顶把八字形，属封土堆墓，建筑面积1240平方米，通道长56米，共29级台阶。

景点推荐

瑞丽周边景点

瑞丽江

流经中缅两国的河流

德宏州境内

瑞丽江发源于高黎贡山西侧，流经腾冲、陇川、梁河等县，经畹町、瑞丽流入缅甸，在缅伊尼瓦附近入伊洛瓦底江。瑞丽江其中20余千米属中缅两国界河，是云南省西部的重要河流之一，属亚热带长流河。瑞丽江傣语古称南卯江，即雾水河；元明时期称麓川江；清代既称龙川江，也称瑞丽江。这条江灌溉着中缅两国上亿公顷肥沃的土地，养育着近百万的人口。瑞丽江上游叫龙江。瑞丽江水流平缓，清平如镜，江畔良田万顷，傣家村寨树竹环绕，风光如画，景色十分秀丽。

玩家 解说

游览瑞丽江有三段不同的景观。遮放段：属平坝河流，江岸椿树成林，凤尾竹、亚热带水果等树木围绕着傣家村寨，一派田园风光。

畹町段：属峡谷河流，江水平缓，橡胶树成林，香蕉树成片，高大挺拔的木棉树花开时节，满树彤红，映红了山谷。

瑞丽段：属平坝河流，江流由狭窄的畹町段流下瑞丽坝子，视野突然开阔，使人心旷神怡。此段河流大部分为中缅两国界河，江面野鸭、白鹭群起群落，小舟、竹筏、机动船载着货物和两国边民来回穿梭。

莫里热带雨林 AAAA

综合性旅游景区

瑞丽市畹町镇，市区东北20千米处

¥ 40元

莫里热带雨林景区，占地面积7平方千米，以秀丽奇异的自然、人文景观和佛教圣地而著称，是一处融热带雨林、宗教圣地、休闲度假为一体的综合性旅游景区。在这里，游客能欣赏到茂密的森林，参天古木，奇山

瑞丽市夜景

怪石，瀑布、小桥、流水、水车、亭阁等美丽的自然风光和别具一格的人文景观，是旅游观光、休闲度假的绝佳地。

玩家 攻略

景区夏天较热，冬天不冷，最佳旅游时间是春、秋两季。景区内保存有珍稀树种数十种，包括大叶榕、细叶榕、高榕、七叶莲、绞杀藤（有“森林魔王”之称）及树蕨（有“上亿万年活化石”之称）等。

玩家 解说

莫里三面环山，里面有一块近8000平方米的平地。从景区大门漫步数十米，便见到一池热泉，积水盈尺，清澈见底，温度适中，传闻这是当年野象为佛祖建造的浴池。温泉附近有老态龙钟、盘根错节的大青树，其下有座金色的傣式塔亭，内有一块囤箩石，它倾斜于地面的岩壁上嵌有一个巨型“足印”，趾掌清晰可辨，这就是在南亚、东南亚佛教界享有盛名的佛脚印。足印长96厘米，前掌宽43厘米，足弓宽33厘米，后跟宽52厘米。信众涂以金粉，愈发栩栩如生。岩头烛光点点，香烟缭绕。塔亭后不远处建有大佛寺，每逢佛教节日，香客络绎不绝。

链接

秀丽奇异的自然人文景观

潺湲的扎朵河九曲十回，玉带般蜿蜒在深山密林间，清清曲水上的小桥朴拙简雅，奇山怪石峥嵘险峻，银练似的瀑布凌空直下。这里森林茂密，古木参天，保存有大叶榕、细叶榕、高榕、七叶莲、“森林魔王”绞杀藤以及有“上亿万年活化石”之称的树蕨等数十种珍稀植物；除放养动物外，景区内现有野猪、狗熊、麂鹿、蟒蛇、孔雀、青猴等野生珍禽异兽。此外，传说中释迦牟尼巨脚的“佛脚印”，地表水温达50℃的佛赐圣水，流光溢彩的铜铸坐佛，引来四方无数善男信女。这是一幅人类与自然和谐统一的诗情画卷。瑞丽奇特的边境风光是“一坝两国三城”，即一个瑞丽坝，中缅两国的瑞丽、木姐、南坝三座城市。我们可以通过游览一井两国、一村两国、一院两国、一岛两国及前面提到的一江两国、一街两国具体感受。莫里又被称作“扎朵”，相传佛祖释迦牟尼曾在这里的温泉旁斋戒沐浴，后来留下了一只硕大的足印，为纪念释迦牟尼的亲临，后人用大佛脚印的印巴利语“扎朵”称呼这里。走进莫里，会感到有种神秘的感觉始终追随着你，据说，这里是中国负氧离子量最高的一个天然森林氧吧。

姐勒金塔

东南亚的著名佛塔之一

瑞丽市勐卯镇姐勒寨

在市内可搭乘中巴或微型车前往

8:00～19:00

姐勒金塔，在傣语中称为“广母贺卯”，是德宏瑞丽最古老的佛教建筑、佛事活动场所和旅游景点，享有“德宏佛塔之冠”的美誉。主塔高10余米，塔顶冠贴有金箔华盖，微风过处，风铃叮当，令人神往；周围环列着17座小塔，外表涂有金粉。该塔历史悠久、规模宏大，塔周置有石雕狮像，并且古树参天，见到塔的人无不为之赞叹。对于游客来说，这里是了解、体验佛教建筑和文化的好去处。

玩家 攻略

姐勒金塔也是东南亚的著名佛塔之一，与缅甸曼德勒塔齐名，地位相当高，每年都会有来自缅北的傣族、德昂族等居民不远千里来此朝拜。尤其是到了泼水节等重大节日，这里还要举行为期3天的“摆广母”（赕塔佛会），届时境内外的佛爷、和尚、尼姑会纷纷赶往此处讲经诵佛，是游客旅游参观的好时机。

玩家 解说

姐勒金塔旧塔塔身用土坯建造，主塔高10余米，周围以数小塔围之。后经历代土司主持在其基础上进行不断整修装饰，到民国年间，10余米主塔直入云天，其外环列的17座小塔，外表涂有金粉，主塔顶冠贴以金箔。塔基围有一圈石栏，四周置石雕狮像。塔周古树参天，见者无不为之赞叹。1969年，古塔毁坏，1981年重新开始修建新塔。新塔采用砖土结构，外围小塔，依次渐小，主附塔顶均贴金箔华盖。姐勒金塔修复后，每年泼水节前，佛教徒都在此举行佛事。姐勒金塔又恢复了昔日佛教圣地的面貌。如今此塔仍是东南亚著名的佛塔之一。

姐勒金塔

链接

姐勒金塔的来历

传说很久以前，在姐勒金塔的地基处，每当夜晚时就会闪闪发光，十分奇异。后来，人们掘地一看，才发现底下原来埋着佛祖的舍利。再后来，佛教徒们便集资在此建造了一座佛塔和寺庙。从此，姐勒金塔天天香火不断，成为闻名遐迩的佛教圣地。

大等喊傣家村寨

被誉为农村天然公园

瑞丽市西南19千米

大等喊是个风情万种的傣家村寨，遍地花木扶疏，婀娜多姿的凤尾竹、青葱翁郁的宽叶芭蕉随处可见。这里又是柚子产地，到处有浓绿的柚树叶散发出淡淡的清苦味道。绿树环抱的傣家竹楼与田园交错，富有意境。“等喊”傣语意为“堆金子的地方”。因有两处叫“等喊”，所以以大小区分。在大等喊村的密林深处有一清乾隆年间修建的奘寺，传说是佛祖释迦牟尼传经布道路过此地住了一夜，信徒为纪念他而建的。奘寺是典型的傣式建筑，俨然一座傣族古代宫殿。《孔雀公主》《西游记》等影视剧组都到此取过景，人们把这里戏称为“孔雀王宫”。

喊萨奘房

典型的干栏式建筑

瑞丽市勐卯镇，市区南郊4千米

从瑞丽市包出租车前往

喊萨奘房是一座凤竹环绕、榕树垂须、别具民族特色的建筑，它和附近的傣家竹寨组成一个协调统一的建筑群体。喊萨奘房是傣家民族建筑的精华，傣族文化沿革的艺术宝库。每逢傣家节日，来这里朝拜的香客便络绎不绝。奘寺是一座典型的干栏式建筑，脊上有一座塔式宝顶，奘寺旁有泼水亭，还有一骑鸳鸯的仙女。喊萨奘房走廊的门洞上一对孔雀做飞翔状。一尊高大的释迦牟尼佛像盘腿坐在佛座上，雍容端庄，面容慈祥，

旁立五大弟子。寺顶和四壁绘有孔雀、白象、麒麟等吉祥物，梁上挂有许多五彩缤纷的长幡，显得富丽堂皇。

玩家 解说

数百年前，勐卯地区已成为当地傣族政治、经济的中心。奘房即通常所说的寺庙，是佛教徒出家修行的地方，也是传经布道的场所。

据傣文史籍记载，在勐卯古国时勐卯曾一度为京都，也传闻它最早是鸳鸯栖歇之地。这里以幽静见著，寨里绿竹幽径，榕树绿荫，花开四时，果结终年，佛寺点缀其中，组成一幅美丽的油画景色。

铜壁关

热带生物保护区

瑞丽西部

铜壁关自然旅游保护区是云南30个省级旅游自然保护区之一，与缅甸接壤，属“热带湿润旅游地区，西部亚区，热带季雨林——砖红壤地带、滇西横断山峡谷区”，是我国唯一具有伊洛瓦底江水系热带生物区系的地区。保护区内热带山地森林生态系统保存完好，生物多样且极其丰富，特别是分布着许多独特的伊洛瓦底江水系的珍稀特有物种。保护区内有着云南娑罗双、盈江龙脑香等标志性热带雨林植被，以及白眉长臂猿、犀鸟等珍贵热带动物。

畹町口岸

云南境内的国家级口岸之一

瑞丽市畹町镇

从芒市到畹町每天有数十班中巴车前往

畹町口岸是云南境内的国家级口岸之一，位于德宏州南部。“畹町”二字系傣语音译，意思是“太阳当顶的地方”。畹町是中国最小的城市之一。东南亚的商人云集畹町，使畹町成了美国、日本、法国、印度、巴基斯坦、尼泊尔、孟加拉国的化妆品、首饰、工艺品、农副产品、珠宝玉器的物资集散地。畹町南侧，中缅交界的河上，是著名的两国界桥——畹町九谷桥。该桥是“二战”时中国与国际往来的唯一陆上通道的界河桥。

畹町九谷桥

中缅两国的界河桥

瑞丽市畹町镇畹町河

九谷桥以前只是由两根并排的木头组成的简易桥，走上去一颠一晃，令人提心吊胆。1938年滇缅公路开通后，重修了一座石拱桥。畹町九谷桥既是中缅两国的界河桥，也是滇缅公路出入国境的口岸桥和中缅两国的友谊桥。桥头设有中华人民共和国海关和边防检查站。每天早晨这里都要举行升国旗仪式和开关仪式。

畹町生态园

中国孔雀的家园

瑞丽市畹町经济开发区

畹町生态园以生态旅游观赏为特色，是融园林、旅游多功能为一体的旅游公园，被称为“中国孔雀的家园”。生态旅游园分为植物园、动物园、孔雀园、蟒蛇园、百鸟谷、生态标本馆等景区。这里林木葱郁、百鸟欢歌，千余只美丽优雅的孔雀翩翩共舞，园内陈列的几百种动物标本让人眼界大开。

回环傣寨

典型的傣族村寨

瑞丽市畹町镇回环寨

“回环”是傣语“山洼”的意思。这里傣家竹楼造型古朴，错落有致，寨子环境幽雅。回环傣寨西建有一木结构歇山顶式佛寺，系全村佛事活动的主要场所。寺旁建有一幢一楼一底的木结构房屋，专供信徒举办佛事活动使用。寺中无住持僧侣，一般事务或普通的佛事活动多由村中老人和本村专事日常宗教活动的主持人、民间称之为“姐列”的人负责，重大的佛事活动则从寨外请来佛爷主持。

南菇河淘宝场

宝玉石成矿中最富集的区域之一

瑞丽市弄岛镇以西约6.5千米

南菇淘宝场占地60公顷，这里是世界著名的宝玉石成矿带。沿清澈的南菇河绵延10多千米的淘宝场，是宝玉石成矿中最富集的区域之一，以蕴藏红、蓝宝石而闻名中外。近百年来南菇淘宝场先后办过几十个大大小小的宝石场。采淘要用规定的工具，淘到的宝石原矿可交特聘的缅甸宝石加工师鉴定，现场加工成戒指、项链、手链等宝石制品。

独树成林

一棵独立成林的大榕树

瑞丽市勐卯镇芒令村320国道边

从瑞丽坐汽车可到达

榕树在瑞丽是一道独特的风景线。无论山坝间、村寨里、道路旁都有种植，要么独树成林，要么榕树相连成片。人们视榕树为神树，只种不砍。在德宏，榕树在所有树种中占的比重最大。独树成林景区树位于芒令村旁，远看路边左侧是一片绿油油的树林，实际上只是一棵榕树，好像是专门站在那里等候远方的来客，因此瑞丽人称它为迎客榕。这棵迎客榕并不算大，在德宏州内排行第

独树成林

一寨两国

五，但它树形奇特，左右前后姿势多变，于是为众多影视美工师所青睐。

景罕玉兔佛塔

德宏傣族、德昂族拜佛的圣地

德宏州陇川县景罕镇东山顶

德宏陇川景罕玉兔塔是德宏傣族、德昂族拜佛的圣地。景罕玉兔塔历史悠久，曾是印度、缅甸、泰国佛教所公认的佛光宝地，它与缅甸的曼德勒佛塔齐名。群塔建筑在山坡顶端石砌的平台上，景罕玉兔塔主塔高25米，周围建筑的8个小塔，各高10米。主塔座分3层，由一朵圣洁的开放状的莲花托着圆塔。景罕玉兔塔顶尖端戴着工艺精美的铜制塔帽，景罕玉兔塔帽上悬挂着几块镜子和天笛，阳光照射，风吹笛响，清脆悦耳。景罕玉兔塔东、西、南、北四方小塔座设有佛洞，内塑有小佛像。玉兔佛塔塔茎周围雕塑着各种动物、花卉、人像，远望气势宏伟，近观玲珑剔透，是德宏傣族风格典型建筑之一。

章凤观音寺

德宏州最大的大乘佛教寺庙

德宏州陇川县章凤镇西侧的老寨中央

章凤观音寺既是云南省边境风光旅游地，又是我国佛教典籍《中华大藏经》的存放地。

该寺建于1925年，寺内正殿在文化大革命中遭到严重破坏。1982年修复，1987年扩建。藏经楼珍藏的《中华大藏经》是1991年由台湾财团教育基金会赠送的。现已成为该寺的一大奇观和稀世之宝。

云南景颇园

以景颇族文化体验为主的旅游区

德宏州陇川县章凤镇广山寨

云南景颇园是一个以景颇族文化体验为主的综合旅游区，以了解景颇族文化和体验景颇族生活为立园主题。园区由广山景颇文化生态区、民族文化展示区和绿色生态区3个功能片区组成。主要有景颇演艺中心、景颇民俗坊、景颇万神园、景颇山官府、景颇历史文化长廊、景颇文化博物馆、景颇山庄以及旅游配套设施。

一寨两国 AAAA

一个特色的跨国寨子

德宏州陇川新县城章凤以西7千米中缅边界51号、52号界碑之间 ¥30元

“一寨”是指银井寨，寨子分为两个小村，国界边中国一侧的拉影村与缅甸一侧的雷基村完全连在一起，之间没有什么明显的标志。两村居民大多是傣族，两国边民同饮一口井，同赶一个集，同上一个奘寺，同供一尊大佛。

邦角山官衙门

旧时山官工作及生活的处所

陇川县王子树乡邦角村

邦角山官衙门建于1935年，系原石婆坡隘（今邦角）景颇族山官尚自贵所建，旧称邦角抚夷署。该衙门是尚氏山官处理日常事务及其家人生活起居的处所。衙门由北向南排列有厅堂、左右厢房、正堂及库房等。厅堂和正堂前各布庭院，正堂高出庭院1.7米，呈一石砌平台，上面刻有景颇传统纹饰，衙门四面筑石砌围墙，院门筑一石砌碉堡，上开二层射孔，因防匪患及部族仇杀纷争，衙门结构布局俨如城堡，兼有军事要塞的功能。

黄阁寺

大乘佛教、小乘佛教与道教共寺

德宏州陇川县户撒阿昌乡全凤山麓

在我国佛教名山众多的寺庙中，大多是一寺一教或一道一观，在这里却出现了大乘佛教、小乘佛教与道教共寺的宗教奇观。这里既有大乘佛教的大雄宝殿，又有小乘佛教的巍峨笋塔；既供奉着释迦牟尼佛像，也有玉皇大帝塑像；既有观音菩萨的金身，又有土地公公的泥塑、王母娘娘的宝座及36个凶神的泥身，这在中国是罕见的。

瑞丽风光

景点推荐 芒市周边景点

勐巴娜西珍奇园 AAAA

亚热带植物基因宝库

德宏州芒市东北部的芒市镇勇罕街29号

在潞西市内步行即可到达景区　40元

0692-2137666　8:00~18:30

勐巴娜西珍奇园地处德宏州芒市城东南，园内汇集了大量的古树名木和硅化木玉石，并且具有稀、奇、古、怪的特色，是全国罕见的生态园林，可以说是“亚热带植物基因宝库”。这里有四项“全国之最”：百年古树数量（500余株）和规格为全国之最；树化石、树化玉数量（1000余吨）和规模为全国之最；大型根雕数量和规格为全国之最；大（古）树移植数量（500余株）、成活率（96%）为全国之最。总之，这里是一座美妙、神奇的园林，一定会让你大开眼界，流连忘返。

玩家 攻略

园林中精品荟萃，珍奇罕见，包括人参榕、罗汉松、鸟巢蕨、莲台蕨、鹿角蕨、王冠蕨、紫薇、三角梅、石斛兰、万代兰、一叶兰、巴西铁、黄杨、铁树、榆树、地乌龟、沙漠玫瑰等珍稀植物和奇花异草，品种琳琅满目，令人眼花缭乱。

玩家 解说

园内有千年桂花、千年紫薇、千年黄杨，600年的榕树、500年的鸡蛋花、300年的三角梅。还有高2.6米、重4吨多的树化玉；高4米多、直径1米多的树化石；长5.3米、树龄3000多年的红豆杉根雕长桌；高4米多、千年乌墨木大型根雕——双龙抱柱；高3米多、千年香果树根雕——“寿比南山”。珍奇园不仅拯救、保护和培植了大量古树名木和珍稀植物，是生态环境保护的典范，而且创建了高品质、有特色的精品旅游景点，供中外游客大饱眼福、赏心悦目，领悟大自然的神奇美妙，感受热带雨林风光的滋味，体验浓郁的民族风情。

链接

勐巴娜西珍奇园的"全国之最"

勐巴娜西有神奇、美丽、富饶的意思，勐巴娜西珍奇园拥有四项全国之最：古树名木数量之多、年代之久为全国之最；奇石、树化石，尤其是世界上罕见的树化玉，规格之大、精品之多为全国之最；大型根雕形状之奇、品位之高为全国之最；大树移植数量之多、成活率之高，为全国之最。信步珍奇园，罕见的千年桂花、千年黄杨、千年紫薇、上亿年的硅化木玉石处处可见，园内春有花、夏有荫、秋有果、冬有绿，令人叹为观止。

德宏民族风情游览区

德宏州最大的城市公园

芒市青年路南段东侧

德宏民族风情游览区是德宏州最大的城市公园，游览区依芒市环城东路划分为东南两区，西区有民族文化宫、民族风情游览区场、风情村、综合旅游购物中心、风味饮食街；东区有大金塔、宗教文化展示、贝叶林、水上活动中心、周恩来总理纪念亭、植物园、景颇族、融情村。与芒市城中的树包塔、菩提寺、佛光寺、五云寺、中缅友谊常青树、滇西抗日战争纪念碑、旅游步行街等众多景点连成一片。

树包塔

当地傣族建造最早的佛塔

芒市友谊路芒市第一小学院内

树包塔在傣语中称为"广母姐列"，始建于清乾隆五十三年（1788年），距今已有200多年的历史。此塔高10余米，以砖石垒砌，形状为八角形，里面供有佛像。佛塔熠熠生辉，塔顶被树包围着，树木高达30余米，枝繁叶茂，堪称人间奇景。塔就是树，树就是塔，树大塔小，塔树浑然一体，可以想象这是一种怎样的情景。

菩提寺

傣族民间艺术的一座宝库

芒市正南路中段西侧

菩提寺建于清康熙末年，后重修为干栏式三重檐歇山顶抬梁木结构，将傣、汉建筑风格融为一体。傣语称菩提寺为"奘相"，意为"宝石寺"。整座佛殿庄重肃穆，气宇轩昂。菩提寺是小乘佛教的寺庙。寺庙虽然不大，但寺内珍藏着琳琅满目的壁画、剪纸和万卷经书，以及三四百年来不同历史阶段的傣族艺术珍品。大殿前的一对石雕动物，

树包塔

菩提寺

是缅甸传说中的一种奇兽，叫“嘎朵”，是专门守护佛殿的。菩提寺不仅是僧人念经、教徒朝拜的地方，而且是傣族民间艺术的一座宝库。

佛光寺

以佛祖光辉普照四方而得名

芒市阔时路东段

佛光寺建于清同治十二年（1873年），为木结构重檐歇山顶式样。佛光寺以佛祖光辉普照四方而得名，傣语“奘贺幸”。1989年，寺内建了一座佛塔，主塔高10余米，四周有小塔16座，造型十分美观。每逢泼水节，寺内游人如织，热闹非凡。

五云寺

芒市最早的佛寺

芒市五云路北段西侧

五云寺傣语称“奘罕”，意为金寺，是芒市最早的佛寺。五云寺始建于清康熙四年（1665年），寺院旁建着一座金塔，由8座小塔环拥着主塔组成，每座小塔下都有佛龛，内放一尊小佛像。每个塔顶都吊着黄铜镂空的璎珞，金光闪烁。

法帕温泉度假村

芒市的度假胜地

芒市西南8千米

法帕温泉度假村内有温泉群，水温46℃左右，流量稳定，泉水清澈，水质不含有害元素。旁有高耸的尖山，山上有庙，翠竹掩映，环境优美，法帕温泉度假村是理想的旅游度假胜地。

滇西抗日战争纪念碑

缅怀革命先烈的纪念碑

芒市城东南的仙池路

滇西抗日战争纪念碑掩映在翠绿的凤尾竹中。滇西是中国抗日战争的主战场之一，“珍珠港事件”爆发后，日军入侵东南亚，包抄缅甸，威胁滇缅公路。中国10万远征军偕同滇西各族人民，与日军浴血奋战，付出了巨大的牺牲，终获胜利。1989年德宏州人民政府决定在芒市城东缘的雷牙山麓重建纪念碑，纪念碑占地6000平方米，以橡胶林为背景，周围植以杉、柏，显得庄严肃穆。该纪念碑是教育后代、缅怀革命烈士、激发人们爱国热情的场所。

万马河生态保护区
德宏第二大自然保护区

芒市东部山地

万马河生态保护区是德宏州铜壁关自然保护区之后的第二大自然保护区，是芒市野生植物资源、动物资源、水资源宝库。该保护区以保护热带山地森林生态系统和多种珍稀濒危物种为主体，属森林生态保护区。区内有珍稀濒危植物，主要有毛叶黑桫椤、桫椤、水蕨、苏铁蕨等。主要的经济植物资源有用材树种、药用植物、野生蔬菜植物、野生果品植物、野生花卉及观赏植物，还有纤维植物、色素植物，以及多种竹笋和菌类植物，保护区内野生动物有巨蜥、蟒蛇、金雕、黑颈长尾雉、绿孔雀等。

三仙洞
洞中有三块奇石

芒市西南约40千米处

三仙洞是一处位于悬崖绝壁上的天生溶洞，因为洞中有3块形似狐仙的岩石而得名，最早开发于清道光二十八年（1848年）。此洞共分上、下2层，内高30米、宽50米，有16个厅堂。洞中分布着千姿百态的景观，像石钟乳、石柱、石笋、石幔、石花等，蔚为壮观。这里洞中有洞，洞洞不同，清泉潺溪，风光优美，妙趣无穷，是观光、休闲、探险的好去处。

三仙洞

扎朵瀑布
落差40米高的瀑布

芒市、陇川、瑞丽三县市交会的莫里峡谷

扎朵瀑布藏于山峦叠翠、万木争荣、双峰对峙的广弄山和广马山之间的亚热带雨林深处。清澈的泉水从40米高的悬崖陡壁倾泻而下，高峰悬崖间雪飞云涌，响声雷鸣。由于河床地势陡峭谷深，乱石峥嵘，迂回曲折，河水湍急，时而涌起朵朵雪白的浪花，时而又像一群巨兽在岩石间乱窜，形成了不少奇险景观，有“九曲十回通幽处”之感。

龙陵邦腊掌温泉景区
有“奇汤神水”之称

保山市龙陵县龙山镇北郊

乘龙陵至腾冲的客车到邦腊掌下车即到

龙陵邦腊掌温泉景区位于植被丰茂犹如世外桃源般的山谷之中。邦腊掌温泉这一带温泉眼众多，至少有上百孔。众多泉眼奇形怪状，各不相同：有水色一日三变的仙人池，两泉相邻、温度各异的阴阳泉，水涌数米高的大沸泉，更有珍珠泉、蛙鼓泉、石缸泉、间歇泉等。邦腊掌温泉以水质所含化学元素区分，有氡氟泉、碳酸泉和硫磺泉三种不同的温泉水质。温泉水中丰富的矿物质，对人体多种慢性病都有疗效。邦腊掌温泉具有镇痛、祛风湿、调节心血管、提高机体免疫力、消炎、脱敏、调节生殖机能等多重疗效。

小黑山自然保护区

森林覆盖率高、原始森林植被完好

保山市龙陵县高黎贡山山脉南端

小黑山省级自然保护区地处高黎贡山山脉南端，面积1.6万多公顷，森林覆盖率高，原始森林植被完好。典型的立体气候造就了丰富的生物多样性，保护区内有孔雀、蜂猴、菲氏叶猴、金钱豹、金猫等50多种国家重点保护野生动物，有桫椤、长蕊木兰、红花木莲等30多种国家重点保护野生植物。

蚌渺湖

滇西边境最大的人工湖泊

保山市龙陵县勐冒村

蚌渺湖是滇西最大的人工湖泊，湖面面积超过4.7平方千米。由于地处神秘幽深的小黑山自然保护区内，整片湖水从没受到过任何污染。因此日渐成为生活在喧嚣嘈杂城市里的人们"享受宁静，回归自然、返璞归真"的好去处。这个被澳大利亚生态旅游专家索菲尔德博士称赞为他所见到的第二个"尼泊尔山水田园风光"的地方，如今已成为滇西旅游黄金线路中最为夺人眼球的圣洁之地。

勐糯仙人洞

胜似迷宫的溶洞

保山市龙陵县勐糯乡

勐糯仙人洞曲折幽深，千姿百态，1000多米深的洞内，洞中有洞，胜似迷宫。洞中有河，河水从巨岩直泻，水声轰轰如万马奔腾，迸出万朵浪花，宛若"龙宫"。仙人洞的奇观异景，令人目不暇接。

松山抗战遗址

爱国主义教育基地

保山市龙陵县勐腊乡

松山是滇缅抗战的咽喉要地，素有"直布罗陀"之称。抗日战争中著名的滇西战役的主战场就在这里。山上松树密布，一片葱绿；山脚有怒江相依。当年日军修筑的战壕在野草丛中隐没，炸弹坑随处可见，松山战役阵亡将士公墓及纪念碑记载着6000多名抗日烈士浴血奋战、英勇捐躯的伟业。多年来常常有中外游人来到松山凭吊，松山已成为著名的爱国主义教育基地。

茄子山水库

素有"滇西千湖岛"之称

保山市龙陵县城30多千米苏帕河上

茄子山水库总库容量1.25亿立方米，库区青山环绕，绿树成荫，湖水清澈明净，平静如镜，素有"滇西千湖岛"之称。湖中小岛林立，绿树红花，交相辉映。各种鸟雀自由生息于青山绿水间，与湖光山色和谐交融，平添无限生机和情趣。茄子山水库层次丰富，林木种类众多，四时皆可游，尤以冬日为佳，冬日山色艳丽，湖水清碧。

景点推荐

临沧周边景点

灵山寺

灵应山上的千年古寺

临沧市临翔区凤翔镇南信桥村东北灵应山

灵山寺位于临沧市临翔区凤翔镇的灵应山，建成于清光绪三十年（1904年）。现存寺庙为1988年重建，主要景点包括观音阁、灵露阁、忠武亭、白塔、曲桥、水池等。这里环境清幽，怪石林立，花木扶疏，流水潺潺，一直是凤翔民众的主要游览场所之一，非常值得去游赏一番。

临沧大雪山

澜沧江和怒江的分水岭

临沧市临翔区邦东乡

从临沧坐汽车可到达

临沧大雪山自然保护区位于澜沧江中游，紧靠214国道，临沧邦东公路直达景区腹地。保护区在临沧市东面，澜沧江西岸，临翔城区东北，直线距离19千米。保护区由大雪山的雪山洞、主峰石、杜鹃林、桫椤群、黄草坝等18个景点组成。

玩家 解说

保护区主峰大雪山峰巅，海拔3429.6米，最低海拔在保护区边沿为1620米，相对高差1809.6米，由于高差大，河流切割形成了地形破碎、峡谷纵横的自然地貌。

保护区南临北回归线，气候属我国气候带划分的亚热带，但因受控于孟加拉湾西南暖湿气流，加之地势较高，按全国和云南省气候带指标，气温值相属于北亚热带和南温带，即温凉气候。2500米以下的气温值相属于北亚热带，为暖湿性温凉气候；2500米以上的气温值相属于南温带，为寒温性温凉气候。年平均气温7℃~14℃，最热月平均气温11℃~19℃，最冷月平均气温3℃~6℃。海拔3000米以上地带，冬春两季有三四个月的积雪过程，即每年的12月至翌年的3月，主峰一带积雪覆盖，白雪皑皑，大雪山由此得名。

五老山

国家级森林公园

临沧市临翔区东郊15千米

五老山森林公园是一处融观光、休闲、度假为一体的综合性景区，是大自然赋予的极佳旅游地，以雄、奇、险、秀、幽而著称。在这里游客不仅能欣赏到美丽的自然风光，还可观赏到丰富的人文景观，是回归自然、放松身心的好去处。

玩家 解说

五老山山势峻拔，沟谷纵横，林中遍布流泉飞瀑，山崖藤萝密布。阳春三月，山野杜鹃如火如荼。夏秋阴云凝聚时山间白雾翻腾，山峰如云海仙岛。宿雨初晴，碧空如洗，山色苍翠欲滴，山腰白云如天然玉带；夕阳西下，余光返照，层林生辉。山中金竹林大叠水从悬崖峭壁飞流而下，形成高30米、宽3米多的巨大水帘，身临其境令人惊心动魄。

沧源崖画景区

我国目前发现的最古老的崖画之一

临沧市沧源县勐来乡崖画寨

沧源崖画景区即司岗里崖画旅游区，融秀丽的自然风光、厚重的历史文化及独特的少数民族风情为一体，是一处极具观赏性、娱乐性的旅游景区。这里不仅森林蓊郁，植被茂盛，岩壁林立，流水潺潺，民风古朴，民情浓郁，而且有闻名中外的沧源崖画，每天都吸引着众多海内外游客慕名前来参观、游览。

玩家 解说

沧源崖画产生于3000多年前的新石器时代晚期。已发现崖画地点11处，分布于沧源县的勐来乡、丁来乡、满坎乡、和平乡和耿马县的芒光乡等地，一般均在海拔1500米左右的山崖上。

灰色的石灰岩石壁上画有赭红色的图画，当地的佤族人称为“染典姆”，意为岩石上的画。崖画各地点的画面距地面高2~10米，画面积1~30平方米不等，图形有人物、动物、房屋、道路和各种表意符号，以及树木、舟船、太阳、云朵、山峦、大地等。

茶文化风景园

以滇茶文化为主的民族风情园

临沧市临翔区

茶文化风情园以滇茶文化、少数民族茶文化为主，兼顾中国及世界茶文化，融旅游、休闲、娱乐为一体，是一处综合性人文旅游景区。园内展示了多种多样的茶文化，包括茶道、茶经、茶礼、茶俗、茶歌、茶舞等。在这里，游客不仅能参观、游览景点，也能体会到采茶、制茶的乐趣，还能领略到浓郁的民族风情。

佤山风景名胜区

国内典型的佤族自然山水风情区

临沧市沧源县境内，与缅甸接壤

佤山风景名胜区与缅甸接壤，共有景点199个，由勐来、南滚河、勐董、拉勐河、班列5个片区和勐省—茫卡南游览线组成。景区历史文化古朴丰厚，崖画文物闻名；自然环

佤山风光

境优美，山林碧绿苍翠；珍禽异兽出没，孔雀、大象穿梭；陡岩刀砍斧劈，溶洞迷宫引人入胜。

勐董景区
以勐董坝为中心的景区

临沧市沧源县佤山风景名胜区

勐董景区广允缅寺始建于清代，殿堂内墙壁及藻井的彩画保存完好，彩画为国家保护文物。景区以秀丽的勐董坝为中心，四周群山环绕，有广允缅寺、芒法白塔、抗英纪念碑、佤族风情度假村等景点。

广允缅寺

广允缅寺俗称“学堂缅寺”，位于沧源县勐董镇大街北侧，相传建于清道光年间。寺院占地2200平方米，由大殿和寺门组成，系三重檐与四方阁组合的建筑。亭阁前雕有盘龙绕柱，大殿内的墙壁上绘有10幅精美的壁画，内容为佛教故事和风景。1988年1月，国务院公布该寺为第三批全国重点文物保护单位。

抗英纪念碑

19世纪英国侵略者占领缅甸后，不断从缅甸侵犯我国云南省西部地区，激起了佤族人民与全国各族人民的无比愤怒。班洪王召集各部落决定武装起来进行反击，后在全国人民的声援下，击退了英国侵略军，收复了失地。新中国成立后，人民政府为弘扬爱国主义精神，教育后代，特立抗英纪念碑于沧源县班洪。

广允缅寺

南滚河自然保护区

热带雨林保护区

临沧市沧源县西部

南滚河国家级自然保护区总面积5万多公顷，位于沧源、耿马两县的班洪、班老、勐角、孟定等11个乡镇境内，保护区西起沧源县小母空山顶，经班洪村到耿马县三家村；东自沧源县登革洛河岔口，到耿马县石楼梯；南起沧源县勐角林场；北到耿马县三叉河。南滚河保护区山体为横断山山脉、怒江山系的南延部分，山脉为东西走向。保护区内的大青山、回汗山、窝坎大山、芒告大山构成山脉的主峰，北高南低，形成沟谷纵横的地貌特征。保护区内植被保存完好，动物、植物种类繁多，是热带雨林保护区。

凤山公园

因如凤凰飞翔而得名

临沧市凤庆县翔凤山

公园主要景点包括凤山公园、文庙、烈士陵园。公园主要有登山石阶、凉亭、茶花女塑像和金凤凰腾飞的雕塑。凤山像一只巨大的凤凰向着东方升起的太阳展翅起飞。园内森林茂密，古树参天，天高云低，烟雾弥漫，是过去顺宁十景中的“凤岫凝烟”景观，也是人们“登山观城景，入林赏凝烟”的好去处。

文庙

凤庆文庙始建于明万历三十四年（1606年），占地面积达1.2万平方米。文庙古建筑是凤庆历史文化的一个缩影，也是凤庆文化发展的见证。建筑群由鸣凤阁（魁星阁）、崇圣殿、大成殿、大成门、棂星门、龙门、泮池等建筑沿一中轴线组成。

烈士陵园

陵园内筑有烈士墓16冢，正中有方形烈士纪念塔一座，塔高5.5米，上刻解放战争中征粮剿匪中牺牲的46位烈士的英名及“你们活在我们的记忆中，我们活在你们的事业中”等题词，背面是修建烈士碑志。

鲁史古镇

茶马古道的咽喉重镇

临沧市凤庆县东北部

鲁史古镇历史悠久，文化底蕴深厚，鲁史古镇是滇西片区保存较为完好的古建筑群之一。民居建筑风格受大理白族文化及江浙一带的影响，具有典型的南诏建筑风格。鲁史原称阿鲁司，历史上由土著民族语演化而成，这里曾一度成为滇缅茶马古道的咽喉重镇，号称“茶马古道第一镇”，是当时通往蒙化（今巍山县）、下关、昆明、丽江、西藏，到印度、缅甸的重要驿站。

石洞寺风景区

寺内有与寺齐名的明代古茶花树

临沧市凤庆县洛党彝族乡

凤庆石洞寺建于清乾隆、嘉庆年间，1926年重修。寺内建筑有大殿、两厢、拱桥、莲池、双阁等。石洞寺院有大殿、厢房、二房等共5幢11间，另有古茶花树一株，合抱有余。古树名蒲门茶，9蕊18瓣，与寺齐名。寺前双阁建于清道光、咸丰年间，对峙于两巨石上，双阁间以石桥相通，建有拱桥、莲花池，地势险峻，风景优美。

永德大雪山

低纬度高海拔原始林区

临沧市永德县大雪山乡境内

永德大雪山风景区位于临沧永德县境内东北部、澜沧江西岸，是云南省级自然保护区之一。永德大雪山风景区是一个较为封闭的低纬度高海拔原始林区。景区内地形多变，地势险峻，箐深林密，溪流湍急，悬崖壁立，洞穴四布，植被纷繁，动植物种类丰富，垂直自然景观明显。永德大雪山风景区的主要景点和景观有雪山河、老君殿、黑尖山、仙人洞、黄草坝、主峰石、杜鹃林、鼓墩山、蜜蜂村、瀑布、搭险石等。

勐汞观音洞

勐汞观音洞

大自然"地下仙境"

临沧市永德县德党镇勐汞村

勐汞观音洞是一个地下暗河隧洞，洞体宽阔深幽，景观悬奇秀丽，是大自然的"地下仙境"。主洞总长4千米，现可提供旅游洞深1.5千米。洞内天幕石乳垂吊，两壁石瀑飞布，洞底小河淌水，两岸石笋林立。观音洞不仅拥有出神入化的地质景观，而且每到清明时节都有不少人到此祭拜观音，祈求保佑。观音洞旁有温泉，温泉的流量大，水质特好，无色无味，温凉适中，四季均可沐浴，沐浴后可消除疲劳，可防病理疗。

南汀河

河流沿岸有众多人文和自然景观

临沧市耿马县西部

南汀河发源于临沧市临翔区博尚镇，流域区处在澜沧江、怒江中下游，全长311千米。景观有孟定坝亚热带风光、原始热带雨林景观、火草山生物景观、孟定边贸口岸，还有众多的佛寺、岩画等古迹。南汀河沿岸珍稀动植物和物产丰富，有名贵中药材3000多种，名贵花卉80多种，珍贵林木、野生珍禽异兽数百种。

耿马总佛寺

耿马土司及其亲属拜佛的场所

临沧市耿马县城郊

耿马总佛寺傣语"洼细利专勐"，位于云南省耿马县城郊，属巴利语南传上座部佛教寺院，由清代乾隆年间耿马宣抚司主持修建，是耿马土司及其亲属拜佛的场所，又称官缅寺。清咸丰元年至四年（1851—1854年）、光绪二十三年（1897年），曾两次重建。

石佛洞遗址

石佛洞遗址
新石器时代文化遗址

📧 临沧市耿马县城南25千米处

石佛洞系新石器时代文化遗址，由地壳的自然运动变化而形成，是云南省规模最大的洞穴遗址。整个洞深不可测，秘不可探，洞口高达20余米，宽至50米；洞口面宽约80米，高30米，纵深约100米。洞口下的文化堆积层厚达3米，其中有早期人类房屋柱洞。据考古人员考证，石佛洞遗址的主人早在3000年前就会牛耕、种稻、烧陶，其石器精致，陶彩精美，造型精细，创造了西南最先进的新石器文化。

玩家 解说

石佛洞于1983年试掘，文化堆积层厚3.2~3.5米，掘出五层居住面遗迹和椭圆形、长方形房址各一座，出土遗物有石器、骨器、陶器、稻谷等。石器均为磨制，其中状如齿轮的“棍棒头”极为罕见。陶器中单耳罐、折肩罐、圜底体罐为云南地区新石器时代遗存所仅见。

孟定洞景佛寺
埋藏有释迦牟尼舍利子

📧 临沧市耿马县孟定镇洞景寨

孟定洞景佛寺因埋藏释迦牟尼舍利子而闻名东南亚，其建筑结构及陈设属南传上座部佛教山林派。大殿内有释迦牟尼金色大佛一尊和弥勒睡佛22尊，佛像神采各异。据洞景佛寺史载，释迦牟尼圆寂后，起尸焚而得晶骨，即舍利子，晶骨分为8份传遍各地，具有超乘公德的佛力，以普度众生。释迦牟尼舍利子一部分传入孟定并埋藏于洞景佛寺内。

小芒关崖画
沧源崖画群点之一

📧 临沧市耿马县四排山乡东南方芒关村委会地界

小芒关崖画属沧源崖画群点之一，海拔1600米的小芒关山一处倾斜呈岩厦状，面向东南岩房的岩壁风雨阳光不能直接侵蚀辐射。岩壁顶端左右长满枝叶茂盛的小树杂草和寄生藤条，岩房上沿自然下垂很多长短粗细不等的钟乳石柱，特别突出的是，在岩壁上端凸出部分自然倾斜伸出一块长形、头端分开的钟乳石，远处看就像一个张着血盆大口的“龙头”，在“龙头”的上方有一团左下方缺口的大石，远看恰似一个面向远方虎视眈眈的“狮头”，这些生动的图像，使整个岩壁更显得壮丽多姿。

玩家 解说

小芒关崖画分别集中在两处。在左面岩壁上离地面约2.5米处，有较明显的暗红色分足站立、两手伸开的人像两个；中上方有一个似头戴凤冠、分足站立的人像；中下方有一个手掌印，右下方有一个空白手指印。左边一个人像的右下侧有一似熊兽的图形，在离地面约2.4米处有一个黑色似兽头的双耳人身分足带尾巴的图像。此外还有一些不明显的图形散布。

在岩壁的右下方离地面约1.2米处的岩壁上，有土红色凹圆坑4个，估计是挖取绘画颜料留下来的。整个岩壁高约10米，长约20米，岩壁前有一处约7米宽的平台。

漫湾百里长湖景区

以澜沧江为纽带连成一线的景区

临沧市云县漫湾镇

漫湾百里长湖景区是指澜沧江流经临沧境内200多千米的流域，此段流域建有3座百万级千瓦大电站——漫湾电站、大朝山电站、小湾电站（亚洲最高坝电站）。景区沿线依次分布着澜沧江大峡谷、云海山庄、曼志新石器遗址、朝山寺、滇缅铁路遗址、民族风情村、电站景观等众多景点。

万亩原始野生古茶树林

原生古茶树林

临沧市双江县勐库镇

万亩原始野生古茶树林生长着8万多株原生茶树，距今已有2500多年历史。是迄今为止发现的世界上面积最大、树龄最长、海拔最高的原生古茶树林。

南伞跨国溶洞

一洞跨两国的自然景观

临沧市镇康县南伞镇的中缅边境线上

南伞跨国溶洞洞内自然景观奇特，观赏性强。从洞内游览2千米即到缅甸掸邦第一特区果敢县境内，是云南乃至全国唯一的“一洞跨两国”自然景观。景区地处边境贸易特区及少数民族集聚地，自然风光优美，民族风情浓郁，边境贸易活跃，极具特色。

忙海湖景区

有大片生态林区

临沧市永德县德党镇明朗村

忙海湖景区位于临沧市永德县境内，距县城45千米。景区以忙海湖风光为主要特色，此湖库容量3240万立方米，附近还有大片生态林区，占地1967公顷。

忙海湖景区不仅植被茂密，景色秀美，奇花异草丰富，动植物种类繁多，而且还开展多种特色活动，包括水上游船、358级台阶健身、钓鱼、湖仙岛休闲、金龙寺朝拜、大岩子溶洞观光、射箭竞技等，别有一番风情。当你置身于青山秀水、高峡平湖、鸟语花香之中，满目是一望无际的美景，一定会身心舒畅，产生无尽的遐想。

南伞跨国溶洞

攻略资讯

- 交通
- 住宿
- 美食
- 购物
- 娱乐

云南和顺银杏村

交通

滇西地区交通主要以航空、铁路、公路为主。保山、德宏、临沧三个地区都有机场、火车站和汽车站，市内公交车和出租车都较为便捷。

飞机

●保山

保山云瑞机场：距离保山市区约9千米，每天有多次航班往返昆明，航程约40分钟。可坐机场大巴或出租车前往机场。

腾冲驼峰机场：位于腾冲市清水镇，开通腾冲往返昆明航线。

●德宏

德宏芒市国际机场：距市区6.5千米，昆明每天都有航班往返芒市，昆明至芒市飞行时间约45分钟。来德宏州，一般都是由芒市中转，到达芒市后，再前往畹町、瑞丽、盈江等地。

●临沧

临沧博尚机场：位于临沧市临翔区博尚镇，临沧机场开通了飞往昆明和普洱两地的航班。市内有开往机场的大巴。

汽车

●保山

保山有贡山、瑞丽、云县、下关、丽江、昆明等地对开班车。昆明长途汽车客运站也有到达保山和腾冲的班车。保山市有保山客运站和保山客运南站两家汽车客运站。从客运站可乘中巴至腾冲。

●德宏

德宏州有320国道穿境而过，并延伸至昆明、大理、腾冲、瑞丽、弄岛，连接全州各市县。主要有芒市客运北站。

芒市客运北站：德宏傣族景颇族自治州芒市团结大街118号，电话：0692-2121437。

●临沧

公路是临沧的主要交通方式，班次可通往昆明、保山、景洪等省内城市和市内各县乡。

临沧客运站：临沧市临翔区南天路185号，电话：0883-2123227。

住宿

保山、德宏、临沧三个地区旅游资源丰富，游客需求大也造就了条件完善、齐全舒适的住宿。一般来说，旅游旺季和热门景区的旅店较为紧张，最好提前预订。如果要求住得舒适，可以选择条件好、价格稍高的星级酒店；如果注重实惠，可选择中小型宾馆或连锁经济型酒店等。此外，还可以入住青年旅舍、景区客栈、家庭旅馆等特色旅店，可更亲近地体验当地风土民情。

保山

●腾冲官房大酒店

这是一家花园式的休闲度假酒店，设施齐全，有本地菜精做的锦腾中餐厅、云南民族风味和东南亚风味的阳温墩全日制餐厅、腾冲特色的火山石烧烤池畔餐厅，以及加温的露天温泉和儿童游戏沙池等。✉ 腾冲市腾越路观音塘社区红星小区1号 ☎ 0875-5199999

●腾冲向云端客栈

客栈位于和顺古镇李家巷内，闹中取静，交通便利；周边风景优美如画，地势较高，视野开阔，是度假、度蜜月的理想场所，也是摄影爱好者的天堂。✉ 腾冲市和顺古镇十字路社区李家巷八社六十一号

客栈

瑞丽客栈

德宏

●瑞丽玉瑞温泉花园酒店

花园式酒店环境安静，舒适优雅，提供免费温泉，距离瑞丽江、喊萨奘房、瑞丽边贸街较近。✉ 德宏州瑞丽市人民路28号 ☎ 0692-4660569

●瑞丽景成地海温泉度假中心

酒店接近瑞丽江畔，占地约456亩，设有SPA温泉会所、花园别墅、娱乐活动、接待中心、温泉酒店客房区、会议中心、国宾馆、景观塔、行政中心九大功能区。✉ 瑞丽市瑞丽大道东段 ☎ 0692-6999999

临沧

●临沧空港观光酒店

距离机场较近，交通便利，住宿条件舒适。✉ 临沧市临翔区世纪路565号 ☎ 0883-2165555

●沧源金佤大酒店

沧源金佤大酒店位于沧源县商业中心地段，毗邻县城中心和摸你黑广场，交通十分便利。酒店主楼和裙楼形成一体的欧式风格。客房温馨舒适，房内均配有中央空调、国际卫星频道、国际国内直拨电话、迷你吧、

浴设施、中央音响系统等。沧源勐董镇来希路中段摸你黑广场旁 0883-7128588

美食

滇西地区历史悠久，民间饮食文化发达，很早便是美食繁盛之地。该区饮食在云南一带既保留了滇菜的特色，又有着独特的风格。保山美食以油、辣、香、咸为特点，味道偏重，豆浆米线、施甸豆片、下村豆粉、河图大烧、大薄片、昌宁鸡纵等，都是保山地方风味的特色美食。德宏各民族风味饮食丰富多样，各有特色。傣家菜的特点是酸、甜、苦、辣、生。景颇族菜的主旋律是清淡、辣、酸、苦、香，菜肴中，以"春菜"最富特色。临沧较为有名的小吃有凤庆粑粑卷、火腿木瓜鸡、鸡肉烂饭、佤族水酒等。

美食小吃

●大救驾

大救驾即腾冲炒饵块，是腾冲最著名的小吃之一。这种炒饵块品质独特，以色、香、味、形而著称。大救驾看起来呈薄饼形，涂上芝麻酱和辣椒油后，红、白、黄、绿多种颜色相间，闻起来香气弥漫，吃起来更是美味可口，毫无不适之感。此外，在吃大救驾时，可以喝一碗酸菜汤，那样更能增加食欲。对于到保山来旅游的游客来说，大救驾是必须要体验的美食之一，它能为你的旅途增添美好的回忆。

大救驾

●大薄片

在保山腾冲，肉肴是一种颇具地方特色的菜品，其中以大薄片最为知名，属于滇西名菜。大薄片以特制的猪头肉为原料，制作时只需将其切成薄片状，然后加入各种调料即可。这道风味凉菜长于刀法，工于火候，看起来色泽光亮，吃起来味道鲜香浓郁，脆嫩且不油腻，真是回味无穷。此外，该菜还具有丰富的营养价值，能发挥滋补、食疗的功效。大薄片风味别致，色、香、味俱佳，是一道非常不错的佐酒菜，游客不容错过。

●热带水果

德宏地区光照充足，降水丰富，气候条件得天独厚，是名副其实的"热带水果之乡"。这里主要盛产杧果、酸木瓜、番荔枝、波罗蜜、西番莲、水晶柚、羊奶果、火龙果、山竹、香瓜、菠萝等。这里的水果果肉柔软，汁水多，吃起来香甜可口，还有助于开胃消化、增进食欲，别有一番风味，并且价格也相对便宜。喜欢吃水果的游客，可以在这里一

热带水果

次性吃个够，还可以买一些水果带回去。

●绿叶宴

绿叶宴以当地的山菜、野味为主料，烹制手法包括烤、煮、炸、腌等，因配方奇、做工妙、品种精、花样多、风味美而著称，是景颇山寨中的名宴。绿叶宴既古朴又带点野性，饭菜是用芭蕉叶等肥大树叶包盛的，连汤也是用树叶折叠的勺和盆盛，吃时只需打开“绿包”就行。绿叶宴的种类也丰富多样，包括糯米饭、飞蚂蚁煎饼、鱼腥草、帕滚酸菜鱼、蜂蛹荷包蛋、春烤绿斑鸠等。这是德宏州最富地方特色的风味，游客一定不能错过。

●火烧乳猪

火烧乳猪选用德宏小耳猪为主要材料，制作时要用文火将其烧烤到焦黄、冒油，并且要撒些湿稻草灰为作料。吃时只需切成片，并配以傣味蘸水碟即可。火烧乳猪皮薄、肉细、味美，是德宏傣族人待客的上等菜，游客在当地旅游时一定要品尝一下这道美食。

●酸粑菜

酸粑菜是德宏州少数民族的一道家常菜，主料为青菜、西红柿和酸木瓜，制作时需将主料放入肉汤熬煮，喝时还要放些生米辣、芫荽作为作料来调味。这道小吃又酸又粑，并且有开胃的功效，是德宏当地人民和外地游客最喜爱的美味之一，值得品尝一番。

绿叶宴

●酸笋煮鸡

酸笋煮鸡是临沧的风味名吃之一，做法独特，味道酸辣爽口，深受当地居民和外地游客喜爱。制作这道菜时，要先将酸笋放进锅里煮透，再将鸡肉放进去和酸笋同煮，当鸡肉煮熟后即可起锅，然后将作料姜、葱、辣椒等放入锅中炒热，最后鸡汤回一下锅即成。这道小吃不仅口味独特，而且还具有开胃功效。

●牛撒撇

牛撒撇是傣家的一道传统名菜，它看起来色泽诱人，闻起来香味浓郁，吃起来细腻可口，常被傣家人用来宴请宾客。牛撒撇的主料为牛脊肉和牛肚，作料有盐、味精、花椒面、小米辣、花生碎、八角等，烹制方法也很特别。这道美食还具有健胃、解毒、消暑、增食欲的功能，是夏天一道不错的佐酒好菜，游客在体验临沧之旅时值得品味一番，可以为你的旅途增添一丝难忘的回忆。

购物

滇西地区物产富饶，富有民族特色的传统手工艺品和美食小吃特产一应俱全，可满足游客的购买需求。保山是“西南丝绸之路”的重要驿站，自古就有“金银宝货之地”的称誉，著名特产有珠宝、藤器、咖啡、茶等。德宏有西番莲、波罗蜜、番荔枝等热带水果以及土堆鸡枞、竹笋、蕨菜、户撒刀等特产。临沧的特产有红茶、蔗糖、中药等。手工艺品如筒帕、蒲葵扇，食品如黄果软饼、永康杧果等，都是临沧当地最负盛名的特产，也是旅游购物不可错过的上佳选择。

滇西特产

●腾冲翡翠

腾冲被誉为“翡翠城”，是全国最大的翡翠集散地、交易中心和加工基地。腾冲人自古就有崇玉、爱玉的风尚，他们谈论的话题，装饰品，送人的礼品，甚至传家之宝等，几乎都离不开翡翠。这种翡翠文化具有地域色彩及独特的传承和发展脉络。腾冲的翡翠交易市场中，最著名的就是荷花镇，那里的翡翠加工高度集中，并且无假货，价格实惠，是游客购买翡翠特产的最佳地。

●腾冲宣纸

腾冲宣纸简称腾宣，始产于清代，作为上好的书画用纸，它一直受到书画界的推崇。腾宣白净、细腻、柔韧，因其书写、绘画后保质期长，有“千年寿纸”之美誉。目前，腾宣的质量、产量和出口量仅次于安徽宣纸，均居全国第二位。对于喜欢书法的游客来说，腾宣是一种非常不错的书写材料，极具购买价值，同时还可以作为旅游佳品馈赠亲朋。

翡翠手镯

●藤编

腾冲盛产藤条，并且以质地坚韧、色泽光润、手感好、弹性佳著称。腾冲还是闻名全国的“藤编之乡”，城乡各处都有藤编店，产品更是琳琅满目，除包括大家具如桌、椅、凳、几、书架等之外，还有小工艺品如篮、筐、盒、箱等。腾冲的藤编玲珑别致，既有古雅之美，又有时代新意；既不奢侈，也不简陋，贫富、雅俗咸宜，可以说集实用性、艺术性、适应性于一身，是游客绝对不能错过的当地特色产品之一。

●傣族葫芦丝

葫芦丝又叫葫芦箫，属于簧管乐器，主要流行于德宏、临沧的傣、佤、阿昌、德昂、布朗等少数民族聚居区。傣族葫芦丝又称“筚朗叨”，葫芦上并排插着3根长短不一的竹管，下端嵌有铜簧片，可吹奏一个八度，也能形成和声效果，其音色柔美、悦耳，表现力较强，常被用来吹奏山歌等，也适合演奏

藤编

旋律流畅的乐曲或舞曲。对于游客特别是喜好音乐的游客来说，傣族葫芦丝是一种能够陶冶情操的地方乐器，很值得购买。

●德宏咖啡

德宏已有上百年的咖啡种植历史，是我国咖啡种植最集中、面积最大和产量最高、质量最优的地区，享有“中国咖啡之乡”的美誉。其中，小粒种咖啡（阿拉比卡）是这里的主打品牌，因其品种优良、质优味美而闻名。目前，德宏州的咖啡种植面积达8700多公顷，咖啡豆年产量1万多吨，种植面积和年产量均占云南全省的1/3左右，德宏的咖啡产品已远销美、日、韩等国家和地区。对游客而言，可以购买德宏咖啡留作自用或者馈赠亲友。

●户撒刀

户撒刀是景颇族的特产，制作历史已有600多年，并享有“削铁如泥、吹发即断”的美誉。其刀形奇特多样，上面多刻有图案等标志，特点是“柔韧可绕指、放开即弹直”。该产品工艺精巧，独具风格，远销国内外市场，极具欣赏和收藏价值。

●云南红茶

云南红茶简称“滇红茶”，主产于临沧、保山等地，以“形美、色艳、香高、味浓”闻名遐迩。临沧等地的茶树主干高大，芽壮叶肥，白毫茂密，并且质地软嫩，酚类化合物、生物碱等成分含量高，属中国茶叶之冠。滇红茶身骨重实，冲泡后汤色（棕色、粉红色或姜黄色）鲜亮，香味浓郁，表现为浓、强、鲜等特色。其定型产品包括4类（11个花色），即叶茶、碎茶、片茶和末茶。滇红茶是最著名的临沧特产，游客可购买回去后自用或馈赠亲友。

滇西购物场所

●腾越翡翠城

翡翠城位于腾越镇南门街腾越文化广场旁，是腾冲翡翠经营最集中的场地，有各种玉雕首饰、手镯、耳片、戒面，翡翠珠宝在腾冲堪称一流，是观光游客的理想购物之地。

●姐告边境贸易区

姐告边境贸易区位于瑞丽市城区东南方向，隔江与瑞丽城相望，贸易区出售中缅两国边境地区特色商品，民族风情浓郁，价格实惠。

景颇族目瑙纵歌

娱乐

滇西地区是少数民族的聚居地，有众多具有民族风情特色的节日和活动，其中一些富有民族特色的活动、表演，是他们主要的娱乐方式。少数民族热情好客，即使不是本民族的人，如果恰巧赶上了他们的节日或者活动，也会受到热情的欢迎和款待。因而参加少数民族节日或者民族活动，也成为近年来在少数民族地区旅游的主要活动项目。

保山境内的主要民族节日有傣族的泼水节、傈僳族的刀杆节、彝族的火把节、白族的三月街、苗族的踩花山等。

在德宏州处处可见民族节日的欢乐场面：景颇族目瑙纵歌节的集体歌舞，隆重而盛大，气氛热烈；傣族、德昂族泼水节，处处挥洒着祝福，洋溢着欢乐的气氛；阿昌族的阿露窝罗节，傈僳族的阔时节、火把节，德昂族的沙甘节，亦是人头攒动，热闹非常；各地的赛龙舟、放花灯、丢包等传统娱乐活动，在节日大放异彩，尽显其特有的民族风情。

瑞丽与南亚缅甸隔江相望，徜徉于繁华的中缅边贸街，可体验“一街跨两国”的迥异风情。此外各种现代娱乐休闲场所，环境幽雅，设施齐全，亦是娱乐放松的好去处。

娱乐休闲去处

●腾冲大剧院

腾冲大剧院美轮美奂的《梦幻腾冲》歌舞剧，让游客深刻领略“火山热海、古道马帮、碧血千秋、和顺家园、丝路之光”史诗般的边城绝唱。

●瑞丽景成地海温泉度假中心

集温泉、休闲、文化于一身，设计建造了各式各样的温泉汤池，重点突出回归自然的主题，环境舒适宜人。

景颇族目瑙纵歌

节日和重大活动

节日	地点	时间
傈僳族刀杆节	保山腾冲、龙陵县的傈僳族村寨	农历二月初七
保山端阳花街	保山城	农历五月初五
陇川县目瑙纵歌节	德宏陇川县	农历正月初二至初五
景颇族目瑙纵歌节	德宏州景颇族聚居地	农历正月十五至十八
泼水节	德宏傣族和德昂族村寨	农历三月十六至十九
勐巴娜西风情节	德宏州芒市	农历三月十六至十九
阿露窝罗节	德宏州梁河县	农历三月二十四至二十六
佤族新米节	临沧市佤族村寨	农历八月十三日至十五日
拉木鼓	临沧市佤族村寨	农历十一月（佤历一月）

发现者旅行指南

怒江

概览

亮点

怒江大峡谷

怒江大峡谷地处“三江并流”区域，是世界上最长、最神秘、最美丽险奇和最原始古朴的峡谷，被誉为“东方大峡谷”。峡谷中石壁陡峭，江边怪石嶙峋，高山深谷让人叹服大自然的鬼斧神工。

高黎贡山自然保护区

高黎贡山自然保护区森林覆盖率达85%，山势陡峭，峰谷相间排列，高山垂直带景观极其壮观。它是横断山脉中的一颗明珠，拥有无数雄、奇、险、秀的壮景。

独龙江峡谷

独龙江峡谷地形多样，江水两岸的深山密林里，有各种珍禽异兽以及名贵的药材，是一个尚未开发的处女地。峡谷长年和外界隔绝，笼罩着一种神秘的气氛，吸引着无数游客。

丙中洛

高山峡谷地貌，景色秀美，居住着怒族、藏族、独龙族等少数民族，有鲜花节、石片盖屋、石板粑粑等民俗景观和美食。

线路

泸水精华一日游

早餐后赴高黎贡山自然保护区，观高山逶迤雄奇，看峡谷气势磅礴。午后去参观怒江大桥，随后前往登埂澡塘，在滔滔怒江上体验过溜索的刺激情景。

福贡、贡山二日游

第一天前往石月亮，细细观摩这个透着白云蓝天的石洞；随后来到贡山县，在这个小城里探访怒族人的神秘。第二天去往怒江第一湾，一睹世界罕见的“U”形大湾；午后进入秋那桶，在峡谷中穿行。

怒江全景三日游

怒江石月亮

第一天参观泸水市附近的高黎贡山自然保护区、片马口岸，然后至福贡县，夜宿福贡。第二天去参观丙中洛风光，沿途经过怒江大峡谷、石月亮景区和迪麻洛峡谷。第三天在丙中洛乡参观怒江秋那桶、怒江第一湾和龙普景区后，前往参观独龙江峡谷风光。

为何去

怒江傈僳族自治州位于云南省西北部，因怒江纵贯全境而得名。它是全国唯一的傈僳族自治州，境内拥有世界级的水资源、生物资源、矿产资源和民族文化资源，融自然地貌博物馆、生物物种基因库、人类文明处女地、民族文化大观园、爱国主义陈列馆为一体，是一个观光旅游、休闲探险的绝佳之地。

云南怒江秋那桶村风光

何时去

到怒江观光旅游的最佳时间为10月至次年4月。春节前后怒江民族节日众多，不仅可以欣赏美丽的风景，还可以参加独具地方特色的节日庆典。每年春节期间还会赶上除旧迎新的盛会——澡塘会。农历三月十五日举行的仙女节有采集鲜花和歌舞等活动，也是热闹非凡。

云南傈僳族歌舞

怒江大峡谷

区域解读

区号：0886
面积：约14 703km²
人口：53.5万人
主要少数民族：傈僳族、怒族、独龙族、白族、普米族

地理 GEOGRAPHY

区划

怒江州辖1个市（泸水市）、1个县（福贡县）、2个自治县（贡山独龙族怒族自治县、兰坪白族普米族自治县）。州政府驻泸水市六库镇。

地形

怒江州地处云南西部，境内以高原山地为主，沟谷纵横。著名的山地有高黎贡山、碧罗雪山，其中位于贡山县境内的嘎娃嘎普峰，海拔5128米，为境内最高峰。怒江境内独龙江、怒江、澜沧江三条大江由北向南流过，其中怒江贯穿全境，形成举世闻名的怒江大峡谷。

气候

怒江州属低纬高原季风气候，年温差小、日温差大，干、湿季分明，四季不明显。由于受地貌和纬度差异的影响，境内天气变化大，气候各异，具有北部冷，中部温暖，南部热的特点。部分地区雨季开始特别早，干季短暂，湿季持续时间长，立体气候显著。

西南大河——怒江

怒江是中国西南地区的大河之一，又称潞江，上游藏语叫那曲河，从河源至入海口全长3240千米，云南段长650千米。怒江上游除高大雪峰外山势平缓，河谷平浅，湖沼广布；中游处横断山区，山高谷深，水流湍急。怒江两岸自然风光原始粗犷，以奇险、神秘著称，其中怒江大峡谷、怒江第一湾等景点更是举世闻名，吸引着全世界的游客前来观光游览。

历史 HISTORY

历史大事记

从最早的怒族、独龙族，到现代的傈僳族、普米族，一波又一波的迁徙民族为了寻求更好的生存空间，来到了高黎贡山狭窄的峡谷中，形成了一部人类迁徙的传奇。

1900—1927年，泸水片马镇傈僳族人民为保卫祖国边疆不受英国的侵犯，坚持抗英斗争，并取得成效，保卫了祖国边疆的安定，

片马口岸

史称"片马事件"。

1905年，滇、川、藏三省区交界处爆发反洋教运动——"白汉洛教案"，在喇嘛的带领下，法国天主传教士任安守1889年建立的贡山白汉洛教堂被毁。现存建筑为任安守用清政府赔款重建。

1942年，滇西全线抗日大反攻作战，怒江州是主战场之一，怒江大峡谷是"驼峰航线"的一段重要的空中走廊，怒江大峡谷和石月亮也成为当时驼峰飞行员的地面导航标志。

1986年，怒江州府迁至今泸水市六库镇，原先的州府所在地碧江县城知子罗成为废城。

引起边界争端的片马事件

片马，这个紧靠着中缅国境线的边陲小镇在近代史上有着光辉的一页。

19世纪末，英国侵略者使印度沦为自己的殖民地后，为了实现打通印缅，继而穿过云南连接长江流域势力范围的野心，便以中国管辖证据不足以及天然边界线为由，要求清政府将片马划归缅甸。1900年，英军入侵片马，沿途大肆烧杀抢掠。驻扎在片马的清朝守备官左孝臣、土千总杨体荣率领500人奋勇抗敌，浴血奋战后终因寡不敌众而失败，左孝臣身中8弹，为国捐躯。1911年1月，英军再次进军片马，并强占高黎贡山以西土地。英军在片马烧毁汉学堂，赶走了执教人员，强行让民众缴纳税款，并在片马土地上修路、筑炮台、私立界碑，制造了震惊中外的"片马事件"。

面对英国侵略军的强暴行为，片马人民并没有屈服。为了保家卫国，在傈僳族头人勒墨夺扒（土司管事）的带领下，片马地区的各族人民组成了400多人的抗英队伍，与泸水各土司派出的100多人会合，组成了一支民族自卫队，他们用土枪、土炮、弩弓、长矛、大刀、滚木、礌石做武器，在岗房、古浪等地巧妙地伏击敌人，大败英军。与此同时，片马人民的抗英斗争得到了全国人民的声援和世界舆论的支持，迫使英国侵略军从片马地区撤走，片马人民终于取得了抗英斗争的胜利。经过各族人民的抗英斗争，英国于1926年被

片马人民抗英胜利纪念碑

迫承认片马是中国的领土。

驼峰航线，谱写悲壮历史

驼峰航线是1942年中美两国为抗击日本侵略军开辟的，是第二次世界大战期间持续时间最长、规模最大、飞行条件最艰险的空中运输线。在3年多的时间里，驼峰航线一共向中国运输了80万吨战略物资，但也付出了609架飞机坠毁和失踪，近3000名飞行员牺牲、失踪的巨大代价。

几十年过去了，人们没有忘记在驼峰航线上牺牲的勇士们。2005年，怒江州在中缅边境的片马抗英纪念馆附近建成驼峰航线纪念馆，纪念在驼峰航线中为抗击日本法西斯而牺牲的中美飞行员。纪念馆中，C–53型坠机遗骸也再次出现在世人的面前。坠机残骸不仅是反映中国抗日战争珍贵的历史文物，也是世界人民反法西斯战争的历史见证。

文化 CULTURE

刀山敢上，火海敢闯——刀杆节

傈僳族刀杆节，傈僳语叫“阿堂得”，意思是“爬刀节”，它是居住在怒江州泸水市境内的傈僳族的传统节日，节期是每年正月十五日。每年刀杆节这天，傈僳族男女老少身

上刀山

穿民族盛装，聚集在广场上。广场上竖立着两根20多米长的粗木杆，把36把或72把锋利长刀刀口朝上绑在木杆上，形成“一”字形梯状。好汉们豪饮数杯后，在众人的欢呼声中跳入灼热的炭火之中开始表演，他们在火堆中跳来跳去，表演各种兽类动作，称为“下火海”“打火滚”。表演完毕，表演者无一人因高热而受伤，一个个安然无恙。接下来就是“上刀山”了。爬刀杆者多为青壮年，他们身穿红布衣服，头缠红布，赤足。事先训练过的他们赤脚跃上刀杆，踩着利刀，双手攀扶刀口，一级一级向上爬去，并在杆顶表演各种高难动作，爬至顶端点燃鞭炮，将小旗子抛向欢呼的人群后又一级级下到地上。这时人们纷纷上前敬献美酒。而后青年男女们对歌谈情，开展社交活动。

刀杆节是傈僳族人民自然崇拜的产物，更是傈僳族不畏艰险的民族精神的体现。现在表演中，原始信仰的内容已被展现健康新颖的唱词和丰富的手上舞蹈动作的“跳嘎”所取代，具有了更广泛的群众性。2006年，傈僳族刀杆节入选国家级非物质文化遗产保护名录。

阔时节，樱桃花开过新年

阔时，傈僳语即新年的意思，阔时节是傈僳族传统的节庆活动。节日日期以对物候的观察来决定，一般在农历十二月初五到第二年正月初十这段时间内。这期间正好是当地樱桃花开的季节，所以每年樱桃花开时就是傈僳族过年的日子。

怒江傈僳族群众过阔时节，家家都要舂粘米粑和糯米粑，酿造香醇的米酒。为祈求来年的丰收和幸福，每家都要把第一舂的粘米粑放一点在桃树、梨树上。除夕这天全家老小要聚集在一起吃团圆饭。另外，在傈僳族、怒族的古老传说中，狗给人间带来了谷种，所以傈僳族在新年祭祀时还要用一碗

饭、一块籼米粑、一块肉先祭祀狗，表示对狗的回敬。

怒族仙女节，杜鹃花开

怒族信奉“仙女”，是母系氏族尊崇女性的一种遗风。每年的农历三月十五至十七日，怒族人便要为“仙女”过节，因正当杜鹃花盛开的时候，又称鲜花节。

三月十五这天，怒族群众以自然村为单位，选择一至三个钟乳石的石灰岩洞为仙女洞（或称经洞），各家各户都去那里祭祀。身着盛装的姑娘们手捧刚采摘的鲜花，带着祭品，来到“仙女洞”取“仙女”的“乳汁”，以祈求仙女的福佑。晚间，青年男女还要围着篝火对歌、跳舞，举行各种活动。现在过仙女节，已增添了新的内容，如同时举办物资交流会，组织电影晚会和文艺节目演出，并进行划船和射箭比赛等体育活动。

独龙族卡雀哇节，剽牛祭天

卡雀哇节是独龙族唯一的节日，一般都在头年的腊月底或次年的正月初，节期一般3天。第一天做准备工作，第二天祭山神，第三天举行隆重的“剽生祭天”仪式。

卡雀哇节前，家家户户就用“结绳”的方式向亲朋好友发出邀请。节庆内容包括祭山神、射面兽、木刻传信、跳锅庄、走亲访友、火塘烧松叶求吉祥、喝木罗酒、歌舞会、剽牛等。其中最隆重、最欢乐的是“剽牛宴”。

这天，族长把牛拴在广场中央的木桩上。由青年妇女将链珠挂在牛角上，接着，一位勇猛强壮的小伙子，手持锋利的竹矛，向牛腋部刺去，直到将牛刺倒使其死去。此刻，人们就跳起“牛锅庄”舞，然后分吃牛肉。大家载歌载舞，一边吃烧肉，一边喝酒唱歌，凌晨方散。有的村寨还用荞面做成各种动物模型，又用长竿飘挂各种麻布旗幡，以此奉祭上天。

怒江云海

飞越怒江——过溜索

在怒江沿岸地区，“隔岸谈话听得见，见面握手走三天”这种情形并不夸张，有的地方哪怕走10天也难以见面，加之怒江江水湍急，暗礁横斜，渡船是不可能的，于是人们只有“飞”过峡谷，才能不断绝两岸间的联系，怒江的溜索就是一种极具特色的过江方法。

溜索有两种形式：一种是平溜——缆绳比较平直，溜时很费力，没有经验的人需要对岸有人拉过去；另一种是陡溜——缆绳一头高，一头低，溜时速度极快，过程中危险、刺激。在怒江上飞来飞去已成了怒江人非常独特的生活场景，他们敏捷而勇敢，不管大人小孩男人女人，都是过溜索的好手。随着怒江州交通条件不断改善，当地人们陆续告别了依靠溜索过江的历史。在已建设了过江桥梁的地方，原本作为古老交通工具保留下来的溜索，如今成了旅游体验项目。在怒江边，一个滑轮，一套安全绳，就可以溜索过江。你如果勇敢的话，可以尝试一下。但是切记，一定要在当地的村民向导指示下进行，因为毕竟太危险。

景点推荐

泸水旅游区

六库风景区

亚热带风光景区

怒江州泸水市六库镇

乘班车到达怒江州六库镇

六库镇系怒江州府驻地，其东依碧罗雪山，西靠高黎贡山，怒江纵贯其间，过去这里是珍禽异兽穴居的地方，土司官常在这里下扣打鹿，所以叫“鹿扣”。“六库”是“鹿扣”的谐音。

六库这个过去瘴气弥漫之地，如今春意盎然，充满生机。每当夜幕降临，沿江两岸的楼房建筑和灿烂的灯火倒映怒江，泛起闪闪光波，犹如一幅幅恬静优美的夜景画，凡是到过这里的游人无不赞美这峡谷中的新城，六库成为怒江的一颗明珠。六库风景区主要景点有怒江大桥、古木棉、土司衙门、大佛寺等。这里海拔800多米，长夏无冬，是一个具有亚热带风光的地方。

怒江大桥

怒江大桥是连接六库西岸的命脉，是全国同类型桥梁之冠，其单空跨度居亚洲第二。大桥也是来怒江必游的地方，桥两头的塔架上刻有毛主席的诗句：“一桥飞架南北，天堑变通途。”“红雨随心翻作浪，青山着意化为桥。”

古木棉

古木棉也叫攀枝花，是六库必看的景观。六库有一棵攀枝花树王，属州级古树名木，夏天浓密的树叶遮天蔽日，正好可以纳凉，树下开有卖本地酒的酒吧、茶室、饮品店。攀枝花树旁边有一棵大青树，根须垂下，一年四季枝叶繁茂，伸展出去的枝与攀枝花树枝缠绕在一起，难解难分，像是一对依恋的情人，惟妙惟肖，令人惊奇。

土司衙门

土司衙门是段氏土司家族建立的，始建于明朝万历末年。衙门在1927年被土匪抢烧一空，后重建。有大衙门、二衙门、三衙门、四衙门、五衙门，为兄弟分家后逐步修建而成。尽管房屋的结构和占地面积大小各不相同，但都聘请了大理、剑川、四川等地的能工巧匠，以白族“三坊一照壁”“四合五天井”的建筑式样修建，均雕梁画栋，钩角翘檐，梁柱压顶，牌楼立门，构成雄伟庄严的建筑群。

大佛寺

大佛寺位于六库的老窝河河口，以佛教文化为主导，是怒江峡谷地区少有的宗教寺院。

片马口岸

“片马事件”发生地

怒江州泸水市片马镇

片马口岸位于泸水市西部，南、北、西三面与缅甸接壤，距缅甸克钦邦首府密支那仅200千米。“片马”一词来自景颇语，意为“木材堆积的地方”。片马地处三江并流风景带中，景色优美，镇区、高黎贡山和听命湖为主要旅游景点。前来片马镇旅游以探险旅游、边境旅游和采购特产为主。

片马边境旅游区内，茂密的原始森林令人神往，田园山水如诗如画。这里曾发生过各民族英勇抗击英帝国主义的“片马事件”。

驼峰航线飞机残骸

有609架飞机坠毁

怒江州泸水市片马镇高黎贡山

1942年5月至1945年8月，在中国西南部，中美两国人民并肩抗击日本法西斯，由此展开了一场特殊的较量，开辟了一条被称为驼峰航线的国际战略空运通道，共投入飞机2000余架，在云南至印度开辟了世界航空史上最惨烈的“死亡战线”。驼峰航线为中国抗日战场运送了80余万吨军用物资，其间，共有609架飞机坠毁、近3000名飞行员牺牲。至今仍有许多坠机残骸散落在高黎贡山一带。

听命湖

具有神秘色彩的祈雨圣地

怒江州泸水市西北部

听命湖距高黎贡山风雪垭口600米，海拔3540米，面积约0.3平方千米，为听命河源头，系残留余冲川侵蚀而成的冰蚀湖。

听命湖海拔高，水温低，形成时间较短，湖内生物较少，水质优异，是一个神话般的湖泊。湖水清澈透明，水深莫测，四周原始森林密布，野生动物常年栖息，湖边为杜鹃花海和原始灌木丛及箭竹林。

玩家解说

听命湖因能呼风唤雨的传说而一直笼罩着神秘色彩，大凡人们到这里只能轻声细语地交流，如大声疾呼，顷刻之间天空便会乌云翻滚，风雨交加，冰雹忽至。因其具有浓厚而神秘的色彩，当地人又叫“迷人湖”。其实，这都是湖区上空弥漫着饱和水分的浓雾，遇到声波震动，就凝聚成雨和冰雹的缘故。过去，凡遇到大旱之年，山下的百姓就准备好祭祀品和雨具，到听命湖畔祈求天神降雨。人们摆好祭品，搭好雨棚，然后载歌载舞，瞬息，听命湖上空便乌云翻腾，风雨随之而来。

湖区的景色随着四季的变化而不同：春天，雪山融化的涓涓雪水汇入湖中，漫山的杜鹃点缀四野；夏天，葱绿的林间百花盛开，云海茫

驼峰航线飞机残骸

茫；秋天，碧蓝的湖水倒映着岸边金黄的树叶，秋高气爽；冬天，寒凝大地，这里一片宁静。

登埂澡塘

傈僳族重要的“春浴节”举办地

怒江州泸水市鲁掌镇登埂村

登埂澡塘位于六库以北10余千米的怒江边上，明清时期，这里的“春浴节”活动已有较大的规模。据史书记载：“热水塘无人户，每年春节土人群聚于此入浴。男女老少来会者五六百人，各携带寝具、炊具、食物等进行数日沐浴治病。”“每年春初汉夷聚集洗澡对歌”，“年关后的十日之集合，名为澡埂会，到温池沐浴，男女混杂，口歌脚舞，人民一年之俱乐斯会也”。

近年来，每年澡塘会参与的人数至少有数万人之多，人们除洗温泉浴外，还进行“摆时”、荡秋千、射弩等比赛及傈僳族传统的“上刀山、下火海”绝技表演，并开展物资交流活动。外地来的游客，还可以在澡塘边的滔滔怒江上体验过溜索的刺激。可以说“春浴节”会聚了许多傈僳族的重要民俗形式。

链接

傈僳族“春浴”

“春浴”对傈僳族人民来说是一种“去秽迎吉”“除病保健”“革过自新”的圣洁、文明、卫生的行为。因此，人们对此非常重视。“春浴”期间，人们怀着愉快的心情，扶老携幼，带上炊具、被褥等，在澡塘附近安营扎寨，穿上节日盛装，吃营养丰富的食品，喝精心酿制的美酒，人们认为这样才能确保每天洗澡七八次，间或参加节日里的其他活动所需的体力和精力，并为新的一年大展宏图打下坚实的基础。

洗浴时，人们十分讲究道德和文明礼貌，形成了一套规矩：如分批洗浴，避免拥挤；先由长辈和年长者洗，再由晚辈或年轻人洗；男的洗浴时，女的负责准备饭菜、照顾老人；女的洗浴时，青壮年男子就去砍柴打水。

高黎贡山自然保护区

国家级自然保护区

怒江州泸水市西南部

高黎贡山自然保护区位于怒江的西岸。高黎贡山山势陡峭，峰谷南北相间排列，有着极为典型的高山峡谷垂直带景观和丰富多样的动植物资源。保护区里有鸟类250多种，兽类40多种，有珍贵的老虎、黑叶猴、金丝猴等，是野生动物的天然乐园。

高黎贡山峰峦起伏，因为这里生物的多样性，被学术界称为“世界物种基因库”，在高黎贡山自然保护区的中心地带，现在已经建成姚家坪森林旅游度假村。

玩家攻略

最佳旅游季节：到高黎贡山的最佳季节是5月，在峡谷中炎热的盛夏时节，这里成了最理想的避暑胜地。高黎贡山巨大的山体挡住了西北寒流的侵袭，又留住了印度洋的暖湿气流，使地处低纬度高海拔的保护区形成了典型的亚热带气候。

美食：景颇绿叶宴采用烤、煮、炸、腌等手法，用树叶或芭蕉叶包盛饭菜，把树叶折叠成勺、盆盛汤，因满席翠绿、全不用碗筷而得名。景颇人的春筒菜可谓桌上的永恒主题，把野菜、野果舂后做菜，既开胃又治病。

住宿：姚家坪森林旅游度假村，所在地海拔2540米，交通便利，这里可以看到有如冰雪长城的高黎贡山主山脊，可以观赏到有“阴山镖水”之誉的滴水河双瀑布，往山上攀登，即可到达高山冰蚀湖——听命湖。

景点推荐

怒江大峡谷

怒江大峡谷位处亚欧板块和印度洋板块的接合部，板块运动造成了横断山大峡谷地带，而巍峨高耸的诸多大山和奔腾的三江相互形成了深切割裂的大峡谷。它与科罗拉多大峡谷、雅鲁藏布江杭底峡并称“世界三大峡谷”。怒江发源于青藏高原的唐古拉山南麓，在云南段长600千米。怒江大峡谷比美国著名的科罗拉多大峡谷还要长；平均深度为2000米，最深处达3500米，比科罗拉多大峡谷（最深处达1830米）还要深。这里是一处融观光游览、休闲度假、摄影探险等为一体的绝佳景区，每年都吸引着成千上万的游客。

玩家 解说

怒江大峡谷景区内的景点除大峡谷外，还有石月亮、老虎跳、飞来石、怒江第一湾、丙中洛、独龙江等景点，都很有特色，值得一看。此外，这里还居住着怒族、傈僳族、独龙族、普米族等少数民族，他们独特的生产生活方式和民族特色文化是吸引外地游客来此旅游、考察的一个重要因素。

玩家 攻略

旅游时间：春季是怒江四季中最美的时节，高黎贡山白雪皑皑，怒江江水汹涌奔腾，一年一度热闹的“澡塘会”更是别具风情。夏季雨季期间怒江地区自然灾害频繁，最好不要此时去旅游。

住宿：到怒江旅游一般都是沿怒江公路而行，主要的几个住宿点有六库、福贡、贡山、丙中洛。这几个县乡都有不同档次的宾馆，私营小旅馆卫生条件不好，但价格实惠。县城以外偏远的地方最好留宿民族村寨，这里的人们大多都热情好客，可带上一些小礼物送给孩子们。

老虎跳

怒江大峡谷上的奇观

怒江州泸水市称杆乡

从六库出发，过怒江大桥后就开始一路往北行驶，约50千米的路程后就来到了称杆

乡，到这里后，峡谷开始变得陡峭起来，继续前行一段路就是老虎跳景区，由于江水在这里突然变窄，水流一下子湍急起来，传说曾有一只老虎在这里借助江中一块巨石的支撑而跳过了怒江。可以在腊马登景区下车，往北沿一条游道步行，近距离感受江水的壮阔。在这里拍摄俯视的峡谷图，能够强化视觉上的纵深感，同时需要较大的景深来获得宽广的场景，充分烘托"一览众山小"的感觉。

知子罗村

曾是怒江州府所在

怒江州福贡县匹河怒族乡

知子罗村曾是怒江州府所在地，整个老城呈弧形排列在山峦包围之中，背靠碧罗，面向高黎贡山，一种遗世独立的风度油然而生。一条并不很宽的主街把老城一分为二，主要建筑如八角楼图书馆、驻军司令部、马连、炮连等基本都沿街分布。八角楼图书馆是一座多角形阁楼建筑，也是老城的地标。

越过老城向下望是汹涌奔腾的怒江水，一刻也不停歇地奔流而去。隔江相望是高大绵延的高黎贡山，这是中缅的国界线，也仿佛是知子罗村的大屏风。山上经常云雾缭绕，云雾起时老城时隐时现，缥缈如神仙居所。

福贡民族中学校门前矗立着一块高3米多、直径2米多的"飞来石"，巨石上面刻有"飞来石记"，明确记录着巨石的由来。

位于知子罗村不远的老姆登村，在这里可以俯瞰怒江峡谷，村子的居民多为怒族，绝大多数是基督徒，位于村中的基督教堂是全村的中心。每到教堂礼拜，还可以欣赏到教徒的演唱。

链接

飞来石

1983年3月19日凌晨2点30分，福贡县匹河怒族乡夜深人静，万籁俱寂。忽然，分不清是从天上还是从地下传来"轰隆轰隆"两声闷雷般的巨响，整个校园仿佛摇晃了一下，人们陷入一片恐慌之中。当师生们还来不及做出是否要逃命的决定时，一切又突然安静下来，似乎什么事情都没有发生过。第二天天亮，人们战战兢兢打开房门时，顿时被眼前的一切惊得目瞪口呆：宿舍门竟然被一块巨石堵得严严实实，不留一点缝隙。

大家才明白过来，夜里那两声山摇地动的巨响，就是这块飞来的巨石，砸在公路上面又再弹到磐石上面发出来的。更让人难以置信的是，弹飞到磐石上面的巨石，竟然会像金字塔一样大头朝下，端端正正地立在磐石小院的中央。后来，人们就把这块巨石叫"飞来石"。

干地衣比湖

高原上的软型侵蚀淡水湖泊

怒江州福贡县

干地衣比湖是雪山中的软型侵蚀淡水湖泊，地处碧罗雪山山脉西侧万山丛中，湖泊海拔3490米，面积52 500平方米。盛夏季节，只要一声喊叫即会招来狂风暴雨，这种高山气候现象神秘莫测，再加之湖泊景色如诗如画，胜过仙景，人们将会忘却一切烦恼和困倦，全身仿佛融化于神秘的神仙世界之中，为此被誉为“迷人的湖泊”。

石月亮

大理岩溶蚀而成的穿洞

怒江州福贡县

在高黎贡山山脉中段3300米的峰巅，有一巨大的大理岩溶蚀而成的穿洞，洞深百米，洞宽40余米，高约60米，沿着怒江北上，百里之外，就可看到这个透着白云蓝天的石洞，它有一个好听的名字，叫作石月亮。

石月亮的成因，是因怒江大峡谷正处在欧亚板块与印度洋板块的接合部，强大的地质应力和迅速上升的地壳，构成了怒江峡谷独特的地质奇观和美丽的自然景色。

腊乌岩瀑布

流经三级台阶的飞瀑

怒江州福贡县上帕镇东南郊

腊乌是一个怒族人的名字，因腊乌最先开垦于此地而得名。腊乌岩瀑布是福贡县境内飞瀑流泉之一，因泉水从高山悬崖中涌出急流，到坚硬的腊乌岩顶端泉水突然飞流直下，经飞泻三级台阶，流泉自然形成神奇飞瀑，似千百万个白玉珠宝从半空中闪闪飞落人间，从远处望去仿佛一条长长的白云彩带从天而降，光彩夺目，十分壮观。

石门摩崖石刻

古代石刻书法的瑰宝

怒江州贡山县茨开镇当打村

石门摩崖石刻在石门洞内东西两壁、洞外南北数里的险坡、断崖以及褒河水中、沙滩的大石上。摩崖石刻记载着汉及宋历代开通、修复褒斜道、石门和山河堰工程情况，有的是参观、游览的留念题记，其中的“石门汉魏十三品”，唐宋时期即负盛名，誉满全国。

玩家解说

所谓“石门汉魏十三品”，以石门洞内东西两壁，东汉刻的《石门颂》与北魏刻的《石门铭》为代表。其中，《石门颂》早已驰名全国，是研究我国古代交通史和书法艺术史的瑰宝，特别是它的书法，是“汉隶”的杰作。

丙中洛

神秘的东方大峡谷

怒江州贡山县丙中洛乡

从六库出发北上贡山的丙中洛，道路基本上是沿怒江大峡谷而行

丙中洛位于贡山独龙族怒族自治县的北部，东面是碧罗雪山，西面是高黎贡山，两山夹一江，形成明显的高山峡谷地貌。因为景色秀美，丙中洛被人们称作怒江的桃花源。

在丙中洛主要居住着怒族、藏族、独龙族等少数民族，这里的几个民族兼有各种不同的宗教信仰，原始宗教、喇嘛教、基督教共存，形成了多元的宗教文化。这里还有鲜花节、石片盖屋、石板粑粑等民俗景观和美食。

丙中洛风光

玩家解说

在丙中洛乡可以感受到一种天人合一、人神共居的氛围，尤其是桃花岛、雾里村等，都是四面环山，一面向江，房前屋后全是成片的绿油油的小麦，丙中洛乡还有一座重建于1935年的法式教堂——重丁天主教堂。

怒江第一湾

怒江流经云南贡山县丙中洛乡日丹村附近，由于悬崖绝壁的阻隔，江水的流向从由北向南改为由东向西，流出300余米后，又被大山挡住去路，只好再次掉头由西向东急转，在这里形成了一个半圆形大湾，这便是著名的怒江第一湾。

秋那桶村

秋那桶村是怒江大峡谷北端的最后一个村子，在怒族语言中，桶是和平、平安的意思。秋那桶峡谷是整个怒江大峡谷精华部分，这里原始森林茂密，瀑布众多，人在峡谷中穿行，沿途景色十分壮观。

迪麻洛峡谷

迪麻洛峡谷位于贡山县捧打乡碧罗雪山西侧，是一个怒族、藏族民居和自然景观融为一体的峡谷。峡谷前面的部分狭窄，这里鸟语花香，树木成荫，有溪水相伴；峡谷

重丁教堂

后段则有高山牧场和世界最高海拔的玉米种植区；峡谷中部建有天主教教堂——重丁教堂。

重丁教堂

重丁教堂也称白汉洛教堂，建于清光绪二十四年（1898年），由法国传教士任安守建。教堂为中西结合的木构建筑，占地454平方米。门为牌楼式样，用六抹格扇装置，二层明间用拱形窗，三层为钟楼。1905年，当地民族举行反洋教起义，烧毁教堂，即著名的“白汉洛教案”，现存教堂建筑为任安守用清政府赔款重建。

链接

白汉洛教案

1889年，法国天主教传教士任安守来到怒江传教，建了怒江海拔最高的白汉洛教堂。1905年，滇、川、藏交界的地区爆发了反洋教起义，同年7月20日，在喇嘛的带领下，一把火烧掉了白汉洛教堂，这就是震惊中外的“白汉洛教案”。

嘎娃嘎普

嘎哇嘎普，意为“高大的雪山”，是丙中洛十大神山之首，也是怒江州境内最高的山峰。嘎娃嘎普终年积雪，有现代冰川、冰蚀湖分布。

嘎哇嘎普自古以来就是人烟稀少、人迹罕至的地方，是我国最为偏僻、贫困、落后和通行困难的地区之一，历史上鲜与外界交往。因此，这里的风景几乎没有受到任何破坏，居住在山脚下的独龙族和怒族同胞均将此山视为自己的发祥地而顶礼膜拜。

龙普

龙普紧紧依偎在滔滔的怒江边，是一个怒族人的小村寨。

龙普最迷人之处，便是它的陶器世界。进村便是烧陶器的窑及陶器初坯加工厂。进入村民的屋子，可见各种陶器。大的有可放

怒江风光

几百斤粮的粮罐，小的如茶罐、酥油茶壶、灯盏、香炉、小酒杯等。

独龙江大峡谷

独特的地形地貌，动植物种类繁多

怒江州贡山县

乘班车到达怒江州六库镇，然后换乘去贡山县的班车即到

独龙江发源于西藏察隅县伯舒拉岑雪山，上游叫克劳龙河，在与麻比洛河汇流以后，称独龙江。独龙江危石叠垒，暗礁密布，水势汹涌湍急，即使浅水时期，流速也在每秒3米左右。独龙江两岸是著名的横断山脉，西岸是海拔4000多米的担当力卡山，东岸是海拔5000多米的高黎贡山，两山之间形成了独龙江峡谷，峡谷内因为住着史书上称为“太古之民”的独龙族而闻名。

独龙江峡谷地形多样，从山脚至山巅的气候、温度差异很大，可谓“一山有四季、十里不同天”。在江水两岸的深山密林里，有各种珍禽异兽以及名贵的山货药材，是云南省

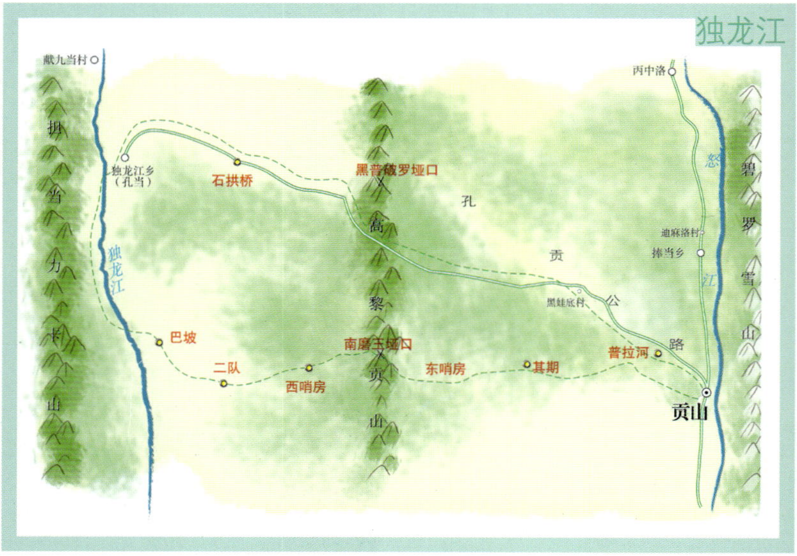

尚未开发的处女地。由于交通困难，长期和外界隔绝，峡谷内常常笼罩着一种神秘的气氛，独龙江峡谷也因此被人们称为“神秘的峡谷”。

碧罗雪山

原始生态系统保存完整的雪山

怒江州兰坪县石登乡和福贡县匹河乡交界处

碧罗雪山是喜马拉雅山的余脉，属于横断山脉，是贡山县与迪庆藏族自治州德钦县交界线及怒江与澜沧江的分水岭。其中最高峰老窝山是这些雪山中最美的地方，海拔4500米，原始生态系统保存十分完整。山中气候变化异常，飞瀑密布，高山湖泊云集，被人们称作“万瀑千湖之山”。山中的七莲湖含7个冰碛湖，湖四周是雪山、森林、草甸花海和怪石，景色极美。春夏之交，山中云雾腾升，登临绝顶观旭日东升或夕阳西下，颇为壮观。

罗古箐

丹霞地貌风景区

怒江州兰坪白族普米族自治县通甸乡德胜村

兰坪罗古箐总面积约100平方千米，由罗古箐、金顶翠屏山、富和山3个片区组成，是云南省省级风景名胜区，也是云南老君山旅游资源的重要组成部分。这里以丹霞地貌著称于世，主要景观有高原牧场、石林、花山和锅石、滴水岩、铅锌都城、百丈回音壁、紫金河杜鹃屏、“情人坝”“姑娘山”“母亲树”等，不仅是游客观赏美丽自然风光的好去处，也是体验休闲、度假、摄影及探险乐趣的好去处。

玩家解说

罗古箐风景区的丹霞地貌世间罕见，岩石的造型千变万化，或如动物的肌骨，或如凝固的流水，或如巨大的松果。在箐里、林中，处处可见清澈的溪水，或顺崖壁汩汩而淌，或从岩头哗哗而泻。这里的树木茂密，古木参天，“母亲树”高大伟岸，“情人树”相依相伴，厚厚的苔藓蕨类为大树披上温暖的外衣，一派温馨、甜美的景象。

每当端午节到来之时，四面八方的普米族群众会聚集在这里的小坝子上，载歌载舞，欢度“情人节”，于是，这里也就有了一个美丽的名字——情人坝。走进罗古箐这个山雄、林茂、水秀、谷幽的世界，可以远离城市的喧嚣，尽情享受山水石树的无限风韵。

攻略资讯

- 交通
- 住宿
- 美食
- 购物
- 娱乐

交通

汽车

怒江州属于滇西地区，交通以公路为主，这里的客运站较少，但班次可通往省内其他各大中城市。如果决定到怒江旅游，一定要有长时间乘坐长途汽车和行驶路面情况较差的心理准备。

六库客运站：位于怒江州泸水市六库镇雪山路。

住宿

怒江

怒江的旅游基本是沿江而行，主要有六库、福贡、贡山、丙中洛这几个住宿点。这些地方都有不同档次的宾馆，条件和价格还可以，也可住当地政府招待所。市区以外偏远的地方最好留宿民族村寨，他们都很热情好客，可带上一些小礼物送给孩子，以心换心。

六库饭店：位于泸水市六库镇穿城路，电话：0886-3052555。

怒江希尔顿花园酒店：泸水市六库镇怒江西岸1幢，电话：0886-3050888。

怒江半山酒店：泸水市六库镇小沙坝服务区，电话：0886-3053777。

怒江大峡谷

美食

丰富的少数民族文化形成了怒江州内多元的饮食文化。悠远的历史为这里留下了诸多特色小吃，如侠辣、巩辣、八大碗、石饭粑粑、杵酒、漆油炖鸡等，虽不能与其他地方的名菜大系比肩，却也是一道道的美味佳肴，吃起来别有一番滋味。

丙中洛民居

美食小吃

●石板粑粑

是独龙族人源于自然的风味食品，用鸡蛋加荞麦面烧成的饼，锅是取自高黎贡山特有的既平又薄的沙石板，所以这种粑粑有一种特殊的香气，作为干粮再好不过。

石板粑粑

●酸竹菜

山里生长的一种青嫩的竹笋，夏初挖出，削皮切成片状晾晒成干菜（独龙语称“美皓”），食前以热水浸泡，常用来炒肉食和做汤料，味鲜美爽口。

酸竹菜

●竹筒酒

竹筒酒是独龙族男女老少都爱喝的传统

竹筒酒

饮品，还被当作青年男女订婚时的礼酒和盛大节日中的喜酒。

●肉酒、蛋酒

肉酒、蛋酒是怒族人喜好的一种高级滋补食品。怒语将肉酒和蛋酒称为“侠辣”和“巩辣”，译成汉语就是“肉炒的酒”和“鸡蛋炒的酒”之意。

蛋酒

●醋酒

醋酒主要用玉米、高粱、大麦或小米为原料酿造而成，味淡且略回甜，喝后既解渴又爽口，有提神解乏之作用，还能增进食欲，是当地傈僳族群众不可缺少的饮料。

美食去处

小沙坝大桥：泸水市小沙坝大桥附近是怒江地区美食较为集中的区域，沿江分布着数量不少的美食店铺，鱼肉火锅、黄焖鸡等各种家常小炒都能在此吃到。

购物

怒江州是个少数民族聚居地，当地人民心灵手巧，购物主要以手工制品和当地的特产为主。“片马三宝”木瓜、梅子和核桃是比较著名的土特产。

怒江特产

●丙中洛板栗

怒江的土地适合板栗生长，但怒江州

最有名的板栗要算丙中洛的瑞士板栗。丙中洛几乎家家门口都有板栗树，到了中秋节前后，随地都是成熟后掉在地上的板栗。这里的板栗肉饱满、清脆、甘甜。

●弓弩

怒族和傈僳族用来打猎的弓弩，箭速极快。弓弩以颜色深、发红发黑的为最好。一般要在“澡塘会”上才能买到。

●独龙毯

独龙毯是独龙人不可缺少的一件衣服，几乎是独龙族的服饰符号。独龙毯是麻料制成的手工艺品，一般有红、黄、黑、白4种颜色。它也是独龙人遮风避雨的衣服。在怒江和贡山县城都有手工织成的独龙毯出售。

怒江购物场所

怒江州的商业区基本集中在泸水市，主要的购物场所在怒江大道附近，蓝岸商贸城、新城新世纪百货是当地比较大型的购物商场，许多怒江的特色产品都能在那里买到。

娱乐

怒江州的娱乐主要是当地少数民族的节庆，这些民俗节庆都有着悠久的历史和独特的人文风情。

鲜花节：怒族鲜花节也叫仙女节，每年农历三月十五日举行，有采集鲜花和歌舞等活动。

阔时节：傈僳族最大的节日，为祈求五谷丰登，每家都要将第一次舂出的籼米粑或糯米粑拿出一部分悬于树上做祭供，还要分出一小碗喂狗，因民间传说是狗把五谷带到了人间；有的地方还要把第一次舂出的粑粑喂牛，以感谢牛帮助人类耕地。

卡雀哇节：独龙族唯一的传统节日，时间是每年的冬腊月，独龙族人在节日期间彻夜歌舞，守候在“剽牛祭天”的场地，用欢乐送别旧岁，满怀希望地迎接更加美好的新一年的到来。

澡塘会：每年春节，傈僳族男女老幼都要聚集到泸水十六汤温泉洗浴，用圣洁的温泉水洗去污秽，迎来吉祥。在这里人们通宵达旦赛歌，年轻人则交友谈情。

节日和重大活动

节日活动	举办地点	举办时间
卡雀哇节	怒江傈僳族自治州全境	1月10日
开春节	福贡县匹河怒族乡	3月6日
鲜花节	怒江福贡县、贡山县等地	农历三月十五至十七日
阔时节	怒江傈僳族聚集地	12月20日

怒江傈僳族节日

发现者旅行指南

大理

概览

亮点

大理古城

大理古城是位于苍山洱海之间的历史文化名城，茶马古道上的重镇，被誉为"文献名邦"。城内街道呈棋盘式布局，5条大街纵穿南北，8条街巷横贯东西，素有9街18巷之称。

崇圣寺三塔

崇圣寺三塔前一后二，呈三足鼎立布局，主塔"千层塔"高69.1米，南、北小塔均高42.19米。崇圣寺三塔前面是碧波荡漾的洱海，背后是终年积雪的苍山，与"玉洱银苍"浑然一体，展现出自然典雅的东方美。

苍山

苍山即点苍山，是云岭山脉南端的主峰，共由19座山峰组成，故称"苍山十九峰"，向来以云、雪、泉、石著称。

洱海

洱海因形似人耳而得名，是仅次于滇池的云南第二大湖，自古有"群山间的无瑕美玉"之称。洱海是大理"风花雪月"四景之一的"洱海月"所在地。

三月街民族节

三月街民族节（简称三月街），也称观音市，每年农历三月十五至二十日在大理城西的点苍山脚下举行。这是白族最盛大的传统节日，同时也是物资交流大会，还是各种文艺表演如赛马、滇戏、花灯等盛会。

线路

大理古城一日游

如果只有一天的时间，可以好好逛逛大理古城。上午逛古城、品小吃，下午访神圣的崇圣寺三塔、逛天龙八部影视城，走进金庸笔下的武侠世界。

大理环洱海二日游

这是一条经典的二日洱海环形线路。第一天游览喜洲民居和茈碧湖，体验浓郁的白族文化，泛舟秀丽的洱海中，听美丽的渔家姑娘唱一首《采莲曲》。第二天游览静若处子的沙溪小镇，探寻佛教圣地——石宝山。

白族民居

大理休闲四日游

大理是南诏国古都，又是白族聚居地，在这个散发着历史气息和少数民族气息的地方，尽管放慢脚步，来一段时光漫步之旅。第一天游览大理古城，品尝小吃美食。第二天观洱海、崇圣寺三塔。第三天游天龙八部影视城，登苍山，逛洋人街。第四天品三道茶，购买当地特产，返程。

为何去

大理素有“文献名邦”的美名。这里拥有悠久的历史和璀璨的文化，玉洱银苍之间，自然风光绮丽多姿，苍山如屏，洱海如镜，蝴蝶泉深幽，兼有“风花雪月”四大奇景。

洱海

在大理还可以了解白族的生活习俗，品尝别具一格的白族风味食品，还可以参加传统的大理白族“三月街”等节日庆典活动。

何时去

大理一年四季都适合来旅游，但以春秋两季最佳。春季的大理风光旖旎，草木繁盛，真正展现出其“风、花、雪、月”四景的魅力。此外，白族的很多节日和盛会多集中在每年的3~4月，如著名的“三月街”，此时游玩，便可感受到浓郁的民族风情。

五华楼

俯瞰大理古城

区域解读

区号：0872
面积：约29 459km²
人口：334.2万人
主要少数民族：白族、彝族、回族

地理 GEOGRAPHY

区划

大理州下辖1个市（大理市）、8个县（祥云县、宾川县、弥渡县、永平县、云龙县、洱源县、剑川县、鹤庆县）、3个自治县（漾濞彝族自治县、南涧彝族自治县、巍山彝族回族自治县）。

地形

大理州地处云贵高原与横断山脉结合部位，地势西北高，东南低，地貌复杂多样。苍山以西为高山峡谷区，苍山以东为中山陡坡地形。

境内的山脉主要属云岭山脉及怒山山脉，苍山位于州境中部。北部雪斑山海拔4295米，是境内最高峰。境内盆地（坝子）较多，且多为线形盆地，呈带状分布。

大理州境内大小河流较多，主要属金沙江、澜沧江、怒江、红河四大水系，呈羽状遍布全州。另外，大理州境内湖泊众多，分布有洱海、天池、茈碧湖、西湖、东湖、剑湖、海西海、青海湖8个湖泊。其中州政府驻地大理市境内的洱海是大理最美丽的风景之一。

气候

大理的气候以低纬高原季风气候为主，全年温差小，四季不明显，形成了“四时之气，常如初春，寒止于凉，暑止于温”的气候特点。境内干湿季分明，冬干夏雨，雨季多集中在夏季。

大理州地形地貌复杂，立体气候明显，主要表现为河谷热、坝区暖、山区凉、高山寒。由于气候的垂直差异显著，因此来大理旅游时也应带上保暖衣物。需要注意的是，每当夏秋之交的雨后，气温下降很快，所以此时来大理旅游最好带上几件秋衣，以防着凉。

历史 HISTORY

历史大事记

●秦汉时期

公元前221年，秦朝开始经营西南，并在西南地区建立了行政机构，自此开始中央王

诺邓古村

洱海双廊

朝对大理的统治。

公元前109年，汉武帝出兵击败了“昆明之属”（白族祖先氏族）各部落，并在大理地区设置了叶榆县，开辟了中国南方丝绸之路，使大理成为四川通往印度的中转站。

●唐宋时期

唐时西洱河地区有六大部落，号称“六诏”，唐仪凤三年（678年），吐蕃先后征服五诏，只有蒙舍诏始终归附唐朝。

唐开元二十六年（738年），皮逻阁在唐王朝支持下兼并五诏，晋爵云南王，建立了南诏国，次年将都城迁址今大理市境内。

唐天宝九年（750年），南诏与唐朝发生天宝战争。南诏在吐蕃的帮助下大败唐军，后归附吐蕃。

唐贞元十年（794年），唐节度使巡官崔佐时前往南诏，与南诏王异牟寻会盟于苍山神祠，立誓共为一家对付吐蕃。至此唐与南诏化干戈为玉帛，结束了40多年的纷争，史称“苍山会盟”。

唐天复二年（902年），南诏国权臣郑买嗣夺位自立，改国号大长和。南诏国统治165年，至此灭亡。

宋孝宗乾道九年（1173年），大理国遣使通商。洱海地区与内地之间语言文字、物质文明相互沟通。

●元明清时期

1253年，忽必烈远征云南，擒大理王段兴智，杀死执政国主高泰祥，大理国统治317年，至此灭亡。

元至元十三年（1276年），置云南行中书省，在昆明设中庆路，将政治中心由洱海地区移至滇池一带。

明正德六年（1511年）五月初六，云南永胜地震，大理古城房屋绝大部分倒塌。

清咸丰六年（1856年）九月，大理爆发了以回族为主体、杜文秀为领袖的反清起义，在大理坚持斗争18年之久，控制了滇西广大地区。

●近现代

1925年3月16日，大理发生里氏7.0级地

文献楼

震，造成6300多人死亡。

1938年，滇缅公路全线通车。滇缅公路从省城昆明起始，过大理境内50千米，是大理东西交通的重要干道。

"蜀身毒道"上的明珠——大理

"蜀身毒道"，是中国三条古丝绸之路中最早的一条。蜀是四川，身毒是印度的古称，指从四川成都至滇池沿岸，经大理、保山、腾冲进入缅甸，远达印度的商路。蜀身毒道由灵关道、五尺道、黔中古道、永昌道4条古道组成，由于它始于丝织业发达的成都平原，并以沿途的丝绸商贸著称，因此也被历史学家称为"南方丝绸之路"。一些专家认为，这是中国最早的对外陆路交通线，也是我国西南与西欧、非洲、南亚诸国交通线中最短的一条线路。

这条古道有东、西两条：东线北起宜宾，南至曲靖市，途经昭通，延至昆明、大理、楚雄，在普淜驿与西线灵关道相会；东西线在大理交会后称为博南道或永昌道，经保山、德宏到缅甸、印度、阿富汗等海外诸国，成为联结南亚、西亚而最后到达欧洲的商贸和文化交流通道。大理成为南方丝绸之路上的重要一环。

喜洲古镇

"蜀身毒道"总长2000千米，是中国最古老的国际通道，与西北"丝绸之路"齐名，形成比其早了两个世纪。2000多年来，这条连接中国和东南亚、南亚的古老通道从未间断过。佛教通过南方丝绸之路由印度传入云南；中外商贾行客通过古道互通货物；当地的民族跨境而居，互相通婚互相往来。

在清朝末期至民国初叶，南方丝绸之路还一度十分繁忙。因为这条道路的发展，大理成为当时繁华的通商重镇，犹如一颗璀璨的明珠愈加光辉。南方丝绸之路不仅给大理带来了经济文化的进步，也因此遗留下众多秀丽的历史文化古迹。

文化 CULTURE

世代相传的剑川石宝山歌会

剑川石宝山位于剑川县城西南25千米的老君山系。这里峰峦叠嶂，林木葱茏，既是被称为"南天瑰宝"的南诏大理石窟所在地，又是一年一度的白族万人歌会的活动场所。

石宝山歌会是白族地区盛大的民族传统节日，每年的农历七月二十七日至八月一日，数以万计来自剑川、洱源、大理、丽江、兰坪等县市的白族群众从四面八方汇集到此，一边游览山林古刹，一边亮开嗓子，无拘无束地唱曲对歌。方圆十多里的山间小道上，游人如织。如怨如诉的三弦声，悠扬婉转的调子声此起彼伏，此呼彼应，夜以继日地飘荡在山间林莽。

弹弦唱曲本来就是白族青年以歌为媒、寻求知心伴侣的巧妙方式，歌会自然便成了他们最为公开的社交场合。通过对歌互相了解，比试才能，倾诉心曲，因而每段歌词都是那么质朴纯真，耐人寻味。每当出现精彩的对唱，围观者立刻云集四周，人们都从中获

石宝山

得至善至美的艺术享受，也有不少青年男女正是通过唱曲对歌结成百年之好。

歌会流行的曲调以大理州中部方言区流行的剑川调为主，以龙头三弦或吹树叶伴奏，唱词均为白族诗歌“三七一五”的传统格式，格律严谨，不能跑韵跑调。优秀的歌手在熟悉掌握传统民歌的基础上，面对当时情景加上即兴创作，往往妙语连珠，动人心扉。一旦棋逢对手便对答如流，连日连夜唱下去而不分胜负。因此，石宝山歌会既是白族人民抒发情怀、赞美生活的盛大聚会，也是进行民歌艺术交流、传承民间艺术的桥梁。

白族人的饮食习俗

白族人民喜吃酸、冷、辣等口味的食物，并善于腌制火腿、弓鱼，制作螺蛳酱、油鸡纵、猪肝酢等各式可口菜肴。大理等中心地区的白族人民，还喜吃一种别具风味的“生肉”（或称“生皮”），即将猪肉烤成半生半熟，再切成肉片或肉丝，佐以姜、葱、醋、辣椒，以宴请客人。此外，还有用糯米酿制的白酒，用苍山雪炖梅和糖制成的“雪梅”，邓川特制“乳扇”“乳饼”等也都十分可口。

婚宴上习惯用“喜洲土八碗”待客，由8道热菜组成：添加红曲米的红炖肉；挂蛋糊油炸的酥肉；加酱油、干腌菜扣蒸的五花三线肉千张；配加红薯或土豆的粉蒸肉；猪头、猪肝、猪肉卤制的干香；加肉茸、蛋花的白扁豆；木耳、豆腐、下水、蛋丝、菜梗氽制的杂碎；配加炸猪条的竹笋。此外，每客一包槟榔，丰盛又不奢侈。

白族人民喜好饮茶。一般饮用烤茶时，用一陶制小茶罐将茶叶烤黄，冲以沸水，顿时热气翻腾，芳香四溢。烤茶一般冲水三道，边煨烤边品茗：初饮觉得其味微苦；再品则甘香醇厚；最后一道更觉其味甘甜，越品味道越美，满齿留香，令人回味不止。此谓“头苦、二甘、三回味”。

白族就餐很讲究礼仪规范，进餐时长辈要坐上座，晚辈依次在两旁或对面落座，晚辈要随时为长辈添菜加汤。

传统手工技艺——大理刺绣

白族刺绣是白族妇女传统的手工技艺，流行于大理白族聚居区的各县城乡，并广泛运用于服饰、头饰、鞋帽、针线包、枕套、帐帘等日常生活用品中。

刺绣的种类按其针法分为盘绣、平绣、插绣、十字绣等类别。大理刺绣运针细密均匀，图案紧凑大方，生动形象，针法疏密得当，融叠自然，色泽鲜明流畅，风格平整干练，大气优美。每一件绣品都是一件精美的艺术品，具有极高的观赏和收藏价值。

刺绣作品常用的图案有菊、桃、梅、竹等花果及龙、凤、狮、虎、蝶等动物和几何图形。刺绣之前先绘制好样图，然后剪出纸形做底图，再用各色彩线依次配绣。绣材质较硬的作品时，可把绣品直接放置在手上；绣较软的大物时，则可以用花绷作圈架，套上刺绣。刺绣的图案以洱源、剑川地区的最为繁复，色彩则以大理下关山区最艳丽。在农村，刺绣水平如何是衡量一位少女才智聪颖与否的重要标志。

吃在巍山——一根面

大理一根面，原产大理巍山，又称扯扯面或长寿面，最早只在过年、过寿或办喜事时才吃。早在唐朝（南诏国）时期就开始受到大理各族人民的广泛欢迎。

大理一根面做工讲究。首先，面粉精选上等品并由几种不同的面粉调和而成，再用60℃的盐水来和面，要力度适中并多搓揉，直至面团不软不硬为好。然后将大大的一团面搓揉成均匀纤细的一根，环绕在一个大盘子里，期间还要不停地在面上擦上香油，防止面与面之间粘连。

其次就是“醒面”。醒面是指将已绕好的一大盘面用潮湿的纱布盖上醒3～5小时。在醒面期间，面汤、配料、作料和“帽子”（也就是“哨子”）这些的配备就尤为重要了。所谓“帽子”，一般由黑木耳或野生菌子、番茄、西兰花、捣碎的花生米、酸豇豆、特制红烧牛肉或焖肉等原料组成。

最后就是扯面，站在热水沸腾的锅边，拉起盘内醒好的面头，用均匀的速度和适中的力量将扯成丝状的面条放入锅中，煮3分钟左右，把面捞入碗中，舀入准备好的面汤，加上“帽子”，然后顾客可根据自己的喜好加上适量的香葱、辣椒、醋、香菜等作料。这样，鲜香美味的大理一根面就可享用了。

白族民居三坊一照壁

“三坊一照壁，四合五天井”是白族民居建筑中最基本、最常见的形式。其建筑形式也影响到了周边地区的建筑格局，如丽江等地也多见这样的建筑形式。

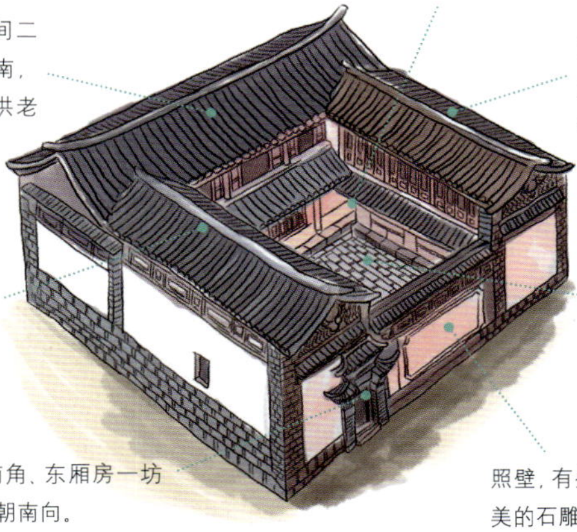

景点推荐

大理古城 AAAA

大理古城，简称叶榆，又称紫城，享有“文献名邦”的美誉。在南诏国到大理国的500多年时间里，这里一直是云南的政治、经济、文化中心。在之后漫长的历史发展中，大理古城成了一块宝地，以历史悠久、文化发达、民族优秀、经济富足而著称于世。古城的主要景点有文献楼、护国路、五华楼、基督教堂等。这里的每一处建筑，都流溢着别致优雅的古韵，是大理一道独特的风景，令人沉醉其中而流连忘返。

大理州大理市

乘坐大理古城景区自助游览车前往

免费　全天

玩家攻略

古城面积较大，可以选择自行车骑游的方式游览，因为这种方式既便捷又环保。在古城中的很多地方，都有出租自行车的，主要集中于博爱路和洋人街。当你骑着自行车悠闲地游逛在古城中时，感觉既浪漫又惬意。

文献楼

古城第一门

大理州大理古城内

文献楼始建于清康熙年间（1662—1722年），是大理古城的标志性建筑，素有“古城第一门”之称。该楼为两层歇山式土木石结构，外观雄伟、壮丽；匾额是当时云南提督偏图所题的“文献名邦”四字。文献楼横跨古城的南面通道上，道路两旁满栽柳树，十分富有诗情画意。

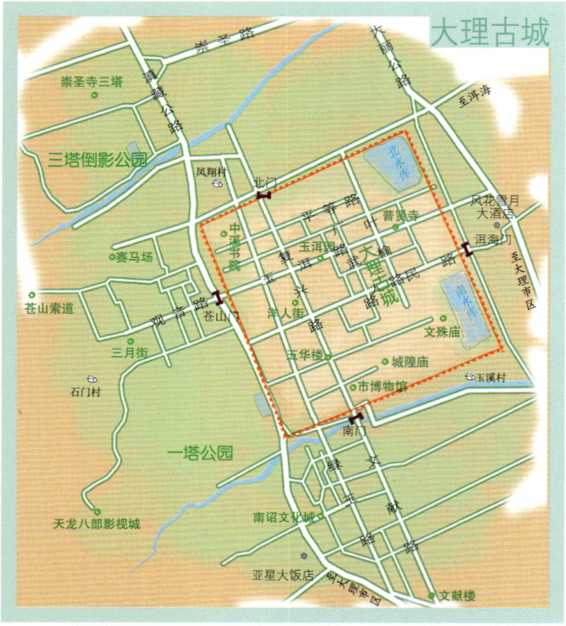

两小塔为八角形密檐式空心砖塔，外观装饰成阁楼式，每角有柱，顶端有镏金塔刹宝顶。

洋人街

中西合璧的风情小路

大理州大理市大理古城内

乘坐大理古城景区自助游览车前往

大理洋人街原名“护国路”，因民国初期云南人民反对袁世凯称帝、起兵护国而得名。“洋人街”兴起于20世纪80年代，到大理古城旅游的海外游客大都投宿于护国路的大理市第二招待所（现更名为红山茶宾馆），随之附近逐渐开设了为海外游客服务的餐厅、酒吧、商店、出租自行车铺、彩扩店等店铺，形成海外游客较为集中具有特色的旅游一条街。各行各业也随之兴起，中西风味餐厅、茗茶雅座、珠宝店、古董店、画廊等铺面林立两侧，目不暇接，成为中外有名的大理洋人街。旅游者到此，除了欣赏白族建筑的灵秀，体会白族金花的善解人意，品尝可口的西餐，同时也可领略到白族传统文化与西方现代文化的完美交融。

崇圣寺三塔 AAAAA

大理的标志性建筑

大理州大理古城以北1.5千米的苍山应乐峰下

乘19路或崇圣寺三塔专线可到达　¥ 75元

0872-2666158

历史上，崇圣寺有“五大重器”，而大理三塔是“五大重器”之首。三塔中的主塔叫法界通灵明道乘塔，又叫千寻塔，始建于唐代，除了叠涩之外，塔身全部涂饰成白色。主塔基前有“永镇山川”四字，为明代沐世阶所书。塔西面设有塔门，循梯而上可到达塔顶。南、北两座小塔分立于主塔后面，均建于宋代，外观装饰成楼阁式，两塔身均涂饰有一层白色泥皮。两座小塔在地震中曾被震斜，“至今斜立，蔚为奇观”。大理三塔弥漫着

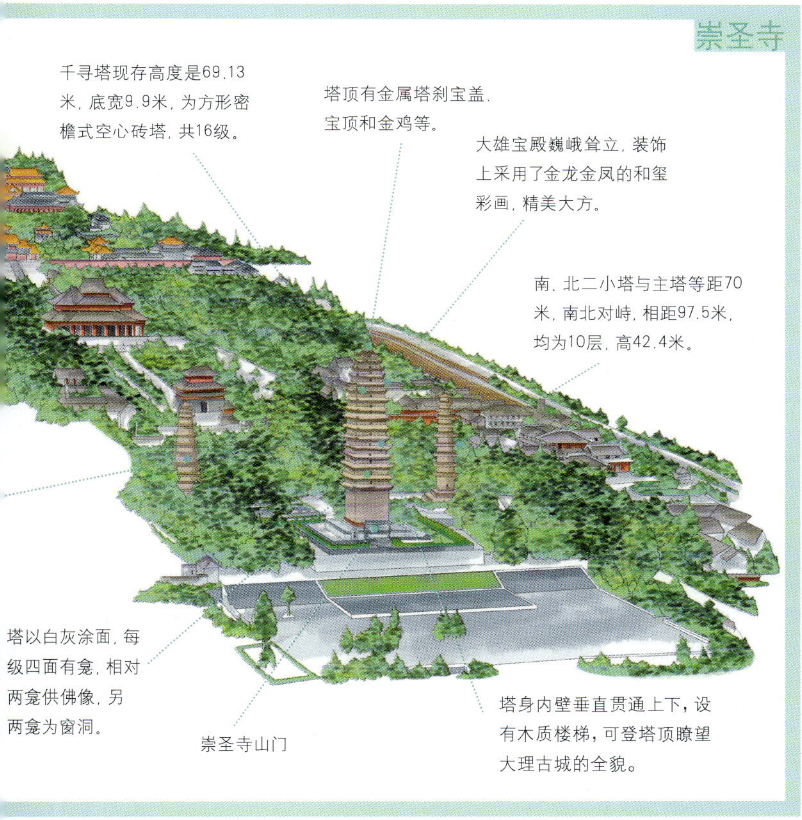

肃穆、庄严的气氛，三塔不仅是大理“文献名邦”的象征，更是云南古代历史文化的象征，当游客伫立于三塔之前，能深切感受到其古老沧桑的魅力。

链接

崇圣寺三塔被毁的原因和恢复重建

1000多年来，崇圣寺三塔经历了风雨剥蚀和多次强烈大地震，仍然巍然屹立，显示了古代大理劳动人民的智慧。1056年（丙辰年）农历五月初六大理发生大地震，史籍载：“城郭人庐尽圮，中塔（大塔）折裂如破竹，旬日复吉，安然无恙。”后面两座小塔被震斜，至今斜立，蔚为奇观。《大理县志》记载：“丙辰之变尽毁，惟三塔岿然尚存。”说明崇圣寺经强烈大地震和战乱与浩劫损于晚清。

1994年10月，相关文化单位成立了崇圣寺三塔文物保护管理所，随后又组建了三塔公园，并投入8000多万元恢复重建了钟楼、雨铜观音殿等一批精美的历史文化景观。2005年4月，崇圣寺大规模恢复重建竣工，结束了崇圣寺三塔近百年来“有塔无寺”的历史，形成了塔寺辉映的美景。

崇圣寺的规划布局以保护三塔为核心，借鉴了国内外著名寺庙布局的特点，集唐、宋、元、明、清历代建筑特色之精华，按主次三轴线，八台九进十一层次进行规划建设。主轴线上依次建有大鹏金翅鸟广场、护法殿、弥勒殿、大雄宝殿、山海大观石牌坊、望海楼等。中轴线两旁和次轴线上建有方丈堂、客堂、斋堂、罗汉堂、祖师殿等。

崇圣寺

崇圣寺东临洱海，西靠苍山应乐峰，为南诏国第十代王劝丰祐时（824－859年）所建。建成之后即为南诏国和大理国时期佛教活动的中心，到大理国时成为著名的皇家寺院，故崇圣寺有“佛都”之誉。

文物陈列馆

崇圣寺三塔文物陈列馆陈列着在维修三塔过程中发掘出土的南诏、大理国时期的各种文物680余件，其中包括《金刚般若经》图卷、《大陀罗尼经》、纯金观音像、金质释迦牟尼坐像等，以及大量珍珠、玛瑙、水晶、珊瑚、绘画等珍贵文物，具有较高的历史价值，是研究南诏、大理国历史的实物资料。

钟楼

钟楼原名为胜概楼，始建于南诏建极十二年（871年），为重檐木构建筑，当时大理著名的十六景之一就是"钟震佛都"。原钟毁于清咸丰、同治年间，现在这座钟楼重建于1997年，钟高近20米。目前为中国第四大钟、云南第一大钟。

钟外壁铸有精美的图案：上层为六幅波罗蜜图案，分别为妙法波罗蜜、胜叶波罗蜜、慈音波罗蜜、金刚波罗蜜、智宝波罗蜜和大轮波罗蜜；下层为六幅天王像，精美绝伦。

雨铜观音殿

雨铜观音殿为五开间单檐歇山顶木构建筑，毁于文化大革命期间，为1999年重建建筑。殿高30米，占地面积8100平方米。

殿内正中供奉着站立的雨铜观音像，原像铸于南诏中兴二年（899年），后被毁，1999年重铸。观音像及莲花座均为铜铸贴金，共耗费铜11吨。相传当年在铸造这座观音像的过程中，铸到一半铜便用完了，这时天上下了一场雨，奇妙的是，落下的不是水珠而是铜珠，人们收集起这些铜珠便铸完了观音像，所以取名雨铜观音。

雨铜观音殿

观音像左边分别供奉着梵僧观音像和负石观音像；右边分别供奉着水月观音像和阿嵯耶观音像。它们都是阿嵯耶观音的不同化身。二楼四周墙壁陈列着《南诏国史图传》和《大理国描工张胜温画梵像卷》的复制图。三楼现为观音文化展。

三塔倒影公园

三塔倒影公园坐北朝南，背靠崇圣寺三塔，始建于20世纪80年代，因园内潭水有三塔倒影而得名。公园内的中心水潭占地7000多平方米，池边广植各种树木如银桦、雪松、垂柳等。园内附设大理碑亭、漾波亭及大理石桌凳、大理石长栏、藤架等。园内池水一碧如洗，清澈见底，特别是到了冬季，苍山银装素裹，更加衬托出三塔倒影的迷人之处。

玩家攻略

三塔倒影公园是拍摄崇圣寺三塔的最佳位置，因为在这里不仅能将三塔全景收入镜头中，还能将三塔的倒影及周围的亭台楼阁、花花草草也收入镜头里。尤其当夕阳西下之际，三塔更加显示出了古老的历史沧桑感，是拍摄的最佳时机。

天龙八部影视城 AAAA

我国西南最大的影视城

- 大理州大理市大理古城东15千米（苍山景区下）
- 乘崇圣寺三塔专线车可到达
- 40元
- 8:30～18:00

天龙八部影视城共分为3大部分，即大理国、辽国、西夏王宫（包括女真部落）。影视城是按照《天龙八部》剧组的设想，结合"大理特点、宋代特色、艺术要求"三原则而建成的。此外，影视城还与大理古城、崇圣寺三塔、元世祖平云南碑等景点一起构成了大理历史文化旅游核心区。影视城展示了古代大理白族人的民族风情，是游客欣赏美景、体验白族风情的好去处。

玩家 解说

影视城除了作为《天龙八部》的影视基地外，还拍摄过《茶马古道》《大理公主》《古滇王国》《殷商传奇》《新西游记》《倩女幽魂》《福星高照猪八戒》《喜气洋洋猪八戒》《我们的眼睛》《男才女貌》《小夜·刀》《功夫侠》《十全九美》《香格里拉》等一系列影视片。

元世祖平云南碑

记述了元世祖忽必烈远征功绩

大理州大理市大理古城外苍山龙泉峰下

乘崇圣寺三塔专线车可到达

在百年三月街的旷坝上，耸立着一块巍峨丰碑，在旷坝上显得分外伟岸，这就是有名的“元世祖平云南碑”。此碑立于巨硕的石龟背上，高约4.5米，宽约1.6米，为上下两节的青石碑，中间有石条挡护，边上有石框镶砌，碑额用大理石雕有二龙，背刻三坐佛，额篆书“世祖皇帝平云南碑”。碑文1300余字，记述了1253年元世祖忽必烈率军远征云南，消灭大理国的功绩及建立云南行省的情况。

杜文秀墓

抗清起义领袖墓

大理州大理市下兑村

乘8路公交车可到达

杜文秀墓是杜文秀女婿张志勋为缅怀纪念杜文秀发起滇西农民反清大起义所建，墓侧面为长方形，正面近正方形，南北方向，墓顶为石雕屋顶式墓盖，两侧为大理麻布石制。杜文秀生于1823年，起义失败牺牲时年仅49岁。墓碑书“总统兵马大元帅杜文秀墓”，墓尾为阿拉伯文碑，墓前立白寿彝先生序文及重修碑记。墓园南、东、西三面为正门及围墙，占地面积1400平方米。

大理南诏文化城

儒释文化与大理民族文化荟萃之地

大理州大理市大理古城南2千米

乘崇圣寺三塔专线车可到达

南诏文化城是中国南诏文化第一城，也是云南最大的蜡像馆，融参观、游览、展示、娱乐、饮食、商贸为一体，是多功能、高品位的文化旅游项目。文化城仿南诏、大理国的宫殿与民居建筑的风格，设有城门、莅信宫、观音市、舞乐厅、御苑等。前殿、后苑、城门雄伟、巍峨。

莅信宫为南诏王的金殿，气势雄伟，金碧辉煌，有唐代建筑风格。游人在此可身着南诏王、王妃的服饰扮演角色，享受帝王的礼仪，体验王宫的宫廷生活，模拟“南诏王登殿”“南诏王出巡”等仪式。

观音市为前店后厂的民间作坊，营业人员装扮成南诏的工匠，模拟画坊、药店、当铺、茶室、酒馆等店铺的经营，以展促销，再现南诏时代的“三月街”。

南诏舞乐厅会举办盛大的宫廷宴席，表演南诏宫廷舞乐，游客可品尝大理的特色食品。

大理古城鸟瞰

景点推荐 中部苍洱休闲度假功能区

苍山

历史文化名山

大理州大理市大理古城西部山区

乘4路公交车、崇圣寺三塔专线车可到达

110元（含索道）

8:30~16:00

苍山即点苍山，是云岭山脉南端的主峰，共由19座山峰组成，故称“苍山十九峰”。这19座山峰的海拔一般都超过3500米，其中7座海拔达4000米以上。马龙峰为最高峰，海拔4122米。苍山最大的特色就是景色十分优美，且景点众多。古往今来，许多文人墨客为苍山留下了许多诗文佳作，如“桂镜台挂玉龙，半山飞雪天风”（元人黄华），“阴岩犹覆太古雪，白石一化三千秋”（明人张来仪）。

玩家 攻略

登苍山的最佳时间为5~7月，因为这时苍山天气较好。苍山晴雨不定，登山最好带伞。登山方式除了徒步外，还可乘索道缆车或骑马。其中，感通索道缆车和苍山索道缆车价格不等。在当地还有出租的马，是专门用来登山的，十分有趣。

登苍山游程推荐：体力充沛者，可以从感通寺索道上山，然后徒步沿玉带云游路（5个半小时）到中和寺索道站（亦可骑马），乘索道缆车下山。体力不济者，可在感通寺附近游览后，乘索道缆车上山，游览七龙女潭（徒步5千米），然后返回乘索道缆车下山。从古城和感通寺亦可不乘索道缆车直接骑马上山，还可省去30元门票。

玩家 解说

苍山云景变幻万千，其中最有名的是“望夫云”和“玉带云”。望夫云每年冬春季节常出现于苍山峰顶，此云出现后洱海随即狂风大作掀起阵阵惊涛骇浪，渔船不能出海，因此望夫云又被称为“无渡云”。

雨后初晴时，苍山之上的蓝天碧空如洗，人们时常能幸运地见到一条乳白色的云彩婀娜多姿地飘荡着，犹如盘踞在苍山身上的玉带。玉带云不仅妩媚动人，而且按白族农谚所说，还是丰收的预兆：“苍山系玉带，饿狗吃白米。”

链接

“苍山雪”的由来

传说，某一年苍山脚下突然瘟疫流行，生活在附近的居民境遇很危险。后来有两兄妹用法术将瘟神赶到了点苍山山顶上，并把它埋在雪里直到冻死。为使瘟神不会死而复生，妹妹最后化身变为雪人峰的“雪神”，以此来永镇苍山。这就是大理四景“风花雪月”中“苍山雪”景观的由来。

经夏不消的苍山雪，是久负盛名的大理“风花雪月”四景之一，也是苍山景观中的一绝。寒冬时节，百里点苍，白雪皑皑，阳春三月，雪线以上仍堆银垒玉。最高峰马龙峰的积雪更是终年不化，盛夏时节山腰以下苍翠欲滴。

感通寺

感通寺又名荡山寺，寺庙背靠四季积雪不化的苍山，面对烟波浩渺的洱海，集天地间灵气于一身。寺庵左右凸显出两道恰似扶手的山梁，向上延伸的圣应峰恰如椅背，一寺一庵仿佛两位“禅师”打坐于硕大的交椅之中。升腾的香烟缭绕在寺庵顶端，缭绕在森林当中，着实有神秘莫测的佛教韵味。

从感通寺至清碧溪有一条全封闭长约2000多米的感通索道，缆车如银梭般穿越在密林深处，成为苍山一道亮丽的景观。放眼望去，蔚蓝的洱海一览无余，粼粼波光十分炫目。漫步寺庵周边的森林中，能看到不少断垣残壁和遗存古迹。在大云堂西南侧有一株幸存的滇藏古“木莲”，花朵白净透明，被视为神化了的苍山“龙女花”。

玉带云游路

玉带云游路又称玉带路，是位于苍山半山腰的一条观景步道，因仿佛一条腰带缠绕在苍山腰间，故而得名。玉带云游路北起小岑峰的桃溪，南到圣应峰的清碧溪附近，全长约16千米，可俯瞰大理坝子和洱海风光，视野开阔。

玉带云游路步道海拔约2600米，路面以石板铺设，平坦而舒适。沿途有感通寺、清碧溪、七龙女池、龙眼洞、凤眼洞和中和寺等景观。走在玉带云游路上，除了游玩这些景点，更可俯瞰整个大理坝子，远望洱海风景，风光绝佳。徒步玉带云游路，是游玩苍山、感受苍山风光的最佳方式。

玩家攻略

玉带云游路位于苍山半山腰，抵达步道有几种方式：一是从大理天龙八部影视城西侧步行上山，约一小时即可抵达玉带路（凤眼洞附近）。二是乘坐感通索道缆车，直达清碧溪。下了索道缆车即是玉带云游路。三是乘坐苍山大索道缆车，在中站（七龙女池）下即可抵达玉带云游路。步行上山会经过售票点，一般7点30分之前是无人值守的，当地人常用这种方式上山晨练。游人多采用第二种方式，索道上站清碧溪恰好是玉带云游路的南端，可以完整游玩苍山。第三种方式费用较高，而且到达的是玉带路的中间段，游玩不便。

中和寺

中和寺建于明代，因庙宇建在中和峰半山腰上而得名，曾被清朝康熙皇帝赐匾“滇

苍山玉带云

云拱桥”，是大理著名的道教寺观之一。中和寺始建于唐南诏国时期，现在仅存的凌霄宝殿和聚仙楼是清代光绪二十六年（1900年）重修时的建筑。近年又陆续重建了王母殿、南北灵官阁和观海长廊等。中和峰是苍山19峰的中心山峰，东部正前方刚好是大理古城及洱海。由于其特殊的地理位置，此地便成了俯瞰苍洱风光的最佳地点。

清碧溪

清碧溪也称“青龙潭”，位于马龙峰与圣应峰之间，是苍山洱海间一处独特胜景，被公认为是苍山18溪中风光最美的一溪。溪水在山腰汇为上、中、下三潭，然后流下成溪，辗转注入洱海，是此处的主要景观。

游清碧溪，可从七里桥沿溪水而上，蜿蜒小路时隐时现，将游人引入幽谷。清碧溪第一潭是一个半圆形的小潭，池水碧绿，令人目眩。从此向上攀过一块满铺青苔，陡峭的山岩后，便到了第二潭，此潭躲于三面峭壁中，面积不大却最美。欲看第三潭，须由马龙峰绕行四五百米，方得一睹，泉水从石间涌出汇成一个圆池，池水清澈，池底石子明晰可见。如果说第一、第二潭是欢快型，那第三潭就是文静型，静静卧于深谷中，独享一份悠然。

大理清碧溪

天龙索道

天龙索道是苍山景区三条索道当中风景最美、距离最长的一条索道，也是当前游览苍山的最佳选择。整条索道全长5000多米，一路上可以真切感受到“一山分四季”的奇特景观。

七龙女池和洗马潭是天龙索道的主要景区。相传“七龙女池”是洱海龙王7位龙女沐浴休息的场所。这里溪水延绵不绝，清澈见底，景致一潭比一潭奇，风景优美。洗马潭位于玉局峰和龙泉峰顶的交会处，据说在大理国时期，元世祖忽必烈南征大理，围困大理国都羊苴咩城，一时难以攻克，于是派骑兵翻越苍山，最终攻陷大理国羊苴咩城，这支兵马曾在山顶歇营洗马，洗马潭也因此而得名。

苍山索道

苍山北侧的一条索道叫作苍山索道，这条索道的起点距离大理古城最近，位于古城外的三月街附近，终点则是设在半山腰的中和寺，到达中和寺后可以下索道步行游览著名的玉带云游路。

感通索道

感通索道是最南面的一条索道，长度与北面的苍山索道相近，从山下的感通寺通到半山腰的清碧溪，清碧溪与苍山索道终点的中和寺之间由玉带云游路相连。

宝林寺

记述流传千古的英雄传说

大理州大理市下关镇

宝林寺始建于明代，清光绪二十四年（1898年）重建。该寺三面环山，坐西向东，面对洱海。与洱海边上的天镜阁、珠海阁、浩然阁、水月阁齐名，同为大理的名胜。寺庙以北有阳南溪，殿后树林茂密，鸟语花香，景色十分迷人。寺内有一斗拱飞檐，雕刻精美的歇山式大殿。殿前有一古戏台，殿旁建有一座“树声楼”。

宝林寺为宝林村等8个村庄的本主庙。寺内供奉着本主神白龙王、段赤城等塑像。殿的两侧有一副对联，记述着英雄段赤城斩蟒引泉的传说故事：“开山引泉，八村受益，白那陀洪恩传万世；斩蟒除害，四处得安，段赤城义胆照千秋。”

太和城遗址

古代南诏国的都城

大理州大理市大理古城以南7千米的太和村

乘4路公交车或崇圣寺三塔专线车可到达

全天

南诏太和城原为河蛮城邑，是南诏前期的都城，也是一座建在山坡上的古城。现存遗址为金刚城及南、北两道城墙，1961年被列为第一批全国重点文物保护单位。太和城西靠苍山，东临洱海，城墙多依山势以土夯筑而成，城内立有著名的南诏德化碑。对于游客来说，这里的主要特色体现为它的考察价值和游览价值，是一处不错的景点。

玩家 攻略

太和城遗址除了南诏德化碑外，还有观音塘、蛇骨塔等重要景点，游客时间若充裕的话，可以去游览一下。

玩家 解说

南诏德化碑是云南最大的唐碑，是南诏群众为歌颂阁罗凤（712—779年）的文治武功而建的功德碑。碑文主要记述了大唐和南诏之间的“天宝战争”，以及南诏不得已叛唐的原因，是研究南诏、唐王朝关系的重要文献资料，也能为游客提供一个缅怀历史的重要视角。

洱海公园

群山间的无瑕美玉

大理州大理市苍山和大理坝子之间

洱海是仅次于滇池的云南第二大湖，也是大理风景区的主要风景资源，素以“高原明珠”著称。从苍山往下看，整个洱海湖面宛如一轮新月，静静地依卧在苍山和大理坝子之间。在风平浪静的日子里泛舟洱海，清澈透明的海面给人以宁静而悠远的感受。

洱海是白族祖先最主要的发祥地，这里有浓郁的白族风情，是大理白族的主要聚居区。洱海的主要景观包括湖中的小岛和湖畔的白族村寨等。

洱海公园是游览苍山洱海风景区的第一站。团山在很早以前是洱海中的小岛，四面环水，进出都要泛舟。由于这一特殊的地理位置和得天独厚的自然条件，唐朝时期被南诏皇族开辟为养鹿场，后因水位逐年下降，周围的水慢慢干涸才形成今日的模样。

洱海由于风光绮丽，气候宜人，深受人们喜爱。这里游人络绎不绝，特别是节假日，更是热闹非凡。

玩家 攻略

洱海公园是观赏洱海景色的绝佳地。公园山顶有飞檐出角的望海楼，登临楼上极目眺望

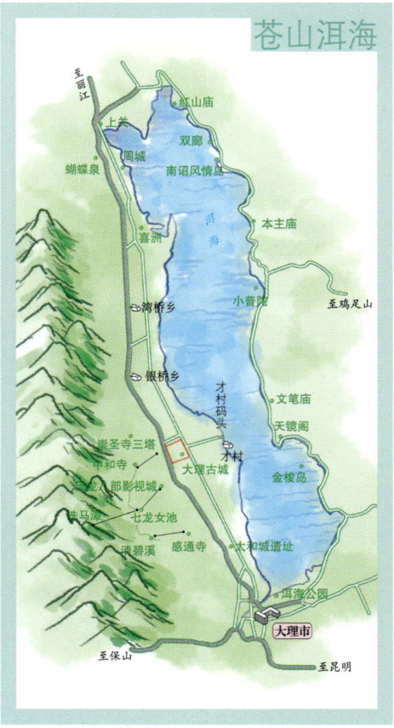

的话，周围林木葱葱，整个苍山洱海的秀丽风光可尽收眼底。在公园可乘船游洱海。

大理季节变化不明显，寒暑适中，四季如春，6~8月是最佳游玩季节，舒适自在。值得一提的是，中秋节晚上，居住在大理洱海边的白族人家会将木船划到洱海中欣赏美丽的“洱海月”。

天镜阁

三面环水，地势险要的阁楼

大理州大理市海东镇环海路罗荃半岛上

大理洱海天镜阁在大理洱海东罗荃半岛上，这个半岛是玉案山向南延伸的余脉。南诏晚期，这里曾经是洱海边庄严肃穆的佛教圣地。山势忽向洱海延伸，三面临水，悬崖壁立，地势险要，澄海如镜，有山环吞海之势。明代在这里建阁，而名“天镜阁”，成为大理洱海四大名阁之一。原有的天镜阁曾被毁，现为重建。天镜阁四层八面阁楼高耸山巅，大理天镜阁与名刹罗荃寺交相辉映。

小普陀

观赏洱海风光的最佳地点

大理州大理市洱海东岸海印村

可乘船前往

小普陀地处下关至双廊和蝴蝶泉的海面旅游线上，在洱海东部的一个小岛中，始建于明代。建筑形式为两层亭阁式，分别祭祀着如来佛和观音菩萨。由于观音是小普陀的主像，所以小普陀原名观音阁，又因它的位置颇似佛教名山普陀山，神话中观音所居之地普陀，故改名为“小普陀”。

小普陀不仅是佛教文化浓郁的圣地，也是洱海畔边观光赏景的绝佳之地。清晨时分，海面上雾气袅袅，楼阁时隐时现，在小普陀上观看苍山洱海，就仿佛置身在白首老者托起的银盘之中，心胸格外开阔。

双廊

千年古渔村

大理州大理市洱海东岸的双廊古镇

从大理古城或下关乘大巴或包车前往

免费

双廊镇位于大理市东北部，是“苍海风光第一镇”。村中主要景观是玉几半岛，岛上有“玻璃城堡”青庐，是一位艺术家建造的宅院，现已成为双廊的标志性建筑。

静谧是双廊的一大特点，不用刻意寻景，只要善于发现，处处是惊喜。双廊风光以背依青山、面迎洱海、紧连鸡足、远眺苍山而独秀。登上南诏风情岛，可目睹到17米高的汉白玉观音圣像。

四季的双廊景致各异，来此游览最佳季节是春季，气温适中，景色迷人。夏天双廊很凉爽，是避暑的首选。在双廊骑自行车环

遥望天镜阁

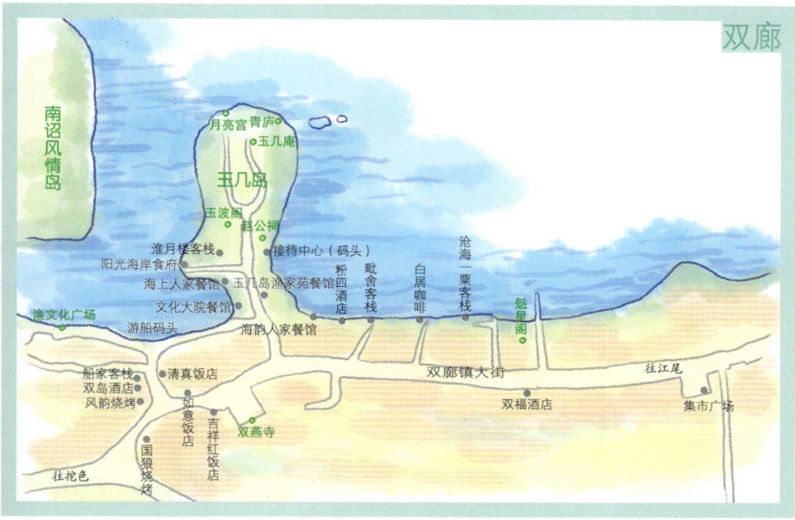

游洱海别有一番趣味。

蝴蝶泉公园

电影《五朵金花》的拍摄地

大理州大理市喜洲镇西北苍山云弄峰下

在大理古城西门外乘坐巴士或乘坐开往洱海方向的班车可到 40元 8:30～18:00

0872-2431433

蝴蝶泉有“三绝”：泉、蝶、树。泉是方形泉潭，泉水清澈见底，一串串银色水泡自沙石中徐徐涌出，冒出水面后还泛起片片水花。蝶是五彩缤纷的蝴蝶。树是指蝴蝶泉边的一棵高大古树，即著名的“蝴蝶树”。每年4月中旬，大批蝴蝶会聚于泉边，形成一道壮丽的景观，可谓“蝴蝶盛会”。届时白族的少男少女将聚集于此，各自寻找自己的心上人，既热闹又别具特色。此外，蝴蝶泉因为电影《五朵金花》的扬名还被看成是爱情的象征。

玩家攻略

每年四、五月春夏之交，是来蝴蝶泉游玩的最佳时间。除了每年4月的几天外，其他时间是看不到蝴蝶会聚奇景的。如果错过蝴蝶会聚还可到蝴蝶泉以南的蝴蝶馆，馆内真实地再现了蝴蝶品种及泉边生态文化，为不能观看蝴蝶会聚的游客提供了感受蝴蝶泉奇观的珍贵资料。

喜洲古镇

白族文化的见证之地

大理州大理市喜洲镇

在下关或大理古城三月街乘坐巴士可到

免费

古镇全天开放

喜洲古镇西靠苍山，东临洱海，至今已有1000多年历史，是南诏时期的“十睑之一”，也是大理文化的发祥地之一。历史上曾被称“史城”“史赕”、大厘城等。喜洲作为历史文化名城，同时也是云南著名的侨乡，还是电影《五朵金花》的拍摄地。这里的建筑雄浑大气，古典雅致，是古代白族建筑的典范，非常具有游览价值，是一处不容错过的重要景点。

玩家攻略

在喜洲古镇上有很多传统手工艺店，店内各种小商品琳琅满目，如刺绣品、银饰、木器、鞋等，游客可买一些作为纪念品带回去。到了喜洲古镇，还可品尝一下这里的著名饮食喜洲粑粑和“三道茶”，别有一番风味。

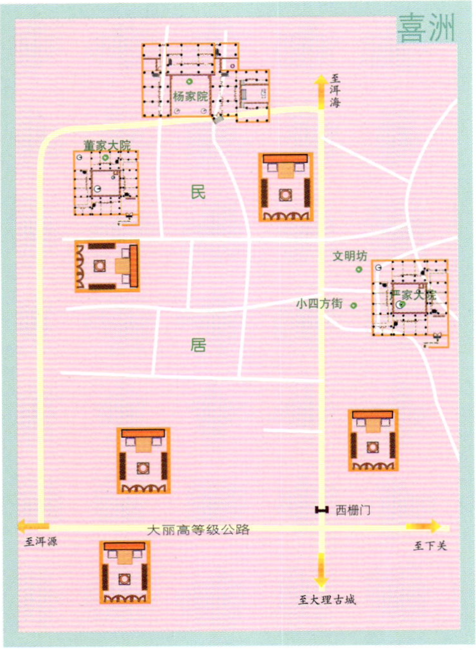

玩家 解说

喜洲是位于云南省西北大理北部最大的镇子。全镇共有明代、清代、民国及当代各时期具有特色的上百座白族民居建筑。远远望去，像一座古朴典雅的城池，更像是一座巨大的民居建筑博物馆。喜洲目前还较为完整地保留着大批各时期的特色民居。其中比较有代表性的有明代杨士云的“七尺书楼”，清代的杨源大院、赵廷俊大院，民国的严子珍大院、杨品相大院等30多座。

周城白族村

大理最大的白族村

✉ 大理州大理市喜洲镇周城村

🚌 从古城或下关乘中巴可到达

周城白族村位于大理古城北23千米，全村居住1500余户白族居民，是云南省最大的自然村、大理最大的白族村镇。在此可以看到典型的以“三房一照壁”“四合五天井”封闭式庭院形式构建的白族民居。周城白族村不仅因为村内的蝴蝶泉而闻名遐迩，而且因为这里至今仍十分完好地保留着白族的各种传统习俗，又被誉为“白族民俗的活化石”。在这里可参观白族民居、集市，白族扎染的制作，并可领略白族婚礼，还可品尝白族风味食品，选购白族民间工艺品。

南诏风情岛 AAAA

风光旖旎的洱海三岛之一

✉ 大理州大理市洱海东北部的双廊村对面 🚌 洱海码头的游船可达

¥ 50元 🕘 8:00—17:30

南诏风情岛是旧时南诏王的避暑胜地，该岛四面环水，东靠著名佛教圣地鸡足山，北接石宝山，南连大理，西对苍山洱海。海岛海天一色，风光旖旎。

岛上的主要景点有沙壹母群雕像、云南福星广场阿嵯耶观音像、南诏行宫、本主文化广场、太湖石石群、乐雪榭和大榕树等。岛屿四周水清沙白，举目眺望，百里苍山洱海美景尽收眼底。枝繁叶茂的千年古榕树，盘曲交错的古洞幽穴，与别具特色的园林艺术融为一体，使人在亲近大自然的过程中寻回那极其珍贵的、原始的朴拙之美。

玩家 攻略

1.时间：全年适宜到此旅游，以夏天最佳。四面环水，安静清凉，是避暑的好去处。

2.交通：在蝴蝶泉后的桃源码头乘船前往。

3.食宿：可以夜宿海岛上的别墅小区，看民族歌舞表演，品白族三道茶，尽情感受民俗风情。还可以品享南北特色菜系及风味小吃。

◘ 雕塑“海的女儿”

风情岛近岛礁石上有一组一立一卧的两个渔女沐浴形象的铸铜雕塑，名为“海的女儿”。其形象矫健而飘逸，与岛上天然岩石“醉八仙”交相呼应。此外，文化广场上还有“沙壹母”铜雕，背后是代表沙壹母的10

个儿子的10根石柱，象征人类10种原始劳作方式。

观音像

风情岛西边是云南福星广场，中心塑有汉白玉观音立式雕像。这是按照南诏大理国存留下来的阿嵯耶观音像雕成的，高17余米，是目前世界上最高的汉白玉观音雕像。

南诏行宫

南诏行宫的建筑风格以唐代为基调，融南诏、吐蕃风格为一体，体现了南诏时期多民族文化融合的时代特征。

佛图塔

十三级密檐空心方形的砖塔

大理州大理市下关镇荷花村

可乘往来下关和大理古城的公交车，下车后步行前往

高30余米的佛图塔立于佛图寺前，塔因寺而得名。此塔为南诏时期的建筑，造型古朴，具有典型唐代佛塔的风格。塔身四面砖壁的佛龛内存放有佛像，塔顶有青铜葫芦形宝鼎，整体与大理千寻塔相似。

民间传说中还将此塔与斩蟒除害的英雄段赤城联系起来，所以该塔俗称“蛇骨塔”。1981年维修佛图塔时，出土有佛像、金刚杵、塔模、梵“万”字、铜镜、饰珠等文物，对研究大理地区的佛教文化史有着重要价值。

观音塘

大理佛教古刹之一

大理州大理市大理镇上末村

从大理古城或下关乘大巴或包车前往

观音塘又名大石庵，是位于大理古城南上末村的一间庙宇。观音塘分前阁、中殿和后殿，其中最具特点的是前阁，内奉观音，阁建在一块用大理石建造的名叫观音石的大石上，四面围以大理石栏杆，雕龙画凤，十分雄伟壮观。相传，汉时曾有兵侵犯大理，观音化作一老妇，用草索负石吓退汉兵，故又称“妇负石”。

观音塘是大理市佛教协会驻地，每年农历二月十九日为观音会，人们不仅朝拜观音，而且开展各种文艺活动，寄托着人们追求慈爱、正义和希望的愿景。

花甸坝

雪山和花海的胜地

大理州大理市苍山十九峰中最北的五台、沧浪两峰之间　免费

花甸坝由大、小花甸组成，大花甸坝西面的山峰峰顶终年白雪皑皑，40条大大小小的溪水汇集成万花溪，是坝子内的主要水源；小花甸群峰环抱，绿草如茵。整个花甸地势平坦，土质肥沃。奇花异草争奇夺艳，每到春夏之间，漫山遍野都是马缨花，纵横10多千米，汇成花的海洋，成为花的世界。白豆花、芍药花等各色草本花卉竞相开放，五彩缤纷，瑰丽迷人。花甸坝最美的季节是5～6月，这时的花最为迷人，此时游玩最佳。

花甸坝风光

景点推荐 大理北部高原水乡旅游区

石宝山 AAAA

研究中国古代石刻艺术的宝库

大理州剑川县城西南

可从剑川乘坐汽车前往　¥45元

0872-4787029

石宝山为丹霞地貌，球状风化石形成奇峰异石，高者成崖，错落有致，别具一格。因山上的红砂石呈龟背状裂纹状，如狮似象，得石宝之名。景区内胜景迭出，林木茂盛、石趣无限，庙宇别致，景色独特，尤以石窟和摩崖造像而声名远扬。景区主要包括海云居、宝相寺和石钟山石窟三部分。

宝相寺又名石宝寺，位于佛顶山险峻的悬崖上，是一座佛道合流的寺庙。海云居位于宝相寺以东3千米处，是进入石宝山风景区的第一座佛教寺庙，其坐西南朝东北，面对一碧如洗的剑湖，遥对丽江玉龙雪山，位置得天独厚。石钟山石窟为南诏、大理国时期的雕刻艺术，集云南少数民族雕刻艺术的精华，并受中原、藏族、南亚以及西亚等文化的影响，其风格与内地的敦煌、龙门石窟有异曲同工之妙。

石宝山歌会是白族地区盛大的民族传统节日，会期从农历七月二十六日至八月初一，是大理剑川最富魅力的人文景观。

玩家 解说

石宝山石窟位于剑川县石宝山上，它开凿于唐宋年间，享有“西南敦煌”的美誉。这里共存有石窟17窟，造像200多尊。雕艺精湛的石雕像群，使人仿佛置身于南诏大理国的历史风雨之

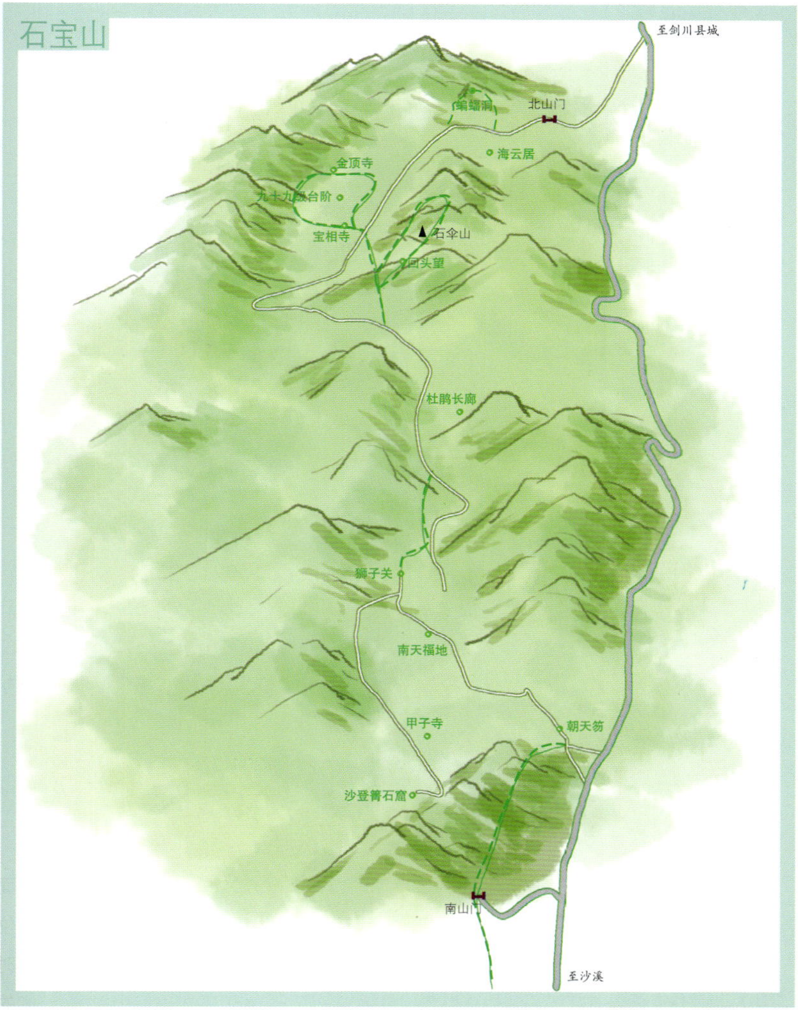

中。那王者的风仪，菩萨的慈祥，威严而豪华的宫廷生活场面，政教合一的“庙香古国”的形象等，都与石宝山秀美的自然风光交相辉映，令人叹为观止。

宝相寺又名石宝寺，位于佛顶山险峻的悬崖上，被称为“云南的悬空寺”。宝相寺为明正统年间鹤庆土知府高论所建，初为道观，后来佛教兴盛，除玉皇阁外，大多庙宇均祭佛像，成为一个佛道合流的场所。宝相寺坐西朝东，塔宫面积80余平方米，宝相寺供奉殿现供奉释迦牟尼檀木贴金大佛、青石彩塑十八罗汉，塔宫深处供奉释迦牟尼真身佛牙。每年农历三月十五日举行朝拜圣物的重大佛事活动，吸引了众多佛界人士及游客前来朝拜。

沙溪古镇 AAAA

入选世界濒危建筑保护名录

大理州剑川县西南部

可从剑川乘坐汽车或包车前往　免费

全天

沙溪古镇地处大理风景名胜区、丽江古城之间，是大理的风景旅游名胜区。这里山清水秀，气候宜人，历史悠久。沙溪古镇在历史上曾是茶马古道的一个重要驿站，后来随着茶马古道的衰落，古镇也就被人遗忘了。现在，它静静地矗立于石宝山脚下，没有繁

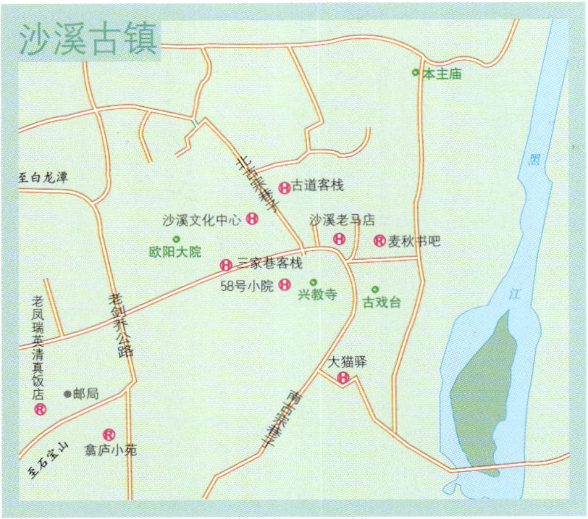

花似锦的辉煌，也没有嘈杂人群的喧哗，显得那么古朴、素雅。

玩家 攻略

2~5月最佳，安静，天气好。农历二月初八有太子会，是沙溪最盛大的节日。夏季雨季，路况不好，且游人较多。

每周五是这里的赶集日，一些周边群众会到此来赶集，场面很是热闹，由此可窥见当年的繁华景象。此外，这里有很多特色客栈，住宿很方便。

沙溪的猪油米花糖、桃珍糕、盘香饼、涂松山芋等风味小吃远近出名。

玩家 解说

寺登街是一个千年古集市，也是沙溪古镇的核心。街道依山傍水，地理位置优越。街上各种古民居鳞次栉比，如寺庙、戏台、商铺、马店等，再加上红砂石板街、古树、古巷道、寨门等，使这里俨然成为古典又浪漫的街市。

满贤林千狮山

拥有3000多只石雕狮子的山林

大理州剑川县以西1.5千米处

从剑川乘坐汽车前往

8:30~17:00

满贤林千狮山景区的自然景观与人文景观交相辉映，山险、石奇、林静、泉幽和琼楼玉宇、文人题刻及“千狮共舞”构成了一幅人间天然画卷。20世纪90年代末，剑川的石雕艺人用锤子，在满贤林裸露的山石上依势雕凿了3200多只千姿百态、栩栩如生的石狮。自此，千古静谧的满贤林变成了举世瞩目的千狮山。

千狮山会聚了东汉以来9个朝代不同造型、不同风格的石头狮子，神态万千、生动逼真的石狮子兼收并蓄了白族民间纹狮、中原纹狮和剑川独特的石雕技艺，折射出天赋神韵的文化气息。这些狮子或倚岩而立，或跃于千仞石壁，或立于路旁迎客，千姿百态，栩栩如生，集中展现了我国魏、晋、隋、唐、宋、元、明、清等多个朝代石雕狮子的艺术风格。其中最大的狮王高25米，正面宽12米，侧面宽15米。石狮的数量之多、形体之大，举世罕见，被赞为“世界双绝”。

剑湖风景区

无污染的“高原明镜”

大理州剑川县城东南方

从剑川乘汽车可到达

剑川县剑湖风景区由剑湖、金华山两个片区组成。水域面积达7.5平方千米的剑湖因无污染而有“高原明镜”之美誉，与依湖而建的白族村寨合成秀美的风景线。剑湖最大的优点是没有遭受污染和损害，保持其天然的自然景色，剑湖以其水质之异常清洁甘冽，堪称镶嵌于滇西北高原上的一颗璀璨的明珠。湖水清澈，远望“天镜”一面，剑湖周围是白族聚居的村庄，风光秀丽。此外，剑湖还有独特的奇观——“海门秋月”和“海面渔灯”。坐落在剑湖西面的金华山，海拔2580米，山峰以石雕、石佛、殿宇、匾联为特色。金华山北边的满贤林有数百年的凌空楼阁及终年不涸的泉水，是休闲避暑的胜地。

过去每年农历六月十五日，当地的白族村民把自己的村庄作为起点和终点，身着盛装，成群结队步行绕剑湖一周，叫作“绕海会”，已成为古老习俗。

茈碧湖

秀丽的天然湖泊

大理州洱源县玉湖镇，距洱源县城约3千米

由大理乘坐石宝山方向的班车可以到达

茈碧湖面积约8平方千米，东北靠山，西南连田，系高原断陷溶蚀洼地形成的天然淡水湖泊，是洱海上游的主要湖泊之一。景区包括茈碧湖、玉湖镇、龠宫温泉、城北九气台温泉等。湖中盛产的茈碧花，夏季多开黄白色花朵，类似莲蓬，清香扑鼻，湖因此花而得名。

湖畔有一个号称“世外梨园”的村子，安宁静谧，因村中遍栽梨树而名“梨园村”，每到花开时节，千树万树梨花开，仿佛白雪降临。每年农历七月二十三日，是茈碧湖河头龙王段老三的本主庙会，来自洱源、邓川、大理、漾濞、剑川等地的白族同胞，云集茈碧湖河头龙王庙，白天烧香祭祀本主，观看文艺演出，对歌比赛；晚上则在庙前空地上举办篝火晚会，观看彝族打歌，然后组织放海灯。

云鹤楼

明清风格的木质结构楼阁

大理州鹤庆县鹤阳东路88号

云鹤楼属中国建筑体系中的木构架楼阁式建筑，明暗四层，高30余米，中间4根粗大笔直的木柱从底至顶承负重力，外面绕以檐柱，内面斗拱纵横交错，对缝对榫未用一根铆钉，具有较高的建筑工艺特色。楼外观是三层重檐，里面实际是四层。当时，最高一层供奉玉皇大帝塑像，中层供奉“三星”，旁边放置钟和鼓。

云鹤楼耸立城中心，气势雄伟，古人曾形容其“隆然高耸”“如人之冠盖”。民间则有顺口溜：“鹤庆有座钟鼓楼，半截柱在云里头。初一去烧香，十五才下楼。”由于这座楼年代较久，承袭了我国古代楼台式建筑的传统，并保持了明、清时期的建筑风格，被列为大理州第一批重点文物保护单位。此外，周围还有鹤庆新华白族旅游村、草海湿地、野人谷、黑龙潭、鹤庆石宝山等景点。

云鹤楼

景点推荐 大理东部佛教文化旅游区

鸡足山 AAAA

中国五大佛教名山之一

大理州宾川县城西北30千米处

从宾川县乘汽车前往

55元

8:00~18:00

0872-7153207，0872-7350020

鸡足山因形似鸡足而得名，以“四观八景”著称于世，享有“西南第一佛教名山”“鸡足奇秀甲天下”“华夏第一佛山”等美誉。除了作为佛教寺院的盛名外，鸡足山的自然风光也十分秀丽。由于这里山势高大，在此东可观日出，西可望苍山、洱海，南可瞰浮云，北可眺玉龙雪山，即著名的“绝顶四观”。这里气势磅礴，植被丰茂，非常适合登山、观光和休闲。

玩家攻略

春、夏两季，鸡足山植物茂盛、繁花似锦，此时登山旅游，令人神清气爽。每当一场山雨过后，云雾缭绕，气象万千，空气格外清新，不是仙境胜似仙境。秋冬旅游的话，这里红叶满山，苍松挺拔，另成一番景象。

东观日出、西观苍洱、南观祥云林海、北观玉龙雪山。游鸡足山不可不登金顶观日出。

金顶寺有金顶宾馆可以住宿，能看日出。另外祝圣寺、九莲寺、慧灯庵、鸡足山的宾馆都可以住宿。

鸡足山上有很多野生菌，一般当地人都把部分菌子晒干收藏，在山上或山脚的餐馆都能吃到，最好吃的应该是野生新鲜的竹笋了，还有长在树皮上的一种绿色的像树皮一样的东西，当地人称作“青蛙皮”，凉拌或炒来吃是不错的选择。要是上山进香想吃素饭，祝圣寺的素食很好吃。

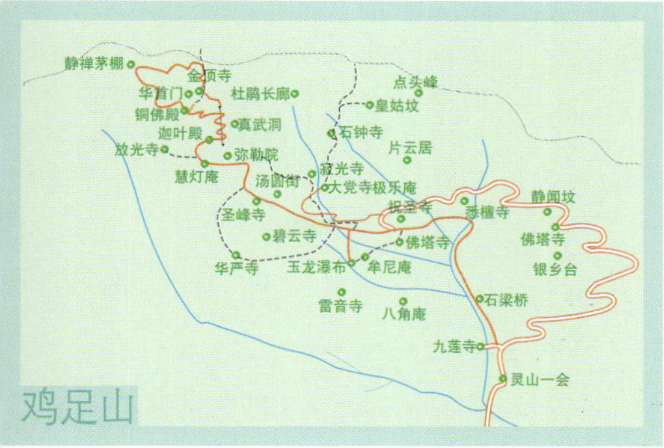

祥云水目山 AAAA

古代高僧云集的名山法地

📧 大理州祥云县云南驿镇境内

¥ 60元

☎ 0872-3354086

佛教圣地水目山因泉涌清莹而得名。它左连云邑象山，右傍天华山，四周群峰叠翠，连绵百里，云蒸霞蔚，流泉争喧，殿宇楼阁掩映于葱茂的林木之中，宛然如长幅画卷。自唐代以来，1000余年间，水目山经历代修建，寺宇庵阁，散布峰间。宝华寺、水目寺、玉皇阁、观音阁等建筑参差错落，巍峨壮观，雕梁画栋，转阁回廊，独具匠心，展现了古代劳动人民杰出的建筑才能，这些建筑吸收了中原园林建筑精华，又有独具的艺术特点。

玩家解说

金顶寺位于鸡足山主峰天柱峰的绝顶，海拔3240米，是这里海拔最高的寺庙。现在的金顶寺，由睹光台、大门、弥勒殿、楞严塔、大雄宝殿等组成，是游览鸡足山必去的重要景点。寺内原有一座光明塔，后易名为楞严塔，蔚为壮观。如果登塔远望的话，可将周围美景尽收眼底。

鸡足山

金顶寺为鸡足山最高寺庙，新中国成立后屡有修葺，金顶寺更为壮美。

鸡足山气候立体多样，植被多为亚热带、温带常绿针、阔叶林和灌丛林。

楞严塔为13层密檐式空心方塔，塔高约40多米，塔内为7层，可以直接登临塔的顶层。

山上松林茂密，修竹丛生，山间云雾缥缈，溪水淙淙，为中国佛教名山之一。

山上原有大小寺宇百余座，后来多数被毁，现仅存清代的祝圣寺、金顶寺和楞严塔。

鸡足山气势磅礴，方圆百里，最高峰为天柱峰，海拔3240米。

玩家 解说

南诏时期，水目山因其开山祖师普济的“锡杖涌泉”而得名，这里曾经一度是南诏大理国时期的皇家禅林、云南禅宗第一寺院、滇西佛教文化传播中心。早在宋代大理国时期，水目山就已高僧辈出，成为汉传佛教南传禅宗在云南的中心道场。明末清初，又与南京及江南一带南北呼应，并举行了大规模的传戒活动，呈现出“万众皈依，千衲绕围，从者如云”的空前盛况，水目山由此进一步成为声名远播、高僧云集的名山法地。水目山山清水秀，林木苍翠，古刹巍峨、佛塔成林、名碑矗立，在中国佛教史上，有突出的特点和重要的地位。

链接

水目山的由来

水目山原名宝华山，因有“锡杖涌泉”之说，改称水目山。这个故事，还得从普济开山说起。普济，又称杨普济，普济庆光，为水目山开山第一祖，后被谥为“普济庆光禅师”。他幼年出家，曾在大理崇圣寺参道悟道。之后，遍游中国10余年。回到云南时，已是赫赫有名的一代高僧。由于大理国王室认为宝华山是一块难得的灵山福地，所以，为诸大臣所请，国王特下旨普济到宝华山开山建寺。普济在寻泉眼建寺的过程中历经困难，疲惫至极，无奈地将锡杖插在大龙树上面一块低洼的草地上，待他漫不经心地拔出锡杖之时，一股清泉咕嘟嘟冒了出来。普济一阵惊喜，禁不住笑出声来，对着涌出的泉眼说：“原来苍天有眼，水也有眼啊！”一边说一边用锡杖使劲往下戳，水越冒越大，普济无比兴奋，越戳越来劲。不一会戳开的泉眼已有井口一般大，冒出的水哗哗直流。看着清莹的泉水，普济两眼流出了热泪，双手将锡杖高高举起，仰天大声说：“此乃宫中护宝，今得此泉，皆锡杖之功也。”普济因以杖卓之，泉眼顿开，涌泉清莹，遂将宝华山改名为水目山。

云南驿

西南丝绸路上一个重要的驿站

大理州祥云县云南驿镇

从昆明到祥云每天都有班车前往，到祥云后可乘坐当地专线到达景点

祥云是中原文化传入云南的桥头堡，也称古云南，境内有一颗镶嵌在西南古丝绸之路上的耀眼的明珠——云南驿。“云南”二字正是源于此，至今已有2100多年的历史。云南驿是西南丝绸路上一个重要的驿站，作为驿站至今已有1200余年的历史。当时随着白盐井盐业的兴旺，盐商马帮络绎不绝，驿道运输频繁，古道遗址的石板路上至今仍存留下斑斑马蹄足迹。驿站专业化、规模化程度高，保存完好，在西南丝绸之路上绝无仅有。

云南驿村

天峰山

南来道教第一山

大理州祥云县东南部

从昆明到祥云每天都有班车前往，到祥云后可乘坐当地专线到达景点

在云南大理祥云县境内，有一座道教名山天峰山，以道教为主，三教合一，有“南来道教第一山”之称。建筑群以典型的道观风格为基调建设，前有三天门，后有天柱门，中玉皇阁、老君殿，左边是药王殿，右边是灵官殿。经历代整修与维护，大多保存完好，工艺颇多不凡，老君殿始建于明万历年间，为单檐歇山顶的木结构建筑，前檐柱为一对双龙抱柱，殿前高悬“道德五千”巨匾，正堂供祀太上老君；下层为长方形的歇山顶，上层为八角攒尖顶，无斗拱造型。右有石雕功德坊，功德坊全部为石结构，由石柱、石墙、石梁、石拱门组成，高9米，坊中碑数块，记载老君殿的由来和历史，对研究道教在祥云的历史有很高的参考价值。其他的三天门也全用石块雕刻而成。

天峰山亭台楼阁，院落紧扣，特别值得一提的是天峰山石刻，线条流畅，生动灵活，工艺精湛，美不胜收。天峰山一峰凸起，千霄峻阁，东观微溪，南望无量，西眺点苍，北瞻昙华，素以神、奇、秀、美著称。每逢农历二月十五日，为普棚天峰山“歌会节”，周边彝族同胞来此“打歌”，众及万人。

祥云古城

中原文化的古云南城

大理州祥云县境内

可从大理乘班车前往

祥云古城即县城旧城——洱海卫城，始建于汉唐，完备于元明，是一座名副其实的“古云南城”。这里有着中原文化的建筑风格，四街八巷的建筑构局，仿佛一枚方印，城中心矗立着雄伟的五层钟鼓楼即为“印把子”。

祥云古城

古城还是红军长征过祥云的主要驻留地，古城整体展现了红军长征过祥云的革命史迹，再现“明清古城”魅力，被誉为“昔日洱海卫，今朝不夜城”。

清华洞

滇西第一洞

大理州祥云县城南3千米的清华山

清华洞是祥云县发现的最早的人类居住遗址之一，为滇西5000年新石器人类文明的典型洞穴遗址，素有“滇西第一洞”之称。清华洞属喀斯特地形石岩溶洞，宽80余米，高30余米，有前后洞之分。

主洞位于洞口正中，高宽各30余米，深数百米，洞内怪峰突兀、石笋倒挂、悬崖滴乳、落水有声。主洞洞底开阔可容纳数千人，四壁石笋、石柱、石台天工自成。

洞外有数十级石阶从地面直上洞口，洞口苍岩翠壁，林木成荫。山顶古树老藤，虬枝交错，石上苔藓斑驳，芳草萋萋。洞口已堵水成库，水面3平方千米，分两股长2千米和4千米两条岔道，可泛舟游览。洞口壁上方有摩崖石刻，计24块，多为明代以来的官吏及骚人墨客所作。

景点推荐 大理南部南诏文化旅游区

巍宝山 AAAA

云南第一道教名山

大理州巍山县彝族回族自治县文华镇

在下关乘班车至巍山县城再转乘中巴可至巍宝山

40元

巍宝山简称巍山，它既是道教名山，也是南诏的发祥地。巍山在巍山县城东南约10千米处，总面积19.4平方千米，海拔2509米。它分为前山、后山两个景区，共有景点30多处，著名景点有三清道观、美女瞻云、龙池烟柳、鹤楼古梅、洗心间、银粟泉、七星井等。此山山势雄伟，气势磅礴，自然风光与人文景观交相辉映，形成了鲜明的特色，有些景观还与神话故事相关联，能给人带来无尽的遐想。

玩家攻略

景区内有一幅壁画名叫《踏歌图》，拍摄时不能使用闪光灯。

巍宝山是彝族民俗活动的重要场所，每年农历二月十三日至十五日的巍宝山歌会在此举行，歌会成为附近彝族青年男女的狂欢节。

文昌宫是巍山游览中心。雄伟的牌楼是文昌宫的山门，大殿与二殿之间一池清泉，清澈见底，名“龙潭”。过去，当地群众在这里祭祀龙王，因此，此殿又叫龙潭殿。清乾隆年间改为道观后，大殿里供文昌帝君，二殿里供关圣帝君，殿名改称文昌宫。池中的六角形亭阁，名叫文龙亭，沿两边拱桥可至亭前。

玩家 解说

巍宝山因其历史悠久，古建筑荟萃，环境幽雅，自然和谐，成为国家风景名胜区、中国道教名山、国家森林公园和南诏发祥地。走进巍宝山如同走进了古老艺术的殿堂。现存20余座明清时期的道教宫观，依山就势、布局严谨，雄伟、庄严又不失灵秀，展现出不凡的风姿。中国道教协会的权威人士曾专程考察巍宝山，先后留下“巍宝仙踪”“巍宝仙境”“巍宝道教名山”“中国道教名山”的墨迹。在文昌宫的文龙亭，保存着珍贵的清代乾隆年间的彝族踏歌壁画，是研究彝族歌舞、服饰、社会风情的珍贵文物。

链接

南诏与巍宝山

传说，道教祖师太上老君曾云游到巍宝山，他在山上点化了南诏始祖细奴罗。随后，细奴罗以原建宁国为基础，建立了大蒙国，自称奇嘉王。后来，他的子孙统一了六诏，建立了我国西南显赫一时的政权——南诏。因此，巍宝山所在的巍山县就成了南诏国的发祥地。

巍山古城

南诏古国的发祥地

大理州巍山彝族回族自治县县城内

从大理可乘客车前往，由下关至巍宝山可乘班车，先至县城，再转乘中巴前往

巍山古城是一座具有浓郁地方历史文化特色的城市，是中国历史文化名城，同时也是南诏国的发祥地。始建于元代的古城，在明代改为砖城，至今整座县城依然较为完整地保持了600多年前建城时候的棋盘格局，是中国保存最完好的明清古建筑群之一。古城内大街小巷纵横交错，呈标准的“井”字结构，以拱城楼为中心，街道呈“井”字状分布开来。

这里山川秀美，历史悠久，文化灿烂，人文荟萃，民风淳朴，是彝族祭祖的圣地、茶马古道重镇、清代御封的“文献名邦”“彝族打歌之乡”，可谓物华天宝、人杰地灵。在这里，游客不仅能观赏到古色古香的建筑，还能深入体验到古代南诏的民族风情。此外，这里还有许多特色美食和便宜的住宿，对消费者来说很实惠。

玩家 攻略

每年农历正月初一至九日，为巍宝山道教的松花会。每年农历二月一日至十五日是巍宝山传统朝山庙会，四方游人云集，络绎不绝，盛况空前。

巍山古城民族风情浓郁，传统工艺、特色小吃丰富。在古城内可看到情绪炽热、粗犷奔放的彝族打歌；听到古朴典雅的南诏古乐；看到“三坊一照壁”“四合五天井”“六合同春”的明清时期风格的古民居建筑；品尝到闻名遐迩的巍山小吃；买到巍山彝族扎染制品。

星拱楼和拱辰楼是古城的标志性建筑。星拱楼位于巍山古城的中心位置，拱辰楼即北城楼。登上鼓楼楼顶，举目四望的话，可将整个巍山坝子收入眼底，景色十分壮观。

巍山县城的北隅小区附近有很多宾馆，价格适中，条件不错，古城内的客栈价格稍高。

鸟道雄关

世界上唯一的人鸟共道交会之地

大理州巍山县城东面的“隆庆关”

巍山县城内有中巴汽车前往

在巍山县城以东10多千米外的大山上，有这样一个关隘：南方丝绸之路开通后，这里成为从昆明等地通往滇西、缅甸的必经之道，古人在此设立关卡，名为“隆庆关”。而早从人类设立关卡之前不知道多少年前开始，迁徙的鸟儿们便纷纷从这个狭窄的山谷中穿越，这里也因此得名“鸟道雄关”。

鸟道雄关是候鸟迁徙必经的咽喉之地，有至今发现最古老的关于“鸟道”的记载，同时又是茶马古道的重要驿道，是世界上唯一的人鸟共道交会之地。每年仲秋，成千上万的鸟类从此道迁徙，发出此起彼伏的声潮，实属独特和罕见的景观，是国际鸟类环志站，研究和环志培训的理想场所。

东莲花村

特色穆斯林建筑风格村庄

大理州巍山县永建镇西河东岸

巍山县城内有中巴汽车前往

全天

东莲花村初建于明洪武年间，是马帮聚居地，经济繁荣，建了不少令人叹为观止的精美建筑，至今完好保存着建于近代的5座角楼及具有“三房一照壁、四合五天井”、窜阁楼等式样特点的28座古民居。村子还在宗教、古建筑、民族饮食、回族风情习俗等方面保存着丰富浓厚的传统文化，是整个巍山县伊斯兰民族传统文化最为丰富、民风最为古朴、民俗最为多姿多彩、传统底蕴最为淳厚的穆斯林社区之一。

南诏铁柱

东莲花村的前人用专门烧制的瓦筒，埋设到数里之外的大西河底，接来一股清泉，到村头从地下涌出，泉水沿墙脚流经村里家家户户，将整个村庄滋养得格外秀丽。村中巷道干净整洁，房屋鳞次栉比。这里家家庭院栽种着兰花以及各种果树，花开季节，整个村庄繁花似锦，香气袭人，一派人与自然和谐相处的景象。

开斋节是东莲花村一年最盛大、最隆重的节日。节前家家户户打扫卫生，妇女准备好油香款待宾客，馈赠亲戚朋友。

南诏铁柱

屹立千年的铁柱

大理州弥渡县城西北6千米太花乡

南诏铁柱庙古称“铁柱庙”或“铁柱观”，因庙内的铁柱而出名。铁柱庙由山门、前院、后院三部分组成，占地5541平方米。铁柱立于前院正殿中央，俗称天尊柱，柱体为圆柱形，柱分五节浇铸，铸面粗糙。南诏铁柱距今已有1100多年的历史，经历多次地震依然屹立不倒。

南诏铁柱是南诏现存的稀有文物之一，在当时祭柱是云南一些少数民族古老的宗教祭祀形式，铁柱反映了当时的宗教信仰情况和冶铁技术水平。每年农历正月十五，彝族人民聚集在铁柱庙，共同举行传统的祭柱活动。

弥渡小河淌水·天生桥景区 AAAA
天下无双境，人间第一桥

大理白族自治州弥渡县弥城镇天桥公路

景区位于弥渡县城东约4千米的山谷中，有"天下无双境，人间第一桥"的美誉。

这里属典型的喀斯特地貌，溶洞、奇石形态万千。桥全长62.4米，桥面宽8.2米，桥身通高56米，气势非凡。在弥渡城东的山谷中，东西方向两石壁对峙如门，形成天生石桥，万花溪从桥下而过。西洱河水从桥下汹涌通过，因为出水口和峡谷落差大，形成飞花点翠的瀑布，溅起的水柱宛若朵朵梅花，故有"不谢梅"之称。天生桥南岸为滇缅公路大道，从悬岩下由东至西穿过，北岸上建有江风寺，可观览天生桥风景。

天生桥附近方圆二三千米范围内分布着高原温泉多处，水温40℃~50℃，是当地著名风景游览区。每年农历二月十五日为天生桥的庙会日，届时成千上万的游人香客聚集于此，热闹非凡。

东山森林公园
溶洞景观特色的森林公园

大理州弥渡县北部

从弥渡县城乘坐班车前往

8:00~18:00

东山国家森林公园风景资源具有低中山森林景观、岩溶地质地貌景观特色。山清水秀、风光旖旎、气候宜人，溶洞密布，神奇而富有特色。公园占地面积6280公顷，包括瞭望台、云海山庄、中心服务区3个部分。

东山森林公园

瞭望台景点内设兰园并饲养有孔雀、野鸡、猕猴等野生动物。瞭望台仿造古建筑王母阁，共3层，可眺望祥云、巍山及弥渡三县的部分秀美山川。云海山庄景点融休闲、娱乐、住宿、游玩为一体。全部建筑均为仿古建筑，金碧辉煌，古色古香，雕梁画栋。塑有八仙过海、西游记等神话人物像，栩栩如生。

南涧土林
形状各异、鬼斧神工的土林

大理州南涧县城东南3千米处

从南涧县城乘班车可到

全天

南涧土林位于滇西大理南涧县城坝子东南面的山坡上，距离县城3000余米。大自然的神工鬼斧在此形成三步一景、五步一观。土林的峰壑之间，随处可见奇特景致。南涧土林有月牙山、西山脚、总府庄、营地等大小四五个景点。总府庄面积最大，最为壮观。一柱柱山峰似树、似塔、似笋、似幔，又像待发的航天火箭，在群峰之中，"望夫崖"亭亭玉立，尤为引人注目。

有关地质专家称，大理南涧县境内土林奇观的形成，是由这里独特的地质结构所决定的。由于远古时期地壳运动的原因，形成了多层黏土与砂石相互叠压后坚固而牢实的地质。特别是黏土、砂石在不同的地段和地块又具有黄、橙、赤、白、灰等多种纯色或混合色的神奇结构，所以在几百年上千年经年累月的风蚀雨刷过程中，这里就慢慢地形成了既有雅奇别致的多姿美景，又有五光十色的多彩奇观。

南涧土林

景点推荐 大理西部生态风情旅游区

诺邓古村

滇西北地区年代最久远的村落

大理州云龙县诺邓村

诺邓古村是云龙县城北深山里的一个白族村寨，是全国首批“中国景观村落”，云南十大旅游古镇之一。诺邓又称为邓井，是云南著名的五个盐井之一。

诺邓古村建筑有“三坊一照壁”“四合一天井”“四合五天井”等。因为保护得比较好，现在基本保持原貌，由于依山而建，构思变化奇巧，风格呈多样性。诺邓古村的民居建筑很讲究工艺美术，门、窗、木梁、柱、檐上的雕刻图案精细美观，山墙、院墙上均有绘画或图案。

诺邓古村是云南历久未变的最古老的村庄之一，该村是白族最早的经济重镇，现有着滇西最集中的明清古建筑群和明清文化遗存。目前存有的100多座依山构建、形式多变、风格典雅的古代民居院落，有玉皇阁、文庙、武庙、龙王庙、棂星门等众多明清时期的庙宇建筑和盐井、盐局、盐课提举司衙门旧址以及驿路、街巷、盐马古道等古代建筑。

玩家攻略

到了诺邓古村，尽量不要大声喧哗，打扰清静。当地人很热情淳朴，只是稍微注意猫狗蚊虫。衣物可带长袖衣物，以保夜晚防寒。

传统的诺邓火腿，因用诺邓盐腌制，且在当地特殊气候条件下晾制而成，色香味俱全而享誉滇西北；还有诺邓酱油、诺邓酱菜及豆粉干、豆饼之类的食品，都是相当有名的食品。

云龙天池

天然高原断层湖泊

大理州云龙县城西20余千米处

可从下关乘班车到达云龙县城后包车前往景区

8:30~18:00

云龙天池亦名暑场海，是一个高原断层湖。天池海拔2551米，水面约为1.5平方千米，恬静安详地躺在森林茂密的群山怀抱中。周围的五宝山，植被茂密，野生动植物种类繁多，尤其是原生的云南松林保存了良好的生态环境。池畔环境幽静，周围山峦叠翠，湖光山色融为一体，风光四季不同，使人仿佛置身于变幻的画卷之中。

云龙吊桥

古代大理到保山必经之路

大理州漾濞县下街的漾濞江上

云龙吊桥始建于明成化年之后，即明弘治年间，桥长39米，净跨39米。桥头两岸设有铁链缆吊木仓结构倾斜状桥亭。因有云龙过江的传说，而得名“云龙桥”。

漾濞地扼三江。云南省大理州漾濞云龙桥旅游景点是古代大理到保山必经之路，设驿站，交通繁忙。云龙桥与漾濞县下街与桥相连，街道两旁屋舍多为作坊小店，古意盎然；西岸有观音寺及望江亭可供游览。云南省大理州漾濞云龙桥是人们考察南方丝绸之路古道桥梁的游览点。

石门关

独特马蹄形大峡谷

大理州漾濞县苍山西镇

8:30~18:30

漾濞石门关是一处典型的峡谷地貌，发源于苍山玉局峰的金盏河，从峡谷中漾濞石门关间奔流而下。石门关位于苍山龙泉峰与玉局峰西侧，漾江的东岸，是一个马蹄形苍山大峡谷，大理州著名游览风光之一。“天开石门”是漾濞的特色景点，它是一处典型的峡谷地貌，谷呈“V”字形。石门口前有一深丈许的潭水，水清见底。

漾江两岸山谷之中多奇花异木，尤以兰花和杜鹃著名，幽谷馨香，如霞似火。石门关石崖上建有玉皇阁等建筑，左侧山麓有珍贵的苍山岩画。

来到石门关内让人目不暇接的是石多潭聚，如潭有滑落潭、神浴潭、醒目潭、青春潭等，石有仙女晾衣石、媒婆石、铁牛石、棋牌石、铁笔石等。每一个石头就是一个动人的故事，每一个水潭就是一个美丽的传说。

云龙天池

霁虹桥

西南丝绸之路博南古道重要桥梁

大理州永平县境内

霁虹桥是世界上最古老的铁索桥，在公元前4世纪时便已开通，有“西南第一桥”之称。霁虹桥是西南方丝绸之路要道上保存得最完整的一座桥。在古代，这座桥是“蜀身毒道”的要冲，蜀是四川，身毒是印度的古称，蜀身毒道是指从四川出发，经中国云南、缅甸直至印度的商路。著名地理学家徐霞客、清康熙皇帝、意大利马可·波罗都曾到过此桥。

宝台山国家森林公园

自然景观秀丽的森林公园

大理州永平县城西南部

乘坐大理到永平的班车可到

宝台山国家森林公园位于大理白族自治州永平县宝台山内。景区原始生态保存完好，森林植被茂密，物种资源丰富，文物古迹众多，自然景观秀丽，以古老、神奇、壮观而闻名滇西。境内气候垂直变化明显，森林植被具有从滇南到滇西北过渡的显著特征，保存有一批珍稀物种，是中国难得的物种基因库。景区内的明代古建筑群金光寺始建于崇祯元年，建筑古朴雄壮，雕工精细，构思奇巧，是极为难得的艺术珍品，素有“滇西名胜”之称。

公园东南西三面与金光寺自然保护区实验区相接，北与永平县水泄乡接壤。公园总面积1047公顷。景区内植被覆盖率达96.68%，共有各类植物1001种，其中蕨类植物22科41属90种、种子植物134科443属911种；仅列入国家一级、二级保护范围的野生动物就达30多种。景区内的明代古建筑群金光寺始建于崇祯元年（1628年），建筑古朴雄壮，雕工精细，构思奇巧，是极为难得的艺术珍品，素有“滇西名胜”之称。2005年12月23日，国家林业局正式批准设立宝台山为“云南宝台山国家级森林公园”。

永国寺

寺内有云南省最大的佛铜像

大理州永平县博南山永国寺

永国寺始建于明初，原称“宁西禅寺”。寺内有两棵百年山茶，分立在大殿左右，老树繁枝，高大舒展。当年永国寺庙宇恢宏，香火十分鼎盛，其主要是以寺内的大铜佛而驰名。佛像全身贴金，重10吨多，它是云南最大的铜像，相传曾熔化生铜1万多千克。

这座古寺在明清两代曾香火鼎盛一时，明代著名的大学者杨升庵在遭贬流放、戍边永昌卫时，经常往来于博南古道，并有大量的时间寓居寺内，吟诗读书。因此，后人为纪念这位落魄边疆的四川新都状元，又在博南山上建了一座杨升庵祠。云南近代著名学者赵藩还专为其撰写了一副楹联：自号博南山人，唱酬遥寄张公子；地近宁西禅寺，英魂常依李晋王。

宝台山国家森林公园

攻略资讯

- 交通
- 住宿
- 美食
- 购物
- 娱乐

交通

大理作为著名的旅游城市，交通非常便捷，无论是搭乘飞机、乘坐火车，还是乘坐长途客车，都非常方便。远距离的旅客可乘飞机去往大理，大理机场距离市中心不是很远，到达机场后乘坐机场大巴可到市区。大理周边的旅客可选择火车或公路交通，方便快捷且经济实惠。大理的城市交通主要是公交车和出租车。

飞机

大理机场属地方支线4C级机场，是全国第一个高海拔高填方机场，位于大理市凤仪镇、海东乡交界处。通航城市除云南省内城市外，还覆盖了北京、上海、广州、成都等

白族民居

全国各大城市。

可从市区乘机场巴士前往机场，发车地点在苍山饭店。机场内有出租车可到大理市区，价格在70~100元。

火车

大理火车站位于广大线（广通—大理）的终点，每天不同时段有多个班次开往昆明、丽江等地。

地址：大理州大理市巍山路261号。乘1路公交车可到达。

汽车

大理汽运便捷，主要有大理快速汽车客运站、大理汽车客运站、大理汽车客运北站、大理古城客运站。

大理风光

住宿

来大理住在古城是首选，古城内有传统的白族民居，住在这里可以更好地体验大理的民族文化。想看洱海发呆可选择双廊，双廊的海边客栈很有文艺小清新范的特点，晚上的酒吧更热闹非凡。下关地区是大理的政治、经济中心，旅游接待设施也相对完善，旅游团一般安排住在这里。

●大理风花雪月大酒店

大理风花雪月大酒店为白族“四合五天井”式建筑风格，4个庭院分别被命名为“风”“花”“雪”“月”，具有古典和浪漫情怀。在这里，顾客不仅能品尝到粤、川、滇菜及大理特色美食，还能欣赏到苍山、洱海的美丽景色。✉ 大理市大理古城玉洱路东段 ✆ 13908728500

●大理苍岳别院

大理苍岳别院独门独院，彰显着白族民居建筑古朴典雅的风格。院内疏朗有致，茶花、鱼池点缀其间，站在三楼的观景平台上，可将古城胜景尽收眼底。房间价格实惠，适合青年人的消费水平。✉ 大理市大理古城玉洱路221号 ✆ 0872-2671319

●大理望海亭客栈

大理望海亭客栈兼具古典和现代风格，是大理地区唯一一处有观海亭和观景长廊的客栈。这里地理位置优越，环境清新，能欣赏到苍山、洱海、大理古城、崇圣寺三塔等大理美景，是住宿赏景的理想之地。✉ 大理市大理镇才村16组256号

●更多住宿去处

苍山饭店：位于大理市苍山路19号，电话：0872-2171666。

大理双廊海景花园山庄：位于大理双廊镇大建旁村248号，电话：13308723117。

美食

大理不仅是旅游胜地，同时也是美食王国。大理城区内集中了众多的餐饮店铺，有烤饵块、乳扇、雕梅、凉鸡米线、白族三道茶等传统美食。在古城的小吃摊边，在舒适安静的餐馆里，饱览美景的同时，在大理享受一次饕餮盛宴吧。

美食小吃

●砂锅鱼

砂锅鱼是大理的名吃，用洱海出产的鲤鱼搭配嫩鸡片、火腿、冬菇等10多种配料，小火慢炖而成。色泽鲜亮，鱼肉肥美。这道菜一般在大理下关城区的各大饭店都可以吃到，3~4人一锅鱼足矣。

大理洱海住宿

砂锅鱼

推荐店铺：益恒饭店 大理市大理古城玉洱路483号

●大理饵块

饵块为大理特产，是大理市最著名的特色小吃之一。饵块因制作方法不同而吃法多样，如烧、煮、炒、卤、蒸、炸等，口感各异。饵块中米精蛋白多，人体容易消化吸收，能迅速为身体提供能量。在大理州品尝饵块，对游客来说，不仅是美味的享受，更是一种美妙的民俗体验。

大理饵块

●白族三道茶

三道茶也称三般茶，是云南白族招待贵宾时的一种饮茶方式，属于茶文化范畴。驰名中外的白族三道茶，以其独特的“头苦、二甜、三回味”的茶道早在明代时就已成了白家待客交友的一种礼仪。

推荐店铺：太白楼 大理州大理市大理古城洋人街52号 0872-2672112

白族三道茶

●喜洲粑粑

它是洱海边历史名城喜洲的一种小吃。用麦面做成。无论甜、咸，制时皆用上下两层炭火，将锅内油炕着的粑粑慢慢烤黄，烤香直至烤酥。因此，喜洲粑粑的香酥而又软和受人喜爱，且层次分明，宛若苍山十九峰十八涧，美色可餐。

推荐店铺：喜洲粑粑 大理市喜洲镇四方街西南角

喜洲粑粑

美食去处

护国路：又名洋人街，会聚了中外各色餐厅。除了云南当地美食，在此可品尝手艺一流的西点，如罗宋汤、色拉、比萨等。特色餐馆：樱花屋、太白楼。

玉洱路：玉洱路横贯大理城东西，是苍山游览的必经之路，道路两旁多酒店和餐馆，商铺小吃密集，是一条极为繁华的步行街区。特色餐馆：杏花村饭店。

大理古城

购物

在大理，想带几件别致的小礼物回家送人，不愁找不到地方。在古城或下关，你可以买到用天然大理石制作的文房四宝、花盆、花瓶、灯具等工艺品，还有富有民族特色的白族扎染等。此外，下关沱茶、大理雪梨、邓川乳扇、剑川木雕等也是备受旅客喜爱的纪念品。

大理特产

●白族扎染

扎染是一种最具有大理白族特色的纺织工艺品，图案丰富，色调素雅。其用天然的板蓝根叶子作为印染原料，用以制作的服装服饰和各种生活实用品，显得朴实大方、清新悦目。不含任何化学制剂，洁净环保且对人体皮肤具有保护作用。很多游客到大理后喜欢买套扎染做的衣服，穿在身上舒服又显个性，也是适合送给朋友的旅行纪念佳品。

●大理石工艺品

大理石原指产于云南省大理的白色带有黑色花纹的石灰岩，剖面可以形成一幅天然的水墨山水画，古代常选取具有成型的花纹的大理石用来制作画屏或镶嵌画，后来这个名称逐渐发展成称呼一切有各种颜色花纹用来做建筑装饰材料的石灰岩。大理石可被用来雕刻成工艺美术品、文具、灯具、器皿等。

●下关沱茶

下关沱茶是云南茶中相当古老的制品，畅销省内外。下关沱茶选用云南省临沧、保山、思茅等30多个县出产的名茶为原料，要经过人工揉制、机器压紧等数道工序而制成，形如碗状，造型优美，色泽乌润显毫，香气清纯馥郁。汤色橙黄清亮，滋味醇爽回甘。经常饮用具有明目清心、提神养颜、抑菌治病的保健作用。

●洱源雕梅

洱源县素有“梅子之乡”的美誉，洱源雕梅因在青梅果上雕刻花纹而得名。雕梅既是大理地区的一种美食，也是精心雕刻的手工艺品。雕梅食味清香脆甜，酸中带甜，沁人肺腑，生津解渴，开胃提神，含有丰富的维生素C等营养成分，是一种对人体有益的食品。在大理各商业街区均可购买到雕梅。

大理购物场所

大理购物街区主要集中在大理古城护国路、古城南门、下关等附近。在大理古城步行街、复兴路、博爱路、玉洱路步行街等

大理古城街景

大理温泉度假区

特色购物街，均可以买到各式琳琅满目的玉器、银器、民族服饰等民族手工艺品和乳扇、雕梅、果脯等云南美食。

娱乐

节日和重大活动

名称	地点	时间
葛根会	三塔寺内	农历正月初五
鸡足山朝山会	鸡足山	农历正月初一至十五
巍宝山朝山歌会	巍宝山	农历二月初一至十五
三月街	三月街	农历三月十五日至二十一日
蝴蝶会	蝴蝶泉	农历四月十五日
绕三灵	苍山洱海周边白族村寨	农历四月二十三日至二十五日
火把节	彝族等村寨	农历六月二十四日至二十五日
石宝山歌会	石宝山	农历七月二十七日至八月初一
耍海会	洱海沿岸	喜洲一带始于农历七月二十三日，大理、下关一带始于农历八月初八

大理洋人街

发现者
旅行指南

丽江

概览

亮点

丽江古城

丽江古城又名大研镇，古城没有城墙，以四方街为中心。古城历经800年沧桑而保持原有风貌，木楼青瓦，小桥流水，古朴而悠闲。

玉龙雪山

玉龙雪山山势连绵起伏似银龙飞舞，以“险、奇、美、秀”著称，从山脚到山顶，亚热带、温带、寒带景观逐级呈现。

泸沽湖

泸沽湖畔青山环绕，湖中岛屿众多，风光优美，湖面海拔约2685米，是云南省最高的湖泊，素有“高原明珠”之称。

束河古镇

束河古镇是纳西族先民在丽江坝子最早的聚居地之一，更是当年茶马古道上的重要驿站。束河古镇依山傍水，构造布局与大研古城相仿，环境更为古朴清幽。

老君山

史称“滇省众山之祖”，自然风光绮丽多姿，包括丹霞地貌、奇峰异石、高山草甸、冰峰奇峡等多种景观。

虎跳峡

虎跳峡是中国最深的峡谷之一，全长约20千米。虎跳峡分为上虎跳、中虎跳、下虎跳三段，湍急的金沙江水拍打江心的虎跳石，场面非常壮观。

必逛街道

四方街：位于丽江古城中心，形状极像一枚知府大印。明清时期是滇西北商贸枢纽、茶马古道上的交易中心。无论日夜，四方街都是古城最热闹的地方。

线路

丽江文化遗产一日游

这条线路游览丽江三大古镇，享受顶尖SPA，沉淀自身历史文化。上午重点游览大研古城内的景点，随后可参观束河古镇的水源处——九鼎龙潭。休息整顿后驱车前往参观白沙古镇，重点参观白沙壁画，在大觉宫内，游览时间约1小时。

丽江经典四日游

此线是丽江旅游的最

黑龙潭

经典线路，囊括了各大主要景点，既能好好享受古城的阳光，也能体验束河的幽静之美，还可登雄伟玉龙雪山，看壮观虎跳峡。第一天逛丽江古城，第二天早餐后前往玉龙雪山，第三天前往束河古镇，第四天游玩长江第一湾和虎跳峡。

为何去

丽江是一个适宜长久居住的地方，有光滑洁净的青石板路，手工建造的土木房屋，随处可见的小桥流水，风情各异的酒吧客栈。雪山流出的泉水绕过古城的每一条街道，洗涤净化着每个人的内心。安详静谧、古朴悠闲，丽江古城以独特的纳西风情和博大精深的东巴文化吸引着来自世界各地的游人。

丽江古城

何时去

4~5月是丽江旅游的最佳时间，这时天气状况较好，可前往大研古城、虎跳峡、白水河、泸沽湖等景点。

丽江风光

秋天是丽江最美的季节，温度适宜，秋高气爽，色彩缤纷的树木和花朵，映衬着远处的玉龙雪山。冬天去丽江，可以观看高原雪景，建议提前安排好游玩计划，避免选择路况较危险的景点，以减少下雪天给交通带来的困难。

此外，民族节日期间的丽江也值得一游。农历二月的“三朵节”、农历六月的“火把节”以及农历七月的“七月会”等。

木府议事厅

区域解读

区号：0888
面积：约20 600km²
人口：123.8万人
主要少数民族：纳西族、彝族

地理 GEOGRAPHY

区划

丽江下辖1个区（古城区）、2个县（永胜县、华坪县）、2个自治县（玉龙纳西族自治县、宁蒗彝族自治县）。

地形

丽江市位于青藏高原东南缘，横断山脉东部，滇西北中部。丽江市地势西北高而东南低，流经全区的金沙江以及两岸拔地而起的属云岭山脉老君山、玉龙山、绵绵山（俗称小凉山）三大山系，构成了丽江地区地形的基本经脉和骨架。

金沙江似一条彩带，连接着老君山、玉龙雪山和小凉山。金沙江从丽江西北端塔城乡入境，至丽江市东南端华坪县腊乌渡出境，径流615千米。境内天然湖泊主要有永胜程海、宁蒗泸沽湖、丽江拉市海。

气候

丽江属高原型西南季风气候，气温偏低，昼夜温差也较大。大部分地区冬暖夏凉。雨季集中在7~8月。

丽江雨季气温骤降，注意添加衣物。干季时空气干燥，紫外线较强，最好携带防晒用品或遮阳装备。

来丽江旅行四季皆宜，如春季去有花有草的拉市海，夏秋季节去热闹的古城以及泸沽湖，冬季去雄伟的玉龙雪山，在古城发呆、晒太阳都不错。丽江旅游的高峰期是夏秋季节，出行尽量避开高峰期。

历史 HISTORY

历史大事记

●远古时期

早在10万年前，旧石器晚期智人“丽江人”在这一片区域活动。

●明清以前

三国时期，纳西族先民迁入丽江地区。

宋末元初，木氏先祖阿宗阿良兴建“大叶场”，为丽江古城之雏形。

1253年蒙古军南征，木氏先祖阿宗阿良迎降，归附忽必烈，该地域正式归入蒙古帝

木府

玉龙雪山

国即后来的元朝的统治。纳西的木氏土司获得自治权，开始长达470年的自治，有系统记载的纳西历史开始。

1271年，元朝廷设丽江宣慰司，始称丽江。丽江以依傍于丽江（金沙江古名）湾而得名。自此，大研古镇平地而起，四方街敞开道路接纳八方客商。

明末，本地土司木氏营造华丽宫室（今木府），徐霞客在游记中有相关记载。

1723年，雍正帝在西南实行“改土归流”，结束了木氏土司元代以来在丽江的世袭统治，来自中原的知识型的流官开始行使丽江的管辖权。

●近现代

1921年，美国学者洛克抵达丽江，纳西东巴文化开始引起国外学者关注。

1988年，丽江人宣科带领的纳西古乐团开始为国外游客进行演出，纳西古乐逐步走向世界。

1996年2月3日，丽江发生里氏7.0级地震，死伤5000多人。丽江独特的风光和文化开始引起人们的注意。

1997年，丽江古城入选世界文化遗产名录。

丽江古城缘何无城墙

丽江古城无城墙有以下几点原因：一是古城始建于宋末元初，它是在原始村落的基础上发展起来的，而土司姓木是元朝的事，说明丽江城本来就没有城墙。二是木氏进城后，忌讳“困”字而不修城墙，说明纳西统治者能从民族生存与发展考虑，趋利避“困”，顺应了历史发展的潮流，这是应当肯定的。三是纳西族本来是从游牧民族发展起来的，无论民众还是统领，在文化意识上都缺少城墙观念。在土司姓木之前，他们在白沙的城没有城墙。按纳西族学者的话说：一个把大地作为驱驰之地的民族，怎么会用几块砖头、几条浅沟去护卫自己、约束自己呢？所以，纳西族不设城墙是一种游牧民族无拘无束、无所畏惧、开放吸纳的精神气质的体现。

丽江古城

据说康熙皇帝是中国历史上唯一不修长城的帝王，他认为长城并不是最好的屏障，只有国富民强，修德筑仁，万众一心，才能“众志成城”。这是开明君主的思想，也是游牧民族开阔胸襟的真实写照。

木氏的衰亡本是社会发展的必然结果，不幸的是，清朝统治者把“革命”的目标扩大到纳西社会的所有上层建筑领域，纳西人甚至被剥夺了做武士的权利。特别是城里的男人们，变成一群游手好闲、无所事事的人。有的抽上了鸦片，资财耗尽，体质虚弱；有的养些花鸟虫鱼，玩点棋琴书画，在祖先们曾偶尔涉猎的文艺领域，喝杯清茶，作些小词，聊以度日；有的躺在树荫底下，讲几个《三国》《列国》的故事。

木土司本人也曾与一些情趣相投的乐友们陶醉在唐诗宋词所营造的伤感国度里。于是，纳西族变成一个“文化的民族”；纳西音乐也变成一种“哀伤的音乐”。到清朝咸丰、同治年间，杜文秀起义的洪峰波及丽江，木府毁于兵火，一座集中了纳西族、白族、汉族等能工巧匠心血和汗水的建筑精品毁于一旦。虽然战后又重新修建，但以清朝每况愈下的末世土司的实力，已无力恢复盛明时代木府建筑的巍峨与壮观。

木府玉音楼

文化 CULTURE

东方的狂欢节——纳西火把节

丽江不仅是云贵高原上一朵秀丽的奇葩，更代表着一种安逸祥和的生活方式。它就如一团火焰，燃烧并释放着炽热的情感。七月的火把节，熊熊的火焰映照在每一张幸福的笑脸上，感染着丽江的每一寸土地。

火把节也称“星回节”，是云南彝族、白族、纳西族等彝语支系少数民族古老而重要的传统节日，名扬海内外，有着深厚的民俗文化内涵。每年的火把节按农历计算，通常在农历六月二十五开始到六月二十七结束，为期三天，被誉为“东方的狂欢节”。

纳西族流传着火把节的传说：天神“子劳阿普”拨开云雾，看见丽江花香，人们尽情欢歌跳舞，比天堂的天神还要快活。因此天神十分妒忌，命火神烧毁纳西人的家园。火神下凡，见纳西人收养别家孤儿，不分血缘，视如己出，火神不忍心破坏这么美好的人间温情，遂召集纳西人说明天意，让家家准备火把，在农历六月二十五日这天点燃火把，连烧三天。天神再次拨开云雾看到漫山遍野都是火光，以为人间真的被烧毁了，这才罢休。纳西人因此免受灭族之灾。从此，每年的农历六月二十五至六月二十七成为丽江纳西族火把节。

每当火把节，家人聚在一起吃饭，等到天黑就把火把点燃，开心地围绕火堆载歌载舞。走在大街上，可以随处看到火把，最为热闹的地方当属古城的四方广场，那里聚集着很多游客体验着节日的氛围。

丽江古城里的大火把，即很多的木头捆绑起来扎成一个圆柱体，上面插满了鲜花，代表祥和美丽。点燃大火把，古城四方街广场顿时被人群淹没，客栈也纷纷扎起小火把参与进来，古城顿时萦绕在“火海”之中。丽江纳西族的舞蹈打跳颇具特色，大家手拉着手，听着简单淳朴的音乐，围着火把边唱边跳。游客此时来游玩可以感受到丽江最淳朴的真情。

纳西族服饰——“披星戴月”

纳西族妇女以勤劳能干、贤德善良而著称。她们的传统服饰具有鲜明的民族特色，形成了自己独特的风格。

丽江各地纳西族的服饰也有着差异：丽江大研一带的纳西族妇女上穿大襟宽袖布袍，袖口捋至肘部，外加紫色或藏青色坎肩；下着长裤，腰系用黑、白、蓝等色棉布缝制的围腰，上打百褶，下镶天蓝色宽边；背披“七星羊皮”，羊皮上端缝有两根白色长带，披时从肩搭过，在胸前交错又系在腰后。羊皮披肩典雅大方，既可起到装饰作用，又可暖身护体，以防风雨及劳作时对肩背的损伤。

羊皮披肩是丽江纳西妇女服饰的重要标志。它一般用整块纯黑色羊皮制成，剪裁为上方下圆，上部缝着6厘米宽的黑边，下面再钉上一字横排的7个彩绣的圆形布盘，圆心各垂两根白色的羊皮飘带，代表北斗七星，俗称“披星戴月”，象征纳西族妇女早出晚归，披星戴月，以示勤劳之意。另有一种看法认为，上方下圆的羊皮是模仿青蛙的形状剪裁，而缀在背面的圆盘纳西人称为“巴妙”，意为“青蛙的眼睛”，这是崇拜蛙的丽江土著农耕居民与崇拜羊的南迁古羌人相融合形成纳西族后的产物。

香格里拉市白地村一带妇女，身穿对襟长衫，再系百褶长裙，腰束毛织彩带，脚穿云头黑靴，背披白毛山羊皮，编发盘辫，保有古风。宁蒗县永宁一带纳西族摩梭妇女，头戴布料大包头，身穿大襟小褂，系长可及地的百褶裙，腰系彩带，美观大方。

纳西族未婚姑娘爱梳长辫于腰后，或戴头帕、帽子。青年女性的服饰色彩多偏重明快、艳丽的色调，中老年女性的服饰色彩则

纳西族老人

多采用青、黑等色面料，显得庄重素雅。妇女们还喜欢佩戴耳环、戒指、银或玉质手镯及金、银项链等饰物。

艺术宝库中的璀璨明珠—白沙壁画

在中国西南边陲的云南省丽江市城北8千米处散落着一些明清古建筑，这些建筑不仅在中国明清建筑中具有独特的价值，而且在这些建筑中遗存的明清壁画更是绚丽多彩。

现存白沙壁画主要分布于琉璃殿、大宝积宫、大定阁、大觉宫之中，总计53幅，171.67平方米。壁画始绘于明代洪武十七年（1384年），兴盛于明代嘉靖、万历之际，明末逐渐衰微。现存壁画除大定阁内一部分补绘于清代乾隆年间外，其他为明代作品。其中琉璃殿、大宝积宫的明代壁画于1996年被列为全国重点文物保护单位。

白沙壁画系由明代木旺、木增等几代土司惨淡经营近300年陆续完成，据有关方志和文献记载，当时参与绘制壁画的画家有来自大理的巧工杨得和氏，有来自藏族地区的画工古昌，也有来自江南的汉族画家马肖仙，以及由远道迎来的擅长道释画的张道士。还有一些纳西族东巴弟子参加绘制。因此，白

沙壁画的题材兼容藏传佛教、汉传佛教和道教，艺术风格融藏、汉、纳西绘画为一体，从而体现出纳西文化的地方性和包容性。

白沙壁画现存较完好且艺术精美者，当推大宝积宫和大觉宫内的明代壁画。其中尤以大宝积宫正壁《无量寿如来会》、南壁《南无孔雀明王大佛母海会》、北壁《观音普门品变相》等为佳作。

白沙壁画无论是题材内容或是艺术手法都别开生面，独具风采，不仅在中国壁画历史上占有重要地位和极具研究价值，而且也不失为世界艺术宝库中的一颗璀璨的明珠。

染在布上的民族文化——丽江扎染

扎染是比蜡染更为简单的一种染布方式，在云南大理的白族尤其盛行。丽江的白沙古镇有多家扎染的作坊。

扎染的最基本原理就是把布的一部分扎起来，在染色的过程中被扎的部分无法染色或者染色较浅。看似简单的方法，却能染出非常复杂、漂亮的图案。它既可以染成带有规则纹样的普通扎染织物；又可以染出表现具象图案的复杂构图及多种绚丽色彩的精美工艺品，稚拙古朴，新颖别致。扎染以青白二色为主调所构成的宁静平和世界，即用青白二色的对比来营造出古朴的意蕴，且青白二色的结合往往给人以“青花瓷”般的淡雅之感，而平和与宽容则体现在扎染的世界中。

扎染的主要步骤有画刷图案、绞扎、浸泡、染布、蒸煮、晒干、拆线、漂洗、碾布等。扎染的关键在于“扎”。它是通过纱、线、绳等工具，对织物进行扎、缝、缚、缀、夹，扎的过程，就是艺术创作的过程，哪些地方需要扎，用什么扎，扎得松紧程度，都决定着染成什么样的图案。织物被扎得越紧、越牢，防染效果越好。被扎结部分保持原色，而未被扎结部分均匀受染，扎得较松的部分会有轻微的着色，从而形成深浅不均、层次丰富的色晕和皱印。

扎好之后就是染。扎染一般以棉白布或棉麻混纺白布为原料，主要染料是蓼蓝、板蓝根等。这些原料里边的蓝靛溶液就是染色剂。即将扎好“疙瘩”的布料先用清水浸泡一下，再放入染缸里边，或浸泡冷染，或加温煮热染，经一定时间后捞出晾干，然后再将布料放入染缸浸染。如此反复浸染，每浸一次色深一层，即“青出于蓝”。浸染到一定的程度后，最后捞出放入清水将多余的染料漂除，晾干后拆去缬结，将“疙瘩”挑开，熨平整，被线扎缠缝合的部分未受色，呈现出空心状的白布色，便是“花”；其余部分呈深蓝色，即是“地”，便出现蓝底白花的图案花纹。“花”和“地”之间往往还呈现出一定的过渡性渐变的效果，多冰裂纹，自然天成，生动活泼，克服了画面、图案的呆板，使得花色更显丰富自然。如果想要染出彩色的图案，可以多次扎染。

四方街纳西族

景点推荐

丽江古城 AAAAA

丽江古城又名“大研古镇”，全城面积约3.8平方千米，是我国“保存最为完好的四大古城”（平遥古城、丽江古城、阆中古城、歙县古城）之一。整个城市没有城墙，街道依山傍水而建，其以美丽的自然风光，辉煌的古典建筑，以及浓郁的少数民族特色著称于世，足以让来到这里的任何一位游客叹为观止，流连忘返。

丽江市古城区

在古城内，任何交通工具都不能通行，只能步行

古城保护费50元

0888-5111118　全天

玩家攻略

1.如果要逛丽江古城的常规景点，需要缴纳古城保护费50元（实名售票）。如果不去景点只逛古城可以不缴古城保护费。可在城门的收费亭自觉缴纳，或是由在古镇中的客栈代收。进入玉龙雪山、束河古镇、木府、黑龙潭等景点时，需要出示此票据。要保存好缴纳的古城保护费的票据，可参与景区不定期的抽奖活动。

2.到了丽江，买一份丽江手绘地图也是有必要的，“进城时顺流而走，出城时逆流而行”，就不会在古城蛛网般的街巷中迷路。

3.丽江8月中旬仍属雨季，很有可能会下雨，建议带件外套，以及防水的冲锋衣等。还可以准备一些感冒、肠胃类或止痛药品。丽江昼夜温差较大，请带足保暖防寒衣物。

4.在古城内不要乱买玉器，基本上没有真的。

5.丽江特产主要是螺旋藻、普洱茶和银器、玉石、木雕、披肩、围巾等手工制品，如果要买最

好打听好各方面情况，临走前一天再统一采购。

6.在丽江古城购物，砍价不能手软。四方街附近的店铺讲价比较不易，最好到偏的地方，同样的东西会便宜不少。

7.古城内小吃集中在大石桥附近，还有四方小吃一条街，但这里的小吃价格相对于新城来说普遍较贵。古城里餐馆集中在七一街地段。

玩家 解说

丽江古城历史悠久，古朴自然。城市布局错落有致，既具有山城风貌，又富于水乡韵味。丽江民居既融合了汉、白、彝、藏各民族建筑特色，又有纳西族的独特风采。

丽江古城内的街道依水修建，铺的大多都是红色角砾岩，雨季不会泥泞，旱季也不会飞灰，石上花纹图案自然雅致，与整个古城环境相得益彰。在丽江古城区内的玉河水系上，修建有桥梁354座，桥梁的形式多种多样，均修建于明清时期。其中以位于四方街以东长100米的大石桥最具特色。

古城中至今依然大片保持明清建筑特色，“三坊一照壁，四合五天井，走马转角楼”式的瓦屋楼房鳞次栉比，既突出结构布局，又追求雕绘装饰，玲珑精巧，被中外建筑专家誉为“民居博物馆”。

黑龙潭公园 AAAA

龙潭倒映十三峰景观地

丽江市古城区民主路1号

在古城内沿四方街步行或自大水车入口沿新大街直走即到

7:30~19:00

0888–5188041

黑龙潭公园又称玉泉公园，俗称龙王庙，位于丽江古城北象山脚下。园内主要景点有龙神祠、得月楼、锁翠桥、玉皇阁、五凤楼、光碧楼、听鹂榭、一文亭、文明坊等，其中汉祠、唐梅、宋柏、明墓被誉为“四美”。这里古色古香，景色雅致，空气清新，是古城中观赏美景、愉悦身心的好去处。

潭水从石缝间喷涌而出，依山势汇成4万

从黑龙潭远眺玉龙雪山

平方米潭面。四周山清水秀，柳暗花明，更令人称奇的是玉龙雪山正好倒映在黑龙潭水面上，清澈的湖水倒映着玉龙山的巍峨，这个画面曾经作为丽江的标志，为很多人所熟悉。

玩家 攻略

1.在公园中的玉带桥上，只要在岸边跺脚，使劲拍手或大声说话，就能看到有气泡汩汩冒出水面。

2.黑龙潭潭水清澈见底，且冬暖夏凉，有护肤之功效，据称饮用这里的泉水有驱寒理气、调节肠胃的功能。

3.此处也是东巴文化研究所的所在地，研究所拥有2万余册珍贵的东巴经和古文物，记录了纳西族东巴文化的发展变迁。

4.没有古城保护费凭据的话，可以选择在7点之前或19点之后进入，此时无人看守。

玩家 解说

黑龙潭始建于乾隆二年（1737年），其后乾隆六十年（1795年）、光绪十八年（1892年）均有重修记载。旧名龙王庙，因获清嘉庆、光绪两朝皇帝册封“龙神”而成为中国名泉，后改称黑龙潭。这里有得月楼、锁翠桥、五凤楼等景点，以龙潭倒映十三峰的景点最为著名。有对联：“龙潭倒映十三峰，潜龙在天，飞龙在地；玉水纵横半里许，墨玉为体，苍龙为神。”

链接

黑龙潭名称的由来

传说很久以前，有10条蛟龙常在人间作恶，危

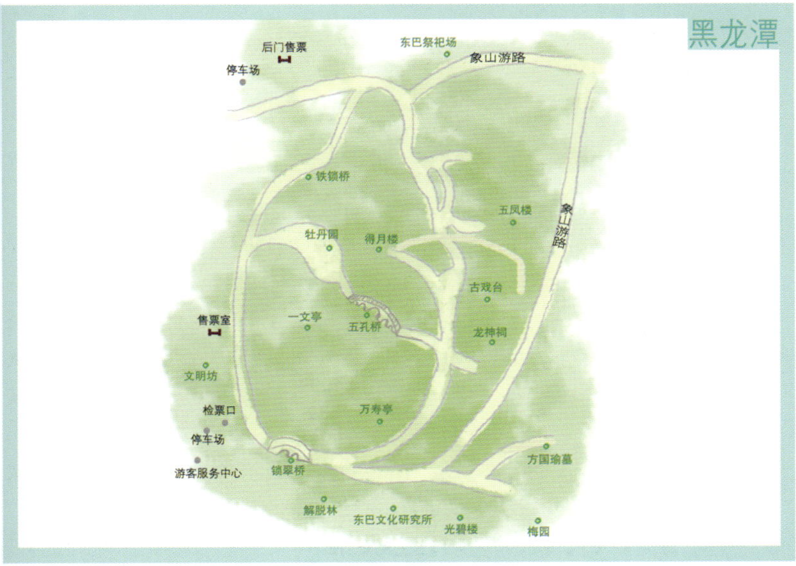

害一方。神仙吕洞宾得知后，下凡收服了其中的9条恶龙，并将它们镇压在了古塔之下。然而，吕洞宾独独留下一条小黑龙住在黑龙潭里，让其专门造福百姓，不再祸害人间，这就是“黑龙潭”一名的由来。

木府 AAAA

丽江古城文化之“大观园”

丽江市古城区大研古城光义街（忠义巷口）

沿四方街西侧小河步行前往木府，10分钟即可到达 40元 9:00~17:30

0888-5122572

木府坐西朝东，占地3.07万平方米，是丽江古城中最豪华、壮丽的建筑。木府最早是丽江的世袭土司衙署，1998年修复重建。木府有大大小小的建筑共计162间，见证了木氏土司大家族的辉煌历史。明朝地理学家徐霞客曾评价它说：“宫室之丽，拟于王室。”也有“木府是凝固的丽江古乐，是当代的创世史诗”和“北有故宫，南有木府”之说。

木府充分反映了明代中原建筑的风采气质，同时保留了唐宋中原建筑古朴粗犷的流风余韵。朱红色的木府大门，金碧辉煌的宫殿，雕刻精美的汉白玉基座，可以说气势恢宏，气象万千。木府融山川清雅之气与王宫典雅富丽之态为一体，现已成为吸引海内外游客前来观光的重要旅游景点。在这里，游客可以体验到如同置身于皇宫之内的绝佳心灵享受，也可在缅怀历史风云变迁的同时发思古之幽情。

玩家解说

木府是一座辉煌的建筑艺术之苑，它充分体现了明代中原建筑的风格，同时保留了唐宋中原建筑古朴的余韵，而其坐西朝东、府内玉沟纵横、活水长流的布局，则又见纳西传统文化之精神。在其建设过程中，汉族、纳西族、白族工匠同心同德，充分发挥其技艺，在主要保留了中原明代建筑风格的基础上，融入了纳西族、白族各种地方工艺风格。

木氏土司在建造自己的宫殿式木府时，未按“坐北朝南”为佳的中原风水理论，而是朝向太阳和东方。东方属木，太阳和木为纳西东巴教中的崇拜物，亦为皇帝所赐纳西族之姓。

木府

木府玉音楼

大水车

丽江古城的标志

丽江市东部丽江古城入口处

大水车是丽江古城的标志性建筑，已经成为丽江古城的地标，是游客一定要去拍照留念的地方。一进古城，首先看到的是两座水车，有人说它是子母水车，也有人说它是情人水车。过去古城里就有水车，今天在一些偏远之地也还在使用。水车可以用来舂米磨面，如果人住在高处，顺势而流的水在低处，还可以用它来提水。在古城入口的右边是水龙柱，以表达古城人民免除火灾的愿望。千百年来，古城人民像爱护自己的眼睛一样爱护古城。

水车又称孔明车，是我国最古老的农业灌溉工具，是先人们在征服世界的过程中创造出来的高超劳动技艺，是珍贵的历史文化遗产。相传为汉灵帝时华岚造出雏形，经三国时孔明改造完善后在蜀国推广使用，隋唐时广泛用于农业灌溉，至今已有1700余年历史。丽江古城的水车同时具有建筑地标和观赏作用。

万古楼

丽江的标志性建筑

丽江市古城区狮子山顶

从四方街沿翻越狮子山的石阶步行攀登至万古楼，30分钟即可到达

35元　9:00~22:00

万古楼是位于大理古城狮子山最高点的古建筑。它在东巴文中解释为"千年万

万古楼

代楼”，纳西语称“温古轮”，意为“观览畅怀于制高点”，因谐其音，名为“万古楼”。“万”者，寓意俯瞰丽江古城及其田园风光，遥望玉龙雪山万年冰川；又寓意丽江恢复重建家园，千古流芳，万古不朽。

万古楼是一座飞檐翘角式的阁楼，共有13个翘角，比喻玉龙雪山雪岳十三峰。楼体雕饰中有披星戴月等2300个吉祥图案，象征在丽江居住的23个民族。万古楼平面是正方形，面阔、进深均为18米，四面入口安放情态各异的四对石狮。装饰雕刻的龙共有9999个，合楼顶藻井一龙，则成万龙万古之盛。楼高33米，象征着33万丽江民众。楼门口的石狮，恭迎来自八方的游客。

四方街

古城的中心广场，最热闹的地方

丽江市古城中心　免费　全天

四方街是丽江古城的中心，广场的形状很像方形的知府大印，由土司取名四方街，取“权镇四方”之意。另有说法是因为这里的道路通向四面八方，是周边人流、物流集散地，所以叫四方街。四方街文物古迹众多，文化蕴含丰厚独特，是我国保存最完整、最具民族风格的古代城镇。

四方街以彩石铺地，其四周六条五彩花石街依山随势，辐射开去，街巷相连。古城中至今依然大片保持明清建筑特色，“三坊一照壁，四合五天井，走马转角楼”式的瓦屋楼房鳞次栉比，既突出结构布局，又追求雕绘装饰，被中外建筑专家誉为“民居博物馆”。更值得一提的是，古城居民素来喜爱种植花木、培植盆景，使古城享有“丽郡从来喜植树，山城无处不飞花”的美誉。

狮子山公园

观赏丽江古城全景的最佳去处

丽江市丽江古城中心狮子山山脚下

万古楼，35元

9:00～22:00

狮子山公园位于丽江城中心，东临资水，西临新冷公路，是世界文化遗产丽江古城的重要景点。地形由极像狮子和延绵曲折的蛇形山体组成，因山体宛如一头睡卧的狮子而得名，古城建筑群就依山随势环绕在狮子山脚。

园内山清水秀，环境优美，景色宜人。狮子山顶坐落着极富建筑特色的楼阁式五层五重檐全木结构建筑——万古楼。它是丽江城的标志性建筑。公园南端是始建于清朝乾隆十九年的白马龙潭寺，是丽江重点文物保护单位。寺东有一泓清澈见底、晶莹如玉的龙潭，俗称“白马龙潭”，潭外是与古城人民生活息息相关的“三眼井”。林中飞鼠、空中高架车、雄狮阁、穿风洞险道等数十个项目和亭台楼阁点缀山川之间、悬崖之上，使流连于自然景色的人们又能享受几许娱乐休闲的乐趣。

白马龙潭寺

寺内白马龙潭被纳西人奉为神泉

丽江市古城区光义街光碧巷

市内乘坐2、3等路公交车可到

8:00～17:00

白马龙潭寺位于丽江古城南端狮子山脚，始建于清乾隆十九年（1754年），背靠狮子山，与山上之万古楼遥相呼应。寺咸丰年间毁于兵战，光绪八年（1882年）重建，现存山门、大殿、左厢房等建筑，规模布局依旧。大殿及厢房内壁镶嵌有清代纳西族诗人杨竹庐、马子云、桑映斗、牛焘等人的篆刻诗碑。白马龙潭寺也是当时丽江文人学士吟诗作赋的重要活动场所。

白马龙潭寺前有一潭清泉，名狮乳泉，又称白马龙潭，为一潭清澈甘甜的泉水。水从石间涌出，潭边古树成荫，池中游鱼腾跃，被纳西人民奉为“神泉”。

白马龙潭为圆形，四周围有木制栏杆，时常有游人倚栏而坐，静观潭中鲤鱼、乌龟摇头摆尾、无忧无虑地来回游动。清清细流由寺中流至寺外，依次注入三个池中，就是当地人所说的三眼井。龙潭对面有一木亭，名曰“财神殿”。亭旁植有数株古树，绿荫宜人。

大石桥

古城中最大的石拱桥

丽江市古城区五一街中段

大石桥建于明代，已有五六百年的历史。它是古城中最大的石拱桥，是古城的东西两个部分的交通要道。大石桥又是四方街集市的延伸，曾经是麻布的专卖地，所以又叫卖麻布桥。古城里，卖小吃的大部分店铺都在大石桥附近的一条街上。

大石桥下能看到玉龙雪山的倒影，所以也叫映雪桥。该桥由明代木氏土司修建，系双孔石拱桥。因为地处古城中心，密士巷、五一街与四方街交会于此，大石桥负载了几百年古城的商旅往来，为古城众桥之首。

三眼井

丽江特有的环保水井

丽江市丽江古城光义街光碧巷

丽江三眼井又称三叠泉或三叠水，是丽江特有的一种水井。丽江三眼井是一个泉眼出水，从高到低分三级地势流淌，用石条或砖分别砌成三个围栏，井水浅而易见，井口大，呈水塘状。所谓“三眼井”是利用地下喷涌出的泉水源，依照地势高差修建成三级水潭，并对3个水潭的功能与用途进行严格区分，并约定俗成，形成古风民俗。

第一潭为泉水源头，清冽洁净，为饮用之水；第二潭水质洁净，为洗菜、洗涮炊具之用；第三潭为漂洗衣物专用，最后水从第三潭排入排水沟中。这样，三潭相串，各司其职。因三眼井按地势而成，下塘水不会污染上塘水，又可供不同需求者同时使用，节约又环保，也是游客观赏丽江古城民俗的好去处。

东巴宫

展示东巴文化的窗口

丽江市古城区新华街翠文段177号

从丽江古城大门步行进入

东巴宫坐落在丽江古城东大街，是一个了解东巴文化的窗口。它的门楼上装饰的是东巴的“五幅冠”，大门两旁悬挂着东巴的木牌画，东巴宫内别具一格的装饰和文化活动更会让游客感受到东巴文化的魅力。纳西族普遍信奉东巴教，“东巴”是纳西语，意为“智者”，也就是巫师和祭司。东巴宫，顾名

东巴宫

思义就是智者云集的地方。整个东巴宫就是一座小而全的民族文化艺术博物馆，通过它可以欣赏到举世无双的东巴文化艺术，领略到真正的纳西古乐以及民间歌舞神韵。

东巴宫组织了纳西地区部分著名老东巴、民歌手和一些身怀绝技的民间艺人，在保留原汁原味的基础上，以东巴文化艺术为主，挖掘整理了一批最富乡土气息和最有民族特色的精彩节目。节目新鲜神奇、雍容优雅、深沉浩远、气势豪壮。

丽江世界记忆遗产公园

第一座世界遗产主题公园

丽江市古城区玉泉路

乘6路公交车可以直接到达

8:00～18:00

丽江世界记忆遗产公园距丽江古城2千米，公园占地33.3公顷，由风翔故园、人造天堑、东方伊甸园、玉龙神韵、雪域仙境、千龟竞日、三江彩屏、水光山色、江湾胜境、古城采风等10余个主要景点组成。向游人展示了一个比例为1∶150的“微缩”丽江。景区内将丽江拥有的三项“世界遗产”、优秀的民族文化、优美的自然景观，运用现代园林造园艺术浓缩在园中。

东巴文化博物馆

展示东巴文化、历史

丽江市丽江古城黑龙潭公园北端

出玉泉公园后门即到

8:00～17:00

0888-5180270

东巴文化博物馆是位于云南省丽江市的一所民俗博物馆。博物馆现收藏了1.2万多件文物，多年来为保护、传承和弘扬东巴文化，宣传丽江文化历史起到了重要作用。博物馆主体建筑形式为仿古纳西族四合院式，根据地形地貌，利用玉泉水源和象山西麓的自然景观，由北向南开辟了古人类洞穴居、巢居、半穴居、帐篷居、干栏居以及木楞房、“三坊一照壁”、“四合五天井”等不同阶段的传统民居。博物馆开辟“祭天”“祭风”“祭署”等民俗、宗教仪式场景，为观众进行东巴祭祀仪式展演。除此以外，还可以在这里看到有关东巴文化的各种图片文字介绍，还有经书、绘画、祭祀法器等实物资料，以及纳西族古老的生产生活用具等，是云南省最值得一看的博物馆之一。

东巴文字

景点推荐 丽江古城周边景点

束河古镇 AAAA

历史悠久的纳西古镇

丽江市古城区束河路束河镇

丽江新城有去束河的班车

全天

0888-5174636

束河以山名村，以村名镇，2005年被CCTV评为“中国魅力名镇”之一。这里依山傍水，房舍错落，阡陌相通，曾是纳西先民最早的聚居地之一，茶马古道上的重要集镇。作为丽江古城的组成部分，此地有著名的“束河八景”，即“夜市萤火”“龙门望月”“雪山倒映”“断碑敲音”“鱼水亲人”“西山红叶”“石莲夜话”“烟柳平桥”，每一处景点听起来都令人浮想联翩，真想立刻就去体验一番。

青龙桥长25米、宽4.5米，为丽江古石桥之最，是束河古镇必看景点之一。它始建于明万历年间（1573—1620年），是木氏土司鼎盛时期的标志性建筑，也是“束河八景”中的“烟柳平桥”。站在青龙桥桥面上，抚今追昔，看石块上那些斑驳的“皱纹”，似在讲述着苍老的过往。

玩家攻略

1.住在束河，可连同附近的村子白沙、雪蒿村一起游玩，最好是租辆自行车，边骑边玩，自由方便。

2.在古镇里，骑自行车是比较适合年轻人的出行方式，因为它既便捷又浪漫。自行车的出租费为15~20元/天。此外，这里的旅游旺季是5~10月，因为旺季人多，物价也会上涨，所以不建议旺季时来此旅游。

3.束河位于玉龙雪山南麓，美食自然不缺，

束河古镇

虹鳟鱼是长年不断的雪水造就的，不可不尝。值得推荐的还有束河凉粉，由特产豌豆制作而成，凉热皆宜。

4.丽江的雪花银非常有名，银手镯最受游客喜爱。购买银器时要仔细鉴别是否以白铜冒充；购买翡翠必须要求店家出具权威部门的认证书。

5.束河新镇在古镇南面，依着水势和老树的格局延伸开发了一个很漂亮的仿古新镇，专门用于酒吧、客栈、商铺的开设。丽江古城很著名的小巴黎酒吧，并在束河开有分店，有菲律宾乐队驻唱。

玩家 解说

束河纳西语称“绍坞”，因村后聚宝山形如堆垒之高峰，以山名村，流传变异而成，意为“高峰之下的村寨”。束河是丽江的重要组成部分，它是古镇引水入村与街市布局的重要案例，也是“茶马古道”的一个不可忽略的亮点。古镇内建于明代万历年间的大觉宫保留完好，里面的壁画生动地描绘了佛教中的人物形象。建于清代的龙泉寺供奉的是皮匠祖师，因为这里曾经是丽江皮具的集散地。

束河古镇是纳西先民从农耕文明向商业文明过渡的活标本，是对外开放和马帮活动形成的集镇建设典范，为1997年被联合国教科文组织列为“世界文化遗产”丽江古城的重要组成部分。

束河古镇的格局与丽江古城相似，仿佛另一个丽江古城，只是这里更加幽静，清澈的泉水围着村子潺潺地流过。

白沙古镇

纳西族在丽江坝的最初聚居地

丽江市玉龙县白沙乡

可以从古城乘出租车前往　免费

白沙古镇是纳西族在丽江坝的最初聚居地，也是丽江木氏土司家族的发源地。白沙古镇和大研、束河并称“丽江三大古镇”。宋元时期，白沙古镇一直是丽江的政治、商贸和文化中心。明初，木府迁到大研镇后，白沙古镇的地位才开始衰落。古镇至今仍完整地保留有很多纳西风格的文化古迹，是最原生态的纳西古镇，其中以“白沙壁画”最为知名。对游客来说，这里是体验纳西古代遗风的好去处，也是缅怀木氏家族兴起历史的好去处。

白沙壁画因独树一帜的绘画风格而著称。壁画始建于明朝时期，包括现存的白沙琉璃殿、大宝积宫和大定阁等庙宇，而作为白沙壁画代表的大宝积宫，现存壁画558幅，是丽江壁画收藏最多的地方，其中所藏的壁画都是极为珍贵的文物。

玩家 解说

白沙壁画对各种宗教文化和艺术流派兼收并蓄，独树一帜。绘画布局周密，用笔严谨，色彩富丽，造型准确，人物形象逼真，明显吸取了东巴画风格粗犷、色彩对比强烈、笔法洗练等特点。

白沙壁画中涉及题材比较广泛，对飞跑的骏马、盛开的荷花、山林田野、花鸟草虫等自然风光都有描绘，这些画都明显展示了画家敏锐的观察能力和积极入世的思想情感。壁画中描绘的宗教人物，融入了画师们的美学思想，或隐或现地表现了当时的社会生活。

当时的木氏土司聘请了以马啸天为首的一批汉族画家，另外还有藏族和白族画家、东巴教弟子、道教弟子也参加了壁画的绘制工作。白沙壁画以其别具特色的绘画艺术风格和珍贵的历史文化内涵，深深吸引着国内外游客。

虎跳峡 AAAA

世界上落差最大的峡谷

丽江市玉龙县龙蟠乡东北60千米处

可在丽江客运中心站乘坐至虎跳峡的班车，再从虎跳峡镇包车可到景区

65元（上虎跳+中虎跳）

虎跳峡全长16千米，分为上虎跳、中虎跳、下虎跳三段，以“奇、险、雄、壮”著称于世，是中国最深的峡谷之一，也是世界上最深的大峡谷之一。2005年，《中国国家地理》杂志评选出了“中国最美的十大峡谷”，虎跳峡高居第二位。虎跳峡不仅深，而且窄，

白沙古镇大宝积宫

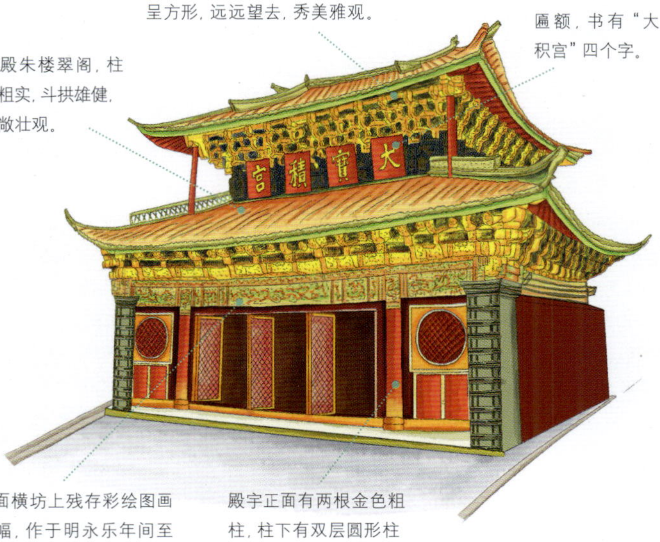

峡内礁石林立，谷坡陡峭，水势汹涌，构成世所罕见的山水奇观。对游客来说，这里不仅是观光、探险的绝佳地，也是摄影的天堂。

玩家 攻略

1.徒步虎跳峡要量力而行，峡谷内白天气温较高，可带上短裤、T恤衫。因步行体力消耗较大，可带一些高热量的食品，如巧克力、麦乳精、牛肉干等。

2.虎跳峡地处高海拔地区，即使在8月也有可能飘落雪花。又因横断山脉环抱，地势复杂多变，昼夜温差很大，建议带上外套、羽绒服、手套、防滑靴。加上气候干燥，紫外线辐射强，女士应准备好防晒霜、遮阳帽、太阳镜，特别是10月以后探访更要带足御寒衣物。

3.最应该小心的是位于核桃园和中峡旅馆之间的大深沟瀑布，无论晴雨都会落石，非常危险，过了这个险地就到了中峡旅馆。

4.虎跳峡徒步沿线有很多客栈可供休息，客栈几乎全部都是当地的村民自己建的，如果只游览上虎跳峡的话当天即可返回丽江，不需要在景区住宿。

5.丽江粑粑、本地土鸡等特色菜肴一定不要错过。彝族的砣砣肉、酥油茶等风味小吃声名远播，足以让游客一饱口福。游客可以在虎跳峡镇解决餐饮问题，或自备高热量口粮。

玩家 解说

虎跳峡是湍急的金沙江流经石鼓镇长江第一湾之后，忽然掉头北上，从哈巴雪山和玉龙雪山之间的夹缝中硬挤了过去，形成了世界上最壮观的大峡谷。峡谷中最窄的地方就是著名的上虎跳峡，相传老虎可以蹬踩江中的一块巨石，跳过金沙江。

上虎跳是大峡谷中最窄的一段，峡宽仅30余米。这里呈两山夹峙之势，状若两扇铁门，而虎跳石就像一位把门的将军。金沙江从上虎跳的两侧凌空而下，可谓雷霆万钧，甚为壮观。断崖之下波涛回旋翻滚，如千军万马奔腾，气势十分磅礴。

链接

虎跳峡的传说

金沙江、怒江、澜沧江和玉龙山、哈巴山原是“五兄妹”。“三姐妹”长大了，相约外出择婿，父母又急又气，要玉龙、哈巴去追赶。玉龙带着13把剑，哈巴挎着12张弓，抄小路来到丽江，面对面坐着轮流守候，并约定谁放过“三姐妹”，就要被砍头。轮到哈巴看守时，玉龙刚睡着，金沙姑娘就来了。聪明的金沙姑娘想起了哈巴有爱打瞌睡的毛病，便边走边唱，一连唱了18支歌。婉转动人的歌声果然使哈巴听得入了迷，渐渐睡着了。金沙姑娘瞅准这一机会，终于从两个哥哥的脚边猛冲过去，大声欢笑着飞奔而去。玉龙醒来见此情景，又气又悲，他不能违反约定，抽出长剑砍下了哈巴的头，随即转过背去痛哭，两股泪水化成了白水和黑水，哈巴的12张弓变成了虎

虎跳峡

跳峡西岸的24道弯，哈巴的头落在江中变成了虎跳石。所以现在我们看两座雪山，玉龙雪山有“头”，哈巴雪山却没有“头”。

拉市海
鸟儿的天堂

丽江市城西10千米处的拉市坝中部

在丽江可乘坐前往拉市乡的面包车

8:00～19:30

拉市海，即拉市海高原湿地自然保护区，湖面海拔2437米，是云南第一个以湿地命名的自然保护区，享有“生命的摇篮”之美誉。这里湖色优美，水草肥美，湖面如镜倒映着玉龙雪山，水鸟翱翔在蓝天、白云之间，仿佛一片尚未开发的处女地，散发着原始的、迷人的气息。这里有茂密的森林，繁盛的花草，景色十分秀美，环境清幽，非常值得游玩一番。

拉市海的湖光山色中，以美泉为最。它发源于卧虎山、北斗山交界处，泉水清澈见底，绿得像一块翡翠。在这里，游客可以尽情地欣赏美景，体验摄影的乐趣，以及享受全身心投入大自然之中的美妙之感。

冬季是到此旅游的最佳时节，每年有上万只鸟儿来此越冬，是观鸟的好时机。此外，在拉市海湖边的鱼庄里，还可以品尝到当地的味道鲜美的特色烤鱼。

拉市海水草风光

拉市海

指云寺

四个民族建筑艺术的交融

丽江市玉龙县拉市乡

可从丽江乘坐拉市海方向的班车

指云寺位于丽江拉市乡西部，始建于清雍正五年（1727年），为丽江五大喇嘛寺之一。寺庙建筑外形精巧，庭院内有植于两三百年前的岩桑、槐、银杏、脑脂梅和云南樱花等古树，环境幽静古朴。

寺庙共有1个大院及5个小院。大院为二进院落，有山门、佛殿、配殿、僧堂、厨库、浴室等屋舍。佛殿呈长方形，三重檐楼阁式建筑，正中为四方形钻尖顶阁，明显不同于藏区碉房式建筑，体现出汉族、藏族、白族、纳西族建筑艺术交融的特色。底层为法堂，上两层为藏经楼。六根高12米的通天柱高耸其间，东南西北十二角雕龙画凤，巍峨富丽，气势非凡。登上寺门口的石阶，透过枝叶茂盛的古树，波光粼粼的拉市海尽收眼底，让人胸襟开阔。

寺庙距丽江较近，可选择租自行车从丽江古城骑行欣赏沿途田园民居。不远处有丽江雪桃基地，一般每年10月左右是雪桃上市的季节。

金龙桥

长江上架设最早、保存最好的铁链桥

丽江市古城区七河镇下全安村与永胜县大安乡捧里村之间的金沙江上

从丽江县城乘坐七河镇方向的班车

免费

金龙桥又名梓里江桥、梓里桥，号称“金沙江上第一桥”，东连永胜，西接鹤丽。建于清代光绪六年（1880年），由提督蒋宗汉捐资建造。桥的主体结构是由16根大铁链悬系在两岸，桥总长116米，净跨90米，桥面宽3米。距今已有130多年的历史，是丽江市重要的古迹之一。金龙桥是我国桥面最宽、铁索最多的铁链桥。同时，金龙桥也是金沙江上现存最古老的一座铁链桥，处于“茶马古道”的要塞，具有十分重要的历史意义。

普济寺

丽江五大寺之一

丽江市古城西6千米的普济山麓

从丽江乘车至普济村，沿普济山上行约1千米即可到达

8:00～18:00

普济寺原有大殿、僧院等12个院落，现存3院，由山门、护法堂、大殿、南北厢房等组成。在教义上有融汉、藏宗教为一炉的特点。大殿前种有两棵云南樱花，至今已有200多年的历史，树粗一人抱不过来，被誉为“云南樱花之冠”。每到春天，火红的樱花与寺庙周边洁白的梨花交相辉映，分外娇美。

其主体建筑为二进院落，坐南朝北，由山门、护法堂、配殿、大殿组成，附属建筑物有客房、方丈等。大殿为二重檐歇山抬梁式建筑，翼角飞檐，气势恢宏。大殿基础板石嵌有10块汉白玉浮雕，雕工精细，图案造型优美。中间置以12级踏跺，周廊为汉白玉石栏杆。尤其具有特色的是普济寺的大殿，大殿为重檐歇山顶建筑，顶覆铜瓦，故又名“铜瓦殿”，是云南唯一幸存的铜瓦建筑，充分显示出藏传佛教寺院的华贵与庄严。

文笔山·文峰寺

形状如笔的山峰

丽江市古城区西南约8千米

在古城南边的忠义市场乘坐前往“海南”的中巴

文笔山是丽江境内仅次于玉龙雪山的第二大山峰。文笔山的形状犹如一支巨笔直指云霄，挺拔俊秀。文笔山脚依靠文笔海，宛如一池碧墨，山中有水，浑然一体，相得益彰。文笔山景区由12个景点组成，以文峰寺为主要代表。

文峰寺坐落于文笔山腹地，其寺庙的风景被公认为丽江所有寺院之冠，现存主体建筑为大殿和2院僧房。大殿为三重檐楼阁式建筑，顶层屋顶为四角攒尖顶，形如四方亭阁，位于大殿最高层，一层、二层檐下均施异形斗拱，殿内空间宽敞，高4米，6根方形金柱雕有莲瓣及各种图案，承托着雕卷云纹样的大雀替。文笔山的山腰处有一灵洞，洞旁建有静坐堂，是当年滇西北红教13个喇嘛寺的最高学府。

丽江普济寺

观音峡
丽江第一景

丽江市东南17千米处的七河镇

距离丽江古城约20分钟，从机场到丽江古城时就会经过观音峡

套票（大门票+单程滑道车+游船票）120元

7:30～18:30

观音峡是丽江坝子六大关隘之一的玉龙关的入口，徐霞客当年由此进入丽江，把邱塘关形容为“丽郡锁钥”，进入这道“丽郡锁钥”才算从正门来到了丽江。

观音峡融湖光山色、峡谷瀑布、民俗宗教风情以及纳西村落、茶马古街、时空隧道等自然景观和人文景观为一体，整个景区分设为六处游览区域，即休闲服务区、茶马文化区、龙潭水文化区、峡谷景观区、民俗风情展演区、高原湖泊浏览区；主要景点有良马桥、滇藏茶楼、黄龙泉瀑布、观音峡瀑布、霞客亭、天香塔、红军桥和木家别院等，其中黄龙潭和观音峡谷是最主要的两个组成部分。

观音瀑地处林木葱茏、峰峦耸翠之中，瀑布上下落差40多米，水帘由峡谷飞流直下，宛如一幅银帘凌空垂挂，与叠峦层林交相辉映，蔚为壮观。

茶马街是根据历史，按明代时期茶马重镇七河街市面貌布局的。沿着这条古街，可以看到茶马古道滇藏线上七河街市商铺、税局和驿站等：有丽江打铜、打铁、打银等手工作坊展示，有铜、铁、银器手工艺产品；有纳西民间纺织手工艺展示，东巴纸生产展示，有民族特色各种土布织品，独具一格的东巴纸产品；有茶马古道滇藏高原上的珍贵药材。

玩家 攻略

1.长385米的“时空隧道”把黄龙潭和观音峡谷两大完全不同风格的景点有机地整合在一起，游客可以坐在安全舒适的小火车上轻松穿过，体现了景区建设者的人性化创意。

2.观音峡峡谷的隧道口是整个景区的最高点，凭栏远望，佛地海会完全呈现在人们眼前，是拍照的好地方。

3.观音瀑布后面的石头被水冲刷部分是一个高大的坐佛观音的形象，在雨季时会更加明显，有阳光的日子，瀑布便会有彩虹出现，异常美丽。

4.景区内有望海楼餐厅，餐厅房子装修突出地方民族特色，特色菜肴主要以纳西族喜宴为主。

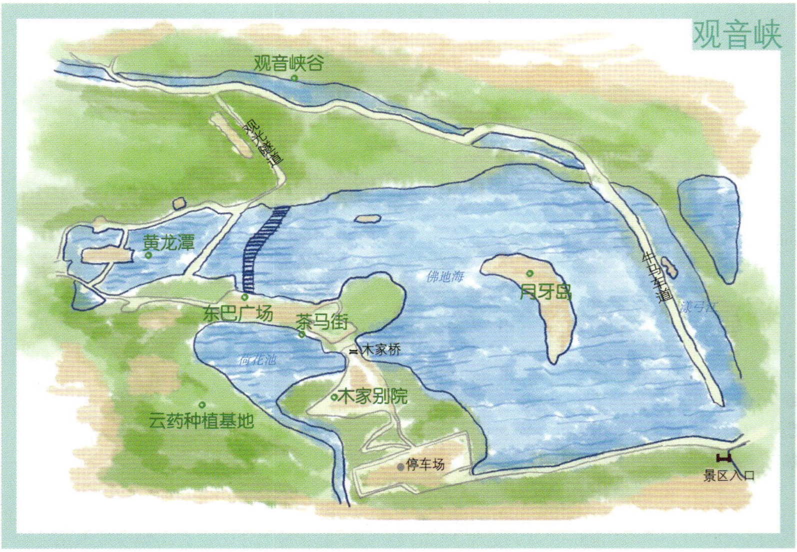

龙泉寺

四合院式寺庙

丽江市丽江古城西北束河村古街旁

可在丽江古城租自行车前往

龙泉寺得名于寺旁的龙泉湖，寺庙沿湖而建，从大觉宫二楼即可俯瞰湖水，景色煞是宜人。龙泉寺建于明隆庆年间，并于1983年重修。这是一座四合院式的寺院，北面是主殿，虽不高大，但建筑结构匀称和谐，四角房檐高挑，斗拱结构，额枋梁柱饰以各种鸟兽浮雕，栩栩如生。殿内绘有明代壁画，都是佛教的内容。画面与白沙大宝积宫壁画不同，自成一体，独具特色，是明代丽江壁画的又一珍品。

每年农历四月十八是龙泉寺的大型庙会，众多信奉佛教的善男信女从周边城市四面八方虔诚赶来，拜佛祈福。

北岳庙

丽江最早的庙宇

丽江市北白沙乡玉龙村

从丽江县城乘坐到白沙镇的车即可到北岳庙

8:00～18:00

北岳庙又名玉龙祠，始建于唐代大历十四年（779年），是丽江最早的庙宇。全寺三进院落，由山门、花厅、厢房、鼎亭、大殿、后殿组成。院内大门上方写着“恩溥三多”四个大字，大殿正中供奉“三多”神像，当地群众因此又把北岳庙称为“三多阁”，意为“三多之家”。

每年农历二月初八和八月的第一个属羊日，各地纳西族同胞都到“三多阁”用全羊进行隆重祭祀，附近的汉、白、藏等民族群众也进香朝拜。特别是二月初八“北岳庙会”，是纳西族最隆重的民族传统节日“三朵节”。

庙内大殿右侧还有一棵树龄已逾千年的圆柏，系建寺时所种。离北岳庙不远处的半山腰上，有以万朵茶花而闻名的玉峰寺。

长江第一湾

万里长江第一湾

丽江城西北石鼓镇石鼓渡口与香格里拉市城南部沙松碧村之间

搭乘往石鼓镇的班车可到长江第一湾

全天开放

长江第一湾是一“V”字形大湾，属于“三江并流”景观的重要组成部分。这里江水清幽，两岸树木葱茏，景色十分壮美，非常适合朝圣游、摄影游和探险游。尤其在夕阳西下之际，江面金光斑斓，周围山色辉煌

长江第一湾

耀眼，能使人产生如同置身于仙境的美妙之感。游览长江第一湾四季皆宜，但最佳旅游季节首推秋季，其次为夏季。

这里水流很急，但由于江面宽阔，江水平缓如镜。江湾两岸绿柳依依，白云蓝天下群山隐隐，不远处就是整齐划一的田地、炊烟袅袅的村镇，在高原上竟有如江南水乡一般的景致，让人啧啧称奇。

长江第一湾不仅是丽江的重要风景名胜区，而且是进入老君山景区和三江并流景区的咽喉重地。

石鼓镇

长江上游古今驰名的小镇

丽江市玉龙县石鼓镇

从丽江乘坐前往石鼓镇的专线旅游车，或乘坐前往维西或石鼓镇的班车可达

全天开放

在长江第一湾旁的山冈上，有一小镇名为石鼓镇，因镇上有一面汉白玉雕刻的鼓状石碑而得名。

石鼓乃三国时诸葛亮南征时所立，以镇吐蕃；初无文字，明中期木高土司大破吐蕃军，记功于此石鼓之上，始有铭文，是目前丽江所发现的年代最早的石碑之一。

石鼓镇背靠青山，是历代兵家必争的战略要地，忽必烈南征便是在此渡江。

石鼓镇历来是藏区与汉族地区交易的重镇，藏民把皮毛和中草药带来这里出售，又买回茶叶、盐巴、布匹等日用品，平均每3天赶一次集。

石鼓镇

景点推荐

玉龙雪山周边

玉龙雪山 AAAAA

离赤道最近的雪山群

丽江市北面15千米纳西县内

市内有101路大巴车可以到各索道下站，可以乘坐索道公司的巴士上山 100元（进山费）

玉龙雪山集亚热带、温带和寒带自然景观于一身，以险、奇、美、秀名扬天下。“阳春白雪”是这里的主体景观，也是这里最具特色的景观。一年之中，随着季节和阴晴的变化，雪山上的景观也会相应地发生变化：晴天时一碧如洗，群峰晶莹耀眼；阴天时云层密布，雪山时隐时现；早晨时雪峰皎洁，白绿相间；傍晚时霞光辉映，娇艳无比……玉龙雪山壮丽秀美，蔚为奇观，非常适合朝圣游和探险游。

玩家 攻略

1.玉龙雪山海拔较高，从2900多米的甘海子到4680米的栈道最高端，很多人可能不会一下子适应，建议缓慢行动，务必防止高原反应的发生。一旦发生高原反应，也无须担心——玉龙雪山景区设有医务室。

2.玉龙雪山景区空气稀薄，紫外线强烈，在景区游玩需注意防晒。建议提前准备好帽子、墨镜、防晒霜和润唇膏。

3.乘坐大索道上山后，温度会比较低，建议携带适度保暖衣物。一般情况下，在山下的着装基础上，加一两件较厚的外套即可。当然，如果是冬季或者雨雪天气，则需带羽绒服。不带也不用担心，景区内服务点可以租借羽绒服。

4.不管是丽江古城周围还是玉龙雪山脚下，都有当地人拉客，建议游人“骑马上山、可看全景”。不建议骑马，无安全保障，而且，骑马是绝对不会上到山顶的。

5.乘坐大索道上山是最大众的方式，所以每天排队的人都超级多，夸张的时候单是排队可能就要3~4小时。如果不想排队，建议尽早赶到景区。大索道上下加游玩，一般在4~5小时，下山后，吃点东西，顺路玩下周围的小景点后，就可以回丽江了。

玩家 解说

玉龙雪山从山脚到山顶，亚热带、温带、寒带景观逐级呈现。山脚的甘海子，是一片辽阔的牧场，春夏之际，草甸上龙胆兰、杜鹃盛放，在这里远望玉龙群峰历历在目。海拔3200多米的云杉坪，更是纳西青年男女心中的圣地。这里是一片幽静的草甸，四周古木参天，藤萝密布，环境幽静。玉龙13峰下发育有19条现代海洋性冰川，远望如一片瀑布悬挂于玉龙雪山主峰扇子陡下方，在阳光的照耀下泛着银光。游人可乘坐大索道抵达4506米的高度后，沿着山间栈道近距离观赏冰川和主峰的雄姿。

玉龙雪山是丽江纳西人心中的“神山”，传说纳西族的保护神“三朵大王”的化身即为玉龙雪山，保护着丽江坝子的人们。每年农历二月八日，丽江人民和旅居外地的纳西族同胞都要举行盛大活动，欢度“三朵节”，表达对玉龙雪山和三朵大神的敬仰。

玉龙雪山分设3条索道，分别是：大索道、云杉坪索道和牦牛坪索道，3条索道分别位于玉龙雪山的不同位置。乘坐索道缆车上山，可从各个不同角度观赏并游玩玉龙雪山，大多数游人会选择大索道上山。如果选择了大索道，基本上就没有时间去另外两条索道的景点游玩了，要注意选择，合理安排游玩时间。

链接

一米阳光的传说

美丽的纳西女子开美久命金和青年朱补羽勒盘深深相爱，却遭到男方父母的极力反对，伤心绝望的开美久命金殉情而死，朱补羽勒盘冲破重重阻挠赶来，已是阴阳两隔。悲痛之中他燃起熊熊烈火，抱着情人的身体投入火海，双双化为灰烬。

开美久命金死后化为“风神”，她在玉龙雪山顶上营造了一个情人的天堂：没有苦难、没有苍老、无比美好的玉龙第三国，专门吸引失意的情人步她的后尘。开美久命金和朱补羽勒盘是纳西传说里最早殉情的一对恋人……后来，民间逐渐相传，在丽江玉龙雪山顶上，每到秋分的时候，上天就会洒下万丈阳光，在这一天，所有被阳光照耀过的人们都会获得美丽的爱情和美满的生活。可这招来了善妒的“风神”的嫉妒，因此，每到这天，天空总是乌云密布，人们的所有梦想都被那厚厚的云层所遮盖。“风神”善良的女儿，因为同情渴望美好生活的人们，就在那天，偷偷地把遮在云层里给人们带来希望和幸福的阳光剪下一米，洒在陡峭的悬崖峭壁上的一个山洞中，让那些爱情的勇者，让那些对爱情执着同时又不惧怕困难和危险的人们，可以在那天得到那一米阳光的照耀，而因此过上幸福美满的生活。

云杉坪

云杉坪是玉龙雪山主峰扇子陡半山腰的一个高山草甸，海拔3240米，像一片隐藏在原始云杉林中的小牧场，远看好似玉龙雪山脚下的一片翠绿的地毯。环绕玉龙雪山的云杉坪，郁郁葱葱。在云杉坪周围的密林中，树木参天，枯枝倒挂，林间随处横陈的腐木，枯枝败叶，长满青苔，好像千百年都没人来打扰过。

云杉坪在纳西语称“吾鲁游翠阁”，意为“玉龙山中的殉情之地”。相传这里是纳西族神话传说中“玉龙第三国”的男女青年殉情处。现在仍有不同少数民族的年轻人在这里唱民歌、跳民族舞，以此欢迎来自各方的客人。

蓝月谷

蓝月谷位于玉龙雪山脚下，其前身是早为人们所熟知的“白水河”。在晴天时，水的颜色呈蓝色，而且山谷呈月牙形，远看就像一轮蓝色的月亮镶嵌在山脚下，因此得名蓝月谷。

蓝月谷中的水源自玉龙雪山的冰雪融水，流淌聚集在谷中形成河流，因为河床由白色石灰岩构成，使整条河流呈现白色，这便是“白水河”的由来。白水河一直往东，在不远处与雪山流过的另一条河水交汇。这条河水也是雪山积雪融化成泉，最终汇成溪水的，因水下的卵石黑色居多，水流其上，水的颜色相映成黑色，故名黑水河。白水河与黑水河交汇，便成了黑白水河。

谷中的河水在流淌中受山体阻挡，形成了“玉液湖”“镜潭湖”“蓝月湖”和“听涛湖”，湖间由小瀑布分开，走进蓝月谷，如置身于幻境之中。

玩家攻略

1.蓝月谷的水里面有铜离子，所以不能饮用。

2.玉龙雪山脚下的蓝月谷与石卡雪山—蓝月峡谷不是同一个地方：蓝月谷是在香格里拉那边，是纳西族文化的发源地；而石卡雪山—蓝月峡谷是从云杉坪到牦牛坪的一个峡谷。

3.最佳游玩时间是每年的2~6月。

牦牛坪

牦牛坪位于玉龙雪山北端，是玉龙雪山景区的重要组成部分。景区内有彝族、藏族村落。村民以牧业为生，民风淳朴。

牦牛坪景观为典型的草甸牧场，高山雪原风光与黑水河溪流做伴，与天然幽静古朴的原始森林景观为群，层次分明，多姿多彩。牦牛坪草甸春季繁花似锦，夏季绿草如茵，秋季草坪丰茂，冬季银装素裹。一年四季风景如画。

牦牛坪在纳西语中被称为“般弄国”，意思是“美丽神秘的天堂”。这里夏季繁花似锦，牦牛成群，冬季银装素裹，在山巅之间无比苍茫。牦牛坪海拔3600米，可以观看雪山13峰的美丽景色。可以骑上牦牛拍照，还可以租民族服饰留影。

扇子陡

扇子陡位于玉龙雪山南麓，峰顶海拔5596米，是玉龙雪山的主峰，也是玉龙雪山

云杉坪

蓝月谷

的标志和游览中心。从丽江平原遥望扇子陡，它如同一座竖立起来的银锌；攀登上雪山看，像一把白绫折扇展开在那里，所以有扇子陡和雪斗峰之称；由锦乡谷的草坪中仰望上去，又像一片白玉壳，三面作放射状指向天空，在碧天白云中闪闪发光。

甘海子

甘海子是玉龙雪山东麓的一个天然的大牧场，距离古城23千米，海拔3100米，三面环山，有辽阔的草原和大片的松树。甘海子是个开阔的草甸，有地毯般的草地，它从西面玉龙雪山山脚一直铺到很远的天边。甘海子是仰视玉龙雪山全貌最近的、也是最佳的地方。在这里你可看到玉龙雪山的13个高峰由北向南依次排开，巍峨壮观，银光闪烁。尤其是主峰扇子陡，像一把打开的扇子，切入云天，气势磅礴。你还能遥看雪线以上蜿蜒下行的呈雪绿色的冰川，并可借助望远镜领略“绿色奇峰”的现代冰川奇观。

玩家解说

每年春夏之交，百花齐放，甘海子成了一个巨大的花园，整个草甸充满生机，目前甘海子建有雪花度假山庄和直上玉龙雪山冰川附近的大型索道，可乘缆车到雪原去观赏万年古雪、冰塔林奇观。

冰川公园

玉龙雪山冰川公园是玉龙雪山上一座以冰川自然景观为主的公园。玉龙雪山是欧亚大陆纬度最低的一座有现代冰川分布的雪山。在它的东麓，南北长15~16千米，东西宽4~5千米的冰川公园范围内，有一个面积不大但类型十分齐全多样的现代冰川和古冰川遗迹，这在我国是罕见的。

玉龙雪山的现代冰川的类型可分为山谷冰川、冰斗冰川和悬冰川以及它们之间的过渡类型——冰斗山谷冰川和冰斗悬冰川。

冰川的形成是长期的地质及气候条件作用的结果，而气候则是现代冰川发育最主要的条件之一。气温降低，引起雪线下降，雪线以上山体面积增加，从而增加冰雪的积累量，促使冰川形成。

高山杜鹃园

高山杜鹃园位于玉龙雪山东麓针叶林内的天然杜鹃林带内。由于玉龙雪山具有典型的高海拔气候和极佳的土壤条件，为高山杜鹃的生长、繁殖提供了较好的生存环境。据有关专家考察，玉龙雪山杜鹃花有80多个种类。

杜鹃园分杜鹃展览园和杜鹃醉鱼湖两

甘海子

个游览区，中间以游路相隔；而杜鹃展览园的溪流源头与杜鹃醉鱼湖的水面相接，形成了形式上独立，而内容上紧密连接且相辅相成的独特格局。

东巴谷

鬼斧神工的自然生态大峡谷

丽江市玉龙县，市区以北15千米

从丽江乘7路公交车可达

¥ 40元

东巴谷坐落在玉龙雪山脚下，是远古造山运动时期撕裂的一处自然生态大峡谷，是目前进入玉龙雪山景区的必经之地，以独特的东巴文化闻名遐迩。峡谷长90千米，里面会聚了各种自然奇观，如悬崖峭壁、山洞、奇石、怪树、枯藤、飞瀑及飞禽走兽等。这里主要聚居着纳西族人，还有部分傈僳族、藏族居民及摩梭人。正是因为美丽的自然风光和丰富的民族特色，这里每天都吸引着很多游客前来观光旅游，是体验丽江浓郁的民族风情的理想之地。

玩家攻略

1.从匠人街出来，就到了临波桥。桥下有一处湖泊，名叫裸美湖。再往前面就是绿色的森林浴道，这条林中小路景致十分优美，包括奇石、枯藤、怪树、珍禽、飞鸟等，极具游览特色，值得一游。

2.东巴谷里面有20多个游乐项目，如“摇钱树”“打柴火”“上刀山，下火海”等，都令游客

流连忘返。

玩家 解说

东巴谷生态文化园是丽江多民族文化与神奇自然和谐相生的景区，南距丽江古城15千米，它深藏在玉龙雪山幽谷中的纳西族圣地“裸美乐”中。在美丽的蓝天白云下，沐浴着高空中的罡风、包裹着柔和灿烂的阳光。进入幽谷的人们将徜徉于未受任何破坏的古树幽谷之中，全面接受民族文化的洗礼，得到极其美妙的享受。民族文化工艺品部分是以匠人街为主线，展示滇西北多个少数民族民间手工艺品的制作过程，并再现原始商贸的集货买卖场景。

链接

匠人街

东巴谷的主街是匠人街，这里是原始商贸的集货买卖地。街两边是一些少数民族的院落，都是充满民族特色的店铺，出售各种首饰、皮毛、药材等，东巴经院里一个个文雅、端庄的东巴先生专心地读书写字，而那一墙的东巴象形文字则像现代抽象作品一般富于装饰效果。

玉水寨 AAAA

纳西族中部地区的东巴圣地

丽江市玉龙县白沙乡玉水寨景区

在丽江市汽车站乘坐发往玉水寨的班车

35元

8:00~18:00

0888-5190152

有句话说：“看遗产到古城，看风景到玉龙雪山，看纳西文化到玉水寨。”玉水寨风景区位于玉龙雪山山下，是东巴文化、白沙细乐、勒巴舞的传承圣地和基地。这里不仅景观众多，而且富有鲜明的民族特色，如东巴壁画廊、东巴始祖庙、东巴舞展示、白沙细乐展示和古树、神泉等。玉水寨融自然景观、纳西民族文化为一体，是欣赏自然风光、了解东巴文化、体验纳西族风情的绝佳之地。

玩家 攻略

每年农历三月初五，在玉水寨东巴什罗庙会举行一年一度的东巴什罗会，届时将有白沙细乐的展示。白沙细乐被音乐家吕骥赞誉为“音乐的活化石”，它和丽江洞经音乐被称为“纳西古乐的双璧”，非常具有欣赏价值。

玩家 解说

玉水寨有众多富有民族、地方特色的景观，如神龙三叠水瀑布群、三文鱼养殖生态观光园和玉龙山最大的神泉、东巴壁画廊、东巴始祖庙、白沙细乐展示、纳西族古建筑和传统生活展示、东巴祭祀活动、传统祭祀场、东巴舞展示及纳西族传统水车、水碓、水磨房等。

玉水寨景区常年郁郁葱葱，南面朝丽江坝子倾斜，景区北端一道山崖下，两株被列入云南古树名录的千年古树，枝叶繁茂，双树成林。古树下一股流量为每秒0.5立方米的清泉喷涌而出，带着水花向南流，注满一个又一个玉水潭，形成三叠水瀑布群。

神龙三叠水

神龙三叠水是玉水寨一大景观。偌大的

一股泉水顺着山坡而下，折成三大叠。

神龙三叠水质清莹，更现神泉水的圣洁。瀑布传来的哗哗水声，更使东巴圣地安详、宁静。成串的瀑布，仿佛龙女在圣水里洗浴时不小心落下的丝巾，让人惊慕不已。潭里水草肥美，鱼群游弋在神泉赐给的欢乐和幸福中。

神泉

美国学者洛克对玉水寨流出的神泉水赞叹不已，每次外出考察，总是带上这里的泉水饮用，甚至在他离开丽江时也是如此。

顺着神龙三叠水瀑布而上，只见大股水从石缝里喷涌而出，清澈透亮。神泉其实是玉龙雪山顶上的雪融水，经过2400米的岩石渗透后泉涌而出，是优质的矿泉水。

东巴村

东巴村是东巴文化的传承基地，无论它的院落布局还是各种建筑，甚至最普通的使用工具，都洋溢着传统的纳西民族古风。此外，这里还有3位东巴文化大师，他们的东巴文化学识非常渊博，是游客了解东巴文化的重要渠道。

玉柱擎天风景区

有玉湖倒影奇景

丽江市玉龙县白沙乡玉湖村

可从丽江古城打车前往

25元　8:30~17:30

玉柱擎天风景区位于玉龙雪山主峰南麓，海拔2800米左右，主要景点有巨石壁字、太子洞、观音岩、雪松庵、千年古树、上下深潭瀑布、洛克旧居（美籍奥地利学者洛克居住和生活27年之久的地方）及高山蚂蟥坝、仙迹崖、杜鹃山、木天王牧场、万花园、岩碰岩、三思水等。

风景区还是历代土司消夏避暑的夏宫所在地。景区融雪山、玉湖、摩崖石刻、纳西族殉情圣地、玉龙书院、神泉等自然风光为一体，东巴文化、藏传佛教和丰富多彩的民族风情交相辉映。

玉峰寺

丽江五大喇嘛寺之一

丽江市北白沙乡境内

从丽江可租车前往玉峰寺，也可乘6路公交车抵达

玉峰寺位于丽江以北玉龙雪山南麓，建于清朝康熙年间，是丽江最有名的喇嘛寺之一，与福国寺、普济寺、文峰寺、指云寺并列为丽江五大喇嘛寺，距离丽江古城13千米。玉峰寺大殿为四合院布局，由门楼、大殿组成，布局和谐对称。寺周松柏茂密，泉水潺潺，汇集成潭，风光秀丽，是丽江旅游的必去之地。

寺内有一棵被誉为“环球第一树”“云岭第一枝”的山茶，这便是名扬中外的万朵山茶。山茶为两株不同品种的山茶嫁接后成为一体，树龄近500年，由于它每年开花两三万朵，故名“万朵花茶”。每当春暖花开之时，万朵茶花竞相开放，像绚丽多姿的红霞交相辉映，映红了整个寺庙。

玉龙雪山

东巴万神园

东巴万神园

展现了纳西族的东巴文化

玉龙雪山南麓的玉峰寺旁

从丽江乘6路公交车可达

东巴万神园位于玉龙雪山南麓的玉峰寺旁，背靠玉龙雪山。东巴万神园是根据纳西先民朴素的人与自然的哲学理念，对人生和世界的想象，严格按照先民天地神灵观念中的阴阳相应、有黑就有白、有神就有鬼而列阵布置的。

东巴万神园周围青松绿草环抱，正门两个巨型图腾柱与雪山主峰形成一条主轴线。轴线中依次排列分布着三个巨型法杖、神图路、两道神门及3个东巴至尊神。轴线两边广阔的区域，左为神域，右为鬼蜮，分别雕有300多尊自然神、护法神、家畜神及各类风流鬼等巨型木雕。园内的雕塑和建筑强调崇尚自然、敬畏自然、人与自然和谐发展，这是东巴万神园的主题所在。千万个神偶都具有独特的地域文化特色。

洛克故居

美籍奥地利探险家的故居

丽江古城北玉龙雪山南麓白沙镇雪嵩村

可以租车或骑自行车去

洛克故居是美籍奥地利探险家约瑟夫·洛克（1884—1962年）当年在丽江的住所，洛克是把丽江民族文化最早全面介绍给西方世界的外国学者。

洛克故居所在的雪嵩自然村，纳西语叫“巫鲁肯”，意为“雪山脚下的村子”。1922年，约瑟夫·洛克以美国《国家地理杂志》的探险家、撰稿人、摄影家等身份，从泰缅边境进入云南辗转到丽江，从此在玉龙山下玉湖雪嵩村一住就是27年。

洛克故居现有一院三房。坐西朝东的那幢楼房正是当年美国国家地理学会中国云南探险队总部的旧址，楼上为洛克的起居室，室内陈列着洛克当年的遗物。坐南朝北的楼房中有洛克旧居陈列馆，陈列着洛克当年拍摄的大量历史照片以及留在丽江的一批遗物，其中毛料大衣、猎枪、牙医器具、铝皮钉牛皮箱等，均为当年洛克从西方带来的物品。

洛克故居

景点推荐

老君山风景区

老君山即丽江老君山国家公园，位于澜沧江与金沙江之间，总面积1324平方千米，是“三江并流”风景名胜区的主体部分。老君山史称“滇省众山之祖”，园内自然风光绮丽多姿，包括丹霞地貌、奇峰异石、高山草甸、冰峰奇峡等多种景观，主要景点有黎明丹霞地貌、九十九龙潭、杜鹃林、新主横断山天然植物园等。在这里，你不仅能欣赏到大自然的鬼斧神工，还能深切体验到访古、寻幽、探险的无尽乐趣。

丽江市玉龙县黎明乡

丽江客运站有发往黎明的班车或包车前往

70元　8:30~18:00

玩家攻略

1.老君山的景点比较分散，可按照自己的兴趣选择前往。

2.老君山晚上能用上电的地方很少，建议自己带上手电筒。

3.景区内有一个小卖部，可以租赁防寒大衣。

4.晚上山上气温较低，如果露营的话被子比较潮，一定要带睡袋。

5.老君山是徒步探险者的乐园，需要专业人士指导，可以请当地有经验的人作为向导，最好再找个脚夫协助运送行李等物品。

黎明丹霞地貌景区

绚丽的丹霞地貌

黎明景区位于老君山腹地，包括黎明、黎光、美乐3个行政村片区，景区面积达120平方千米，分布着由红色砂岩形成的不同的丹霞地貌，是我国众多丹霞地貌中最绚丽、海拔最高的一处。景区主要景点包括千龟山、大佛崖、罗汉窟、三松坪、一线天、五指山等。

九十九龙潭片区

千姿百态的湖群

九十九龙潭片区山顶上有99个冰蚀湖泊，清澈明净，千姿百态。景区除了黑龙潭、

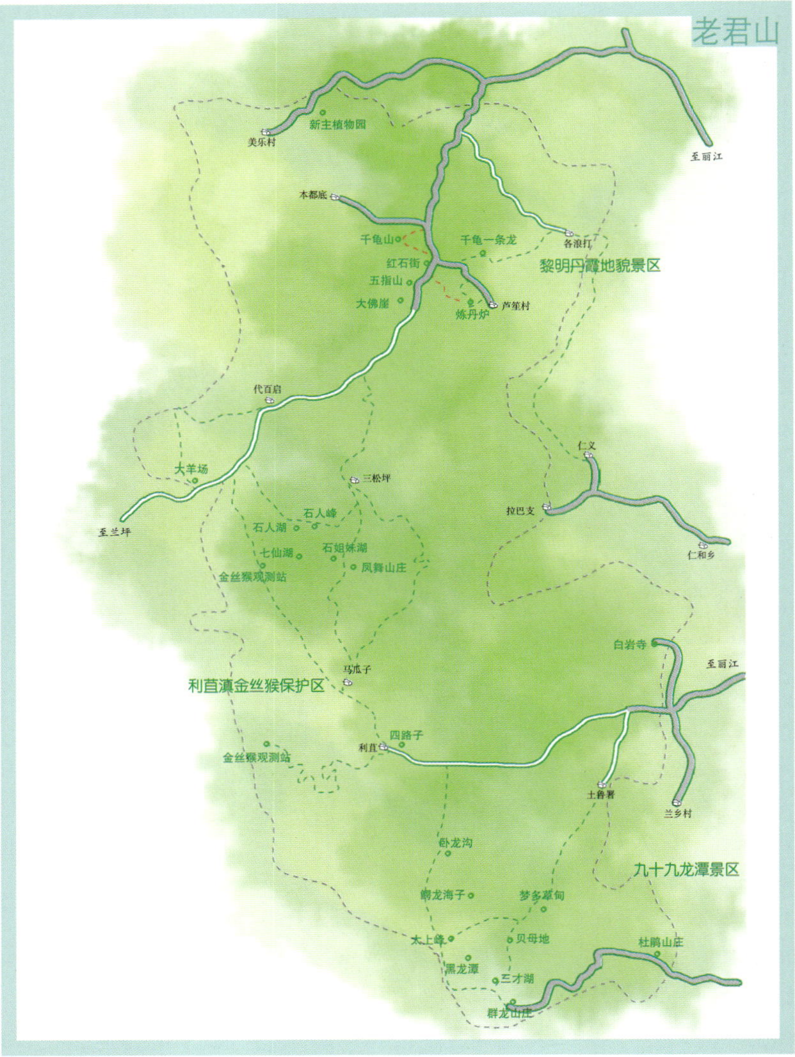

黄龙潭、姐妹湖、圣母湖、三才湖等潭水景点外，还有青牛岭、太上峰、太极岭、太乙峰、南天门、归朴岭等景观。每年的5～6月间，漫山的杜鹃花在几乎透明的天空下开放，远远看去就像是一幅五彩山水画。

新主植物园

横断山脉中的植物宝库

新主植物园景区是一个植物宝库，在这里你可以见到全国仅有的黄杜鹃，可以清晰感受不同植被区的千变万化。植物园里共有280多种种子植物，其中很多都是珍稀濒危植物，几乎汇集了横断山脉中所有的植物种类，被誉为“植物避难所”。

景点推荐

泸沽湖 AAAA

泸沽湖位于云南宁蒗彝族自治县与四川盐源县之间，面积50多平方千米，为川、滇两省共有，素有“高原明珠”之称。它是云南海拔最高的湖泊，也是云南第二深、第四大天然淡水湖。这里的自然景色十分优美，湖中有形态各异的小岛。小岛亭亭玉立，上面生长着葱郁的林木，远看像一只只绿色的船漂在湖面上，如诗如画。湖的周围有山峦环绕，或隐或现，显得很是神秘。湖岸则曲折婀娜，并伸展出了无数个大大小小的冲积扇沙滩，可供游人休息游玩。

丽江市宁蒗彝族自治县东北部永宁镇

在丽江坐长途大巴到宁蒗县，再由宁蒗坐小面包车到泸沽湖　¥ 70元　全天

玩家攻略

1.摩梭人因为实行走婚制，所以没有严格意义上的父亲，一家人以祖母为长，孩子以舅舅为大。在泸沽湖畔摩梭人聚居区，不能问孩子的父亲是谁。

2.去往泸沽湖的路，多为山路，时间较长，一般中途会在宁蒗县吃午饭，需要提前做好心理准备。

3.泸沽湖是当地人赖以为生的水面，所以不能在湖中洗澡、游泳。

4.泸沽湖畔海拔较高，一旦遇到阴雨天则温度骤降，所以无论何时来泸沽湖，都要记得带一两件保暖衣物。

5.摩梭人的咣当酒又称走婚酒，喝起来口感不错，但是后劲颇足，需要注意。另外，当地的烤乳猪可以一试，皮脆肉酥。但需要提前跟店家

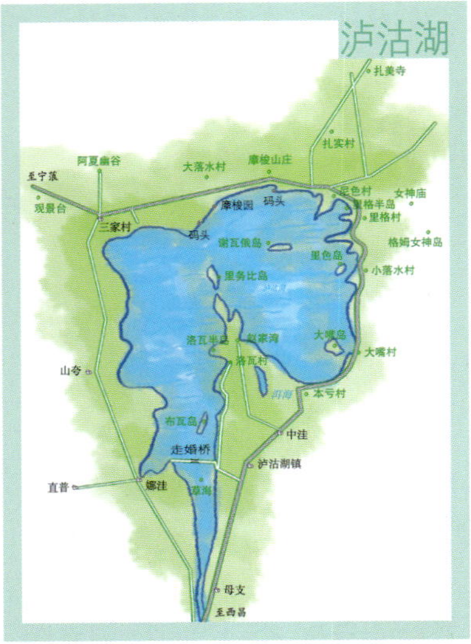

预订，毕竟，烤熟一只乳猪也要2~3小时。

玩家 解说

泸沽湖有著名的“湖上三绝”：摩梭少女的风姿，典雅的独木轻舟，此起彼伏的渔歌。此外，摩梭人的饮食也是非常独特的美味，比如酸鱼、猪膘肉、烤鱼干、牛头饭、苏里玛酒、猪肠血米等，值得一吃。

链接

关于泸沽湖形成的传说

关于泸沽湖的形成，当地流传着一个有趣的故事：在遥远的年代，这里曾是一片村庄。村里有个孤儿，每天到狮子山去放牧。人们只要把牛羊交给他，他总是把牛羊放得肥肥壮壮的。有一天，他在山上一棵树下睡着了，梦见一条大鱼对他说：“善良的孩子，你可怜了，从今往后，你不必带午饭了，就割我身上的肉吃吧。”小孩醒来后，就到山上找啊找，终于在一个山洞里发现那条大鱼，他就割下一块肉吃，鱼肉香喷喷的。第二天，他又去了，昨天割过的地方又长满了肉。这事被村里一个贪心的人知道了，他要把大鱼占为己有，就约了一些贪财之徒，用绳索拴住鱼，让九匹马、九头牛一齐使劲拉，鱼被拉出洞，灾难也就降临了。从那个洞里，洪水喷涌而出，顷刻间淹没了村庄。那时，有一个摩梭女人正在喂猪，两个年幼的孩子在旁边玩耍，母亲见洪水冲来，急中生智，把两个孩子抱进猪槽，自己却葬身水底。两个孩子坐在槽里随水漂流，后来，他们成了这个地方的祖先。人们为了纪念那个伟大的母亲，就拿整段木头做成“猪槽船”，泸沽湖也称为母亲湖。

格姆女神山

一座状如卧狮的神山

丽江市宁蒗县泸沽湖北面

到达泸沽湖景区后，从尼赛村出发步行到达索道站，然后乘索道上山即可

包含在泸沽湖景区门票内

8:30~17:30

格姆女神山在当地称狮子山，是观看泸沽湖全景不错的地方。摩梭语称“格姆”，藏语称“森格格姆”，“森格”意为狮子，“格姆”意为白色女神。传说中白色女神曾与日神在此约会，但日神负情爽约，女神苦守化为山石，她流下的悲伤眼泪汇聚成了泸沽湖。

泸沽湖岸群山之中尤以格姆山为人们所喜爱，其雄伟高大，状如雄狮在湖边蹲伏静息，狮头面湖，当地人常称呼它为狮子山，认为山顶上茂密的森林是它的黑发，山腰上的白云是它头上的轻纱，泸沽湖是它的银面盆，五彩的永宁坝子是它的罗裙。

摩梭人把格姆山神化，把它看作女性的化身，顶礼膜拜，每年的农历七月二十五日，当地人在此祭祀女神。作为隆重的节日，已有1000多年的历史。如今上神山主要是观看全景、参观溶洞，需要坐索道缆车上山。

里格村

格姆女神山脚下的村落

丽江市宁蒗县泸沽湖北面，格姆女神山山脚

里格村位于宁蒗彝族自治县永宁镇，是泸沽湖边二十来个傍湖村落中的一个。村子坐落于格姆女神山下，房舍分布在湖湾和半岛上，独特的地理位置使得里格村有着与别的村落不一样的湖光山色，小小的里格半岛更为游人所喜欢。

尼赛村
泸沽湖畔的宁静村落

丽江市宁蒗彝族自治县泸沽湖畔

环湖徒步或者骑自行车可到达

尼赛村是狮子山脚下的一个比较小的摩梭人自然村，只有十几户人家，但景色优美又幽静。著名的情人树和早恋树就在尼赛村，这里有索道，可以近距离接触格姆女神山。

湖边两棵著名的情人树常相依偎，浪漫多情。夜晚，满天星光下，格姆女神安卧在村边，美丽无比。住在尼赛庄园的意外收获是可以观赏到其他村子看不到的美景。每日清晨，朝阳从湖对岸缓缓升起，躺在床上便能感受到清晨温暖的阳光。

小落水村
中国母系社会最后一个摩梭人部落

丽江市宁蒗县泸沽湖北部

从里格村租车、骑自行车或者步行皆可到达

小落水村处在一个三面环山、一面向泸沽湖的小山谷里，是泸沽湖畔一个传统而古老的摩梭村寨，中国母系社会最后一个摩梭人部落。云南和四川的交界线就在村口，环湖公路在此明显地被切为两半：石子路面是云南，柏油路面则是四川。

小落水村耕地极少，只能种一些玉米和马铃薯，家家户户既养牲口又打鱼，但由于土地资源及地理环境的局限，他们的生活水平仅能糊口。小落水村的民居离湖边较远，步行约有10分钟的路程。在这里，泸沽湖岸呈弧形，湖畔长满芦苇，坐在往大落水的猪槽船上，从芦苇之间划出去，很有诗意。

草海
泸沽湖的天然湿地

丽江市宁蒗县泸沽湖草海五支洛村

草海在四川境内，是泸沽湖的出水口，天然形成一片巨大的湿地，生长着大片的芦苇，茂密如海，得名草海。草海犹如镶嵌在泸沽湖东面的翡翠，各类水生植物和鸟、鱼、虾、贝构成了罕见的生物大观园。

草海上有一长长的木桥，连接两岸，又叫走婚桥。在草海，能看到真正的猪槽船。

泸沽三岛
被誉为“蓬莱三岛”

丽江市宁蒗县泸沽湖景区

进入景区后步行、骑马或乘船前往

包含在泸沽湖景区门票内

泸沽三岛指黑瓦吾、里务比、里格三座岛屿。早在200多年前的《永北府志》就将其列为胜景之一。人们往往慕名远道来泸沽三岛旅游，这里绝妙的景致引起人们的惊叹。

泸沽湖

岛上是极佳的览胜之处，并可访问热情好客的摩梭村寨。从摩梭山庄乘独木舟，15分钟可到，从摩梭之家骑马或步行，约3小时可到。沿湖边走一走，可以欣赏泸沽湖的湖光山色。

黑瓦吾岛

黑瓦吾岛位于湖心，距离湖岸落水村2500米，岛上树木葱茏，百鸟群集。小岛是南来北往的候鸟、野鸭的栖息之处，也是昔日永宁土司阿云山总管的水上行宫。

里务比岛

里务比岛别称蛇岛，位于泸沽湖湖中心，是泸沽湖5个岛中面积最大、植被最好的一个岛，距土司岛3千米。在半岛西南顶点之外，有一个不宽的水峡，把二者分开。里务比岛西南坡缓，藤树密布；由东北方向山坡下至海边，有小沙滩。岛是过去土司过世后安葬的地方，另外还有一座里务比寺。

里格岛

里格岛位于狮子山下，是泸沽湖北缘海湾内一个美丽的海堤连岛，三面环水，一条毛石小路与海堤相通，环境十分幽静。岛上住有10多户摩梭人家，古老的木楞子房都沿岛而筑，屋舍门窗面对水面，开窗即可垂钓，悠然如在仙境。

扎美寺

藏族风格寺庙

丽江市宁蒗县永宁镇

从宁蒗乘汽车到永宁然后步行可到达

8:00~18:00

扎美寺由西藏噶玛巴活佛始建于明代，是云南摩梭人和普米族地区最大的藏传佛教（俗称喇嘛教）寺院，原属噶举派寺院。扎美寺东面与格姆山遥相对应，与其他寺院不同的是，除了佛像，扎美寺内还供奉着格姆女神的塑像。

扎美寺整个建筑雄伟壮丽，藏式庙宇分正殿、偏殿、禅房等。寺内壁画极富艺术性，各种宗教题材的绘画令人目不暇接，虽年代久远，但色调仍然浓烈，充满了浓郁的藏族风格。寺里幽暗的大殿、闪烁的酥油灯、金色的转经筒、精美的宗教壁画和华丽肃穆的彩雕，散发着神秘和神圣的气息。

相传白教祖师噶玛巴巡视西康，途经永宁，得知寺之所在地摩梭语称为“扎美戈”，音译恰巧是藏语“和平”之意，便决定在此建寺。清雍正年间扩建，改宗格鲁派，现属格鲁派（黄教）寺院。

宁蒗高原温泉

依傍群山的高原温泉

丽江市宁蒗县永宁镇

乘坐开往宁蒗的班车可到达

高原温泉俗称“热水塘”。温泉坐落在一个祥和而宁静的山湾里，四周群山延绵，摩梭人、普米族的村寨依傍着群山，分布在公路沿线的山脚下。泉水从挖都山脚岩缝间涌出，清澈异常，终年热气蒸腾，四季皆可沐浴。据传，该温泉最初位于永宁镇西南，后因地壳运动而移至后来的位置。

永宁温泉恒温37℃，是一个十分理想的天然浴场。因其泉水中含有硫化氢，具有较高的医疗价值，对关节炎和皮肤病疗效显著。

泸沽湖

景点推荐 丽江东部景点

灵源箐

有众多亭阁的滇西名胜古迹

丽江市永胜县城东北3千米处

从丽江古城乘长途汽车到达永胜县城后，可乘坐发往灵源箐方向的班车

8:00～17:00

灵源箐又名观音箐，位于永胜县城东3千米处，是滇西名胜古迹之一。

这里环境幽静，风光秀丽，尤以宋代摩崖石刻观音像闻名。正殿观音阁始建于唐代，历代均有修葺。观音阁内殿用精致的木雕做屏壁，殿外走廊栏杆用大理石镶制，精雕细刻，富丽堂皇。殿中刻于石壁上的观音像旁注“唐吴道子笔”字样。观音像镌刻细致，神态端庄，立体感强。灵源箐两峰夹峙，一水中分，峭壁悬崖，修竹茂林，下有灵源圣地，上有飞阁凌空幽邃的林壑、清冷的甘泉、古老的梵宫，还有前人的题咏和石刻艺术，构成了清凉的域外洞天。

整个灵源箐景区在浓荫掩映下，沿河两岸隐现寺观亭阁、回廊虹桥。灵源箐观音阁是永胜城区唯一留存的佛寺，自古以来香火鼎盛，游人众多。

程海

天然螺旋藻湖出产地

丽江市永胜县西南

到达永胜县城后乘班车前往

全天开放

程海又称为黑乌海，是一个南北长而东西窄的椭圆形湖泊，是云南风光秀美的八大高原湖泊之一。程海也是世界三大螺旋藻天然产地之一。

程海现为封闭型湖泊，原由海口河流入

金沙江，至1609年后水位逐年下降，不再通江，逐步演变为内陆湖泊。程海虽无出口，但却以地下水方式排泄出部分湖水，其湖水pH值为9.3，为碱水湖泊。湖中盛产鲤鱼、白条鱼、压条、红翅等多种鱼类。

良峨丫口路段是观赏程海全景的最佳地点。湖沿岸是一派村户稠密、梯田重叠的鱼米之乡景致。湖的南岸可以租到小船游船观水看云。

六德碑林

中国碑林文化的一大奇观

丽江市永胜县六德镇玉水、营山、双河3个村接合部

从丽江可乘坐永胜县六德镇方向的班车前往

六德碑林又称他留大碑林，地处他留宗支山中。在约3平方千米的山林里，分布着万余座墓碑，尤为集中的茔区，面积达100公顷。墓群依山而筑，错落有致，华表、碑石林立，布局严谨，气势宏伟。

此碑林为他留人的坟山，其古墓群都有用规范汉字镌刻的碑文，文字工整，书法流利，工艺精湛，很多石碑上刻有他留人的图腾。坟山墓葬始于明嘉靖、万历年间，而以清代居多。从他留坟山碑林可以考证他留先民入主定居的年代、图腾、姓氏演变及社会、经济、文化发展的历史进程。

在六德碑林东南缓坡上，还留存有兴建于明末清初的他留古城堡遗址。这里地势险要，历史上曾是滇西北通往华坪及四川内地的关津，也是南方古丝绸之路的重要通道之一，曾一度繁荣，现存古堡遗址方圆500多平方米，规模宏大。

宝山石头城

天然岩石上的小城

丽江市玉龙县宝山乡

从丽江乘坐汽车或包车前往

宝山石头城因百余户人家聚居在一座独立的蘑菇状巨石之上而得名，纳西语称为“拉伯鲁盘坞”，意为“宝山白石寨”。石头城是一个天生岩石城，整座城建在一块独立的蘑菇状岩石上，三面皆是悬崖绝壁，村寨依山而建，纳西居民辟岩建屋，房屋柱石和房檐石均随势打成，日常用品也都利用天生岩石稍加修凿而成，石床、石枕、石桌、石凳、石灶，无不巧夺天工，令人叹为观止。

从路边的山梁上看宝山石头城，仿佛是一个巨大的石蘑菇，耸立于金沙江峡谷的陡峭山坡上，雄峙四周。东面是滚滚的金沙江，北方是雄险的太子关，西边是逶迤的牦牛岭，南侧是岩石渡绝壁。独特地理优势使得宝山石头城攻守兼备，所以古代纳西族先民选择了在这里居住。当年忽必烈千军万马就是从宝山石头城下的金沙江以革囊渡江，南征大理国。

宝山石头城

攻略资讯

- 交通
- 住宿
- 美食
- 购物
- 娱乐

黑龙潭

交通

飞机

丽江三义国际机场是云南机场集团下属的第二大机场，位于云南省丽江市古城区七河镇境内，有到昆明、西双版纳、上海、广州、北京等地的航班。

机场有往返于机场和县城之间的民航专线车，可选择乘专线车或直接坐出租车前往。

火车

丽江火车站位于玉龙县城南上吉村，距丽江城区约10千米，是大丽铁路的重要枢纽。目前丽江火车站有往返昆明、大理、曲靖等地的火车，市内乘4路公交车可到。

汽车

丽江客运站：位于丽江市古城区康仲路25号，电话：0888-5121106。

住宿

丽江自古以来就是丝绸之路和茶马古道的中转站，更有保存完好的丽江古城。在丽江住宿首推古城的客栈，客栈本身就是构成丽江古城的重要元素。在丽江，客栈选

四方街

水月花神客栈

择非常多，但到旺季基本都满房。所以旺季的时候一定要提前预订。除了特色客栈还有星级酒店可供选择，丽江古城内的大部分酒店突出了当地纳西古民居建筑的“三坊一照壁”“四合五天井”的特点，院内多奇花异草、花鸟虫鱼。

●客栈、青年旅舍

小桥别院客栈：该客栈位于丽江著名的南门桥附近，其建筑彰显着纳西族传统民居风格。客栈房间宽阔，内部装饰温馨、雅致，登临二楼还可以欣赏玉龙雪山的美景。风景

路边餐厅

优美，环境清新，洋溢着“小桥流水人家”的古典风韵，能给人远离尘嚣、进入世外桃源般的美妙体验。位于丽江市古城区七一街八一下段42号，乘105路公交车可到。

美食

丽江作为“中国最美的少数民族古城”，美食以纳西菜色为主，小吃和火锅也都非常出名。丽江有很多的美食聚集地，不同的季节也有不一样的应季风味。纳西菜比较具有代表性的有“三叠水”和“八大碗”，“三叠水”是纳西人的最高礼仪，“八大碗”是云南农家传统的年夜饭。此外，丽江有很多有代表性的特色小吃，其中以鸡豆凉粉、纳西烤鱼、丽江粑粑、吹肝等最受欢迎。

美食小吃

●腊排骨火锅

腊排骨火锅是纳西名菜“三叠水”的第三叠，由丽江腊排骨、土豆、豆芽、冬瓜、树番茄一锅煲出，排骨软糯而不离骨，吃时就能闻到一股浓浓的腊香味。若是吃到一半不过瘾，还可加份丽江酥肉。

腊排骨火锅

推荐店铺：阿婆情腊排骨火锅（旗舰店） ✉ 五一街兴仁上段38号

●鸡豆凉粉

鸡豆凉粉是丽江的传统小吃，因其用丽江特产鸡豆（鸡豌豆）经过磨面滤浆做成而得名。鸡豆凉粉呈墨绿色，可切片加作料凉拌，也可切片在油锅里煎至两面金黄，再蘸着作料吃，口感脆嫩麻辣，相当爽口，具有消暑、开胃、止晕车的功效。此外，鸡豆凉粉暑可吃凉，寒可吃热，没有时令限制。

鸡豆凉粉

推荐店铺：奶奶鸡豆凉粉 ✉ 光义街新院巷30号

●丽江蜜饯

蜜饯是以果蔬为原料，用糖腌制后加工的食品。丽江蜜饯早有名气，有20多种口味，如番茄、辣椒、茄子、生姜、苹果等，块块晶莹透亮，似成色极佳的黄玉，味道五花八门，一定有一种让你喜欢。

丽江蜜饯

●丽江粑粑

丽江粑粑是纳西族的一道特色风味，一般每个4～8元。它的外形像千层饼，口味有咸、甜两种。甜味粑粑最受青少年青睐，而咸味粑粑最受成年人喜爱。吃起来酥脆香甜，十分可口。此外将其蒸着吃或煎着吃，无论怎样的吃法都是一种美的享受。

推荐店铺：丽江88号小吃店 ✉ 古城区五一街兴仁上段88号（近文治巷）

丽江粑粑

●米灌肠

米灌肠是丽江纳西人独有的小吃。其制作方法是把煮熟的糯米用新鲜猪血拌匀后，灌进洗净的猪大肠内，封口后入蒸笼蒸熟，凉透后切片即食，蘸着麻辣的单山蘸水吃，口感独特，是补血、补气之佳品。

米灌肠

推荐店铺：阿妈·意纳西美食 ✉ 古城区五一街小石桥（近小石桥）

●东巴烤鱼

是在丽江茶马古道上流行起来的，是来丽江必吃的一道菜。制法是把鱼肚剖开取出内脏后，抹上盐、花椒和五香粉腌制一段时间，然后放在铁架子上用慢火烤制，之后再放到油锅里炸，一道美味的东巴烤鱼就完成了。撒上当地的辣椒粉吃，口感脆嫩。

美食去处

四方街小吃一条街：也叫“丽江米线街”，是古城内最有名的美食街。数十家小餐馆鳞次栉比地排列在街道两侧，会聚了种类繁多的云南当地特色风味小吃，如过桥米线、饵块、鸡豆凉粉、丽江粑粑等。在这里，你可以尽情地品尝美味，享受旅游生活的惬意，体会人在旅途的诗意。

七一街小吃一条街：丽江古城内保存非常完好的一条老街，街两边林立着很多商铺、餐厅、客栈等，这里每天人山人海，洋溢着一派繁荣的景象。七一街会聚了丰富的特色美食，如鸡豆凉粉、菠萝饭、炸螃蟹、炸牦牛肉串、炸鱿鱼串、包浆豆腐、螺旋果、酸梅汤等。这里不但是品尝美食的好去处，还适合休闲、约会、聚餐等，非常值得一去。

购物

丽江作为整个云南最出名的旅游目的地之一，已经在某种意义上成为整个云南特产的集散地。药材主要有虫草、天麻、雪茶、人参等；食品有海棠果、白芸豆、松茸、鸡枞等；工艺品有丽江铜器、永胜沙金、东巴蜡染、金沙红陶、木制工艺品、火绒布等。

特色古街

丽江特产

●丽江雪茶

丽江雪茶性凉、味甘，富含雪茶酸、鳞片酸、羊角衣酸、D-阿糖醇、甘露醇、氨基酸及多种维生素和微量元素，经药检属安全无毒副作用的饮品，具有生津止渴、清热解毒、平肝降火、滋阴润肺、降脂降压等药用价值。亦可开水冲泡，代茶饮用，喉疼时将雪茶慢慢咀嚼，其味由苦转甜，疗效甚快。

●东巴扎染

到丽江一定要买的就是东巴扎染，它借鉴了白族扎染和苗族蜡染工艺，加入东巴文化的元素，具有独特的审美价值和装饰性。东巴扎染做成的布挂美观和实用兼具。

●银饰

丽江的银子是雪花银，有人谬传丽江的银子来自大理。实际上，早在木氏土司统治时期，丽江及其附近地区就有很多银矿，出产纯度极高的雪花银。丽江雪花银打制的银器工艺品，纯度高、硬度低、亮度高，工艺精湛，造型丰富而独特，是不可多得的馈赠佳品。丽江街头有很多卖银饰的店铺，各种价位的都有，建议多走几家。

●丽江披肩

丽江的披肩和围巾样式繁多，色彩艳丽，让人眼花缭乱。披肩是丽江古城一道亮丽的风景线。淘上自己喜欢的披肩，无论自己使用还是送给亲朋好友，在丽江购买都是非常划算的。

丽江购物场所

丽江几乎除了客栈就是店铺，尤其是四方街一带。这些店铺里主要就是以售卖当地特产和旅游纪念品为主。对于游客来说，最热门的旅游纪念品要数普洱茶、银器。此外，鲜花饼及牦牛肉干、野生菌作为特产也是不错的选择，馈赠亲友和自己吃都可以。另外，还有以东巴文化为依托的一系列的创意产品，如东巴铃、东巴纸、东巴挂毯、东巴木雕等。新城晚上的路边摊有很多色彩斑斓、花色多样的围巾披肩。

娱乐

丽江的夜晚堪称丰富多彩。你既可以徜徉于酒吧街上，在欢歌笑语中度过一个愉快的夜晚；也可以走进四方街，参与到篝火晚会的热潮中，与本地人手拉手跳锅庄；更可以在纳西古乐或者《丽水金沙》的演出中，感受少数民族的无限风情。如果不喜欢喧闹的环境，还可以去欣赏丽江大型歌舞表演《印象·丽江》，看完之后定能感受到前所未有的艺术熏陶。

看歌舞表演

《印象·丽江》由著名的“铁三角”张艺谋、王潮歌、樊跃为总导演，全长1个小时的演出，分古道马帮、对酒雪山、天上人间、打跳组歌、鼓舞祭天和祈福仪式6大部分。演员是来自纳西族、彝族、普米族、藏族、苗族等10个少数民族的500名普通农民。

时间：淡季，13:30～14:30；旺季，12:50～13:50

地点：丽江玉龙雪山景区甘海子

丽江还有两个大型的歌舞表演比较著名——《丽水金沙》和《纳西古乐》。

听《纳西古乐》首先一定要确认是不是宣科本人主持的，这位纳西古乐的创始人虽然已逾80高龄，但仍然经常带领着他的众多子弟们到世界各国巡回表演，并且在国际音乐界有着极高的声望。

《丽水金沙》是表现云南各少数民族风情的大型歌舞晚会，其中有纳西族的棒棒会、彝族的火把节、摩梭人的走婚等情节，都很有震撼力。

节日和重大活动

名称	地点	时间
棒棒会	丽江古城	正月十五
三朵节	纳西族村寨	农历二月初八
东巴会	丽江玉水寨	农历三月初五
纳西族火把节	丽江古城	农历六月二十五至二十七
丽江七月会	丽江古城	农历七月中旬
转山节	泸沽湖地区的摩梭人村寨	农历七月二十五日

《印象·丽江》

纳西族舞蹈

发现者旅行指南

迪庆

概览

亮点

香格里拉

香格里拉名扬中外，几乎已成了迪庆州的代名词。白雪皑皑的雪山，神秘古老的寺庙等，共同构成了这个世外桃源，吸引着一批批游客走在朝圣的路上。

梅里雪山

梅里雪山是云南最壮观的雪山群，13座山峰的平均海拔超过6000米，以巍峨壮丽、神秘莫测而著称于世，在藏民心中更是一座圣山。美国《国家地理》杂志曾将其列为世界上5片“最后的净土”之一。

松赞林寺

松赞林寺是云南规模最大的藏传佛教寺院，被誉为“小布达拉宫”。寺院依山而建，外形犹如一座古堡，集藏族造型艺术之大成，有“藏族艺术博物馆”之称。

普达措国家公园

普达措国家公园是中国第一个“国家公园”，AAAAA级旅游景区。公园拥有湖泊湿地、森林草甸、河谷溪流、珍稀动植物等资源，原始生态环境保存完好。

巴拉格宗大峡谷

巴拉格宗大峡谷拥有壮阔的自然风光，是当地传说中神仙居住的地方。巴拉格宗有幽深的峡谷、巍峨的雪山、原始的藏族古村，还能看到千年菩提树、天然佛塔等罕见的自然景观。

线路

香格里拉风情二日游

第一天上午参观松赞林寺，之后前往伊拉草原和巴格拉宗大峡谷游览，晚上在独克宗古城的特色客栈休息。第二天前往普达措国家公园，看碧塔海和属都湖的自然风光，悠然自在。

雪山朝圣三日游

第一天抵达茶马古道重镇奔子栏，观赏著名的金沙江月亮湾，之后前往飞来寺。第二天早起后在观景台远观梅里雪山，运气好的话可以看到日照金山。也可以住梅里雪山脚下的明永村，

飞来寺白塔

近距离感受明永冰川的魅力。第三天返回香格里拉，可以顺便去一下石卡雪山。

迪庆休闲三日游

第一天上午去独宗克古城，参观迪庆州博物馆和民族服饰展演，然后前往香格里拉藏经阁，下午去龟山公园游玩。第二天前往松赞林寺，然后前往游览纳帕海自然保护区。第三天去石卡雪山游玩，之后去白水台。

为何去

迪庆位于云南西北，与滇、藏、川三省区接壤。这里自然风光优美，民族风情浓郁。以香格里拉为代表的一批著名景点使其名扬中外。除了令人叹为观止的自然景观外，迪庆还有风格各异的民族歌舞、独具魅力的民间传统艺术、神秘深邃的宗教文化，这片神奇的土地上处处散发着独特的魅力，让人神往不已。

梅里雪山

何时去

一般来说，迪庆一年四季都适合旅游，但以夏秋时节最佳。冬春季来迪庆，御寒的衣服一定要带足，最好是保暖性很好的羽绒服。每年农历的五月初五是迪庆藏区的赛马会，此时气候温和，山花烂漫，比较适合旅游。

山花烂漫

普达措国家公园

区域解读

区号：0887
面积：约23 186km²
人口：39.1万人
主要少数民族：藏族、傈僳族

地理 GEOGRAPHY

区划

迪庆州辖香格里拉市、德钦县、维西傈僳族自治县。州府所在地位于香格里拉市建塘镇。

地形

迪庆藏族自治州位于云南省西北部，与滇、藏、川三省区接壤，是云贵高原向青藏高原的过渡地带，地貌独特。迪庆境内多高原山地，平均海拔3300多米，其中梅里雪山卡瓦格博峰海拔6740米，是云南最高峰。

迪庆全州地貌可总结为“三山两江夹一坝”。“三山”即怒山山脉、云岭山脉和贡嘎山脉；“两江”指澜沧江、金沙江，自北向南贯穿全境；“一坝”即大小中甸坝子（大中甸即今香格里拉市）。迪庆境内，雪山、峡谷、草原、高山湖泊、原始森林及独特的民族风情融为一体，蔚为壮观，是著名的旅游胜地。

气候

迪庆属温带、寒温带气候，又因这里海拔高差大，气候呈现明显的垂直、立体特征。这里的年最高气温为25℃，年最低气温为−27℃，“一山分四季，十里不同天”，但无论何时到这里旅游，都应提前做好防寒措施。

藏传佛教神山——梅里雪山

梅里雪山地处世界闻名的“三江并流”地区，主峰卡瓦格博海拔6740米，为云南第一高峰，同时也是藏传佛教宁玛派分支伽居巴的保护神，被誉为“雪山之神”，为藏区八大神山之首。

卡瓦格博峰是藏传佛教的朝觐圣地，每年的秋末冬初，成百上千的藏民牵羊扶拐、口念佛经、绕山焚香朝拜的场面，令人叹为观止。据传这项活动始于藏传佛教主要派系噶玛噶举派，从那时开始，藏传佛教信徒围绕卡瓦格博神山的转经活动，至少已持续了700多年，梅里雪山在藏民心目中的地位可想而知。

自1996年后，国家明令禁止攀登梅里雪山。如今在飞来寺的酒吧餐馆，时常重复播

梅里雪山

香格里拉村落

放着有关梅里雪山传奇故事的专题片，包括梅里雪山的来由等，还有中日登山队两次攀登卡瓦格博主峰失败的经历和回忆，纪念那些留在雪山怀抱的勇士们。

梅里雪山就是这样一个地方，不亲自感受，难以体验。观雪山，有时候欣赏的不仅是风光，更多的也许是触发人生感悟。

历史 HISTORY

历史大事记

●远古文明

戈登新石器文化遗址证明，远在六七千年前，迪庆就有人类生息繁衍。约在2300多年前，吐蕃先民已在这里创造了特征鲜明的土著文化。

●古代

唐咸通十五年（874年），迪庆藏民“洛金邦”举行奴隶平民大起义。

南宋宝祐元年（1253年），忽必烈率军平大理国，西路军兀良合台在金沙江上“革囊渡江”。

明永乐四年（1406年），在今维西县设剌和庄长官司，直属云南都指挥使司管辖。

明嘉靖至万历年间，迪庆地区为丽江土司木氏统治。

1801年，傈僳族人民不堪忍受清王朝、土司、喇嘛寺的重重压迫剥削，爆发了震惊清王朝的“恒乍绷起义”。

●近现代

1905年，德钦县爆发了上万名藏民僧俗及其他民族参加的反帝斗争。

1950年5月，中甸和平解放，随之德钦也宣布和平解放。

1957年9月13日，设立迪庆藏族自治州。

1997年9月14日，云南省政府向全世界宣布：经过充分论证，詹姆斯·希尔顿小说《失去的地平线》中描绘的永恒和平宁静之地“香格里拉”就是中甸。

2001年12月17日，中甸县更名为香格里拉市。

香格里拉民居

文化 CULTURE

香格里拉，心中的日月

“香格里拉”是詹姆斯·希尔顿小说《消失的地平线》中所描绘的一块永恒和平宁静的土地，那是个有着雪峰峡谷、神秘辉煌的庙宇、森林环绕的湖泊，以及牛羊成群的美丽草原的世外桃源。神奇的迪庆中甸与这些描述完美契合，就是人们寻找了半个世纪的“香格里拉”。

香格里拉，这个在雪山环绕之间的草甸和坝子，土地肥沃，牛马成群，是迪庆各族人民生息繁衍的地方。在这片宁静的土地上，有雄伟壮丽的卡瓦格博峰，有东巴文化的发祥地白水台，有中国纬度最低的现代冰川明永冰川，有康藏十三林之一的松赞林寺。静谧的湖水、神圣的寺院、淳朴的康巴人，一切都如人们梦想中的伊甸园一样，充满神秘深邃的韵味。

最像人类的动物——滇金丝猴

在滇西丛林中，栖息着世界上唯一可以

滇金丝猴

生活在海拔4000米左右的灵长类动物，名为滇金丝猴。这种可爱的动物长着一张最像人的脸，而且还拥有着一副人的神情，简直就是天地间最像人的生灵。

滇金丝猴的脸面较平，无毛，呈肉色，白里透着红润，头上一撮时尚的“莫西干”发型，可谓所有动物中最俊美的一张脸。在这张脸上，特别引人注目的是那厚厚的红嘴唇。

滇金丝猴是中国特有的世界珍稀濒危动物之一，是中国最早一批被列为国家一级重点保护的野生动物。2009年，香格里拉滇金丝猴国家公园在维西县建成开园，为人们近距离观看滇金丝猴提供了场所。

香格里拉风光

景点推荐 香格里拉市区景点

独克宗古城 AAAA

藏传佛教文化古城

迪庆香格里拉市达拉廊127号

独克宗古城曾是中国保存最好的藏传佛教文化古城之一，也是茶马古道的枢纽。“独克宗”是藏语发音，意为“月光城”和“建在石头上的城堡”，为唐代吐蕃王朝所建。古城依山而建，路面就地势铺筑石板，自然起伏。至今，石板路上甚至还能看出马蹄的印迹，这是岁月久远的马帮留下的印迹。

古城的建筑布局犹如八瓣莲花，中心是月光广场，古朴的藏式木屋一幢接一幢环绕在四周，当地百姓在这里平静生活。广场西侧是大龟山，又称龟山公园，是当地著名的景点，龟山顶上有载入吉尼斯世界纪录的世界最大转经筒，要三个人一起用力才能转动。龟山公园西北侧的四方街，每晚7点开始的藏族锅庄总是能吸引大量游人参与其中，如果恰好遇到，一定要参与到这份快乐中去。

迪庆博物馆

迪庆博物馆建于1996年，馆内收藏了维西境内戈登新石器文化遗址出土的文物，证明了在六七千年前迪庆就有人类生息。从出土的石棺墓及随葬品文物看，在2300多年前，吐蕃先民已在这里创造了丰富多彩的土著文化。馆内共有序厅、成就厅、藏传佛教艺术展览厅、历史文物展览厅、民族文化展览厅、自然资源厅、民族服饰艺术厅等9个展厅。

迪庆民族服饰旅游展演中心

迪庆民族服饰旅游展演中心坐落在香

格里拉市中心繁华地段，是属于迪庆群众艺术馆的民间艺术传习馆，室内装饰以华丽而不失厚重的藏族传统壁画为主，每一幅画都讲述着一个动人的民间故事。

展演中心现有民间演员30余人，展演内容均为最具迪庆香格里拉地域特色的民族民间传统歌舞、宗教服饰等民族民间文化精粹。

镇公堂

镇公堂，藏语称“独肯纯巴西康”，是国家级文物保护单位。镇公堂为两层文物楼，始建于清雍正二年（1724年），于1983年重修，现为藏民议事、集会及举办各种藏传佛教活动的场所。

镇公堂为汉藏合璧建筑，外观呈古朴汉式楼阁，内为典型藏式佛殿。大门西边山壁上绘有藏传佛教四大金刚，绘工极精美且富丽。室内墙上保留的清代藏族艺人所绘的壁画，线条流畅，色彩绚丽。壁画以藏式宗教画为主体，兼收汉族、白族、纳西族绘画特色，是藏区罕见的壁画精品。

玩家解说

镇公堂建筑风格充分体现了藏汉文化相互交融的特点。镇公堂高三层，坐北向南，其外部布局呈现汉式布局特点。殿顶为木构架，盖青铜板瓦。屋顶饰有吻兽和宝瓶，屋顶檐下置斗拱。楼四周设环廊，环廊上开圆窗，内侧东、南、西三面皆有格扇门。镇公堂内部布局显现藏式风格，室内呈正方形，长宽各14米，有40根方柱纵横对称排列其间，四壁绘有彩色壁画，大门前的明廊和梁柱上也有壁画和木雕。

龟山公园

龟山公园建于康熙年间，此园依山而建，山顶是朝阳楼，高三层，登上楼顶，香格里拉风景尽收眼底。山脚下有一口可供全镇人饮用的古井，井水清冽甘甜。多年前每天清晨，背水的少女成群结队，成为古城一道亮丽的风景。

公园内的转经筒是世界最大的转经筒。整个转经筒有5层楼高，筒身为纯铜镀金，筒壁上端有四大菩萨浮雕，下端刻佛家八宝图，筒内还藏有经咒、无字真言等和多种佛宝。转经筒下面有一圈扶手供人推动。经筒需众人同时着力，每转一周，相当于默念佛号124万声，转满三周，就可以消灾、吉祥如意。

松赞林寺 AAAA

藏族艺术博物馆

迪庆香格里拉市建塘镇镇尼旺路3号

在香格里拉市乘3路公交车可到

90元　0887-8229411

8:00～18:00

松赞林寺也称归化寺，是云南规模最大的藏传佛教寺院，也是康区有名的大寺院之一，还是川滇一带的格鲁派宗教中心，在整

扎仓、吉康两大主寺建于最高点，居全寺中央。

僧舍建筑簇拥在寺院四周，高矮错落，层层递进，立体轮廓分明。

个藏区都有着举足轻重的地位，被誉为“小布达拉宫”。

松赞林寺依山而建，外形犹如一座古堡，集藏族造型艺术之大成，因此又有“藏族艺术博物馆”之称。这里荟萃了藏族宗教文化的精华，建筑金碧辉煌，造型丰富多彩，同时融合了许多汉族寺院建筑元素，是汉藏建筑艺术结合的典范，至今仍是藏传佛教寺院的典型代表。

玩家 解说

松赞林寺寺门建在佛屏山山脚，进门正对着的是几百级的阶梯，顺着阶梯向上，可直达最高点的扎仓、吉康两大主寺。阶梯的两侧又分布着吉迪、洋塘、卓、乡城、绒巴等很多副寺，属于寺中之寺。有的寺的殿壁上浓墨重彩地画满了菩萨和神话故事里的人物，个个神态毕现，给人造成强烈的视觉冲击。

扎仓、吉康两大主寺位于全寺中央。主殿的顶上有镀金铜瓦，整体属于藏族风格建筑，但同时也具有汉式寺庙的建筑风格。大殿可容纳1600人同时念经，左右墙壁为藏经“万卷橱”。正殿前座供奉着五世达赖的铜像，后排则列着一些著名高僧的遗体灵塔。

玩家 攻略

参观佛寺时要顺时针行进，不要用手指对佛像指指点点；未经许可，不得进入活佛的房间。寺门口两边有许多卖工艺品的小店，里面出售各种藏族工艺品，感兴趣的游客可以买几件当作纪念品。

景区大门处与当地藏族人合影是要收费的，一般每位5元，如果有主动上前要求合影的，务必提前问清楚，以免造成麻烦。

链接

松赞林寺历史

1679年，五世达赖喇嘛亲自策划，香格里拉第一座格鲁派寺院破土动工，两年后完工。五世达赖喇嘛赐名“噶丹松赞林”，后来康熙皇帝赐名“归化寺”，当地的藏民则称其为“萨热衮”，意为“圣土之寺”。

松赞林寺建成以后，拉萨三大寺选派举马倾则、

松赞林寺

阿旺南杰等高僧到香格里拉管理寺庙、开班授课、宣讲格鲁派教义及教规。到七世达赖时，松赞林寺僧人增加到1300人左右，松赞林寺成为云南省最大的格鲁派寺院。

纳帕海
香格里拉最有高原特色的风景区

迪庆州香格里拉市建塘镇

从香格里拉市区乘坐班车前往

8:00～19:00

纳帕海自然保护区海拔3266米，总面积31.25平方千米。这里集秀丽的自然景观、丰富的动植物资源于一身，而且是世界上珍稀鹤类黑颈鹤的理想栖息地。在这里，游客既能观赏到美丽的湖光山色，也能观赏到广阔的草原风光，还能观赏到各种飞禽，如黑颈鹤、白鹤、斑头雁等，是一处非常不错的旅游观光休闲地。

玩家 解说

纳帕海气候湿润，每年5月草原已是绿草茵茵。6月伊始，各种野花竞相开放，牛羊成群。西面的石卡、叶卡、辛苦雅拉三大雪山巍然挺立。雪山、草原、牛羊组成了壮丽风光。秋冬来临，草原一片金黄，远处的雪峰倒映于湖泊中，黑颈鹤、黄鸭、斑头雁云集于此，在草丛中、水面上或嬉戏或漫游，使广阔空灵的草原另具一番诗情画意。

玩家 攻略

纳帕海风景很美丽，水天一色，值得一去。

香格里拉纳帕海

游客骑马的价钱是统一的，不能压价。有空可以与当地的牧民聊聊，他们很热情好客。不要在草地上运动太多，否则会有高原反应。

贴士：纳帕海是高原季节性湖沼，夏季湖面增大、水深，秋冬湖水下落。

石卡雪山 AAAA
吐蕃赞普（藏王）祭祀天神之处

迪庆州香格里拉市西南7千米处

石卡雪山北接纳帕海景区，东与云南最大的藏传佛教寺院松赞林寺遥相呼应。石卡雪山由于向游客开放的时间并不长，因此并不为世人所熟知。“石卡”在藏语意为“面对东方的雪山”。每逢藏历十五，成群结队的藏民就要上山朝拜，祈祷来年的平安幸福。

石卡雪山景区汇集了雪山、森林、湖泊、花海、草甸等香格里拉特色的自然景观和生物及民俗宗教文化，体现了雪域高原特有的自然美景和民族风情，景区颇具《消失的地平线》一书中所描述的香格里拉神韵。目前，景区暂停营业。

玩家 解说

石卡雪山主峰海拔4449.5米，景观四时不同，可归纳为“春看绿草夏看花，秋观秋色冬观雪”。5月的时候，顶峰依然积雪皑皑，但山脚下已是春色满园。碧绿的草甸上，牛羊成群，炊烟袅袅，一片和谐的田园风光。夏季则是花的海洋，漫山遍野的杜鹃花争奇斗艳，令人心醉。九月十月，山下的草甸被盛放的狼毒花染成一片红色，山间则是大片金黄的红杉、杨树和桦树。而冬季整个石卡雪山则是一片白雪皑皑，在蓝天白云的映衬下，格外圣洁。

玩家 攻略

景区交通：上石卡雪山需要乘坐索道缆车，石卡雪山的索道分为2段。第一段是从山下到海拔3800米的亚拉青波牧场，可观看表演或在此休息一段时间，再坐第二段索道缆车到海拔4500米的山顶。下山时一般都是乘索道缆车原路返回。

行程推荐：上石卡雪山大多数游客会选择下面的第一条线路，体力较好喜欢徒步者可考虑

第二条线路。

线路一：索道大厅—乘第一段索道—亚拉青波牧场（观歌舞表演）—乘第二段索道—石卡雪山山顶—在步行栈道观光—乘索道返回。

线路二：索道大厅—乘第一段索道—亚拉青波牧场（观歌舞表演）—乘第二段索道—石卡雪山山顶—步行灵犀湖（约60分钟）—步行至亚拉青波牧场（约120分钟）—乘索道返回。

特别提示：冬游石卡雪山要注意安全，最好有以下装备：登山服（也可在景区门口租）、登山鞋、保温水壶、登山拐杖、手套、帽子、围巾等。要尊重当地藏民的风俗习惯和宗教信仰，尽量不要与当地人发生冲突。

链接

石卡雪山的地位

历史上，石卡雪山是连接吐蕃与南诏的纽带。石卡雪山东南与姜域的玉龙雪山遥相呼应，西北与梅里雪山遥遥相望，是吐蕃时期滇藏茶马古道进入藏区的第一座神山。

石卡雪山被当地藏族同胞奉为神山。他们认为，石卡神山帮助吐蕃实现了与南诏国和睦相处的愿望，促成了南诏公主与吐蕃赞普的美好姻缘，同时神山帮助了世世代代前来朝圣的古道商贾，神山也使香格里拉民众生活安康、幸福吉祥。

高山植物园

濒危物种庇护所

迪庆州香格里拉市建塘镇环湖路

从市区打车前往

香格里拉高山植物园占地7247公顷，包括硕多岗河两岸的原始亚高山明亮针叶林和高山暗针叶林区域。植物园内有原生高等植物900余种，其中包括国家重点保护植物高寒水韭、玉龙蕨、桃儿七、珠子参、中甸山楂等。次生植被类型有高山松林、落叶阔叶林、硬叶高山栎林及灌丛、石灰岩山体灌丛、亚高山草甸等。

植物园自筹建以来，已完成了占地367公顷的杓兰就地保护分园围栏、灌溉系统等基础设施建设，使过去被破坏的植被逐渐得到恢复，栖息于园内森林中的珍稀鸟类种群数量不断增加。与名贵花卉杓兰及其他植物共生共存的特殊昆虫得到了相应保护。园区还积极引进多种珍稀植物，仅杓兰种类就增加到6种，可谓濒危物种的庇护所。

依拉草原

香格里拉最大、最美的草原

迪庆州香格里拉市城西北6千米

依拉草原总面积13平方千米，是香格里拉地区最大、最美的草原，依拉藏语意为“豹山”，因传说中依拉草原门户内北边坐落的豹山是一座“神山”而得名。

7月的依拉草原，宛如碧波荡漾的海洋，上面浮满数不清的鲜花、玫瑰红的野芍药、野菊和说不出名的各色香花野草，与秀丽的纳帕海、美丽古老的依拉村连为一体，形成一幅美丽的画卷。此时，游客既可以在草原领略藏区牧歌风光，又可切身感悟香格里拉藏民族神秘人文风情。

玩家 解说

依拉草原气候温润，草甸上绿草、各种知名的和不知名的野花竞相绽放，争奇斗艳。在一望无际的草海和绚丽缤纷的花海中，肥硕的牛羊惬意地舒展着身子，或是懒洋洋地躺在阳光下的草地上拂动着尾巴。

一条弯弯的小河远远而来，在碧绿的草地上迂回蜿蜒，如白丝绸般，又远远流去。远处雄峰上尚未融化的白雪，在阳光的照耀下发出炫目的光芒。偶尔会有藏族少女天籁般的歌声传来，令人如痴如醉。

石卡雪山

香格里拉风光

大宝寺
五佛圣地

迪庆州香格里拉市城东15千米处

在香格里拉市城里可雇车前往，每逢春季庙会时也有专线车直达

大宝寺是迪庆境内著名的佛教圣地，海拔3300米。寺名藏语称“乃钦吉哇仁昂”，意为“五佛圣地”。

大宝寺原为藏传佛教噶玛噶举派寺院，清康熙时被强令改宗格鲁派，划为松赞林寺属寺。四面八方的香客前来大宝寺朝拜，这个圣地所蕴含的宗教意味和秀美清幽的自然环境使香客神牵魂绕。寺内古树郁郁，山下两条清溪环绕，被称为“智慧泉”。

玩家 解说

如今的大宝寺已有公路直达，成为许多人朝圣和游览的理想之地。寺院建筑并不宏伟，但其所在的小山，却因这小寺的存在而充满了神圣的意韵。一片松林环绕着大宝寺，松树树身和枝条上飘扬着五颜六色的经幡。松林中还有一些寺院和香客特意放生的羊。山脚下是淙淙清溪、青青草地，还有一个长约2千米的巨型玛尼石堆。玛尼石上刻的是精美的佛像和藏传佛教八宝图。两条环绕的清溪为传说中的文殊菩萨智慧咒泉和观音菩萨六字真言水。到此朝拜的香客都以溪水润眼润心。

五凤山
藏民心中的神山

迪庆州香格里拉市建塘镇

五凤山是藏民心中的神山，传说山里有五只凤凰，逢平安盛世，人们就会看到凤凰凌空翩翩起舞。

五凤山上植被生态环境保存完好，云杉、冷杉、云南松等高大挺拔，杜鹃婀娜多姿，灌木丛下百草丛生。每年农历五月初五，高原藏家都要选派最棒的骑手到此参加赛马会，这一天也是五凤山最热闹、最美丽的日子。

大宝寺

景点推荐 普达措周边景点

普达措国家公园 AAAAA

中国第一个国家公园

迪庆州香格里拉市建塘镇

香格里拉客运站有开往普达措景区的班车

68元　0887-8232523

普达措国家公园总面积约300平方千米，公园由碧塔海自然保护区、“三江并流”属都湖景区两部分构成，以碧塔海、属都湖和霞给藏族文化自然村为主要组成部分，拥有湖泊、湿地、森林、草甸、河谷、溪流和珍稀动植物等，原始生态环境保存完好。此外，普达措国家公园是中国第一个获得国家审批的“国家公园”。在这里，游客可在碧塔海、属都湖欣赏奇特的景观。

玩家 攻略

景区交通：普达措国家公园很大，内有环保车前往各个景点。当然，景区内步步为景，体力较好的游客可以多走一些路。另外在碧塔海景区可乘坐游船游览。

住宿：到普达措景区游览可以当天返回香格里拉市市区住宿，如果想花一天以上的时间深度游览，也可以选择住在景区内。普达措景区内建有树海旅馆，位于景区内的中心位置，环境安静优雅，曾经是古天乐和郑秀文主演的影片《高海拔之恋2》的取景地，美丽的爱情故事更为这里增添了不少浪漫气息。

美食：普达措景区内弥里塘综合服务区设有藏式风格的弥里塘餐厅，是一座外形呈红色的木质建筑，很有浪漫情调。餐厅有牦牛肉、野山菌等当地特色美味，味道还不错。

特别提示：普达措为国家森林公园，游览时要注意保护环境，不要毁坏花草和景区内设施。香格里拉属高海拔地区，最好准备一些常用药品，以备不时之需。

属都湖

属都湖位于香格里拉市城东北部35千

米处，是香格里拉市较大的湖泊之一。这里的湖水清澈、平静，如同镜面一般，几乎是零污染。清晨的阳光洒在属都湖的湖面上，让人忘了大城市的喧嚣，整个人都融入这片净土中来，偶尔牦牛的铃铛响起，你会觉得这里真的如同人间仙境。

属都湖修有两段栈道，分别长2.7千米和0.5千米，两段栈道上可以集中观看属都湖的美景，而且不用走回头路，可以直接乘车到下一景点弥里塘牧场。

玩家 解说

很美的一个地方，山清水秀，山花烂漫，湖面倒映着远处的雪山蓝天，宛如仙境一般。七八月来的时候也不觉得热，绕着湖走走也挺不错。蓝色的湖面、无际的草甸、葱茏的山岭、属都湖——一个神奇而宁静的世界。

◘ 弥里塘牧场

弥里塘离属都湖景区6千米左右，行车十几分钟可以到达。来牧场要翻过一个山梁，这段路是在森林里穿行的，风景原始而美丽。在弥里塘站点下车，有一个观景台，从观景台向下走不远一段路，你就能够真正置身于草原之中了。

弥里塘高山牧场位于碧塔海与属都湖之间。整个牧场为亚高山草甸，海拔3700米。牧场上生长的牧草富含蛋白、粗脂肪、粗纤维、粗灰分和钙、磷，牛羊吃了膘肥体壮，产奶量大，蛋白质、脂肪、乳糖、磷脂含量高，因此弥里塘牧场一直是香格里拉的重要牧场。

玩家 解说

挂着铃铛的领头牦牛在悠闲地吃草，天地如此广阔，压抑和束缚远离了我们，此时才明白为什么藏族姑娘的歌声有如此的穿透力，那是她们没有约束、充满着自由的心声！

◘ 碧塔海

碧塔海意为栎树成片的地方。碧塔海被人们誉为“高原明珠”，是云南海拔最高的湖泊。碧塔海被黛色的群山环抱，像一颗镶嵌在群山中的绿宝石。湖周围杜鹃花绚丽灿烂，湖畔鸟语花香，湖中鱼儿游弋。从杜鹃花海中向外望去，在广阔的草甸上，成群的牛羊悠然徜徉于鲜花点缀的草甸上，湖水与草原相映生辉。

碧塔海修建了4千米长的环湖栈道。游碧塔海有两种方式：一是坐船游，二是沿环湖栈道步行游览。游碧塔海最好走30分钟的栈道然后去坐船，坐船主要是去看湖中的小岛，小岛周边是整个景区最漂亮的地方。

玩家 解说

早上湿湿的雾气漫布在湖面，犹如到了仙境，相机随便一拍就是一幅经典美景。天空，流云，草原，花朵，湖泊，碧塔海处处都展现着高原湖泊独特的美。

普达措碧塔海

霞给村

霞给藏族文化生态旅游村是一个融自然景观和人文景观为一体的藏族村落，村内藏民保持着独有的生活习俗、生产习俗和宗教文化信仰。

村内随处可见玛尼堆、经幡。巍峨耸立的神山，山下成群的牛羊，茵茵的绿草，一派高山草甸风光。景区有木器坊、唐卡坊、牛角骨雕坊、藏香坊、民居博物馆、藏银藏刀坊和藏医学博物馆等，濒临失传的民间手工艺和藏医学在这里得以保护和传承。

玩家解说

霞给村的藏民生活展示出了多姿多彩的藏族服饰文化、饮食文化、歌舞文化、节庆文化。在这里，多姿多彩的服饰装点着平静的日常生活，宁静的高原牧场，健壮膘肥的牛羊，点缀和诠释着人与自然的和谐。在藏家民居中可以感受到传统的待客礼仪与婚娶丧葬的习俗，还有激情奔放的锅庄与弦子舞。

霞给村有一系列手工作坊，可以看到藏族民间艺人精雕细刻地制作原始古朴的手工艺品，各种面临失传的藏族传统手工艺在霞给村获得了新生。

天生桥温泉

岩洞与温泉结合的景区

迪庆州香格里拉市建塘镇东郊　¥20元

天生桥温泉位于香格里拉城区东南，呈东西流向的属都岗河从此地穿越地下溶洞，形成了一座天然的石灰岩桥梁。桥面平坦笔直，颇似人工造就。步临桥上，奇中有险，两边峭壁如刀劈斧削。

下至桥底，河水自南而北翻涌而来，温泉从岩壁中喷涌而出，与河水汇为一体，冷热交替，雾气弥漫。

沿属都岗河北上，在距天生桥东南5千米处，即是遍地热气蒸腾的下给温泉，这里地热资源丰富，在近1平方千米的范围内分布着20多处温泉，有的在沼泽中，有的在岩脚下，有的在岩洞中，水流四季不断。

链接

天生桥

天生桥的藏名为“让迥独左”，意为“天然形成的大石桥”。其巨崖高50多米、长500多米，属都岗河洞穿崖底而过，似一座神斧劈就的巨型石桥，河流咆哮奔流100多千米，在虎跳峡口汇入金沙江。

天生桥是茶马古道必经之路，附近有高3米、长约20米的摩崖石刻，上有藏语经文和清朝乾隆年间山西巡抚张秉弈留下的题诗墨迹；还有藏语称为“桑当”的烧香台，镌刻着藏语经文的玛尼堆，处处显露出历史的沧桑。

尼汝

秘境中的秘境

迪庆州香格里拉市东北方约75千米处

尼汝是一个几乎与世隔绝的神秘之境，

尼汝清晨

有着近千平方千米的原始森林、急涧险滩和草原、草甸，还有一些深藏在密林里的藏族山村。

尼汝四周青山郁郁，原始森林遮天蔽日。因海拔较低，这里植物生长茂盛。有成片的白桦林，秋天一片金黄。山中云杉、冷杉高大粗壮，直指云霄；树冠浓绿繁密，可遮风避雨。林中栖息着麝、熊、藏马鸡、猴猁等多种珍禽异兽，堪称“秘境中的秘境”。

玩家 攻略

必带装备：睡袋、保暖衣服、手电筒、雨衣或伞。吃不惯酥油茶和青稞面的，最好自己带一些食品。此外，路上只能喝溪水，介意的人可以自己带水。

特别提示：尼汝跳蚤多，过敏性皮肤的人最好谨慎些，被咬了别狂抓狂挠，破皮后容易造成全身性中毒。

白水台

纳西族东巴教的发祥地

迪庆州香格里拉市三坝乡白地村 30元

香格里拉每天早上有一班发往三坝乡的大客车，4小时可到

白水台海拔2380米，是纳西族东巴教的发祥地。

远处看去，青山掩映中的白水台造型真的就像层层梯田，在阳光照耀下，又仿佛摄影作品中凝固的瀑布一般。一脚踏在白色的石阶上，说不出的清凉畅快。

白水台是由于碳酸钙溶解于泉水中而形成的自然奇观。含碳酸氢钙的泉水慢慢下流，碳酸盐逐渐沉淀，长年累月就形成台幔，好似层层梯田，被称为“仙人遗田”。

玩家 攻略

白水台、哈巴雪山、虎跳峡三地之间有公路相通，游玩起来非常方便。山下有旅店可以入住，有中文和东巴文两种语言。时间正巧的话，你还可以赶上少数民族和老东巴们的狂欢。

每年二月初八，是纳西族一年一度的“朝白水”活动，四面八方的纳西族民众汇集到这里，歌舞、野餐，向神灵祈求来年的丰收。

玩家 解说

纳西语称白水台为“释卜芝”，意为“逐渐长大的花”。白水台有“仙人遗田”的美称。步临台地，但见白水台层层叠叠，宛若片片斜月散落人间，又似纳西少女的银饰，叠饰成无数的银环，朝晕夕照，银光散射给人以抛金削玉般的清新。左侧，一泉台形似一弯新月，清泉盈盈四溢，相传是仙女梳妆的地方。泉台左下侧一石穹窿，洁白如玉，形如一怀孕女子，是当地群众供奉生殖神的地方。

白水台

景点推荐

G214国道沿线景点

碧沽天池

高原上的天池

迪庆州香格里拉市小中甸镇

碧沽天池位于海拔3500米的碧沽牧点，天池面积不大，但是清澈透明。碧沽天池周围30多平方千米的地方被原始森林所覆盖，树木高大挺拔，多为云杉和冷杉。这茂密苍翠的森林涌动着大自然极旺盛的生命力。

碧沽天池畔有大片的杜鹃花。这里的杜鹃花成林成片，以花冠硕大、色泽鲜艳的黄杜鹃、白杜鹃和红杜鹃居多。每到花开时节，群芳竞相吐艳，湖畔就成了围系湖水的美丽花环。在离湖稍远的山坡上，还有近百亩的樱花杜鹃，

碧沽天池中央有一个椭圆形的小岛，小岛上杜鹃成片。

玩家攻略

香格里拉杜鹃花不是时时都盛开着。到了秋末，白雪就开始覆盖这圣洁的天池了。但冰雪覆盖的湖水依然是清澈的，树依然是青翠的，显得别有情致。碧沽天池如今已不是要历经艰辛才能到达的地方，公路已修通，人们从香格里拉市乘车，当天就可往返。

千湖山

湖水千姿百态

迪庆州香格里拉市小中甸镇

千湖山藏语称“拉姆冬措”，意为“神女千湖”或“仙女千湖”，千湖山的湖以三碧海、大黑海为中心，向四周散开。有的圆若明镜，有的长似游鱼，有的开阔平坦，有的幽深宁静。湖或是半环于山洼深处，或是掩映于杜鹃丛中。千湖山周围被原始森林所覆盖，多为高大笔直的

小中甸

冷杉、云杉。湖畔长满了花冠硕大、色泽鲜艳的杜鹃，多是黄杜鹃、红杜鹃和白杜鹃。

木土司城堡遗址

旧时木土司居住的地方

迪庆州香格里拉市小中甸镇

小中甸作为迪庆境内较广阔而丰腴的藏区平原，是当年木土司屯田屯兵的一个地方。同时，小中甸作为向藏区进发的第一道兵城，具有较强的战略优势，难攻易守。木土司当时在藏传佛教噶举派势力范围内修建城堡，也利于创造机会与噶举派高僧接触，推崇藏传佛教，利用藏传佛教对藏民的感召力，来实现对藏区的统治。

如今的木土司城堡已难见当年气势，但作为历史古遗址，却给人留下了一种悠久的时空感。城堡仅留残墙，为夯筑而成。墙向南设门，左边残墙内侧有一对造型古朴大方的石猴。残墙高2米余，废墟中有瓦片和鹅卵石铺成的路。遗址全长约1.5千米，宽约1千米。四周设有碉楼。其最高处的遗址至今仍依稀可见。

巴拉格宗大峡谷 AAAA

自然风光壮阔

迪庆州香格里拉市尼西乡

170元

在香格里拉独克宗古城咨询点乘坐旅游专线车可到达景区

巴拉格宗大峡谷又名香格里拉大峡谷，位于香格里拉市西北，拥有非常壮阔的自然风光。据说《消失的地平线》里描述的蓝月亮峡谷就是这里，当地人也传说这里就是神仙居住的地方。如今来到巴拉格宗景区，可以参观幽深的峡谷、巍峨的雪山；可以在风光秀美的谷中漂流；也可以拜访保持原始风貌的藏族村寨；还能看到千年菩提树、天然佛塔等罕见的自然奇迹，非常值得一游。

玩家 攻略

巴拉格宗大峡谷位于香格里拉去德钦的路边，游客在前往德钦、梅里雪山等地时顺路就可以游览这里。景区主要分为峡谷区和巴拉古村两部分，都有观光车相通。

玩家 解说

巴拉村位于景区的西侧，是一座古老的藏族村寨，这里有上百年前的藏式民居。村子周边，有茂密的植被、陡峭的岩壁，远处就是巍巍雪山，景色宁静优美。

大峡谷是景区的精华所在。大峡谷有多条支峡谷，目前可以游玩的有通天峡谷和香格里拉大峡谷两处。香格里拉大峡谷非常幽深，河流清澈湍急、周围树木茂密，景色壮丽。峡谷内有5千米长的栈道，游客可沿着栈道步行游览。到达栈道终点后可以乘车往通天峡谷；也可以选择在幽深美丽的峡谷里一路漂流而下，到达二号码头后乘车前往通天峡谷。通天峡谷内最有趣的是700米的悬空栈道，走在上面既能欣赏到优美的景观，又可以体验到惊险、刺激的感觉。

除了峡谷和古村外，景区内还有另外“两绝”不能错过：一绝是门口附近的千年菩提树，树干长出了人手掌的形状，非常形象；另一绝是巴拉村深处的曲登神山，这座山顶部圆形的尖顶被白雪覆盖，下面是黑色的圆形岩壁，很像藏区随处可见的佛塔形状，被称为天然佛塔。

白马雪山

云南海拔最高的自然保护区

迪庆州德钦县奔子栏镇214国道旁

在香格里拉汽车站乘大客车可到德钦县

白马雪山自然保护区位于横断山脉中段，白马雪山又名白芒雪山。

白马雪山山脉源自唐古拉山，在西藏境内称宁静山脉，进入云南称云岭，为澜沧江和金沙江的分水岭。保护区位于云岭北段，以人支、白茫、格里、甲午等主峰构成骨架。整个保护区山峰线海拔皆在4000米以上，海拔超过5000米的山峰有20座，最高峰白马雪山海拔5430米，终年白雪皑皑。

保护区气候干湿季明显，雨量少而集中，气候随海拔的升高而变化，形成河谷温暖干燥、山地严寒的特点，自然景观垂直带谱十分明显。

白马雪山自然保护区有“寒温性高山动植物王国”的美称，这里有面积最大的原始森林和完整的自然生态环境，是高山寒带植物最丰富的天然园地。冷杉林是保护区的精华，林海茫茫，树冠苍翁，闻名于世的云南八大名花也生长在这里。

玩家解说

白马雪山自然保护区腹地冬季冰封雪阻，每年夏秋季才能通车，此时，公路沿线冰雪消融，到处溪水潺潺，夏季也是游览白马雪山的最佳时节。

6月初是山上杜鹃花盛开的时候，漫山遍野的灿烂，成片白色的大叶杜鹃和紫色的小叶杜鹃，“放肆”地霸占着所有山坡，壮观程度超乎想象。置身其中，让人忍不住手舞足蹈。蓝天白云，山峰上面是雪，下面是花，有些含苞，有些怒放，在花丛中穿梭，朵朵令人爱不释手，闭上眼随意在某个山坡处画个圆，就足够开个花展了。

白马雪山

东竹林寺

滇西最早的藏传佛教发源地

迪庆州德钦县奔子栏镇

东竹林寺，原名“冲冲措岗寺”，始建于清康熙六年（1667年），是滇西最早的藏传佛教发源地。东竹林寺历史悠久，藏宝众多，一名为“安取”的僧侣负责管理寺庙。另外，此地属山地季风气候，“冬无寒冷，夏无酷暑”，一年四季均适合来此旅游。对游客来说，这里是了解藏传佛教历史和文化的重要宗教场所。

玩家解说

东竹林寺是康区十三林大寺之一，原名“冲冲措岗寺”，意为“仙鹤湖畔之寺”。寺内珍藏着一幅巨大的唐卡，每年跳神法会时展出。随着近年来寺院威望的提高，很多珍贵文物不断被征集到东竹林寺，其中有镀金弥勒法轮佛像、白度母像、三世诸佛像、文殊菩萨像、唐卡（宗教卷轴画）、阎罗王群像、十八罗汉像，以及班禅历生传、释迦巨行传等17幅刺绣，大小灵培、佛塔，跳神道具、法器等。

十二栏杆

茶马古道的艰险之地

迪庆州香格里拉市虎跳峡镇

乘车至土官村，过了冲江河，往西北方向行走约2小时即可到达

十二栏杆是茶马古道的艰险之地，是滇藏公路通车以前出入香格里拉的必经要塞。凿石而行的古道，一边是悬崖，一边是深涧，且有十二道迂回曲折之处，行人至此，个个胆战心惊不敢上下顾盼。

传说十二栏杆山洞中有大蟒，有行人过来，就蹿出将其吞噬，所以少有人能安全通过，十二栏杆也被民间称为“阴阳界”。后观音在此显化，显像于壁岩上，除掉了巨蟒，保护了行人，从此称十二栏杆为观音崖。后人根据这个传说在石壁上刻画了一幅观音像，行人在胆战心惊中看到这样一幅慈善护佑的菩萨像，心中就会安稳得多，不知不觉也就过了这个阴阳界。

东竹林寺

景点推荐 澜沧江沿线景点

梅里雪山 AAAA

云南最壮观的雪山群

迪庆州德钦县 雨崩村55元，明永冰川55元

从德钦县城乘出租车前往 8:00～16:00

梅里雪山是一座北南走向的雪山群，也是云南最壮观的雪山群，其中有13座山峰的平均海拔超过6000米，被称为“太子十三峰”。美国《国家地理》杂志曾将其列为世界上5片“最后的净土”之一。

梅里雪山峰型雄壮、高耸，以巍峨壮丽、神秘莫测而著称于世，在藏民心中更是一座圣山。现在，这里已成为旅游胜地，每年吸引着成千上万的游客前来观光旅游，对于来到迪庆州旅游的人来说，它不仅是观光、游览、休闲的好地方，也是探险、考察和朝圣的好地方。

玩家 攻略

最佳旅游时间：游览梅里雪山的理想季节是10月至次年5月，最佳季节是10月底前后，这些时段天气晴朗，空气洁净，透明度高，常能看到“日照金山”的美景。

住宿：飞来寺是从远处观赏梅里雪山的最佳地点之一，附近有不少宾馆和客栈，口碑较好的有梅里往事（欧式木楼，一楼是餐厅和酒吧，二楼有面朝雪山的大阳台）、梅里山庄（飞来寺最早的客栈）、南卡酒店（基本上所有客房的窗户都对着梅里雪山，是这里位置最高的一个酒店，天台是看梅里日出的绝佳位置）。

此外，也可以选择在雨崩村、明永村住宿。其中明永村的很多农家乐为当地村民所办，可与他们商量价格，一般几十元即可入住。

美食：德钦县城居民以藏族为主，藏式糕点是藏家的特长，常见的有油炸果、龙眼包子等，此外还有酥油茶、糌粑等藏式饮食。

特别提示：即使是夏季到梅里雪山，如遇下雨，气温也可能降至5℃左右，建议携带厚一点的外衣，徒步者同时应带快干衣裤，雨季前往一定要带雨具；梅里雪山景区内很多地方手机信号不好或没有信号，对此要有心理准备。

玩家 解说

梅里雪山是藏区的一大圣地，也是藏传佛教的朝觐圣地，位居藏区的八大神山之首。每年

的秋末冬初，西藏、青海、四川、甘肃的大批教徒千里迢迢赶来朝拜，虔诚艰辛的场面令人叹为观止。

梅里雪山的美丽也是无法用言语表达的，雪山草甸，蓝天白云交织出美丽的画卷，据说这里是神居住的地方。来这儿你可以忘却世间的烦心事，一次又一次地被眼前的景象所吸引，感受到一种难得的放松。

飞来寺

飞来寺是观赏梅里雪山的理想地点，该寺始建于明代，沿途古松林立，景致优美。

飞来寺建筑高低错落，殿堂屋宇错落有致。全寺由子孙殿、关圣殿、海潮殿、两厢、两耳、四配殿组成，寺内建筑具有三教合一的特点。

链接

飞来寺的传说

飞来寺的建造及命名有一个颇具传奇色彩的故事。据说建寺时选址原定在现址2000米以外的地方，就在全部用料已经备齐准备破土动工的头天晚上，柱梁等主要建筑材料不翼而飞，住持派人寻找。待人到现址时，发现柱梁已按要求竖好，人们认为这是神意，于是把寺建成于现址，并因柱梁飞来自立，命名为“飞来寺”。

雨崩村

雨崩是距离雪山最近、海拔最高的村庄，地处梅里雪山背面。全村四面群山簇拥，因为地理环境独特，所以这里人烟稀少，全村只有二十几户人家，仅通过一条驿道与外界联系。不过近年来随着梅里雪山的名气不断增大，在这里几乎每天都能见到来自四面八方的游客。

玩家解说

雨崩村是梅里雪山神女峰脚下的一个藏族自然村庄，那里有日照金山，有彩虹，有大朵的白云，行走其间颇有世外桃源之感，真正是香格里拉的缩影。

明永冰川

明永冰川是一条低纬度热带季风海洋性冰川。由于它所处的雪线低，气温高，冰雪消融快，因而它的运动速度也快。到了冬天，冰川的冰舌可以从海拔5500米往下延伸到海拔2800米处，如一条银鳞玉甲的游龙，从高高的雪峰一直延伸到山下。

卡瓦格博峰

卡瓦格博峰是迄今无人能登顶的“处女峰”，这里冰川连绵，冻土成片，是登山运动员极想攀登的地方。20世纪英国、美国、日本、中国的登山队曾组织5次大规模攀登，但无一次成功。

链接

无法征服的神峰

1991年，中日联合登山队在攀登卡瓦格博峰的途中，突然天降大雪，登山队员全体遇难，包括6名中国队员和11名日本队员，这是中国登山史上最惨重的伤亡事件。直到1998年7月，遇难登山队员的尸体才被找到。2000年，一个宣言被通过，卡瓦格博作为藏传佛教的朝觐圣地，永远不允许被攀登。

哈巴雪山

景色随时令、阴晴的变化而变化

迪庆州德钦县奔子栏镇　在香格里拉市乘班车可到

哈巴雪山自然保护区总面积21 908公顷。保护区海拔4000米以上是雪峰、流石滩和冰川，4000米以下是寒带、寒温带、亚热带等地貌景观。山顶终年冰雪封冻，景色随时令、阴晴的变化而变化，极具游览价值。此外，这里动植物资源丰富，拥有虫草、贝母、天麻、雪莲、珠子参、兰花、百合等植物种类，以及滇金丝猴、猕猴、雪豹、小熊猫、野驴、金钱豹、棕熊、鹦鹉等动物种类，极具科学考察价值。

玩家攻略

每年11月到次年2月是游览哈巴雪山的最好季节，其中以11月、12月为最佳，因为这时风力较小。此外，保护区内还分布着高山冰湖群，其中风景最佳的为黑海、圆海、黄海、双海等。

茨中天主教堂

建筑中西合璧，别具特色

迪庆州德钦县燕门乡 从升平镇乘车沿江下行，到南路卡立米村附近下车，过桥即可到达

茨中天主教堂建筑群坐落在树木繁茂的青山半山腰处，前有座座农舍点缀，建筑群体与自然景观融为一体，别具特色。整个建筑以教堂为中心配套组合，中西合璧，主次得体，包括大门、前院、教堂、后院以及地窖、花园、菜园和葡萄园等，结构紧凑，规模壮观。沿大门筑有外围堵，建筑四周以及空地辟花坛，植果木红绿相映，风雅别致。

寿国寺

汉藏建筑风格结合的寺庙

迪庆州维西县康普乡北部

全天开放

寿国寺坐东向西，由山门、正殿、侧殿组合成一座四合院。正殿是整个寺院建筑的中心，为三重檐攒尖顶式木结构；外形为清代式建筑，内部装修为藏式风格。正殿檐下有密集的斗拱装饰，具有清代汉式楼阁建筑风格，又有藏式寺院的藻井殿堂特色，在装饰技巧上还融进了剑川木雕技艺。

正殿共有3层，第一层为诵经殿，第二层和第三层存放有贵重器物、经书和法器。

玩家 解说

寿国寺正殿第一层诵经殿里，柱头、横梁和柱帽均绘有精美的藏汉图案，左右壁上绘有工笔重彩画，现保存有10幅壁画和1幅隔板画。绘画内容涉及观音、天王、罗汉、地狱黑神、天龙八部及花鸟动物等密宗题材。这些壁画构图严谨、色彩艳丽、用笔流畅，人物形象生动逼真。殿内还供奉着释迦三世佛、大宝法王、二宝法王和莲花生祖师造像。正殿第二层和第三层存放有经书和法器等贵重器物。第二层隔板上绘有17幅画和两幅书法，正中有转经楼栏杆，可在此俯视诵经殿。

茨中天主教堂

景点推荐

塔城镇周边景点

滇金丝猴国家公园

专为保护滇金丝猴栖息地而建

迪庆州维西县塔城镇

香格里拉市内有班车直达景区

滇金丝猴国家公园专门为保护滇金丝猴栖息地而建，作为生态保护区，它是人与自然、人与动物和谐的人间天堂。公园内风光秀丽，除了有滇金丝猴等野生动物外，还有千年银杏树王、寺院等，来过此地的人无不为其独特的山水陶醉。这里集自然遗产资源、藏族文化遗产资源于一身，是观光旅游、欣赏体验、教育科研的绝佳去处。目前，暂停营业。

玩家 攻略

滇金丝猴国家公园拥有国家一级保护动物野生滇金丝猴约1000只。景区采用人工投食的方式吸引猴群下山。观猴区位于海拔3000米左右的半山，在公园入口处搭乘景区环保观光车可直达观猴区。每天早上9点是护林员喂食的时间，也是观猴的最佳时刻。喂食一直持续到接近11点，在此之前观猴区非常热闹，之后猴子们会逐渐向深山转移，因此想要观赏这些难得一见的精灵们，就要一早进入公园。

萨马贡自然保护区

野生动植物的栖息地

迪庆州维西县

香格里拉市内有班车直达景区

萨马贡自然保护区与德钦县的林区连成一体，绵亘数百里，是金沙江上游西岸的重要水源林和野生动物栖息地。保护区内森林浓密，有云杉、冷杉、箭竹等名贵木材，由于气候湿润，海拔高差明显，植物种类齐备。保护区内活动着数百只滇金丝猴。

水源林

水源林是一片林海，这里生长着珠子参、东莨菪等药材和长苞杉、黄果冷杉、红果圆柏、杜鹃、沙棘、箭竹等乔木和灌木，高大粗壮的云杉和冷杉交错。这片林海是中温带南亚印缅东缘和青藏高原南缘过渡性区域，由东向西，在10余千米的平面区域内，相对高差达1940米。加上孟加拉温热暖流同滇藏冷空气的汇合，年降水量达1216毫米，让这片林海成为金沙江上游西岸的重要水源林。

腊普河

腊普河被视为维西第一大河，也是维西境内流入金沙江的唯一大河。腊普河全长76千米，孕育了两岸的沃土。沿河岸分布的村落里，主要居住着藏族、傈僳族、纳西族、汉族和彝族。村落里分布的水田占维西全县水田总面积的15%以上，是维西县的水稻主产区之一。

达摩祖师洞

转山活动颇为引人

迪庆州维西县塔城镇

在维西县象鼻山以西，有一座山仿佛一尊巨大佛像，这就是达摩山，由山脚攀登，可直抵达摩祖师洞。

达摩祖师洞的转山活动最为吸引人，转山活动以洞口为起点，按顺时针绕山顶一周约3千米，日久天长，香客众多，转山之处竟形成了小径。

达摩祖师洞大经堂内供奉有释迦牟尼像、莲花生像、宗喀巴像以及止贡噶举派和噶玛噶举派两派祖师的造像，还珍藏有达摩祖师“顿足成洼”的圣迹和达摩祖师遗物灵塔、达摩祖师弟子遗物灵塔。

达摩祖师洞

玩家攻略

每年农历四月初一是达摩祖师的成佛日，届时，香格里拉、德钦、维西、丽江的香客们会聚而来，不惜长途跋涉，以完成转山活动为己愿。每年达摩寺主办的释佛节，僧侣们要跳“羌姆”（宗教舞蹈）。每年农历十一月的“格冬节”，人们会又一次聚集在达摩祖师洞前后草坪上，热闹非凡。

链接

达摩祖师

达摩全称菩提达摩，南天竺人，自称佛传禅宗第28祖。南朝梁武帝信佛。达摩至南朝都城建业会梁武帝，面谈不和，随后“渡江”，北上北魏都城洛阳，后到嵩山少林寺，面壁九年，传衣钵于慧可。后出禹门游化终身。东魏天平三年（536年）卒于洛滨，葬熊耳山。

达摩在中国始传禅宗，“不立文字，教外别传，直指人心，见性成佛”，经二祖慧可、三祖僧璨、四祖道信、五祖弘忍、六祖惠能等大力弘扬，终于一花五叶，盛开秘苑，成为中国佛教最大宗门，后人便尊达摩为中国禅宗初祖，尊少林寺为中国禅宗祖庭。历史上还流传不少关于达摩的故事，如一苇渡江、面壁九年、断臂立雪、只履西归等，表达了后人对达摩的敬仰和怀念之情。

戈登遗址

迪庆新石器时代文物遗址

迪庆州维西县塔城镇戈登村

戈登遗址景区位于戈登村腊普河东岸崖下，距离河面约50米。此遗址于1958年发现，由云南省博物馆考古队清理发掘。戈登新石器遗址的发现不仅把迪庆州人类发展的历史提前了近千年，还对深入研究西南三江（金沙江、澜沧江、怒江）流域的新石器文化及其与北部诸省的新石器文化间的联系有重要作用，为该地区历史上的民族迁徙、原始社会状况研究提供了重要的实物依据。

攻略资讯

- 交通
- 住宿
- 美食
- 购物
- 娱乐

普达措

交通

飞机

迪庆香格里拉机场距离香格里拉市市中心约5千米，通航城市有昆明、成都、拉萨、广州、西双版纳、北京、深圳、贵阳等。游客到香格里拉，通常要先飞往昆明，再从昆明转飞香格里拉。

从机场前往香格里拉市市区没有机场大巴，可以选择出租车，车费约30元。

汽车

公路是迪庆重要的交通方式，迪庆的公路网以滇藏公路、川藏公路和康藏公路为核心，连通云南、四川和西藏3个周边省区而延伸至国内其他地方。香格里拉汽车客运站是境内最主要的汽车客运站。此外，德钦、维西等县也建有客运站。

香格里拉汽车客运站：位于香格里拉市香巴拉大道，有发往昆明、丽江等省内主要城市的班车。电话：0887-8223501。

松赞林寺

住宿

香格里拉旅游开发虽然较晚，但目前住宿条件已经完全可以满足需求。城内团结路、北门街一带是旅馆比较集中的区域，原来的古城区基本改造成了旅馆、酒吧地带，与丽江相似。想要住得舒适，城内的星级酒店是不错的选择，此外政府机关的招待所也适合游客下榻，条件比星级酒店稍差。旅游旺季尤其是秋季价格会上浮。香格里拉的青年旅舍也是不错的选择，不仅价格不高，而且会碰到许多志同道合的驴友，给旅途增添不少乐趣。

●天界神川大酒店

天界神川大酒店位置优越，环境优美，是一家五星级酒店。这里提供多种餐饮休闲服务，如中餐厅、西餐厅、健身房、游泳池等，还有免费接机服务，游客不仅能享受到热忱的服务，还能深切感受到浓郁的藏族风情。

香格里拉市长征大道165号 0887-8228008

●维也纳酒店（香格里拉古城店）

酒店外观气势雄伟，具有当地藏域文化的浓厚特色；内部豪华、舒适，是旅游、商务、会议的温暖下榻之处。 香格里拉市长征大道飞马转盘康定路康藏商都3号 0887-8887999

●香格里拉松赞绿谷酒店

酒店坐落在松赞林寺脚下的克纳村，远离市区的喧嚣，安静、舒适。其建筑为一座藏式土木结构的4层石砌楼，内饰手工藏毯、藏式家具、唐卡等，有"藏地民俗文化艺术博物馆"之称。 香格里拉市拉纳村松赞林寺旁 0887-8288886

独克宗古城

美食

香格里拉的餐饮以云南及四川、藏式的餐饮为主，县城内各式餐厅很多，可以很方便找到餐厅。云南菜与川菜比较相似，较辣。云南的米线、粉丝等都可以在这里吃到，藏式菜以当地出产的牛肉为主，还有各类藏族小吃，如糌粑、酥油茶、大饼等。各类星级酒店内都能提供各类特色餐饮。

美食小吃

●酥油茶和糌粑

迪庆地区藏民的主要食品。酥油茶是藏家待客所必备的饮品，糌粑则是一天三餐中常吃的主食。

推荐店铺：阿妈的酥油茶 香格里拉市独克宗古城池廊岗6号 18787683878

酥油茶

●琵琶肉

琵琶肉是一种采用藏族传统的腌肉方法制作的肉食，是藏族待客的佳肴，又叫猪膘肉。因其形状像琵琶，又称"琵琶肉"。

推荐店铺：静静的嘛呢石藏餐（北门店） 香格里拉市独克宗古城衮玛廊38号 18687646555

琵琶肉

● 油炸果

采用精白面、酥油等原料制成。有的似佛手，有的似龙爪，有的像月亮。其特点是酥而不腻，香脆可口。

油炸果

● 松茸蘑菇

新鲜的松茸用青椒炒过，清香爽口，非常好吃，松茸不能也不宜长途携带，遇到季节合适，不妨在小饭馆里一饱口福。

推荐店铺：舌尖上的小厨师（总店）

香格里拉市独克宗古城岗街3号（平措康桑客栈旁） 13988792520

● 锅奔火锅

“锅奔”是藏语“竹叶菜”，产于高山的

锅奔火锅

野生植物。锅奔火锅并非藏民的传统菜肴，而是民族融合、互相学习的结果。主要原料有锅奔、土豆、熟猪肚、豆腐、粉条等，配以熟火腿、木耳、琵琶肉，再撒少许麻油，顿时香气四溢，食之御寒暖身。

● 赛密羊肉

此菜原为藏族男子打猎归来时食用，由妻子在家烹制，等待丈夫满载而归，以示幸福甜蜜。主料为羊肉，佐以黄鸡蛋、白糖、酒、菜油、酥油，金黄嫩滑，味道鲜香酸甜。

赛密羊肉

美食去处

独克宗古城：独克宗古城既是迪庆一处旅游景点，也是一处著名的美食基地。古城附近几条街道，聚集了一大批优秀的美食餐馆，各种牛、羊肉火锅和传统小吃都能在这里找到，此外这里的客栈也很多，是一个融住宿、餐饮，游玩为一体的旅游之地。

购物

香格里拉位于高原，自然环境几乎没有人为的破坏和污染，自然资源极为丰富。这里盛产野生药材，如虫草、白雪茶、天麻、当归、雪莲、藏红花、麝香等。各种藏族工艺品也是这里的特产，如藏刀、木碗、银护身佛盒等，大都具有民族风格，十分漂亮。此外，

独克宗古城

藏族的风味食品牦牛肉、酥油茶、青稞酒等也是不错的选择。

迪庆特产

●冬虫夏草

又名中华虫草，是中国传统的名贵中药材，是冬虫夏草菌的子实体与僵虫菌核（幼虫尸体）构成的复合体，有保肺益肾、止血化痰等疗效。

●雪茶

别名地茶、太白茶，为地衣类地茶科植物，形似白菊花瓣，洁白如雪，因此得名。雪茶分为青雪茶（红雪茶）、白雪茶两种，其味略苦而甘，是难得的保健饮品。取少许加在茶叶里泡饮，有清热生津、醒脑安神、降血压等效能。

●藏红花

藏红花是一种鸢尾科的多年生花卉，是一种常见的香料，同时也是名贵的中药材，具有强大的生理活性，其柱头作为药用，有镇静、祛痰、解痉等作用，对于胃病、月经不调、麻疹、发热等有疗效。

●酥油茶和糌粑

酥油茶是藏族的一种饮料，用酥油和浓茶加工而成，喝酥油茶是藏族同胞的一种习惯。糌粑则是迪庆藏族人的主食，多与酥油茶一起食用。酥油茶须慢慢品味，饮后会有满口生香、余味悠长之感。

●银护身佛盒

银护身佛盒藏语称作“嘎乌”。起初是藏族男子在出远门时佩戴在身的护身符，现在为一般装饰品。护身符里面是空的，用来装佛像、舍利等，外面雕刻有各种图案，具有一定的收藏价值和欣赏价值，值得购买。

●藏刀

藏刀也称“折刀”（折勒干布刀），分长剑、腰刀两种。藏刀刀鞘有木质、铜质、铁质、银皮镶包等多种，刀鞘上常雕刻有图案龙、凤、花卉等。作为迪庆州的特色民族工艺品，购买时要记得索要发票，然后可从邮局寄走，乘飞机或火车都是不允许随身携带的。

迪庆购物场所

古街唐卡：唐卡是藏民所特有的宗教绘画形式，其内容以佛教故事和藏族历史、文化、社会生活等为主，绘画手法精细绝伦，整体效果富丽堂皇、庄重恢宏，令人眼花缭乱。

藏刀

古街唐卡位于香格里拉市古城内，里面的唐卡种类丰富多彩，是一家非常不错的礼品店，感兴趣的人可以来此挑选。

娱乐

迪庆是歌舞之乡，被国际音乐界视为“圣地”。锅庄舞、热巴舞、弦子舞等，独具特色。藏族的丹巴舞、格冬节宗教色彩浓郁，耐人寻味；五月赛马节、傈僳族的阔时节等民族节庆热闹非凡，令人流连忘返。

赛马会：每年农历五月初五，藏族一年一度的端阳赛马会（又叫天马节）会在中甸草场上隆重开幕，节日期间，人们举家出游，在山脚坝边搭帐篷野炊、宴客。等到赛马会开始时，人们便齐聚在宽敞的草坪上，观看各地骑手的精彩表演。

沐浴节：每年藏历七月六日至十二日是藏族的沐浴节，男女老少全家出动，携带帐篷和酥油茶、糌粑等食品，来到水边，尽情嬉戏、游泳，享受节日的欢乐。

弦子节：农历五月初七至初九德钦县会举办民族民间文艺表演，表演的内容有具有德钦特色的弦子、热巴及民间各种舞蹈，还有祝酒歌及各种民歌，是民风民俗的文艺盛宴。

歌舞演出：香格里拉工人俱乐部内的黑颈鹤歌舞厅，定期会有精彩的民族歌舞演出，具有浓郁的藏族风情，有兴趣可以前往观看。

节日和重大活动

节日	地点	时间
藏历年	迪庆州全境	藏历神变月初一至初三
格冬节	香格里拉市松赞林寺	藏历十二月二十六至二十九日
赛马会	迪庆州中甸草场	农历五月初五
弦子节	迪庆州德钦县	农历五月初七至初九

香格里拉赛马节

发现者旅行指南

红河·文山

概览

亮点

元阳哈尼梯田

元阳哈尼梯田是哈尼族人世代开垦出来的农田，梯田因地制宜，随山势地形而变化。元阳县境内梯田有1.13万多公顷，规模宏大，气势磅礴，令人叹为观止。

建水古城

建水古城被誉为“文献名邦”“滇南邹鲁”，古城内除了建筑精致、规模宏大的孔庙外，还有燕子洞、双龙桥、朱家花园等名胜古迹，文化气息浓厚。

普者黑

普者黑是文山的一张名片，景区内景点众多，各具姿态，既有孤峰、奇石的灵秀，又有小桥、流水、人家的古朴，加上那绚丽多彩的少数民族风情，是游客观光、休闲的不二选择。

坝美村

坝美村是一处“世外桃源”，村子树木葱郁，环境清幽，既有江南水乡的神韵，又有桂林山水的风采。青山古树、稻田成片，水车旋转，简直就是人间仙境。

阿庐古洞

亚洲最壮观的天然溶洞穴之一，被誉为“云南第一洞”。洞景以“古、奇、绝”著称，洞外有泉，洞中有天，洞下有河，石笋、石瀑、石花，千姿百态，令人叹为观止。

线路

红河经典三日游

第一天上午前往建水文庙，之后参观指林寺，下午逛朱家花园。第二天上午参观建水古城，之后前往燕子洞游览。第三天前往元阳哈尼梯田，用一整天时间在万亩梯田的奇景中畅游。

文山山水三日游

第一天游览普者黑，观山、玩水，体验民族风情，夜宿普者黑景区民居。第二天前往峰岩洞村游览，夜宿峰岩洞村。第三天前往游览坝美村，观世外桃源风光。

普者黑

文山东线二日游

第一天早上赴坝美，乘竹筏，听壮家歌谣，寻找这里与世隔绝的秘密；中午品尝香嫩的本地鸡，喝壮家人自酿的爽口米酒。第二天早餐后前往峰岩洞，之后来八宝镇，碧波粼粼的八宝河，飞瀑、流泉等田园风光引人入胜。

为何去

红河是中国走向东盟诸国的陆路通道，这里区位独特，资源丰富，生物多样，以锡文化、陶瓷文化和梯田文化著称于世，民族风情绚丽多彩，是一处旅游观光、休闲度假的胜地。

元阳哈尼梯田

文山素有“滇桂走廊”之称，走进文山，就如同走进一个梦境之乡。普者黑一望无际的岩溶湿地让人流连忘返，坝美世外桃源的悠闲使身居闹市的人们无限向往，驮娘江的险奇秀美令人陶醉，浓郁的民族风情、底蕴深厚的民族文化无不吸引着游人的目光。

何时去

出行红河以雨量较少的3～4月、9～11月为最佳。建水文庙每年9月28日会举办孔子文化节，节日期间古城热闹非凡。每年农历十二月十二日，是元阳县哈播村祭龙的日子，每一家都把佳肴摆在长街上过节，来客尽可享受这丰盛的自助餐。

花腰傣舞蹈

到文山旅游的最佳时间为每年的4～9月。每年5月前后，文山普者黑景区荷花竞相开放，风光无限。但此时正值雨季，一定要带上雨具，还要带一两件外套以防天气变化。

建水文庙

区域解读

区号：文山0876、红河0873
面积：64 387km²
人口：约810万人
主要少数民族：彝族、哈尼族、苗族、壮族、瑶族、傣族

地理 GEOGRAPHY

区划

红河州下辖4个县级市（个旧市、开远市、蒙自市、弥勒市）、6个县（建水县、石屏县、泸西县、元阳县、红河县、绿春县）、3个自治县（金平苗族瑶族傣族自治县、河口瑶族自治县、屏边苗族自治县）。

文山州下辖1个县级市（文山市）、7个县（砚山县、西畴县、麻栗坡县、马关县、丘北县、广南县、富宁县）。

地形

红河和文山位于云南省南部地区，地势西北高，东南低，主要以高原山地为主，山岳连绵，苍翠重叠，湖泊星罗棋布。哀牢山沿红河南岸蜿蜒伸展到越南境内，为红河·文山境内的主要山脉。其中位于金平县西南的西隆山，海拔3074米，是红河·文山境内最高峰。另外，红河·文山境内岩溶面积广阔，且多为石灰岩地形。南盘江、盘龙江为红河·文山主要河流。

气候

红河和文山大部分地区属于亚热带高原季风气候，年平均气温为15℃~22℃。雨季多集中在5~10月，11月下旬至次年的1~2月为霜期。由于此地海拔高度差较大，所以立体气候特征明显，所谓“一山分四季，十里不同天”。这里四季都适合旅游，为应对高山地区的垂直气候，游客要做好防寒准备。

历史 HISTORY

红河历史大事记

在建水城东燕子洞发现的距今3500多年的古人类遗址，证明了新石器时代红河境内就有古人类生存。

唐元和五年（810年），朝廷在今建水县修筑惠历城。

明洪武二十年（1387年），建水城扩建。元代以后，建水一直是滇南政治、军事、经济、文化中心，被誉为“古建筑博物馆”和“民居博物馆”。

1887年，清政府与法国签订《中法续议商务专条》，将蒙自开辟为通商商埠，蒙自成

土掌房

元阳哈尼梯田

为中法之间的"约开商埠"。

1889年，云南第一个海关在蒙自落成并正式开关。

1910年，法国人修成昆明至越南海防的滇越铁路，这是云南历史上的第一条铁路，蒙自的碧色寨是滇越铁路上的重要站点。

1938年秋，西南联大文法学院迁到蒙自，闻一多、朱自清等著名学者曾在这里讲学。

1988年，法国专家在看到元阳梯田卫星图片后来到元阳实地考察，拍摄了精美的图片在欧洲媒体发表，元阳梯田引起了世人的关注，逐渐成为红河旅游的第一品牌。

文山历史大事记

"西畴人"牙化石的出土，证明了早在5万年前这里就有古人类生息繁衍。

公元前111年，汉武帝在今文山内设州置郡。

明末清初，中国与越南通商频繁，由昆明到河阳市的"交趾古道"途经文山。

从1929年开始，富宁、广南、麻栗坡3个县成为邓小平领导的右江革命根据地的重要组成部分。

1954年3月1日，《中越两国政府议定书》将船头（今天保）正式列为开放口岸，1979年1月关闭，1993年6月恢复开通。

文化 CULTURE

红河风情——哈尼长街宴

哈尼族"十月年"相当于农历的春节，是个辞旧迎新的节日。每年10月，水稻收割完毕，家家仓廪充实，哈尼人便摆长街宴来庆祝。长街宴这一天，出门在外的哈尼人不论离家多远，都要争取赶回来。按照规矩，每家出一桌席、一个人，其他的位置留给客人。

红河县甲寅镇住着近两万哈尼人，号称世界上最大的哈尼寨，这里的长街宴特别精彩。另外，绿春县已连续多年成功举办"中国·绿春哈尼十月年长街古宴"活动，并被上海大世界吉尼斯总部誉为"世界上最长的宴席"。

数百米的山珍野味盛宴，每年吸引着同乡异族和国外慕名而来的客人。无论谁，只要愿意，都可以融入这浩浩街宴中，坐在每户哈尼人家的宴桌上，体验哈尼古老的文化风情。

红河哈尼族

建水古城祭孔大典

北宋末年，北方铁骑挥师南下征服云南，带来了孔孟思想和儒家学说，最终逐步形成了建水独有的汉儒文化。浓郁的儒学氛围，深深扎根于建水民间。对孔子的祭拜，也已成为数百年来建水民众的一堂传统功课。

明朝中叶开始传入的祭孔活动，到清雍正初年形成了固定的礼制，一直沿袭至今。每到大年初一，建水人都举行隆重的祭孔大典。这天，参加祭孔的老先生们穿上黑袍马褂，戴上瓜皮小帽，将孔子的圣像迎接至先师殿前。三牲摆上，礼炮三响，文武乐队奏起洞经古乐，老先生们恭恭敬敬，带着建水民众对着2000多年前的智者行礼叩拜。

建水将每年9月28日孔子诞辰之日定为孔子文化节，并举行规模宏大的祭孔大典。届时全球华人的祭孔大典，在一个南滇小城隆重上演。

苗族踩花山，男女诉衷肠

“踩花山”是苗族同胞在正月里过的一个传统民族节日，节日这天，踩花山的山坡场上，汇集了附近苗寨的人们。他们穿着节日盛装从四面八方赶来，在花山场寻找自己的亲戚朋友。穿着华丽的姑娘们围在一起，有说有笑，互相赞美那些精工细作的银首饰和刺绣作品。

踩花山的节日活动丰富多彩，有斗牛、斗画眉、吹芦笙、爬花杆等。但在诸多的活动中，谈情说爱也是一项重要的内容。小伙子姑娘们借着节日的氛围欢快对歌，一唱一和地用歌声互相提问，互诉爱情，双双对对到僻静处互诉衷肠，有的还互赠礼物以订终身，非常浪漫。

过桥米线

过桥米线是云南最著名的小吃之一，它的诞生地就是蒙自的南湖。传说300多年前，当地一个书生在南湖的湖心岛读书，他的妻子每天要走过一座桥给他送饭。因担心饭菜变凉，妻子就用鸡汤来煮米线并有效保持食物的温度，于是，饱含着乡村女人智慧和爱心的过桥米线就这样诞生了。

标准的蒙自过桥米线由鲜米线、汤料、拼盘配料三大部分组成。先将多种调料煨制的鸡汤盛入大号瓷碗中，然后依次加入各种生熟配料，最后放入鲜米线烫熟，即可食用。过桥米线的碗，尺寸都比较大，中碗的直径有30厘米左右，大碗可想而知了。

进士过桥米线

景点推荐

弥勒周边景点

云南红酒庄

有“南天第一窖”之名

红河州弥勒市东风农场

20元

在弥勒打车前往

云南红酒庄是以葡萄观光为主，餐饮、住宿、娱乐为一体的综合性旅游景点。酒庄具有中西文化特色。高大的发酵罐及“南天第一窖”展示着神秘的红酒佳酿，酒庄文化馆热情奔放的彝族舞蹈演绎着浪漫的美酒情怀，再加上风景秀丽的万亩葡萄园，让人完全融入闲适的田园风光之中，可以最大程度放松自己的每一根神经。

玩家 攻略

在红酒庄品完红酒后，可以到旁边的葡萄园中摘葡萄。该地东风农场几乎每一户农家都有葡萄园，七八月正是摘葡萄的好时候，随便到一处葡萄园，和主人商量好价格后，就可以进园采摘了。弥勒的葡萄又香又甜，可以采摘一些带回去送给亲友。

玩家 解说

法邑基督圣恩大教堂也坐落在万亩田园之中，怀抱在青色的山坳间，庄严中透出一份静谧。走进白色十字架造型的大门，透过阳光可以欣赏到教堂四周的彩绘玻璃。登上教堂的钟楼，可以将酒庄美景尽收眼底。顺着曲折的小道往前，两边是高低起伏的葡萄田园，令人沉醉。

锦屏山

佛教名山，南滇福地

红河州弥勒市 30元

在弥勒包车前往

锦屏山是一座佛教名山，素有“南滇福地”之称。踏着上千级石阶，步入规模宏伟、气象万千的锦屏山风景区，但见绿荫叠翠，清泉潺潺，鸟语花香。山间植被保护完好，绿荫环抱，景色宜人。山腰处的弥勒寺红墙黄瓦，流霞飞云，拥大佛、大运、大雄、大智四院之宏阔，集弥勒强巴像、弥勒仙光像、弥勒布袋像、弥勒天冠像之绝致，其气势恢宏，令人震撼。

链接

世界最大的笑佛

弥勒这座城市与佛同名，当地也顺势发展了佛旅游文化项目，在锦屏山上建造了弥勒寺以及弥勒大佛。弥勒佛像长99.1米，宽24米，高19.99米，是世界上最大的笑佛。佛像由水泥钢筋铸成，外层镀金，在阳光下金光闪闪。笑口常开的弥勒佛和蔼可亲，让人一见，心生愉悦。

湖泉生态园 AAAA

独具特色的休闲娱乐场所

红河州弥勒市西南

乘1路公交可到达

湖泉生态园占地200公顷，是一个独具特色的休闲娱乐场所。全园构思新颖，气势恢宏，湖面面积110多公顷，园内建有酒店、茶楼、游泳馆、温泉浴场等休闲设施，并有丰富多彩的水上娱乐项目。这里群山环抱、绿树成荫，不仅可以领略大自然的无限风光，更可以体验夕阳西下、漫步沙滩的浪漫感觉。你也可以乘坐游艇在湖中游览，收获那一份轻松自由、无拘无束的感觉。

玩家 解说

湖泉生态园是弥勒市城市建设和旅游总规划中“一廊、一区、三带、三园”结构中的第一园，总体规划共有7个水面、5个景区。其功能除增加空气湿度、提升城市空气质量外，还形成了近似天然环境，供人们休闲、娱乐的最佳场所，是弥勒人打造出来的一件佳作。整个园区湖光山色，绿草茵茵，树木成林，景色宜人，园区内人来车往，特别是“银沙滩”一带游人如织，形成了一道亮丽的风景线。

园中有天然温泉，池子不深不浅，人仰面躺下刚好，游人可享受真正意义上的闭目养神。在这里，或泡着温泉，或悠然躺卧，或读一本好书，或品一杯香茶，冥想之中获得一种怡然自得的感受。

白龙洞

景观奇特的喀斯特地貌

红河州弥勒市虹溪镇　40元

从弥勒包车前往

白龙洞是弥勒的老牌景点，独特的喀斯特地貌发育良好，属峡谷型叠层旱洞。白龙洞已开发的洞内游览区全长2500米，分上下两层、四大景区（南宫、北宫、瑶池世界、海底世界）。白龙洞内石灰岩类型繁多，造型奇特，洞中四绝“龙壁浮雕”“湾笋奇石”“灵芝斜塔”“海底世界”世所罕见，不可错过。

玩家 解说

白龙洞中四大景区各有特色，南宫以高大的石帜、石幔为特点，有“取经路上”“犀牛望月”等景点；北宫以造型奇特的龙鳞状浮雕、龙柱见长；瑶池世界以“岛屿罗列”“幽谷小溪”“碧水莲花”等景取胜；海底世界则多为石花、石珊瑚、石葡萄等，更显奇异。

可邑

阿细跳月发源地

红河州弥勒市　35元

从弥勒包车前往

可邑民族文化生态旅游村内奇峰异石林立，树木繁密，是典型的喀斯特地貌。这里不仅是阿细跳月发源地，还是阿细人创业史诗《阿细先基》最盛行的地方之一，是彝族文化的典型代表地。阿细跳月、阿细祭火、阿细斗

阿细跳月舞者

牛、阿细摔跤是可邑的特色活动项目，在这里也可品尝阿细美食，感受原汁原味的彝族文化，体验古老淳朴的阿细民俗和自然优美的生态环境，让人更加贴近自然，愉悦身心。

链接

阿细跳月

阿细跳月是彝族支系——阿细人最具代表性的民族民间舞蹈，因多在月光篝火旁起舞，故名"阿细跳月"。阿细跳月广泛流行于云南彝族地区，是青年男女重要的社交娱乐形式，主要动作有三步一蹦跳、拍掌、跳转等，节奏鲜明，情绪欢快。中国民族音乐家彭修文曾根据该舞蹈的音乐，创作了民族管弦乐曲《阿细跳月》。

红河卷烟厂工业旅游示范点

全国知名工业旅游示范点

红河州弥勒市东北边，323国道从旁边穿过

红河卷烟厂是全国有名的花园式工厂和现代化企业。红河卷烟厂筹建于1985年，1988年正式投产，是目前全国唯一只生产单一品牌、连续10年保持高速增长的烟草工业企业，在全国卷烟工业企业中综合指数排名前三位。

阿庐古洞 AAAA

亚洲最壮观的天然溶洞穴之一

红河州泸西县 ¥90元

从泸西县乘旅游专车可直达景区

0873-6652600

阿庐古洞又名泸源洞，是一组典型的岩溶地貌地下溶洞群，也是亚洲最壮观的天然溶洞穴之一，被誉为"云南第一洞"。

古洞属喀斯特地貌景观，因附近有9峰、18洞，故称"九峰十八洞"。早在宋元时期这里就是云南"三十七蛮部"之一的"阿庐部"的穴居点，其名也因此而来。明时，大旅行家徐霞客曾两次入洞考察，并在游记中这样写道："泸源之水涌于下穴，泸源之洞群于悬岩。"

阿庐古洞景区占地1.5平方千米，主洞体全长3000余米，由"三洞一河"组成，即泸源洞、玉柱洞、碧玉洞、玉笋河。洞景以"古、奇、绝"著称，其特点表现为洞外有泉、洞中有天、洞中有洞、洞下有河，形态有钟乳、石笋、石柱、石幔、石镰、石瀑、石花等，可谓千姿百态。在这里，游客不仅能享受到旅游观

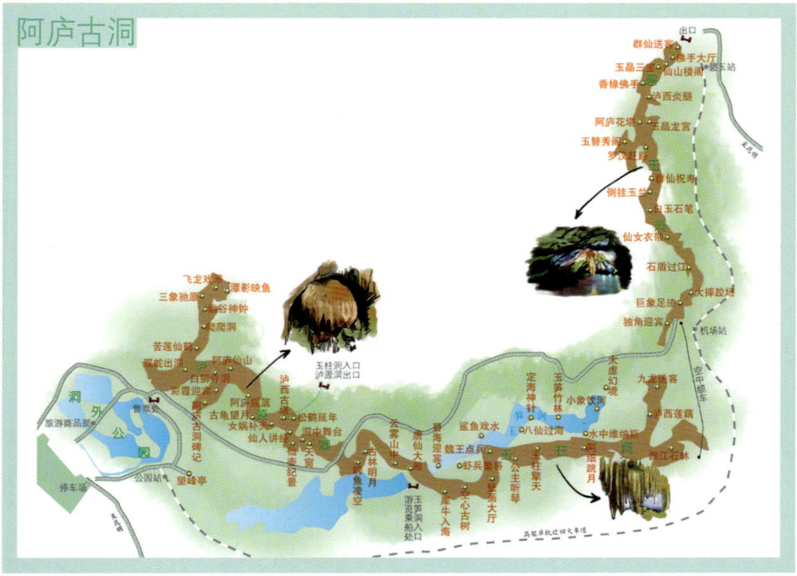

阿庐古洞

光、休闲度假的美妙，还能体验到科考探险的乐趣，是一处很有意思的旅游胜地，不容错过。

玩家 解说

泸源洞位于阿庐古洞的山麓东南，是景区内必看的景点。因为有一股泉水自该洞穴中流出，因而得名“泸源洞”。洞额上题有“奇观”“天然石室”字样，分别为明代广西知府张继孟、清代巡抚谬英所题。洞体为厅堂式，全长700余米，是由大小和形态均不相同的10余个厅堂组成的。厅堂中间由狭道相连，洞穴则呈网状发展、延伸，景观十分独特。

玩家 攻略

景区内除了泸源洞这一佳地外，还有玉柱洞、碧玉洞、玉笋河等特色景点值得一看。其中，玉柱洞洞体为宫殿式，厅堂壮观，洞口石钟乳精美而别致；碧玉洞洞体为峡谷式，洞内有阿庐古洞珍品；玉笋河是一条地下暗河，河水清澈见底，常年不涸，里面还有堪称阿庐古洞“一绝”的水中石笋，以及珍稀鱼类透明鱼，具有神秘的色彩。

五者温泉风景区

以自然景色的秀丽而称奇

红河州泸西县中枢镇，离阿庐古洞15千米

五者温泉风景区位于泸西阿庐古洞风景区15千米处，这里是历史上古阿庐部落及先民繁衍生息的聚居之地，蕴含着丰富的文化遗产和独特的人文景观，生态环境优美。

五者温泉风景区人称“世外桃源”，它以幽静而闻名，以自然景色的秀丽而称奇。温泉年出水量22.08万立方米，是一处高温型含有多种矿物质的温泉。泉水对人体有诸多保健作用。温泉附近还有五者水库和万亩野生花海可以参观游览。

城子古村

依山傍水，环境优美

红河州泸西县永宁乡

城子古村地处两州（红河、文山）三县（泸西、弥勒、丘北）鸡犬相闻之地，整个古村坐落在200多米高的飞凤坡上，面积55.59公顷，依山傍水，环境优美。相传彝族白勺部的先民们选中这里，曾用一棵树的枝叶搭建了24间土掌房，住了24家人，于是便长久地居住下来，生生不息。城子村的村民世代和睦相处，形成了淳朴友善的民风。土掌房建筑的不设防对应了这里居民内心不设防的淳朴思想。

云鹏图书馆

依山傍水，环境优美

红河州泸西县第一中学院内

云鹏图书馆建于1933年，由抗日名将张冲捐资修建，以张冲的字“云鹏”作馆名。图书馆为中式建筑，单檐楼房5间，四周设回廊，面阔26米，进深5.8米，馆内藏历代古籍善本及“四部丛刊”，张冲赠《万有文库》等典籍。现为泸西一中图书馆、云南省文物保护单位。

链接

张冲其人

张冲（1899—1980），彝族，泸西县人。他早年任滇军师长、军长等职，在北伐及抗日战争中均立战功，尤以率部参加台儿庄战役，军功卓著。后至延安加入中国共产党，新中国成立后曾任云南省政府副主席，全国政协副主席等职。

景点推荐 建水周边景点

燕子洞 AAAA

洞内有"燕阵"飞舞

红河州建水县面甸镇　55元　9:00~17:00

建水县城乘燕子洞专线旅游车可直接到景区

0873-7821068

建水燕子洞由旱洞、水洞等几大部分构成。由于洞内光线阴暗，所以有很多燕子在这里栖息，故名"燕子洞"。燕子洞口高50多米，宽约30米，洞分上、下两层。上洞巨大，开口的地方是一处已经崩塌的落水洞，内部为厅状溶洞，洞内石笋、石柱、钟乳石等簇立；下洞高30多米，洞顶密集分布着钟乳石，泸江流入洞内的暗河段长7~8千米。燕子洞最具特色的当属洞内飞舞的"燕阵"：数千只白腰雨燕在洞口来回飞行穿梭，场面十分壮观，仿佛一支独特的交响曲。这一景象每年都吸引着无数游客前来观赏，非常值得一看。

玩家 解说

燕子洞的精华部分是水洞长廊。洞中长廊一直向里延伸，看不到尽头。沿着长廊向深的地方走去，温度不断降低，只见洞中峭崖嵯峨，钟乳垂悬，犹如鬼斧神工之作。洞内钟乳群形形色色，分为"龙泉探幽""天街撷美""梦幻世界"3大景区，每一景区都有代表性景物，很有特色，是游客到燕子洞旅游时一定要观赏的景点。

建水古城 AAAA

历史悠久的文化名城

红河州建水县

文庙40元，朱家花园35元

建水县城步行可直接到各个景点

建水古称临安，是一座历史悠久的文化

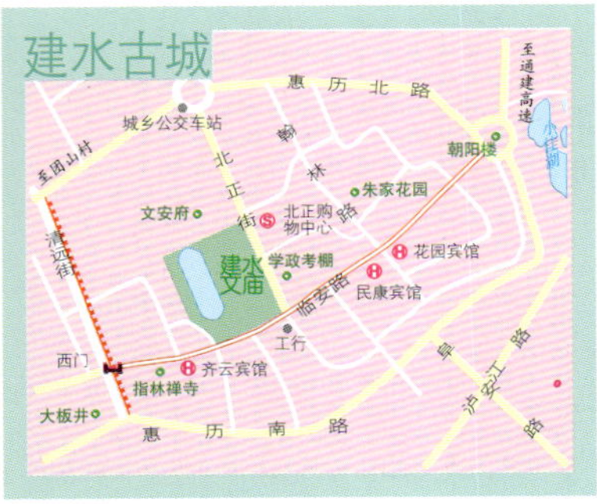

名城，位于昆明以南220千米处。建水城最早是南诏时修筑的土城，明代扩建为砖城。在长达7个世纪的历史岁月里，建水都一直是滇南的政治、军事、经济、文化和宗教中心。

建水县城位于临安镇，整个建水古城几乎所有的景点都集中在这里，城内的临安路和翰林街是最繁华的地方，街上都是明清风格的老房子。古城内的代表景点有建水文庙、朱家花园、朝阳楼、双龙桥等。

朝阳楼

朝阳楼位于临安路最东面，也称迎晖门，是建水的标志性建筑，有"小天安门"之称，整个楼体由48根巨大木柱和无数粗大的楹榫接成坚固的木构架，巍峨雄伟。

朝阳楼建成至今已有600余年，比北京的天安门还要早28年，是建水历史悠久的重要标志之一，站在楼顶可俯瞰建水古城风光。楼上有一家临安茶楼，每天晚上都有建水小调表演。朝阳楼的旁边还有一个休闲广场，是古城百姓休闲娱乐的地方。

玩家攻略

登上朝阳楼，可以俯瞰建水古城川流不息的人群和车辆，遥看鳞次栉比的古城建筑，有一种"君临天下"的奇妙感觉。

双龙桥

双龙桥位于建水城西的泸江与塌冲河上，因为两河蜿蜒如龙而得名。双龙桥用凿得很平整的500块石料镶砌而成，是云南省内规模最大、艺术价值最高的多孔连拱桥。

双龙桥承袭了我国桥梁建筑风格的特点，融桥梁建筑科学和造型艺术为一体，其建筑规模和艺术价值在国内屈指可数，在我国古桥梁史上占有重要地位。

链接

双龙桥的狗肉街

双龙桥附近有著名的狗肉一条街。双龙桥的狗肉以"狗三爷"的最出名，因为"狗三爷"的名气太大了，一条不长的街上，10家有8家取的名字与"三爷"有关，三爷狗肉大刀王、唐三爷、狗三爷等。近年来，除了打三爷牌外，又增加了正宗蒙自砂锅狗肉、烤狗排、建水烧烤狗肉等一些新的店家。

建水古井

建水是一座活的古井博物馆，这里的古井不但数目众多，而且造型独特，五花八门。人们常说井是建水的魂魄所在，当地流传"先圈大板井，后建建水城"之说。这里的古井有两大特色：其一，文化气息重，多数古井有据可查；其二，古井与人们生活息息相关。建水的古井已成为当地的一张旅游名片，每年都吸引着无数中外游客慕名前来感受建水古城古井文化。

建水文庙

建水文庙占地面积7.6万平方米，始建于元至元二十二年（1285年），距今已有700多年的历史。此庙按曲阜孔庙的风格而建，为南北中轴线对称的宫殿式，原来共有37处主要建筑，现存较完好的有31处。建水文庙在历史上共历经40多次扩建、增修，就现存规模、建筑水平和保存完好度来看，在全国范围内仅次于曲阜孔庙和北京孔庙。整体上说，建水文庙建筑宏伟壮丽，结构严谨，能给人庄严、肃穆之感，是一处非常值得游览的名胜古迹。

朱家花园

朱家花园占地面积2万多平方米，建筑面积5000多平方米，是清末当地乡绅朱朝瑛建造的私家园林（宅院和宗祠）。主体建筑采用了“纵四横三”布局，属于当地的传统民居形式的变通式组合体。院落层出迭进，房舍井然有序，共有房屋214间，大小天井42个，规模宏大、富丽堂皇，被称为“西南边陲大观园”。

朱家花园不但拥有规整的形制、灵活的布局、清幽的环境，而且内雅外秀、层次渐进、结构统一，包容了深刻的文化内涵，因而具有较高的建筑艺术价值及观赏价值，是游客在红河体验古城文化和建筑文化的理想之地。

玩家解说

朱家花园分为宗祠、住宅、花园几部分，其建筑内雅外秀、布局灵活，在丰富的形式中包容了深刻的文化内涵，具有较高的建筑艺术价值。现在朱家花园的部分房间已经改建为客房，供游人住宿。

指林寺

滇南最早的禅宗寺院

红河州建水县临安路

指林寺始建于元年贞二年，后经明清两代的扩建重修，现已成为滇南最早的禅宗寺院。指林寺原有一坊、一殿、一阁、二庑、二塔，现存正殿、二庑及牌坊。主体建筑有元代建筑风格，殿内还可以看到两幅素描壁画，绘有释迦牟尼佛及孔雀明王图，另有明景泰三年重修碑记，讲述建寺的历史。

团山民居 AAAA

精美的古民居群

红河州建水县西庄镇　35元　在建水县城乡客运公交站有微型车可以直达团山村

团山民居历史上是彝族的居住地。村庄建在一块坡地之上，背依青山，西临肥沃的西庄坝子。全村共有百余户人家，房屋全是

建水朱家花园

建水团山古村

砖木结构的深宅大院，古色古香，一户挨一户，像是一个博大丰富的古建筑博物馆。

团山民居是世界建筑遗产保护对象之一，它是一个奇特的民居建筑群落，由传统的汉族青砖四合大院、彝族土掌房和汉彝结合的瓦檐土掌房三类建筑风格结合，体现了多民族聚居区所特有的建筑文化。团山古村至今还保存着完整的古村落整体格局，是近代中国民营商业与乡村传统文化发展融合的最佳实证。

玩家 解说

古村经历数百年的岁月洗礼，仍然保存着它的质朴，相比于其他诸多古城的喧嚣，这里显得格外的宁静，商业气息并不重。村民们怡然自得地生活在这些古朴美丽的宅院里，守护着原模原样的古建筑，过着原汁原味的乡村生活。民居建筑的细部装饰相当精致，彩绘历经百余年依然色彩鲜丽，雕刻精美，每个细节都一丝不苟。

张氏宗祠

张氏宗祠位于团山村中心四方街的对面，宗祠建于乾隆四十八年（1783年），里面的对联、石碑记载了数百年前张氏家族自江西迁往建水团山繁衍子孙、创家立业的历史。

张氏宗族的真正发达是在清末民初。光绪年间，蒙自开关通商，国内外对锡矿资源的需求很大，很多团山张家人去个旧采矿，凭此发家，然后纷纷寄钱回家购置田产、盖大房子，也就是我们今天看到的这些古民居。

链接

团山村的张氏家族

在600余年的历史长河中，张氏族人尊“百忍”家训为安身立命之本，家风良好，子孙好学上进，文武人才众多。清末，张氏族人积极参与个旧锡矿的开发，挣得巨额钱财，皆回乡盖建豪宅，光耀门庭。现在团山村有保存完好的大型民居15座，其形制规整，布局灵活，建筑精美，体现了滇南民居建筑的典型特征。

张家花园

张家花园位于团山村东北边，是一座城堡式的私人住宅庄园，张家花园里最有名的是戏台，戏台雕梁画栋，木雕、石雕十分精美。

张家花园虽然不如建水城的朱家花园结构规整，但雕梁画栋，极尽奢华，如今还能在张家花园的戏台上看见包金梁柱头。

玩家 解说

张家花园建筑房屋平面布局为建水传统的四合五天井的平面形式。纵向横向并列连排，由两组三进院和花园祠堂组成，是团山村古建筑群中最大而又辉煌的私人宅院，也是建水规模仅次于朱家花园的第二大庄园。

与朱家花园不同的是，张家花园依然发挥着民居的作用，院子里还有以前那种雍容华贵的气息，尤其是那些还有淡淡一层金漆的木雕门窗，精美程度甚至可以媲美徽州民居。最重要的是这里完全没有重新装修的痕迹，看起来十分舒服。

皇恩府

皇恩府据说是清朝为表彰朱氏恪守封建礼教，授予“皇恩旌表”匾额，以昭彰其美德而得其名。皇恩府是典型的团山民居，有两个大天井，厅堂大气，木雕精美。府中最有价值的文物是木雕屏门与格扇窗，其雕刻图案丰富多彩，穿漏与浮雕结合，制作精良，典雅优美。

天缘桥

三孔百拱桥

红河州建水县临安镇马军村

天缘桥横跨于泸江河上，为三孔百拱

桥，正中建有二层重檐亭阁一座，覆以八角攒尖顶。

天缘桥桥面陡峻、宽阔，桥上建有重檐四方八角攒尖顶亭阁一座，阁墙与桥面同宽，面阔、进深均为10米。桥南端东侧还有石碑亭一座，桥南北两端各有一对石雕狮像雄镇桥头。民间将天缘桥称之为“仙人桥”，是因桥面石板上有两个似人足印的凹坑，长约尺许，入石寸许，相传为仙人所遗足迹，被称为“仙留遗踪”，乃桥上一景。

黄龙寺
山下“古甸龙潭”为建水八景之一

红河州建水县西庄镇

黄龙寺又名龙潭禅院，占地7.5万平方米，建筑依山就势，主轴线形成三进院落、四组建筑，由龙王庙、观音殿、雷神殿、清凉台等建筑组成。山下“古甸龙潭”为建水八景之一。

真武宫
云龙山古寺庙建筑群的最高殿宇

红河州建水县南庄镇钱家湾村

真武宫位于云龙山上，为云龙山古寺庙建筑群的最高殿宇。宫殿坐西朝东，单檐歇山顶，抬梁式屋架。宫内有木雕盘龙神龛，铜镜正中高悬，两侧铜瓶对称，上悬“威尊斗极”鎏金匾额。龛内供奉道释铜像9尊，形态生动，神采飘逸。殿周回廊畅通，殿前平台宽大。台中置一铜制香炉，形若殿宇。台下半月形水池一潭，泉水清澈，池前准提阁，雕梁画栋，建造精致，与真武宫对峙，为宫内戏楼。

纳楼土司衙门
少数民族土司衙署

红河州建水县

纳楼土司衙门为滇南现存规模最大、保存最为完整的少数民族土司衙署，它是明清时期纳楼茶甸副长官司（彝族土司）的衙门。纳楼长官司署雄踞红河北岸山腰上，地势险要，造型奇特，以大门、前厅、正厅、后院为中轴线，厢房、书房、耳房左右对称，门前照壁高大，两侧有石砌碉堡，署衙四角各建有用于防御的炮楼一座，至今还能看到上面斑斑点点的弹痕。

石屏古城
历史悠久、古建筑众多

红河州石屏县

石屏是一处山清水秀、历史悠久、文化灿烂的地方，这里的古城距今已有2000多年的历史。古城内有许多古建筑，包括书院、私塾、义学100多处，以及如太史第、进士第、将军第、观察第、宗人府、私家花园等建筑，因而被有关专家称为“明清民居建筑的博物馆”。当游客行走在古城中，观赏着那些古香古色的古建筑，感受着历史的沧桑，一定会有非同寻常的体验。

异龙湖
石屏人民的母亲湖

红河州石屏县城以东2千米处

在蒙自市乘班车到石屏县，然后换乘小型车可到

异龙湖是石屏人民的母亲湖，也是云南省八大高原淡水湖泊之一，有“第二西湖”之

异龙湖

美誉。这里环境清幽，风景名胜极多，除了美丽的自然风光如湖光山色、盛夏荷花外，还有潮寺、后乐亭、来鹤亭、白浪水月寺、龙港广胤寺、五爪山罗色庙等重要人文景观。这里是滇南游览胜地之一，一年四季游人不绝，特别当荷花盛开之时，清香远溢，是来这里游赏的最佳时节。

玩家 解说

异龙湖中有3座岛，小岛叫孟继龙（马坂垅），中岛叫小末束（小水城），大岛叫和龙（大水城）。南岸还有72处港湾，其中五爪山伸入湖中形成了九曲。所以，这里有“三岛九曲”景观，很值得一看。

袁嘉谷故居

了解石屏文化历史的重要窗口

红河州石屏县异龙镇南正街

袁嘉谷故居为清代中式四合院瓦楼房，是云南唯一的经济特科状元袁嘉谷少年时的居所。袁嘉谷故居坐西朝东，建筑面积875平方米。故居大门雕梁画栋，一块红底金字上书“经济特元”的直匾悬挂门顶。二重门顶一块黑底金字的“太史第”横匾映入眼帘，进入三重门是一幢四合院楼房。院子中央一棵枝繁叶茂的橙树长年翠绿，每到秋天金黄的果实挂满枝头。上排堂屋墙壁正中挂着袁嘉谷任浙江提学史时的半身巨照，楼上陈列着袁嘉谷的生平事迹、著作及书法作品；下排楼上展览着石屏的历史文物，两边耳房为袁嘉谷生前的书房，珍藏着他曾用过的文房四宝。故居内的陈设、展览是了解石屏文化历史的一个重要窗口。

郑营古村

多姓汉人杂居的大村落

红河州石屏县宝秀镇

郑营古村依山傍水，景色秀丽，古村内的街道都是石板铺成的青石路面，民房多是保持着地方特色的大四合院，古色古香。此外，还有规模宏大、保存完整的陈氏宗祠、郑氏宗祠。

据史料载，600多年前这里原是一个彝族聚居的小村落，名为普胜村。有位随明朝大军入滇的浙江金华人郑太武，落籍蒙自，几十年后，其子郑从顺由蒙自迁徙到石屏，见此地山清水秀，田畴丰沃，便举家迁居到这里，并将普胜村易名为“郑营”。明洪武后期，朱元璋“移中土大姓以实云南”，令大批江南、中原汉民迁徙至云南，在此创家立业。郑营也从郑氏一族逐渐变成了一个多姓汉人杂居的大村落。

石屏秀山

滇南的名山胜地之一

红河州石屏县宝秀镇西南部

石屏秀山是滇南的名山胜地之一。山上树木葱郁，景色优美。山上古刹真觉寺始建于明洪武年间，清代多次重修。现存古建筑有山门、大雄宝殿、凌云阁。大殿内塑有释迦牟尼像，两旁塑有普贤、文殊像各一尊。登楼远眺，视野广阔，城镇村舍风光一览无余。

石屏秀山俯瞰

景点推荐

元阳周边景点

元阳哈尼梯田 AAAA

铺在大地上的艺术品

红河州元阳县 65元

从元阳县包车前往各个景点

0873-5768035

元阳哈尼梯田有“四绝”：(1)面积大。梯田形状各异，且连绵成片，每片面积达上千亩。(2)地势陡。坡度从15～75度不等，最陡的梯田就像峭壁一样。(3)级数多。能开出梯级最多的一面坡上，可达到3000多级。(4)海拔高。梯田可从河谷延伸到海拔2000多米的山上，已经是水稻生长的最高极限了。这里有“江河—森林—村寨—梯田”四度同构的生态系统，景色十分壮丽、独特，是游客观光、休闲、摄影的绝佳选择。

玩家 解说

元阳哈尼梯田是人类劳动的结晶，是当地各族人民世世代代留下的杰作。其规模宏大，气势磅礴，绵延整个红河南岸，堪称世界一绝。日出时，红霞满天，云雾翻滚，满眼的梯田在阳光的映衬下，犹如一架架直通云霄的天梯；日落时，梯田、山村、树林都披着一身金黄的光芒，如诗如画，令人惊叹不已。

玩家 攻略

元阳哈尼梯田风景优美，是摄影的好地方。最佳的摄影季节是每年的11月至次年的4月。当地只种一季水稻，5月插田，7月一片葱绿，10月一片金黄。入冬以后放水浸田，田埂线条清晰可见，弯曲有序，是摄影的绝好时机。

住宿：到元阳哈尼梯田旅游可以住在元阳县城，但更好的选择是住在新街镇(老县城)，这里距离梯田景区更近，民族风情也更为浓厚，可以近距离体验哈尼人的生活。如果是专门为了拍摄日出时的梯田景观，还可以选择住在梯田所在的各个村庄当中，条件一般，但早起拍摄很方便。

美食：元阳街头有很多烤豆腐、烤土豆等当地特色小吃，将轻微发酵过的豆腐块和土豆片烤至两面黄，蘸着辣子吃。元阳的特色菜还有小黄牛干巴和油炸排骨，几乎每家餐馆里都有这两道菜。

拍摄：想拍摄梯田的日出景观一定要早起，每天拍摄梯田的摄影师和游客很多，如果起得晚，位置好的拍摄地就会被抢占一空。

箐口哈尼民俗村

箐口哈尼族民俗村坐落于半山腰，全村有150多户人家，村寨里树林茂密、鸟啼蝉鸣，充满了浓郁的原始乡土气息。民俗村集

中体现哈尼梯田文化的共性，即森林、村庄、梯田和江河四度同构的特征，所以又被称为哈尼族四度同构展示区。

在箐口哈尼族民俗村可以观赏哈尼蘑菇房、寨神林、水渠、分水木刻、水碾房、水磨房、水碓房等生产生活设施，可以参观哈尼族的民族服饰、生产生活用具。整个村子的哈尼族蘑菇房在阳光的映射下，更加显得古朴、自然，就像一朵朵生长在深山中的纯净的大蘑菇，与大自然融为一体。

链接

哈尼族的蘑菇房

哈尼族的住房状如蘑菇，由土基墙、竹木架和茅草顶构成，屋顶为四个斜坡面。房子分三层：底层关牛马、堆放家具等；中层用木板铺设，隔成左、中、右三间，中间设有一个常年烟火不断的方形火塘；顶层则用泥土覆盖，既能防火，又可堆放物品。

蘑菇房经久耐用，冬暖夏凉，在我国民居文化中独树一帜。它与巍峨的山峰，迷人的云海，多姿的梯田，构成了一幅奇妙的哈尼山乡风景。

坝达景区

坝达梯田位于元阳县新街镇南部，是观赏日落、云海风光的著名景点之一。坝达景区也是元阳最大的梯田区，包括箐口、全福庄、麻栗寨、主鲁等连片上万亩的梯田，这里的梯田面积大、壮观，线条美，立体感强，从海拔1100米的麻栗寨河起连绵不断，直伸延至海拔2000多米的高山之巅。随着时间和光线的不同，上万亩的梯田泛着不同颜色的光辉，震撼至极。

多依树景区

多依树景区距新街镇25千米，包括多依树、爱春、大瓦遮等连片上万亩梯田。多依树的日出是最美的，人们所看到有关元阳的日出照片中，可能最多的就是在多依树拍摄的。在日出之际，梯田中的水不断变化的颜色让人目不暇接，而烟雨迷雾下若隐若现的多依树村庄，则是现实中的梦幻仙境。

老虎嘴景区

老虎嘴是元阳梯田中山势最险峻、气势最恢宏的梯田景区。站在山上往下看，整个地形呈两山夹一谷之貌，谷底一条小河静静流淌，山头是青山流水、绿树村庄，村子下面有层层梯田直落河谷。那些富有立体感的层层梯田，时隐时现，有明有暗，颜色千变万化，韵味十足，异常壮观。除了立体感强外，老虎嘴梯田颜色的层次感也非常强烈，五彩斑斓，像是人画上去的一样，是摄影者的挚爱。

黄连山

生物多样性丰富的“绿色三角”地区

红河州绿春县西南部

黄连山国家自然保护区属哀牢山南延支脉，是中、老、越三国跨国界自然保护区的一部分，是世界上生物多样性十分丰富的“绿色三角”地区。

黄连山南部与越南的孟艺国家级自然保护区相连，总面积65 000多公顷，保护区内有种类繁多的珍稀濒危动植物，共有国家级保护植物152种，国家级保护动物74种，生物多样性明显。这里还是中国灵长类动物分布类型最多的保护区，在我国共有22种灵长类动物，黄连山保护区内就有8种，在物种分类和分化研究上有很重要的意义和价值。

阿罗欧滨景区

神秘原始宗教文化圣地

红河州绿春县

阿罗欧滨是哈尼族人民向往的神秘原始宗教文化圣地，是叙事长诗《嘟玛简收》中哈尼仙女嘟玛简收成仙升天的地方，也是生长遮天大树和诞生哈尼历法的地方。

每年农历二月，绿春县城附近的哈尼村寨村民都会去阿罗欧滨进行盛大的祭祀活动。同时阿罗欧滨也被缅甸、泰国、老挝等东南亚国家的阿卡人奉为圣山。

甲寅文星阁

哈尼族与汉族文化交流的历史见证

红河州红河县

甲寅文星阁始建于民国十四年（1925年），占地78平方米，高12米，重檐攒尖顶，砖木结构。门檐悬陈荣昌书横匾“文星阁”。甲寅文星阁整个建筑造型美观，气宇轩昂，是哈尼族与汉族文化交流的历史见证，现为红河哈尼族彝族自治州文物保护单位。

迤萨西山阁

清代古建筑

红河州红河县

迤萨西山阁建于清同治十年（1871年），阁高约10米，占地面积约106平方米。阁为木结构，重檐卷棚顶，六角飞檐，斗拱昂枋，四壁卷洞圆窗。东西圆门通道，回廊曲折，造型美观，新颖别致。

元阳哈尼梯田

景点推荐

蒙自周边景点

碧色寨

中国近代最早的火车站之一

红河州蒙自市开蒙线

从蒙自市乘坐中巴车前往

碧色寨作为一个曾经因火车贸易而繁荣半世纪的小村庄，有着中国近代史上最早的火车站之一，车站至今仍保留着法式铁路用房，挂在车站墙上饱经风霜的时钟，英文Paris（巴黎）字样依然清晰可见。

这里遗留下法国式的站台、钟表、水桶、货运公司和关了门的西餐厅。现在已经关闭的火车站清净寂寥，很适合怀旧。还有一些诗人和画家来到这里组建了画家村、工作室等。

玩家 解说

在碧色寨火车站建立之前，这儿已有了一个小村庄叫“坡心”，一个法国驻蒙自的官员发现这里依山面水，给火车站取名“碧色寨”，小村庄便因火车站而得名，而原来的名字倒被人们渐渐忘却了。滇越铁路的开通，使最初只有十几户人家的碧色寨，成为铁路线上的一个特等站，迅速成为一个异常繁忙的中转站及贸易集市，成为云南进出口贸易的重要集散地。

滇越铁路通车后，为了掌握个旧锡矿的运输，云南的商贾们自筹资金修建了个旧至碧色寨的个碧铁路，后又延伸到石屏。个碧石铁路是中国近代史上主权最完整的一条铁路。云南十八怪中“火车不通国内通国外”说的就是这条铁路。

蒙自南湖公园

湖堤种植垂杨，湖中有三座小岛

红河州蒙自市南湖路

南湖原名草海。明朝时知府带领民众，将湖中淤泥杂草取出，垒成3座小山，分别以神话中仙人居住的蓬莱、瀛洲、方丈三仙山为名，并从县城十几里外引来酒鸡泉、法果泉等四泉的水灌入湖中，形成碧波荡漾的大小两个湖泊。南湖总面积41万平方米，湖堤种植垂杨，三岛有游路相通，园内广植花木，现为南湖公园。

南湖公园主要的建筑是雄伟的瀛洲亭，瀛洲亭修建于乾隆庚午年（1750年），后于清朝毁于战乱，又经几次重修，至今保存完好。因有文人学士常来相聚，吟诗作赋，攻读诗书，又有“学海”之称，云南著名的过桥米线传说便起源于此。中国风格的亭台楼阁和回廊曲桥掩映在绿荫之中，风光秀丽，是观察当地人生活的好去处。

缘狮洞

曾有“滇南第一洞天”之美誉

红河州蒙自市鸣鹫镇境内

缘狮洞又名观音洞，位于蒙自通往文山公路的左侧。缘狮有缘于狮子的意思，它的得名源于一对苗族情人在洞中遇难，一只狮子出现并将他们从危难中解救出来的传说。缘狮洞内有清初石窟造像20多尊，曾有“滇南第一洞天”之美誉。

泸江公园

在泸江原河床上兴建的公园

红河州开远市灵泉西路

泸江公园是泸江改道后在原河床上兴建的公园。公园占地5万多平方米，其中水面面积1万多平方米，园林建筑按江南园林风格设计，有百花亭、泸湖夏荫等15座古典园林建筑，风景优美，是当地市民常去的休闲之地。

云窝寺

清朝古寺，开远名胜

红河州开远市灵泉西路

云窝寺为开远名胜。清雍正五年(1727年)，阿迷州知府在响水洞前石壁刻“水府云窝”四字，寺由此得名。云窝寺由大雄宝殿、龙王庙、文昌宫、关圣宫、魁阁等建筑组成。大雄宝殿为两进三开间，抬梁式结构，重檐歇山屋顶。云窝寺正殿为悬山屋顶，也是三开两进间。开远云窝寺以“万石悬空，峻峭高下，恍如云紫，水从中出”之胜景受众人青睐。云窝寺门右侧挺立着一株枝叶繁茂的高大红豆树，树龄200余年。

南洞风景区

洞内风景宜人、流水潺潺

红河州开远市市区南郊8千米

南洞风景区由3个终年流水潺潺的泉潭组成，其中有一个可划船而入。洞内不仅清凉宜人，还可以欣赏到石芽、石笋、石柱等钟乳石奇观，此泉水是开远当地居民饮用及灌溉农田的主要水源。洞外古木参天，山石峭立。

云庙

为清代及民国年间个旧锡商活动中心

红河州个旧市宝华路

云庙又名云南会馆，为清代及民国年间个旧锡商及金融、经贸活动中心。由主殿、矿王殿、财神殿和大小天井、藏经楼、荷花池组成，现为云南省级保护文物，庙内设有个旧市博物馆。

宝华山寺

兼容佛教、道教、儒教风格的古建筑群

红河州个旧市市区东南郊阴山之麓

宝华山寺始建于清康熙九年（1670年），

云庙

后于康熙四十二年（1703年）扩建，民国年间又增建楼阁。寺内先后建有玉皇阁、灵官阁、文昌阁、观音阁、白猿阁、财神殿、灵圣殿、岳圣殿、鲁班殿、龙王庙、梁公祠等建筑，占地1.9万平方米。全寺建筑精致、气势雄伟，自然景色优美，为滇南名寺之一。

曼耗风景名胜区
个旧市的综合性景区

红河州个旧市曼耗镇

曼耗风景名胜区由曼耗、锡都、白云山、大屯海4个片区组成：有曼耗热带山地雨林；有全国最大的长臂猿饲养基地——宝华山动物园；有云南境内温度最高的丫洒底热泉；有驰名中外的锡都文化等。

河口口岸
口岸风光

红河州河口县南溪镇

山水相连的河口瑶族自治县是国家级口岸，通过南溪河与越南一桥相通。口岸附近南溪河灰岩热带原始沟谷雨林景观、花鱼巨泉景观和四连山古炮台文化遗址等，令人流连忘返。

河口口岸靠近南溪河，在此还可以体验漂流，其中“石门关”最险，滩前有一块巨石，像道门槛，橡皮舟经过这道门槛时，船头船尾轮番翘起就像玩跷跷板，刺激无比。

大围山
以热带亚热带原始森林景观为主体

红河州屏边县玉屏镇

大围山景区由大围山片区、滇越铁路屏边境内一线和新现河一线19个景点组成，面积约50平方千米。景观以较完整的热带亚热带原始森林，生物物种多样性，珍稀濒危动植物景观资源为主体，如今已建成森林公园。

每当苗族举行花山节等喜庆节日时，这里人山人海，非常热闹。此外，这里还是通往国家级边贸口岸——河口口岸的必经之地。

勐拉温泉
有桑拿效果的天然温泉

红河州金平县热水塘公路旁

勐拉温泉从石洞中涌出，最尽头水深1米多，水汽蒸腾，水温为50℃~60℃，有桑拿的效果。躺在粗糙的温泉池中，感受温泉带着气泡汩汩从身下冒出，仰望青翠的山崖中瀑布飞流直下，在瀑布溅起的雾气和温泉涌起的水汽中，享受瀑布、青山、蓝天，犹如在人间仙境畅游。

西隆山
天然的物种基因库

红河州金平县者米乡南部

西隆山自然保护区与越南莱州西北部相连，是一处以山梁为界的跨国林区。保护区面积12平方千米，原始森林雄奇巍峨。这里森林生态系统保存完整，有青枫树、双扇蕨、黄心树、灰竹等珍稀树种1000多种，还有金丝猴、懒猴、长臂猿、棕熊、穿山甲等珍稀动物，生物资源非常丰富，是我国物种基因库之一。

西隆山

景点推荐

文山周边景点

老君山

亚热带“植物宝库”

文山州文山市

在文山市南桥客运站乘中巴车即可到达

文山市老君山风景名胜区由老君山原始林区、薄竹山和西华山三个片区组成，并纳入了上天生桥、下天生桥、东方红电站、头塘森林公园、柳井溶洞，呈亚热带至南温带的多层性高原岩溶地貌特点，是滇东南地区唯一的一块亚热带“植物宝库”。

薄竹山

薄竹山最高峰为双乳峰，为滇东南第一高峰。当万里晴空之际，驻足峰峦之巅，放眼苍穹，顿觉胸襟舒展，山下方圆千余平方千米的河川大地尽收眼底。景区内林木森森，其中不乏千年古树、珍贵名木，特别是世界已属罕见的长蕊木兰，是为珍品。山上主要景观有高山云海、顶峰观霞、珍珠坡、绝壁飞瀑等。

西华山

西华山地势险要，气势磅礴，山上新辟的西华山公园景色秀丽，空气清新，种植着奇花异树，修建了亭台楼阁，环境优美。站在洞口凭栏远眺，可将文山坝子及坝子上的田园、村落风光尽收眼底，是游览观光、休闲避暑的胜地。

白沙坡温泉公园

游览观光、休闲避暑的胜地

文山州文山市白沙坡村

白沙坡温泉公园占地3.5万平方米，是文山城周边唯一以温泉洗浴为主题的公园。公园最早在1937年就建了水池浴室，1992年重建为休闲型主题公园。公园区位优越，交通便利，周边风光秀丽，环境优美，是一处非常不错的适合游客体验温泉洗浴和度假的去处。

浴仙湖

湖光山色，多民族风情

文山州砚山县江那镇

可乘昆明至砚山、丘北等方向的班车在海子边收费站下车

浴仙湖景区总面积109平方千米，由5个片区组成，即主景区、听湖、阿舍、阿猛、龙所。这里是省级风景名胜区，其中既有幽静如画的湖泊群，也有千姿百态的孤峰群，还有绚丽多彩的溶洞群，以及繁茂的原始森林，上千亩的杜鹃园，优美的壮乡风光，古战场遗址等，是游客旅游观光、休闲娱乐、度假疗养的理想之地。

玩家 攻略

浴仙湖沿岸共有3个村寨，分别居住着彝族、壮族、苗族。苗族花山节、壮族三月节、彝族火把节期间，各民族人民穿上盛装，载歌载舞。此时，尽可欣赏苗族芦笙舞、彝族弦子舞，以及壮族的草人舞。

诸葛山

传说诸葛亮屯兵之地

文山州砚山县江那镇南郊3千米处

诸葛山地处大巴山余脉大仪山系尾部，

浴仙湖

坐北朝南，据说在1700多年前诸葛亮在这里屯过兵。著名的国家级文物保护单位阆中永安寺就建立在诸葛山黄泥岗上。

黄泥岗形如黄龙之头，永安寺恰好建在龙头上，有梅溪支流龙滩河环寺而流。寺后岩石隆起若龙额，一石若舌，长丈许，直伸龙滩河，地形甚为奇特。这个唐建元重修的永安寺，当地人有许多关于它的故事和传说。

玩家 解说

诸葛山上有红军时期的战斗遗迹。当年红九军勇士们就是攻下该山后，顺山而下占领水观场的，并且在水观场建立了阆南县委和县政府。

诸葛山上武侯庙建于元末，庙中有诸葛亮、关圣帝、文昌帝、观音菩萨、太阳帝、土地神等塑像。

鸡冠山

景区内遍布亚热带植物

文山州西畴县

鸡冠山森林公园地处南亚热带北部边缘。景区内遍布华山松林、杉树林、南亚热带常绿阔叶林。鸡冠山森林公园分为香符沟景区和芹菜塘景区。

香符沟景区有桃花源、待贤亭、石猴拜日、水帘洞、花涧垂钓、浴仙池、经金瀑布、飞桥瀑布、幽谷溪流等10余个景点；芹菜塘景区有湖光山色、傍水亭、七彩路、怡亭、巡海楼、五彩林、大坝等景点。

天生桥溶洞

一座天然形成的桥梁

文山州麻栗坡县

从开远坐至文山方向的短途客车，中途下车可到景区

天生桥溶洞是一座天然形成的桥梁，横跨于畴阳河岸。桥下流水湍急，进水处有一滩塘，出水洞水面约8米，桥洞空间岩燕成群，桥下有一水洞盛产小虾。上有开远到文

山公路通过，为进入文山的咽喉要道，古题“金汤锁钥”。

溶洞分三层，洞中有洞，洞洞相连，主洞雄浑深邃，支洞沿江环绕，纵横交错。洞中奇岩怪石绚丽多姿，石笋、石钟乳、石幔、石柱、石花形态万千。

大王岩崖画

崖上描绘人物、符号的形象

文山州麻栗坡县

大王岩崖画为新石器时代的作品，分两组。1组崖画在石壁东侧，画面高8米，宽6米，可见人物、动物形象31个，色彩对比鲜明，形象逼真；2组崖画在1组崖画的右下侧，高3米，宽约20米，图像人物不画五官，躯干呈三角形，四肢形态各异。崖画人物构思奇妙，想象丰富，充满了荒诞色彩和浪漫手法，红黑白组合协调，艳丽明快，色彩对比强烈，非常值得一看。

天保口岸

中国通往东南亚的重要口岸之一

文山州麻栗坡县

天保口岸是中国通往东南亚的重要口岸之一，也是云南进入越南河内、下龙湾路程最近、环境最好、条件最舒适的一条旅行线路。口岸通关便捷，每天出入境的车辆不断，还开通了几条到越南的旅游路线。

玩家 解说

持有中国身份证在天保口岸出境，可以在口岸旁边的一些商店里代办通行证。持通行证可以在越南待7天。

都龙边境集市

民族特色集市

文山州马关县都龙镇

在文山南桥客运站乘到马关县的班车

都龙古镇过去作为中越边境战争期间的战区之一，距离越南直线距离不过8千米。镇上每逢星期天，赶集人数可达近万人，各种各样的特色产品构成了一道迷人的风景线。

除了民族服饰，这里的地方土特产品也别具特色，从数量上来看，野生竹笋居多。除了竹笋，最惹人注目的便是野生折耳根，它不但是绿色食品，还是一种中草药。另外，还有蕨菜、野山药、灰刀菜等许多野生绿色食品，说这里山珍摆满街并不为过。

天保口岸

景点推荐 丘北周边景点

普者黑风景区 AAAAA
独特的喀斯特山水风光

文山州丘北县　免费

可乘坐昆明开往丘北的班车

普者黑风景区是典型的喀斯特地貌，总面积386平方千米，是国家级风景名胜区，也是云南九大康体休闲度假基地之一。这里有着五大特色：（1）具有神奇壮丽的岩溶地貌高原湖泊群；（2）具有独特的孤峰群；（3）具有珍稀的野生荷花；（4）具有宽广的岩溶湿地；（5）具有多姿多彩的民族风情。因而，这里被誉为拥有“世间罕见、国内独一无二的山水田园风光”。在这里，游客不仅能欣赏到千姿百态的自然风光，还能体验到绚丽多彩的民族风情，让人大开眼界，流连忘返。

玩家 攻略

最佳旅游时间：去普者黑旅游以夏季为宜，尤其是7~8月荷花盛开的时候，此时风景优美，还会举办一年一度的荷花节，热闹异常。

住宿：到普者黑景区旅游可住在丘北县城，也可以住在普者黑景区内的度假村或农家乐，节假日房价会有一定上浮，最好提前预订，推荐在普者黑景区仙人洞村内住宿，这里紧靠湖岸，风景优美。

美食：普者黑很多民间风味小吃也让游人津津乐道。这里独具特色的风味菜系有河水煮活鱼、腊肉煮红豆、盐水虾、荷叶炒鸡蛋、莲子粥、菜豆腐、黑药鸡、三七鸡等。

在普者黑景区青龙山脚下有烧烤街，从观音洞一直延伸到火把洞，主要有烤鱼、烤虾等美食。

景区交通：游览普者黑景区可走水路，整个景区旅游航道总长20千米，可以乘当地独木小舟，很有特色，每艘船可乘3~6人，可游玩3~5小时。

特别提示：到普者黑的游客一般都会参加这里的特色活动“打水仗”，打完水仗全身都会湿透，要记得多准备一身衣服。

玩家 解说

普者黑在彝语中意为“盛满鱼虾的湖”。湖中的水清澈见底，在湖面上泛舟时，水中鱼游虾潜，花漂草浮，让人一览无遗，当地民众至今仍保持着随手掬一捧湖水解渴的习惯。夏季七八月的时候，近万亩荷花清香四溢，呈现出秀奇古幽的天然景色。

普者黑中心景区主要有仙人洞村、普者黑湖、荷花湖、灯笼湖等，300多座孤峰，80多个溶洞，80多个湖泊，形成20千米长的水上旅游航线。

仙人洞村

仙人洞村是一个古老的村庄，背靠青山，前临绿水。仙人湖环绕在村边，万顷碧波，绿如翡翠，倒映着峻秀的孤峰和古朴的民居。

仙人洞村民风淳朴，村里的撒尼人通过古老的“祭密枝”等自然宗教活动场所来制订村规民约，规范人们的行为。村民们同心同德，共同营造美好的家园。外来游人进了村，无论走进哪一家，总会有灿烂的笑脸相迎。他们会忙着端茶送水，递上一根竹制的水烟筒。他们还会热情地向你介绍风土人情，讲述当地的传奇故事。

链接

普者黑民族风情

普者黑景区内生活着多个少数民族，这里有丰富的民俗活动，壮族的敬老节，苗族的花山节，彝族的火把节、花脸节、摔跤节和多姿多彩的民族民间歌舞表演，异彩纷呈的民族风俗，无不令人神往。

湖泊群

普者黑全景区有大小湖泊60多个，湖水清澈，游鱼可数。登高眺望，似一串珍珠，熠熠闪光。夏秋季节，千亩荷花，荷叶翠绿，花色多样，亭亭玉立，荡舟穿行其间，清香扑鼻，令人陶醉，如置身于诗画之中。

到了景区，如不乘船一游，将成终生憾事。船是彝家世代相传的独木小舟，宽不过1米，仅容三五人。驶入湖中，如离弦之箭，轻快如风。荡入湖中深处，极目四望，数千亩湖面，荷叶团团，如天上的荷花仙子率队降临人间，随着徐徐的馨风在水上翩翩起舞。

链接

普者黑“打水仗”

到普者黑景区旅游最有趣的活动就是打水仗了，来自四面八方的人荡舟湖间，端着脸盆或拿着水枪互相泼洒着，没几个回合便都成了“落汤鸡”，这一独特的内容给无数游客留下了深刻的印象。

普者黑的“水仗”最能体现团队精神，也是一次与陌生人的湿漉漉的善意交流。人们走出城市，抛弃压力和烦恼，忘情地投入，在水花四溅中大呼小叫，激情狂乱之中将一腔欢快狂泄而出，水仗打完了，人累得散架了，而心里却十分痛快。

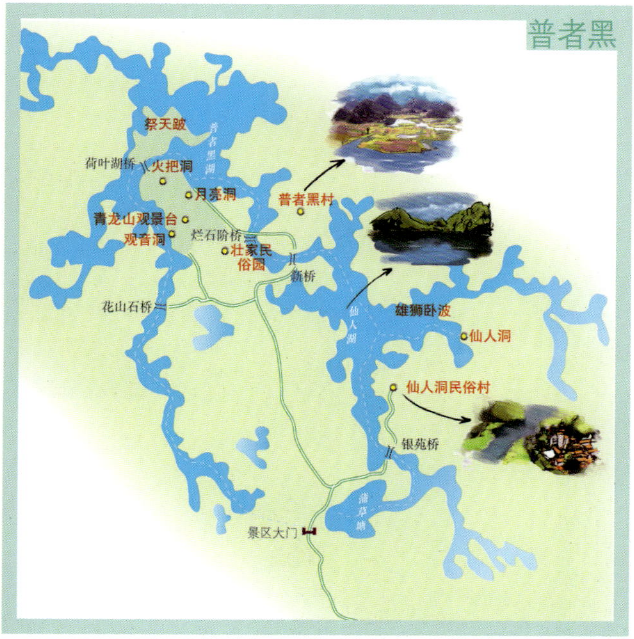

孤峰群

普者黑景区内有300余座孤峰，平均相对高度百余米，耸立在湖泊之中，坐落于平坝之上。峰如塔，其陡如削；绝壁千仞，端庄俊秀。放眼望去，点点石峰玲珑可爱，群山似万马奔腾，富于梦幻色彩。

泛舟远眺，高达150~210米的200余座石峰平地崛起，峰峰相对，全身披绿，百态千姿，或如蛤蟆、青狮，或似情人相对倾心。靠近山峰，又见绝壁悬岩，晃动于水影之中，犹如龙飞凤舞。

溶洞群

普者黑景区内共有具有观赏价值的大溶洞83个，现在对外开放的有月亮洞、火把洞、观音洞、仙人洞、神怡洞、白玉洞。这些溶洞洞中藏水，石钟乳琳琅满目、瑰丽多姿，晶莹透亮、色彩斑斓，形态各异、雄伟壮观。

溶洞群中，月亮洞、火把洞、仙人洞、神怡洞等格外多娇，洞室宽阔，易入易出，洞内石笋丛集，怪石挺立，晶莹透亮，色彩斑斓，瑰丽多姿，形成了“怪石、异水、奇穴”的地下天然景观。

舍得草场

有“小香格里拉”美誉

文山州丘北县舍得村

舍得草场是一个草原风景区，被誉为“小香格里拉”。景区主要以草场、高原风光、名优特产、浓郁的民族风情及革命根据地五绝而著称。有面积达6600余公顷的草场和白泥塘僰人文化生态村、羊雄山、华竹箐等景点，开发了滑草场、跑马场等娱乐项目。海拔2000多米的草场上，地势连绵起伏，山顶古树参天，漫山遍野的野花，在山坡地带觅食的牛羊，在蓝天白云下组成一幅美丽的画卷。

普者黑溶洞

景点推荐

广南周边景点

坝美世外桃源景区 AAAA

世外桃源

文山州广南县

从广南县乘坐到坝美村的兴义211路公交

景区包括一河、两洞、三村，是一个集民族风情、劳作习俗、奇山异水、溶洞奇景、田园风光等多种旅游资源于一体的休闲旅游度假区。

坝美河是坝美村最具风采的景致，水流潺潺，十分秀美。由坝美河可进入核心景点坝美村，里面随处可见壮族妇女，她们穿戴着帕角、黑蓝色裙、绣花鞋。有的在人工石磨前推磨，有的在木制纺织机前纺线、织布，有的在土布上绣花；男人们则去山里背柴火，小孩和老人用竹水桶去泉眼里挑水，一幅惬意的“世外桃源”图景。

坝美村至今还保留着具有壮族传统文化特色的风俗。每年村里都会按时节举行祭龙、祭祖仪式，开展围鱼、斗鸡、对歌、龙垭歪、泼仙波、耍狮子、踢毽子、踢叶子球、花糯米饭节、领夜种神田等活动。在坝美村，游客不仅能体验到浓郁的民族风情娱乐活动，还可品尝到当地的“农家乐”，以及体验唱坝美村民歌、跳坝美村舞蹈、听坝美村神话传说等的乐趣。

玩家 解说

坝美村的民俗文化中，房屋独具特色。这里的房屋，以落地、半楼居两种杆栏式风格为主。主屋用木板架成，四周围拢着树枝，外面敷有用泥巴、牛粪和成的黏土。这样做既通风又保暖。屋上盖瓦顶、抱厢，前面设凉吧或围栏。楼上用来住人，楼下用来养牲畜、堆放杂物等。这种民居被当地人称作麻栏楼或吊脚楼。麻栏楼等建筑，历史古老，风格独特，是当地壮族传统建筑的活化石。

坝美村村民所用的食物、衣物和生产、生活用具等，至今基本上都是自给自足。在寨子中，随处可见他们使用的古老用具，如水车、水磨、木碓、石缸、石碳、木梯、木菜板、木灯架、独木舟、人工石磨、水纺织机、木榨油机、竹木水桶、葫芦酒壶、木储物器、独木风箱、木背柴架、木三角独轮推柴车等。这些工具古朴粗拙，是一种远古文化的象征，非常值得游客一看。

玩家 攻略

住宿：坝美村的住宿基本都是农家旅馆，条件较为一般，不过建议在这里住一晚，以便欣赏坝美村清晨的美景。坝美村中心地带的古榕客栈在千年古榕树的后面，村里有活动的时候，在客栈二楼的房间就能看得清清楚楚，推荐入住这里。

美食：坝美村都是壮族人，这里的食品都是自给自足的绿色食品和一些熏制的腊肉，还能喝到壮家自酿的米酒。到了坝美一定要去当地村民家品尝当地的五彩饭，很有特点。

八宝风景区

高原小桂林

文山州广南县八宝镇

从广南客运站乘班车可以直达八宝镇

八宝风景区位于广南县八宝盆地，距文山160千米，以峰丛、峰林、岩溶瀑布景观为主，面积约40平方千米。

八宝景区分为八宝、三腊、河也、百乐、汤纳5个片区，共有大大小小40多个景点。其中以一河（八宝河）、两瀑（三腊瀑布、戈丰瀑布）、三洞（汤纳、三腊、牙方溶洞）、四奇（奇特的喊泉、奇异的风洞、奇怪的洞鸣、奇巧的怪石）、五古（古崖画、古人类遗址、古文字、古文物、古桥）为主要景观。

玩家 解说

八宝河源头木美是个古老的村寨，这里的人们能歌善舞，每逢节日跳弦子、唱山歌，热闹非凡，村内保留至今的两面铜鼓是稀世珍宝。八宝河从木美村源头出发，河水流至三腊村前悬崖处，飞流直下，跌落三台崖壁，形成三叠水瀑，落差90多米，十分壮观。

乘船行驶在八宝河上，沿途能看到美丽的喀斯特景观、整齐的稻田、古老的烽火台，在河水两侧的村寨里，壮族的干栏式建筑和蓝黑色的民族服装格外耀眼。

玩家 攻略

八宝镇最好的旅游时间是5~9月，此时的八宝山清水秀，不过一定要带上雨具，还要带一两件外套，以防天气变化。

住宿：来八宝景区可以在八宝镇里住宿。这里有不少家庭式的旅馆，经过多年的发展，条件相当不错。

美食：八宝镇的小吃，如粽粑、搭莲粑、油团等别有风味，可在镇里的小吃街品尝。另外壮族村寨里的风味美食也会让你恋恋不舍，味香可口的鸭子焖糯米饭、十二色糯米饭、绿色面蒿粑、黑色粽子等都是壮乡有名的特色风味。八宝河沿岸的村寨里一般都有餐馆。

八宝秋色

八宝镇俯瞰

八宝河

八宝河是右江上游的一条支流，源于木美村。河水从八宝河源头出发，一路穿越几十个村寨，沿河两岸景色绮丽，如诗如画，形成了峰丛林立、飞瀑流泉、古桥渔舟、牧归笛扬等田园风光，被称为“小桂林”。

八宝河上古桥萃集，多为明清时期的石拱桥，为八宝坝子增添了不少景致和情趣。主要有对河桥、八宝双桥、田房桥、坡现桥、那木桥和宾州桥等，其中的八宝双桥保存完好，1988年被县政府列为重点文物保护对象。

链接

八宝河灯节

八宝河灯节又称“盂兰大会”。每年的七月十五这天，八宝村民便在庙里请人咏诵经文，悼念死去的亡灵，到三十晚上才放河灯结束，据说这是为了死去的人消灾除难，祈求河神不要发洪水殃及百姓。

七月三十这天下午，各家把自制的灯安放在八宝河上游，待日落天黑，数万盏形状别致、光彩夺目的竹灯从上游顺河缓缓漂下，犹如一条夜游金龙，扑朔迷离。沿河两岸的人们追灯逐影，还有的人等在桥边，待那特制的头、二、三灯漂来便争相下河捞抢，希望给家庭带来好运和吉祥。

木美村

木美是一个古老的村寨，这里的人民能歌善舞，每逢节日跳弦子、唱山歌，通宵达旦，热闹非凡，村子里保留至今的两面铜鼓是稀世珍宝。

传说，当年明皇朝有一个公主被清兵追赶，公主一头就钻进了木美村，在村人的帮助下躲过一难，幸免一死。后来公主嫁给了当地一个壮族人，此后繁衍后代，祖祖辈辈生活在这里。因为公主为人厚道，村子里民风愈加淳朴，2000多年来，村里人已经变成了一个大的宗族。

链接

闻名四海的八宝米

八宝镇不仅山美、水美，这里还生产著名的“八宝米”，历史上曾作为贡米进贡朝廷，为我国“六大珍品”之一。壮族逢年过节都爱吃花米饭，花米饭的制作很特别，用一些植物的根、茎、花、叶的色汁，拌在浸泡过的糯米里，待颜色浸透，蒸熟，就成彩色的花米饭，其色彩多达六七种。

三腊瀑布

八宝三腊瀑布古称响泉瀑布，三腊的壮语意为“三条河溪汇集的地方”。八宝河穿过重重山峦奔流到此，从10余米宽的危崖之巅倾泻而下，水势汹涌，吼声震天。瀑布因山势分三级下跌，三台断崖壁立，跌水下注，一级一潭。一级、二级瀑布较窄，水势汹涌；三级较宽，落差达40余米。

近看三腊瀑布如垂帘横悬，雾气腾绕，瀑条四射，仙人石在半空如老顽童般自享嬉水之乐，瀑水在谷中翻起层层水花，如洁白的棉花铺在宽敞的谷底。晴天，玉屏瀑和弓花瀑常常隐现在美丽的彩虹当中，远看三叠瀑布如缟素垂悬于青翠的山间，景色十分优美。

玩家 解说

在第一瀑左侧10多米处有一挺拔石柱，顶端生长着各种野生兰花，被称为“兰花石”。走到对岸的观瀑台，三叠瀑布的景致便展现在眼前，令人赏心悦目。

峰岩洞村

峰岩洞村位于八宝镇西部的南屏镇，到八宝的游客很多都会去这里游览。峰岩洞村被称为“天下第一奇村”，它地处深山，交通闭塞，是一个长期封闭的洞穴型村庄。

峰岩洞村是中国最后的穴居村落，在低陷的洞内，分布着一片鳞次栉比、错落有致的房屋。走进偏僻的石旮旯儿，来到这荒凉的山坳，在一个看似完全死寂的岩洞中，竟然深藏着一个拥有五六十户人家的庞大聚落，着实给人以强烈的震撼。

峰岩洞村

链接

峰岩洞村现状

峰岩洞村穴居的事情传开后，在当地政府的帮助下，村里的人家现在已全部在洞外建了新居，大部分人已搬迁到洞外生活，还有少数不愿意搬出洞外的老人留守洞里，现洞内建有展览馆供游客参观。峰岩洞曾被中央电视台、云南省电视台以及多家新闻媒体报道过，成了中外扬名的天下第一奇村。

驮娘江景区

有“小三峡”之称

文山州富宁县剥隘镇

驮娘江是一个融壮乡田园风光、亚热带雨林气候和熔岩河谷地貌独特景观为一体的一个自然保护区。

驮娘江最有吸引力的地方是驮娘峡，在当地有“小三峡”之称。峡谷两岸山势十分险峻，但是岩石上却是树木葱茏，藤萝缠绕。每逢下雨之后，便可看到几道瀑布，从数百米高的岩顶上跌落下来，汇入江中，十分壮观。

清华洞

喀斯特地形石灰岩大溶洞

文山州富宁县新华镇

清华洞属喀斯特地形石灰岩大溶洞，清乾隆年间有渔人沿河而上捕鱼，始发现此洞。

清华洞分三台：一台为底洞，暗河通洞口；二台洞宽敞空阔，可容数千人，洞中有洞；三台洞辟有平台舞厅及其他服务设施。

清华洞宽80余米，高30余米，深数百米。洞中右侧顶穹正中，仰视有亮光通山顶，称“碟大天”石孔，旁还有小洞3个。洞内时窄时宽，时而躬身而行，时而侧身而过；洞壁大洞套小洞，可以互相串通，别有情趣。洞内怪石突崛，石笋倒挂，悬崖滴乳，落水有声，石壁、石笋、石花、石柱、石台天工自成，琳琅满目，景致优美。

攻略资讯

- 交通
- 住宿
- 美食
- 购物
- 娱乐

元阳梯田

交通

飞机

文山普者黑机场位于砚山县盘龙乡，距文山市23千米，现开通有“南宁—文山—昆明”的航线。从昆明乘飞机前往文山只需50分钟左右。

机场有专用公路与文砚公路相连，到达机场后有交通车直达文山各地。

汽车

●红河

红河公路交通运输发达，公路网覆盖了州内各个市县，也可通往省内其他各大城市。这里有多个客运站，主要的有以下几处：

蒙自汽车客运站：位于红河州蒙自市天马路87号。电话：0873-3720829。

建水汽车客运站：位于红河州建水县惠历路金氏缘酒店西北侧。电话：0873-7653538。

●文山

目前公路是文山的主要交通方式，境内主要有北桥和城南两个汽车客运站，客运班车可通往州内各县市及省内外其他大中城市，如昆明、南宁、百色等。

文山北桥汽车客运站：位于文山州文山

建水古城

市望华路2号。电话：0876-2140115。

文山城南汽车客运站： 位于文山州文山市开化南路。电话：0876-2122343。

住宿

红河

蒙自市为州政府所在地，交通便利，地理优势明显，住宿也比较舒适。元阳地区住宿费用比较便宜，最高档的南沙大酒店的费用也不过百元。红河元阳县新县城南沙镇设施较老县城好，老县城的条件差些，价格也比较便宜，如果想要拍摄晨光中的元阳哈尼梯田的话，还是住在老县城比较好。

●新南亚酒店

新南亚酒店是按照三星级标准装修的商务型酒店，位于蒙自市商业区核心地段，步行5分钟路程可以品尝到当地原汁原味的过桥米线，地理位置优越，交通极为便利。红河州蒙自市银河路72号 0873-3731666

●官房大酒店

酒店位于南湖南路，毗邻南湖湖畔，交通方便，风景优美，是一所花园式酒店。酒店客房宽敞舒适，设备设施齐全，可为客人提供正宗粤菜及当地的特色风味菜肴。红河州蒙自市南湖南路8号 0873-3660999

●建水临安酒店

酒店交通方便，距离朱家花园、建水文庙、建水紫陶馆等都不远，可以尽享便利的交通。酒店后花园集聚了当地的各种名贵花卉和植物，具有特有的亚热带风情，是茶余饭后散步、小憩的理想之地。红河州建水县永祯路2号 0873-3183777

文山

文山各个县城都提供一星到三星级的酒店住宿，还可以到县城一些政府事业单位的招待所住宿，价格不高，交通也方便。在条件成熟的景区内，都可以找到住宿的宾馆和酒店，比如普者黑度假村，但价格偏高。此外，可以找附近的村子到老乡家寄宿，体验当地的民风，也是不错的选择。

华锡酒店： 位于文山州文山市建民路2号，电话：0876-2819888。

文山凤凰酒店： 位于文山市凤凰路99号，电话：0876-6888777。

文山诗达酒店： 位于文山市七花北路2号，电话：0876-2626666。

文山帝豪酒店： 位于文山市泰康西路得胜家居主楼，电话：0876-8882666。

文山普阳大酒店： 位于文山市普阳西路60号，电话：0876-2180999。

美食

红河、文山地区饮食的最大特点是大多都是天然、无污染的绿色食品，那里的蔬菜种类齐全，甚至还有许多具有药用价值的野生蔬菜。另外，除了不用添加剂饲养的家畜，还有非益虫类的昆虫，吃法相当多，值得一尝。

美食小吃

●蒙自过桥米线

蒙自是云南名吃过桥米线的老家，“菊花过桥米线”是小吃中的精品，颜色鲜艳、香气扑鼻，看着就令人垂涎欲滴。

过桥米线

推荐店铺：桥蠡源蒙自过桥米线（蒙自店） 红河州蒙自市天竺路新天地步行街28号B7栋 0873-3736699

●石屏烧豆腐

用方形豆腐烘烤后蘸调味料吃，吃到嘴里细腻滑润，嚼之有劲，越嚼越香。

推荐店铺：石屏彝家人 红河州蒙自市同德广场邮政小区对面 0873-3726928

烧豆腐

●三七汽锅鸡

砚山县风味名肴，其做法是先将三七细根用清水浸泡洗净，装入洗净的鸡腹内，将鸡块置于汽锅，配上作料，放在一只盛有四五千克水的砂锅上，将两锅接触处密封，在旺火上炖三四个小时，直到鸡肉蒸熟，以至肉骨分离。这样炖出来的鸡肉原汁原味，肥嫩鲜香，汤汁鲜美。

推荐店铺：外婆味道·云南菜大当家（蒙自南湖店） 红河州蒙自市天竺路新天地步行街28号B7栋 0873-3819577

汽锅鸡

●荷叶粥

荷叶粥的做法简单方便，只要选用糯米和粳米，将鲜嫩的荷叶洗净后切碎，包在纱布里放进粥锅，用一片稍大的荷叶罩住，粥熬好后退火稍冷，拌入白糖或蜂蜜即可。

荷叶粥

●岜夯鸡

岜夯鸡是文山广南县独有的一道传统美味菜肴，为云南一绝。“岜夯”为壮语，意为“酸汤”，是用红青菜或野菜制作的一种酸菜汤。

红青菜

美食去处

元亨美食城：蒙自元亨美食城位于红竺园新天地旁黄金地段，里面有近百家不同风味的烧烤夜市，品种有开远土鸡米线、金平哈尼烧烤、田记排骨米线、石屏花腰新娘等。烧烤夜市里，有传统的烧豆腐、烤罗非鱼、烤韭菜、烤茄子、烤羊肉串等各种美食，麻辣入味，满口生香。

购物

红河有许多工艺品可以带回家作为礼品馈赠亲友，比如个旧的锡制工艺品、建水的紫陶器等，还有蒙自的年糕、开远的甜藠头也都是当地的特产。

文山是少数民族聚居的地方，有很多少数民族的装饰品，在文山民族商店里的品种繁多，选择的余地很大。此外，文山的三七、砚山米线、八宝米等也是著名的特产。

特产推荐

●建水紫陶

建水地区的民间传统工艺品，始于元末明初。用建水近郊五色陶土制作成型，经过绘画、雕刻、填括、烧炼、磨光等工序，方可完工。

●个旧锡制工艺品

个旧锡制工艺品采用高纯度精锡制作而成。锡制工艺品具有耐酸、耐碱、无毒、无味、不上锈、防腐蚀等特点，有酒具、茶具、灯具、化妆品盒、浮雕锡画、花卉草木、鸟兽鱼虫等近百种。

●三七

三七又叫田七，因枝分三叉，叶为七片，因而得名。属五加科人参属植物，生用能止血强心、散瘀生新、消肿止痛，熟用能活血、补血。

●哈尼绣品

元阳哈尼族女子的手很灵巧，她们手工制作的衣裙、布鞋极为精致，也具有收藏价值，有兴趣的游客，不妨在集市上多看看走走，花费不多，就能买到自己心仪的绣品。

●文山苗绣

苗家妇女擅长纺织和刺绣。苗绣讲究对称美、充实美和艳丽美，主要用来镶嵌服装的衣领、衣袖、帕边、裙脚等部位，亦可用来缝制挎包、钱包等。

●文山壮锦

壮锦是我国四大名锦之一，有织锦和绣

建水紫陶

民族服装

织锦

锦。织锦图案生动，色彩夺目，结实耐用，一般用作床罩、壁挂、挂包等。绣锦是在土布或织锦上，刺绣出特色图案，图案灵活，色彩迷人。

购物场所

蒙自中央大街：蒙自市中央大街附近是比较热闹的购物之地，街道上散发着浓郁的商业气息，金方、华联和百信等大型购物商场都在此驻店。在这里，游客可以买到许多特色产品，且质量十分有保障。

娱乐

打手毽：文山壮族青年男女，每逢春节都要打手毽。手毽不用脚踢，而是用手掌打，可以两人对打，也可以几个人围成圆圈打。这也是壮族人的一种社交活动。

踩花山：踩花山是苗族的盛大节日，为每年农历正月初三至初五。这三天，苗家男女老少穿金戴银，从四面八方赶到花杆山脚下，开展吹芦笙、弹响篾、踢脚架、耍大刀、倒爬杆等特色活动。

抢花炮：在每年农历三月初三，侗族都要举行抢花炮活动。花炮是一直径5厘米的圆形铁圈，或用细竹篾和小藤条编成茶杯口大小的圆圈，外用红布或红线缠绕。由于这项活动与打橄榄球的动作相似，也被称作中国式橄榄球。

节日和重大活动

节日	地点	时间
踩花山	文山州丘北县普者黑附近	农历正月初三至初五
陇端节	文山州广南县、富宁县等地	农历二月二十
祭龙节	文山州丘北县普者黑附近	农历三月初三
盘王节	文山州河口县、富宁县等地	农历九月十四

踩花山

景点索引

A

B

C

D

E

F

Z

我们的理念

做发现者，才能走得更远。发现秀美景色、探寻历史痕迹、体验文化脉络、寻找地理起源等深层次的旅行知识，是我们不停脚步的动力。我们不仅是在做一本旅行指南，能为旅途中的行者编写一部内容丰富、态度严谨、值得边走边读的行囊书，是我们永恒不变的追求。

《发现者旅行指南》编辑部

总 策 划 丁海秀
执行策划 李荣强

项目统筹 周国宝 龚道军
内容编辑 刘 挺 王叶青 方明杨
刘秀红 丁天丰 张文齐
商子微 张亚飞 苏雪莹
沈 皓 魏建飞 张灵燕
许晨晨 杨康健 张 鑫
刘晓璐 刘慧慧 王春雪
刘智勇 李荣强 刘雁琪
陈昱霖 贾 宁
美术总监 左小文
美术编辑 侯心如 王春晓
图片编辑 朱盼盼 马志鹏
插图绘制 尚祖山 李秋红
排 版 闫 旭 田雪子
北京旅教文化传播有限公司
图片提供 微图网 汇图网 图虫创意
中国图库网 全景网
锐景创意 集成图像
站酷海洛 shutterstock
fotoe dreamstime
孙西国 马林宏 徐 行
高应胜 薛 冬
西部老马 钱多多

出炉过程

在编辑部成员的共同努力下，这套旅行指南终得以付梓。其间，我们亲历景点，翻遍资料，只为确保撰写的内容准确有效；我们实地考察，联系景区，只求绘得一幅精美的景区图；我们花尽心思，几易版式，只为呈现出前所未有的阅读体验。如今，这套精心打造的旅行指南，能放到您的行囊或书架，我们深感荣幸。我们期待与您一起走向远方，重新发现旅行的价值。

联系我们

我们的成长需要您的支持。您对本书的每一条意见我们都会珍视。同时也欢迎您与我们一起分享旅游体验，稿件一旦被采用，您将会获取相应稿酬。您可以将意见和稿件投递到我们的邮箱（975179855@qq.com）。

总 策 划 丁海秀
责任编辑 贾东丽

图书在版编目（CIP）数据

云南 / 《发现者旅行指南》编辑部编. -- 3版. -- 北京 : 旅游教育出版社, 2025.1

（发现者旅行指南）

ISBN 978-7-5637-4673-6

Ⅰ. ①云… Ⅱ. ①发… Ⅲ. ①旅游指南—云南 Ⅳ. ①K928.974

中国国家版本馆CIP数据核字(2024)第029293号

云　南（第3版）

《发现者旅行指南》编辑部 / 编

出版单位 旅游教育出版社
地　　址 北京市朝阳区定福庄南里1号
邮　　编 100024
发行电话 （010）65778403　65728372　65767462（传真）
本社网址 www.tepcb.com
E-mail tepfx@163.com
印刷单位 文畅阁印刷有限公司
经销单位 新华书店
开　　本 889毫米×1070毫米　1/32
印　　张 14.125
字　　数 479千字
版　　次 2025年1月第3版
印　　次 2025年1月第1次印刷
定　　价 79.80元